Nietzsche

Rüdiger Safranski

Nietzsche

Biografia de uma tragédia

TRADUÇÃO DE

LYA LUFT

GERAÇÃO

Título original:
Nietzsche, Biographie Seines Denkens

5ª Edição - Maio de 2023

Grafia atualizada segundo o Acordo Ortográfico da Língua Portuguesa de 1990, que entrou em vigor no Brasil em 2009.

Editor e Publisher
Luiz Fernando Emediato

Capa
Alan Maia

Diagramação
ABBA – Produção Editorial Ltda.

Revisão técnica
Oswaldo Giacóia Junior

Revisão
Paulo César de Oliveira
Josias A. Aparecido

DADOS INTERNACIONAIS DE CATALOGAÇÃO NA PUBLICAÇÃO (CIP)
(Câmara Brasileira do Livro, SP, Brasil)

Safranski, Rüdiger, 1945-
Nietzsche : biografia de uma tragédia /
Rüdiger Safranski ; tradução de Lya Luft. -- 4. ed. --
São Paulo : Geração Editorial, 2023.

Título original: Nietzsche: Biographie seines Denkens
Bibliografia.
ISBN: 978-85-8130-381-9

1. Filósofos – Alemanha – Biografia
2. Nietzsche, Friedrich Wilhelm, 1844 - 1900 I. Título

17-03131 CDD: 193

Índices para catálogo sistemático

1. Filósofos alemães : Biografia e obra 193

GERAÇÃO EDITORIAL

Rua João Pereira, 81 – Lapa
CEP: 05074-070 – São Paulo – SP
Telefone: (+ 55 11) 3256-4444
E-mail: geracaoeditorial@geracaoeditorial.com.br
www.geracaoeditorial.com.br
twitter: @geracaobooks

Impresso no Brasil
Printed in Brazil

"Absolutamente não é preciso, nem ao menos desejado, tomar partido em meu favor: ao contrário, uma dose de curiosidade, como diante de uma excrescência estranha, com uma resistência irônica, me pareceria uma postura incomparavelmente mais inteligente".

(Friedrich Nietzsche a Carl Fuchs, 29 de julho de 1888)

Sumário

Capítulo I

Duas paixões: o Inaudito[1] e a música. Como viver quando a música acaba? Tristeza depois das sereias. Lucidez. Tentativa e tentação.

O verdadeiro mundo é música. A música é o Inaudito. Quando a ouvimos, pertencemos ao Ser. Assim Nietzsche a vivenciava. Era tudo para ele. Não deveria cessar nunca. Mas ela cessa, e por isso temos o problema de como continuar vivendo quando a música acaba. A 18 de dezembro de 1871 Nietzsche viaja de Basileia a Mannheim, para lá escutar música de Wagner dirigida pelo compositor. Voltando a Basileia ele escreve a seu amigo Erwin Rohde a 21 de dezembro: *Tudo o que (...)não se pode compreender com relações musicais, produz em mim (...)realmente nojo e repugnância. E quando voltei do concerto em Mannheim, senti realmente o horror tresnoitado, singularmente intensificado diante da realidade cotidiana: porque ela nem me parecia mais real, mas espectral* (B 3, 257)

O retorno para a atmosfera vital distante da música é um problema sobre o qual Nietzsche refletiu incessantemente. Existe uma vida após a música, mas nós a suportaremos? *Sem música a vida seria um engano* (6, 64), escreve ele certa vez.

A música nos oferece momentos de *verdadeiro sentimento* (1, 456; WB), e pode-se dizer que toda a filosofia de Nietzsche é uma tentativa de manter-se vivo ainda que a música tenha acabado. Nietzsche quer musicar do melhor modo possível com linguagem, pensamentos e conceitos. Mas, naturalmente, fica uma insuficiência. *Ela deveria ter cantado, essa "alma nova"— em vez de falar!* (1, 15; GT), escreve Nietzsche no prefácio autocrítico feito mais tarde ao "Nascimento da Tragédia", de 1872. E

1 "Ungeheuer" em alemão pode ser "monstro", mas também algo extraordinário, incomum, ingente. Escolhi o termo "inaudito"por achá-lo mais adequado (N. da T.).

resta também uma tristeza. Nos fragmentos póstumos, da primavera de 1888, encontramos a seguinte anotação: *O fato é "que estou tão triste"; o problema "eu não sei o que isso significa"... "a lenda de velhos tempos"*[2] (13, 457). Ele está nas pegadas de Heine, e pensa na Lorelei. Nietzsche ouviu a canção das sereias e agora sente o desconforto e uma cultura na qual as sereias emudeceram, e a Lorelei não passa de uma assombração, uma lenda dos velhos tempos. A filosofia de Nietzsche nasce da tristeza pós-sirênica, e gostaria de salvar pelo menos o espírito da música encontrando-a na palavra, um eco da despedida e uma harmonia com o possível retorno da música, para que *não se quebre o arco* da vida (1, 453; WB).

Por longo tempo foi sabidamente a música de Wagner o critério de Nietzsche para medir a plenitude da felicidade no saborear a arte. Depois que, ainda antes do primeiro encontro pessoal com Wagner, ele escutara a abertura dos "Mestres Cantores", escreveu a 27 de outubro de 1868 a Rohde: *cada fibra, cada nervo meu estremece, e há muito não sentia uma sensação tão duradoura de alheamento* (B 2, 332). A sensação de alheamento é ainda mais forte quando ele mesmo improvisa ao piano, coisa à qual poderia entregar-se horas e horas, esquecido de si, esquecido do mundo. Uma cena famosa e famigerada relatada pelo amigo de juventude, Paul Deussen, tem a ver com esse alheamento. "Nietzsche", escreve Deussen, "certo dia, em fevereiro de 1865, foi sozinho a Colônia, lá pediu a um guia que lhe mostrasse o que havia de especial na cidade, e por fim pediu que o levasse a um restaurante. Mas este o levou a uma casa mal-afamada. Nietzsche me relata no dia seguinte: 'De repente eu estava rodeado por meia dúzia de aparições em gazes e lantejoulas, que me olhavam expectantes. Fiquei ali parado por um momento, perplexo. Depois instintivamente fui até um piano como a única criatura com alma naquele grupo e toquei alguns acordes. Eles me liberaram da minha paralisia, e saí dali." (Janz 1, 137).

A música, e dessa vez são apenas alguns acordes improvisados, triunfa sobre a *sensualidade*. Combina com isso uma anotação de 1877, onde Nietzsche faz um registro das *coisas segundo o grau de prazer*. Bem no alto está o improvisar musical, seguido da música de Wagner, só dois degraus

2 Referências a uma balada alemã antiga, "Lorelei" (N. da T.).

abaixo o *prazer sensual* (8, 423). No bordel de Colônia, alguns acordes bastam para o fazer escapar para outro lugar. Com acordes começa o que não deveria acabar nunca mais, o rio da improvisação no qual podemos deixar-nos levar. Por isso Nietzsche valoriza a interminável melodia wagneriana, que prossegue numa trama como uma improvisação, que começa como se tivesse começado há muito, e, quando cessa, mesmo assim não acaba. *A melodia interminável — a gente perde a margem, e entrega-se às ondas* (8, 379). As *ondas*, que lambem a margem incessantemente, levando-nos e nos carregando, talvez também nos puxando para baixo e nos fazendo naufragar — para Nietzsche elas também são uma imagem do fundo do mundo. *Assim vivem as ondas — assim vivemos nós, os desejosos! — não digo mais que isso... como haveria de vos trair! Pois, ouvi bem! — eu vos conheço e ao vosso segredo, conheço a vossa estirpe! Vós e eu, somos da mesma raça! — Vós e eu, temos um segredo!* (3, 546; FW). Um desses segredos é o parentesco interior entre ondas, música e o grande jogo do mundo, feito de morrer e devir, crescer e terminar, perdurar e ser sobrepujado. A música leva ao coração do mundo — mas de modo que nela não se morre. Essa extática vivência da música é o que Nietzsche chama, no Nascimento da Tragédia, de *o arrebatamento do estado dionisíaco com sua anulação dos limites e fronteiras comuns da existência* (1, 56; GT). Enquanto dura o arrebatamento, o mundo comum se afasta; quando retorna à consciência, é sentido com *repulsa*. O extático tornado sóbrio entra num *estado de alma que nega a vontade* (1, 56), e, diz Nietzsche, parece um Hamlet que também tem nojo do mundo e que não consegue mais forçar-se a agir.

Por vezes a vivência da música é tão intensa que tememos pelo nosso pobre eu, ameaçado de sucumbir no *orgiasmo musical* (1, 134), de tão extasiado com a música. Por isso é necessário que *entre* a música e o ouvinte dionisicamente receptivo seja interposto um meio distanciador: um mito de palavra, imagem e ação cênica. O mito assim entendido *nos protege da música* (1, 134; GT), que é empurrada para o fundo, de onde agora, inversamente, confere aos atos, palavras e imagens que estão em primeiro plano tamanha intensidade e significado que o espectador escuta o todo *como se o mais profundo abismo das coisas lhe falasse de maneira compreensível* (1, 135). Nietzsche diz que dificilmente podemos imaginar um ser humano que escutasse, por exemplo, o terceiro ato de "Tristão e

Isolda" de Wagner e o *percebesse sem auxílio de palavra e imagem, puramente como frase sinfônica inaudita, sem soltar todas as asas da alma numa distensão crispada* (1, 135). Quem ouve essa música aplicou ao mesmo tempo seu ouvido *à câmara do coração da vontade do mundo*, e só o acontecimento plástico em primeiro plano o impede de perder totalmente a consciência de sua existência individual.

Mas não há aqui em jogo um excesso de pathos? Certamente, mas Nietzsche concede que a arte seja patética. Em seus momentos bem-sucedidos, a arte sempre produz um todo, até um todo-do-mundo que admite ser sentido em forma de beleza. Quem se entrega à impressão da arte pode tornar-se um patético da ressonância universal. *Só suportamos o patético na arte; o vivente humano deve ser simples, e não ruidoso demais* (8, 441; 1877). Esse homem simples faz ciência por exemplo, totalmente sem pathos, e pode mostrar *como laboramos sem fundamento nessa elevação do sentimento* (8, 428; 1877). *De repente o mundo do pathos parece mudado. Os grandes afetos e paixões revelam suas origens insignificantes, muitas vezes até ridículas.* Isso também vale para os sublimes sentimentos da música, que podem ser psicológica e fisiologicamente desencantados. Música como órgão de íntima ligação-com-o-ser aparece, dessa perspectiva, como mera função de processos orgânicos. Assim, com argumentos contrários ao pathos, Nietzsche se aproxima mais do seu pathos, e experimenta com um pensamento que zomba das próprias paixões. O ser humano, explica Nietzsche, é uma criatura que saltou sobre *os limites animalescos da época do cio* (8, 432) e por isso não procura prazer apenas eventualmente, mas o tempo todo. Porém, como há menos fontes de prazer do que pede sua constante predisposição ao prazer, a natureza o forçou a enveredar *na trilha da invenção-do-prazer*. O animal consciente homem, com horizonte de passado e futuro, raramente se satisfaz de todo com o seu presente, e por isso sente algo que certamente nenhum animal conhece, isto é, o tédio. Fugindo do tédio, essa singular criatura procura uma excitação que, se não for encontrada, tem de ser inventada. O homem se torna um animal que brinca. O jogo é uma invenção que entretém os afetos. O jogo é a arte de autoexcitação dos afetos, a música por exemplo. A fórmula antropológico-fisiológica para o segredo da arte é pois: *a fuga do tédio é a mãe das artes* (8, 432).

Nessa formulação o pathos da arte realmente desapareceu. O chamado mistério da arte poderia ser mais trivial que isso? O êxtase do entusiasmo pela arte esgotar-se-ia realmente em ser refúgio do deserto do cotidiano, pobre em excitações? Com isso a arte não se reduz a mero valor de entretenimento? Nietzsche coqueteia com esse ponto de vista desmistificador e redutor do pathos. Quer dessacralizar a arte, seu santuário, e esfriar seu amor, um *autotratamento anti-romântico* (2, 371; MA II), no qual se deve evidenciar *como se parecem essas coisas quando as invertemos* (2, 17; MA I). E não se trata apenas de inverter a hierarquia de valores morais, mas também de uma mudança do ponto de vista metafísico para físico-fisiológico.

Mas também o *tédio* tem seu mistério e em Nietzsche assume um pathos singular. O tédio para o qual a arte é um refúgio torna-se o abismo escancarado do Ser, algo pavoroso. No tédio vivemos o instante como passagem vazia do tempo. O que acontece externamente não tem importância, e também sentimos a nós mesmos como desimportantes. As realizações da vida perdem sua tensão intencional, desmoronam em si mesmas como um suflê tirado do forno antes do tempo. Rotinas, hábitos que normalmente oferecem apoio aparecem de repente como o que de verdade são: construções auxiliares. Também o cenário espectral do tédio oferece um momento de verdadeira percepção. Não sabemos o que fazer de nós mesmos, e o resultado é que é o Nada que faz algo conosco. Sobre esse subsolo do nada a arte realiza seu trabalho de autoexcitação. Isso, por sua vez, é quase um empreendimento heroico, pois devem ser entretidos os que estão em perigo de despencar. Nessa perspectiva a arte é um tensionar o arco para não cair na distensão niilista. A arte ajuda a viver porque senão a vida não sabe o que fazer quando assaltada por sentimentos de ausência de sentido.

A fórmula da arte como *fuga do tédio* é muito significativa desde que se entenda o tédio como uma espécie de experiência do nada. Mas com isso, por sua vez, se realiza de novo a troca da fisiologia da autoexcitação para a metafísica do horror vacui. Nietzsche é um virtuoso dessa relação fronteiriça entre física e metafísica. Ele sabe conferir um novo encanto metafísico aos seus desencantamentos fisiológicos. Nada existe nele que no fim não se tornasse novamente inaudito.

Tudo pode tornar-se inaudito — a própria vida, o conhecimento, o mundo —, mas é com a música, tão harmonizada com o Inaudito, que, apesar de tudo, conseguimos suportá-lo, de dentro dele. E por isso o Inaudito de Nietzsche é um tema da vida toda, a sua tentativa e a sua tentação.

Capítulo 2

Um menino escreve. O dividuum. Raio e trovão.
Encontrar e inventar cursos de vida. Prometeu e outros.
Primeira tentativa com a filosofia: "Fato e História".
Oceano de ideias e dor da distância.

O Inaudito que primeiro se impõe ao jovem Nietzsche é a própria vida. Durante seus tempos de colégio e universidade, entre 1858 e 1868, Nietzsche escreve nove esboços autobiográficos, que quase sempre resultam em um romance de formação (Bildungsroman) segundo o modelo: Como me tornei o que sou. Mais tarde ele vai alternar do gênero épico para outro antes dramático, e ligar o escrever sobre a própria vida com a postura da proclamação, porque entrementes sua vida lhe parece um modelo. No começo ele escreve sobre sua vida, depois com o corpo e a vida, e finalmente por causa de sua vida.

Quem começa tão cedo a escrever sobre sua vida não está simplesmente apaixonado por si mesmo, nem precisa considerar-se especialmente problemático. Essas constelações são antes desfavoráveis, porque os que estão enredados em problemas ou apaixonados por si próprios em geral não têm o necessário distanciamento de si. O escrever de Nietzsche sobre si mesmo pressupõe a capacidade de não se vivenciar apenas como *individuum*, algo indivisível, mas como *dividuum* (2, 76; MA), algo divisível. Uma tradição poderosa fala do "individuum" como de um cerne indivisível do ser humano. Mas muito cedo Nietzsche fizera experimentos com a divisão do cerne do individuum. Escreve "sobre si" aquele a quem a diferença entre "eu" (Ich) e "me" (sich) dá o que pensar. Isso não se dá sempre, e não se dá com todos. Curiosidade, pensamento excessivo têm de estar em jogo, ser apaixonado por si mesmo e ser seu próprio inimigo, tem de ter havido rupturas, euforias e desesperos que favorecem ou desafiam o autodespedaçamento do indivisível, a "dividualização" do indivíduo. Pelo menos Friedrich Nietzsche se sente suficientemente dividido para uma relação altamente sutil consigo mesmo, que, como anuncia mais tarde, ele aproveitará para a autoformação. *Mas nós queremos ser os autores* (Dichter) *de nossa própria vida* (3, 538; FW). A evolução de Nietzsche mostrará que o *autor* de sua vida quer exigir direitos de autoria de sua obra. Os traços característicos de sua natureza devem ser obra sua, ele quer agradecer a si próprio o quem é e o que fez de si. Quer formular da seguinte maneira o seu imperativo da autoformação: *Deves tornar-te senhor de ti mesmo, senhor também de tuas próprias virtudes. Antes elas eram teus senhores; mas devem ser apenas teus instrumentos junto com outros instrumentos. Deves adquirir poder sobre o teu pró e o teu contra, e aprender a desatá-los e a ligá-los de novo, segundo teu objetivo mais alto. Deverias aprender a compreender o perspectivístico em cada apreciação* (2, 20; MA). Nietzsche não aceitará a *inocência do devir*, nem o *amor fati*, amor ao próprio destino, torna o homem autor da história de sua vida. Exige-se um pensamento que intervenha, que projete, que construa, até mesmo um pensamento *na desmedida e no excesso*. Assim Nietzsche se torna um atleta da vigilância e da presença de espírito. Todos os movimentos, aspirações, ações, são puxados para dentro da luz claríssima da atenção. Seu pensamento torna-se a mais tensa autopercepção. Ele quererá assistir também ao seu próprio pensar, e nele descobre um universo de fundas camadas de segundas intenções, motivos, autoilusões e truques de toda sorte.

Desde cedo Nietzsche se torna mestre em descobrir seus próprios truques. Em 1867, em seus tempos de serviço militar, ele anota: *É uma boa capacidade poder encarar seu estado com olhar de artista e mesmo nas dores e sofrimentos que nos atingem, em desconfortos e essas coisas, ter aquele olhar da Górgona que petrifica instantaneamente tudo em uma obra de arte: aquele olhar vindo do reino onde não existe dor* (I 3, 343).

Podemos nos distanciar tanto de nossa própria vida que ela se congele num quadro. Então assume algo de uma obra, mas a desvantagem é: falta-lhe vida. Por isso Nietzsche tenta o método épico. *Outra capacidade boa é reconhecer tudo o que nos atinge como um elemento de formação e aproveitá-lo em nós próprios* (I 3, 343).

Como dominação narrativa da vida em uma história de formação, o jovem Nietzsche faz suas primeiras anotações autobiográficas. Fascina--o como a vida se deixa transformar em livro. Sua primeira autobiografia de 1858 encerra com o suspiro: *Ah se eu pudesse escrever muitos livrinhos como este!* (I 1, 32).

O jovem Nietzsche escreve sobre seu prazer ao escrever. Já nos brinquedos de criança era assim. Ele conta como logo anotava todos os fatos de um brinquedo em um *livrinho* e o dava a ler a seus companheiros. O relato do brinquedo era quase mais importante do que brincar, que se tornava causa e material para depois ser escrito. A vivência presente é encarada do ponto de vista do futuro escrever. Assim preservamos a vida que se esvai e fazemos rebrilhar o presente na luz de futuros significados. Nietzsche se manterá fiel a esse método, de dar uma forma à vida. Não se contentará em produzir frases que possam ser citadas, mas organizará sua vida de modo a se tornar fundamento a ser citado para o seu pensar. Todos refletem assim sobre sua vida, mas Nietzsche quer viver a sua de modo a ter o que pensar. A vida como arranjo experimental para o pensamento, o ensaísmo como forma de vida.

Nietzsche pensa expressa e enfaticamente na primeira pessoa do singular, embora tenha sido ele próprio quem descobriu no fundo do pensamento uma singular anonimidade. Ele considera o fato de podermos dizer "eu penso" uma sedução pela gramática. O predicado "pensar", como todo predicado, exige um sujeito. Portanto declaramos o eu sujeito, e com isso, num abrir e fechar de olhos, o transformamos em ator. Mas na verdade é pelo ato de pensar que produzimos a consciência-do-eu. Para o pensamento vale: primeiro a ação, depois o que atua (5, 31; JGB). Portanto, embora Nietzsche possa imaginar perfeitamente um pensamento sem um eu, não existe um filósofo — exceto talvez Montaigne — que tenha dito "eu" tantas vezes quanto ele. A razão é que Nietzsche sabia que era Nietzsche. Ele se sentia um exemplo. Para ele, valia a pena ser ele mesmo. Também acreditava que valeria a pena para nós participarmos dele. Realizava seu trabalho em si consciente de estar fazendo isso para toda a humanidade. Na fase posterior essa orgulhosa consciência de si mesmo irrompe, descingida: *Conheço o meu destino, um dia se ligará ao meu nome a lembrança de algo inaudito, uma crise como não houve outra nesta terra, a mais profunda colisão de consciência, uma decisão conjurada contra tudo o que até então fora acreditado e sagrado* (6, 365; EH).

Quando escreve sobre si mesmo, Nietzsche segue portanto vários objetivos, ao mesmo tempo e um após o outro. Primeiro quer obter do tempo que foge imagens de memória que se possam segurar e que deem apoio. Seus amigos e parentes devem participar desse trabalho de memória, quer dividi-lo com eles especialmente quando se ligam de alguma forma com as cenas lembradas. Ele escreve para esses leitores, mas sobretudo escreve para si mesmo como futuro leitor de suas anotações. Quer fornecer material para o futuro olhar em retrospectiva, que arredonde epicamente a consciência de si mesmo. Ele ainda se sente no embate de um acontecimento, mas mais tarde, lendo as notas, talvez se transformem numa história significativa. Ele quer significação. Na treva do momento vivido, deve entrar a luz da futura significação. Ele quer já agora, no momento vivido, sentir um reflexo do brilho da futura compreensão. Por mais sutil que seja esse procedimento, trata-se em princípio de técnicas de autotematização e autodescrição, como quase todos os autores de diários mais ou menos talentosos fazem. Mas em Nietzsche nota-se a convicção de que sua vida, sofrimento e pensamento têm caráter exemplar, e que vale a pena deixar que *todos e nenhum* (4, 9; ZA) participem disso. Ele quer sentir-se como alguém que carrega nos ombros, como representante de Atlas, os problemas do mundo — ou melhor: do ser-no-mundo — e além disso ainda quer realizar a obra de arte de brincar e dançar sob essa pesada carga. Ele vai querer dificultar a própria vida, e ao mesmo tempo aparecerá como artista do alívio. E tudo isso só será possível porque a linguagem o carrega. Ela é ainda mais rápida e móvel do que os pensamentos. A sua linguagem alada o arrebata, e com crescente admiração ele observa o que ela faz com ele. Assim a própria pessoa, o indivíduo dividual, se torna cenário de uma história do mundo interna, e quem a examinar terá de se tornar, com ele, um *aventureiro e navegador do mundo, daquele mundo interior que se chama "ser humano"* (2, 21; MA). Mas é um homem do seu tempo, e só porque o horizonte temporal de Nietzsche abrange o nosso tempo, suas sondagens podem ainda ser descobertas para nós.

Voltemos ao Nietzsche de catorze anos de idade, que cobre páginas e páginas com sua letra de aluno exemplar no seu quartinho escuro no térreo da casa em Naumburg, e com isso vai contando a si próprio a sua vida. Ele começa como um velho que recorda coisas há muito passadas. Surpreso, percebe que muitas coisas desapareceram de sua memória, e que a vida vivida lhe parece *um sonho confuso* (J 1, 1). O menino quereria triunfar sobre o tempo, colecionando de seu passar fragmentos de lembrança e criando uma obra com eles, como uma *pintura*. Mas ele não quer apenas recuperar o passado, também quer ganhar o futuro, pois imagina, divertido, como lerá no futuro suas anotações. Imagina-se como futuro leitor de si mesmo. *É uma coisa belíssima apresentar à alma mais tarde seus primeiros anos de vida e reconhecer nisso a formação de sua alma* (J 1, 31). Nietzsche sabe que no momento vivido ele escapa de si mesmo e só em retrospectiva se descobrirá. Só então ele entenderá o que o dirigiu, determinada e inconscientemente. Ainda acredita que com isso está em jogo a *onipotente direção de Deus* (J 1, 1). Como não podem ocorrer acasos cegos, ele tenta descobrir relações que façam sentido. O pai gosta de improvisar no piano, e é paixão dele também. A morte prematura do pai amado o deixou *solitário*, mas como ele suporta bem estar consigo próprio, não se entristece de ficar só. Sabe que é sério demais para a sua idade, mas como não seria, se teve de superar a morte do pai, a do irmão mais moço, de uma tia e da avó? A despedida da sossegada casa paroquial de Röcken, quando, depois da morte do pai, a família se muda para Naumburg, dilacera a sua vida em dois pedaços. Como diante disso não ficar um menino sério? Ele tem orgulho dessa sua gravidade, ainda que por vezes os colegas zombem dele chamando-o "o pequeno pastor", quando certa vez ele caminha pela praça central em passos muito comedidos, como exige o regulamento da escola, debaixo de uma forte tromba-d'água. Ele, pelo menos, toma a sua gravidade como algo que o distingue dos outros. Uma autodescrição de outubro de 1862 interrompe-se com as palavras: *Sério, facilmente tendendo a extremos, eu diria apaixonadamente sério, na multiplicidade das situações, no luto e na alegria, até no brinquedo* (J 2, 120). Pode ver-se de fora e aos dezenove anos encontra a imagem: *Eu sou uma planta nascida perto do campo de Deus...* Mas não quer ser devoto e bonzinho, sonha em ter um destino que o devaste e lhe dê uma marca selvagem. Por isso ele procura o *templo livre da Natureza* (J 1, 8) e lá se sente particularmente bem quando há raios e trovões e chuvaradas caindo do céu. Sua fantasia gosta de lidar com raios e trovões e, aliás, com tudo o que for *selvagem e sublime.* Em julho de 1861, Nietzsche escreve em Schulpforta sobre o rei dos ostrogodos, Ermanarico, um texto que ainda em seu tempo de universitário considera sua obra mais bem feita até então. Lá, ele, por assim dizer, transborda em imagens da rebelião das forças da natureza. Ele escreve, *como um raio*, cada palavra ocorre nas lendas germânicas *poderosa* e *densa de significados*. São interpretações de textos, mas também são sonhos de um estudante púbere que percebe que com a linguagem se pode intervir na vida, e deseja que suas próprias palavras também tivessem aquela força mágica que *esmagam o ouvinte* (J 2, 285). Nietzsche cita, saboreando-o, um verso da epopeia: *Brigamos lindamente: sentamo-nos sobe cadáveres, Abatidos por nós, como águias sobre os ramos* (J 2, 289).

Os casos de morte na família são minuciosamente descritos, às vezes em tom de uma história de paixão, como na sua primeira tentativa autobiográfica em que, na descrição das circunstâncias em que soube da morte da tia, ele diz: *Com algum medo eu suportei as notícias. Mas quando ouvira o começo, saí e chorei amargamente* (J 1, 20). Em breve ele tenta desabituar-se do tom bíblico, também em sua produção poética, que seguidamente comenta, critica e divide em fases de trabalho. Primeiro, escreve em setembro de 1858, seus poemas eram pesados de pensamentos, mas não desajeitados; depois ele procurara o tom leve e o ornamento, em detrimento das ideias. A 2 de fevereiro de 1858, dia em que morreu a sua avó, ele começara seu terceiro período, em que finalmente conseguira reunir agilidade poética com riqueza de pensamentos, *graça com força* (J 1, 27). Toma o propósito de todas as noites escrever um poema nesse novo tom, e prepara uma lista de suas obras poéticas. Nota-se que aqui alguém se prepara para produzir uma vida com palavras aladas.

Não apenas a obra, também a vida pede ordenação e divisão. Para o jovem autor ela se divide em 1864, pouco depois da passagem para a Universidade, em três seções. O período mais antigo termina com o quinto ano de vida, quando o pai morre e a família se muda de Röcken para

Naumburg. Nas primeiras tentativas autobiográficas Nietzsche relatara algumas coisas desses tempos de criança. Mas agora duvida se realmente foram experiências próprias ou apenas uma reprodução daquilo que lhe fora relatado. Como não consegue reconstituir a própria perspectiva dessas vivências, prefere calar-se sobre esse período da vida. Para o período logo após, ele acentua sobretudo que a *morte de um pai tão excelente* o deixou unicamente sob cuidados de mulheres e o fez sentir tão dolorosamente a falta de uma orientação masculina. Assim acontecera que *a ânsia do novo, talvez também o desejo de saber* (J 3, 67), lhe trouxeram *na maior desordem os mais variados materiais de formação*. Entre os 9 e 15 anos de vida ele buscara um *saber universal*, e com o mesmo *zelo quase doutrinário* continuou cultivando os jogos infantis e anotando tudo caprichosamente. Também os *poemas medonhos* desse tempo tinham sido feitos com a mesma *assiduidade*. O Nietzsche de vinte anos deixa entrever que sabe interpretar bem esse traço a um tempo aplicado e excêntrico de seus empreendimentos intelectuais. Um talento em desenvolvimento entrega-se com precocidade e desamparo à autodisciplina, pois nenhuma autoridade paterna lha impõe. Isso mudou na segunda virada de sua vida, quando foi aceito no internato de Schulpforta. Lá os professores cuidam de que esse *vagar sem planejamento* se encerre. Uma transformação parecida, de vagar ilimitado para a disciplina, aconteceu também na sua paixão cedo despertada pela música e composição. Em Schulpforta, primeiro apoiado por professores, depois por conta própria, ele se esforça por *trabalhar contra o efeito trivializante do "fantasiar", através de um aprendizado minucioso da doutrina da composição* (J 3, 68).

Ainda que por vezes ele se proíba de fantasiar na música, no escrever, quando não se trata da própria vida, ele dá livre curso às fantasias de seus desejos e imagina-se dentro de figuras em que possa conhecer e testar sua paixão. Em abril de 1859, por exemplo, ele escreve um drama de Prometeu em versos livres. Prometeu, o titã, não quer admitir que os homens entrem sob domínio de Zeus. Ele os quer livres como ele próprio. Presunçoso, Prometeu lembra que foi ele quem colocou Zeus no trono. Já o jovem Nietzsche não venera tanto os deuses, mas aqueles que fazem deuses. O esboço termina com um coro de pessoas anunciando ao mundo que só se submeterão a deuses que forem sem culpa; pois os deuses culpados têm de morrer como os homens e por isso não podem consolar: *Como o junco assim descem / ao Hades / Quando as tempestades da morte / Os rodeiam* (I 1, 68). Já o jovem Nietzsche é um escritor que reflete, e por isso logo provê sua obra de um comentário. Por que logo Prometeu?, pergunta. *Querem renovar os tempos de Ésquilo ou não há mais um ser humano, por isso precisam fazer reaparecer titãs!* (J 1, 69). Com efeito o jovem Nietzsche não consegue afastar-se dos titãs. Descreve poucas semanas depois dois ousados caçadores de cabras. No alto das montanhas da Suíça, eles entram numa séria tempestade, mas não voltam, *perigo terrível lhes confere forças gigantescas* (J 1, 87). As coisas acabam mal para eles, como com Prometeu. Ainda vale a moral de que arrogância vem antes da queda, mas já se percebe como o jovem autor aprecia mais a arrogância do que o realismo dessa moral. Certa noite em Schulpforta ele lê os "Bandoleiros" de Schiller com grande excitação, pois também lá descobre uma *luta de titãs*, dessa vez porém *contra a religião e a virtude* (J 1, 37). De momento, porém, ele ainda se sente mais perto daqueles que não combatem uma religião, mas fundam uma. Num tratado sobre "A infância dos povos" o rapaz de dezessete anos se aprofunda na genealogia das religiões universais. Escreve que elas se deviam a *homens melancólicos, que, levados pelas asas de sua imaginação descontrolada, se faziam passar por enviados dos deuses mais importantes* (J 1, 239).

Depois dessa história da religião e dos fundadores de religiões, esboçada na primavera de 1861, Nietzsche escreve imediatamente uma nova versão da história e sua vida. Há pouco ainda se ocupou com a *Evolução ética e intelectual* da humanidade, agora mais uma vez deve considerar e descrever a sua evolução pessoal. Mas a passagem de humanidade para ser humano dessa vez não é fácil, pois poucas frases depois a biografia acaba no território da filosofia da religião. Se a biografia de 1859 terminara com a fórmula cheia de unção: *mas em tudo Deus me guiou com segurança, como um pai a seu filhinho frágil* (J 1, 32), em maio de 1861 esse Deus que guia é submetido a uma minuciosa análise. Ele escreve que a razão do *poder que partilha os acontecimentos* (J 1, 277) é imperscrutável. Há por demais injustiça, maldade no mundo, e também os acasos têm um papel grande, por vezes péssimo. Não existirá, na base do Todo, um poder cego ou talvez até maligno? Não pode ser, pois a origem e a essência do mundo não pode estar abaixo do espírito humano que procura sentido e significado e está aberto para o bem. Portanto o mundo todo não pode ser sem sentido, ou dominado por um princípio mau. A causa do mundo não pode ser mais arbitrária do que o espírito que o quer investigar. *Não existe acaso; tudo o que acontece tem sentido* (J 1, 278). O texto, que começou como "curso da vida", interrompe-se com essas frases. Pouco depois Nietzsche retorna. Mas a busca forçada de *significado* dessa vez obviamente o decepciona, pois novamente ele interrompe o esboço. *O que sei sobre os primeiros anos de minha vida é insignificante demais para que eu o relate* (J, I, 279). Logo depois, uma terceira tentativa. O relato está centrado na morte do pai e a despedida de Röcken. Ele descreve o sucedido como a expulsão do Paraíso. *Foi aquele primeiro tempo funesto, a partir do qual toda a minha vida se modificou* (J 1, 280). Ficou-lhe uma melancolia, *uma certa calma e silêncio* (J 1, 281) o dominou, uma sensação de estranheza no mundo além do Paraíso, a sensação de estar perdido buscando figuras com quem se sinta aparentado espiritualmente, ou que o animem ao domínio sobre si mesmo. Ele se ocupa com Hölderlin, Lord Byron e Napoleão III.

Nietzsche tem de defender o seu Hölderlin contra os professores que nada querem saber dos *pensamentos do demente* (J 2, 2). Ele louva a música da sua prosa, *sons macios e diluídos*, parecendo sinistras canções de sepultura, mas depois triunfando altivos numa *sublimidade divina* (J 2, 3). Para ele, Hölderlin é um rei de um reino ainda não descoberto, e Nietzsche sente-se seu apóstolo, que traz luz às trevas, mas as trevas não o entenderam.

Lord Byron não precisa mais de defensor. Para caracterizá-lo, o jovem Nietzsche usa aqui pela primeira vez aquela expressão que fará carreira: ele o chama de *além-do-homem que domina os espíritos* (J 2, 10). Porque aos olhos de Nietzsche, Lord Byron se torna esse além-do-homem: Lord Byron conduziu sua vida como quem conta uma história. No sentido mais nobre, ele se tornou autor de sua própria vida, e transformou as pessoas em seu círculo mágico como se fossem personagens de romance. Nietzsche admira em Lord Byron essa encenação da vida, e sua transformação em obra de arte. O jovem Nietzsche, que no palco interior dos diários gostaria de conferir importância à própria vida, admira aqueles gênios que não apenas internamente mas também para o público puderam se tornar formadores do seu eu, autores da própria vida. Como Lord Byron conduziu sua vida de modo que os outros pudessem contar histórias sobre ela, ele era prenhe de história. E ainda há personagens que se tornaram fazedores de história. Um deles, sobre o qual o rapaz de dezesseis anos escreve um tratado, é Napoleão III. Num texto de 1862 o jovem Nietzsche elabora a ideia de que Napoleão conseguiu com segurança de sonâmbulo sentir os desejos e fantasias de seu povo e corresponder a eles, de modo que *seus mais audaciosos golpes de estado tinham de aparecer como vontade de toda a nação* (J 2, 24). Nesse texto não é bem claro se não está se falando do primeiro Napoleão. Seja como for, Nietzsche afirma que também Napoleão III agira sobre os súditos como se tudo fosse "fatum" da história por eles próprios escolhido. Trata-se, pois, nessas personagens com que Nietzsche gosta de se identificar, do poder oculto da impotência em Hölderlin, da força artística da vida em Lord Byron e da magia do poder político em Napoleão III. Poder é nos três casos autoafirmação no círculo de influência do "fatum".

"Fatum e História". Sob esse título Nietzsche escreve nas férias de Páscoa de 1862 um ensaio que julga tão audacioso que o autor tem medo dele. É como se ele saísse para a vastidão de um *imensurável oceano de ideias* (J 2, 55) sem bússola nem guia, o que é uma loucura e um dano para *cabeças não-evoluídas*. Ele não se inclui entre elas. Quer consolidar de tal modo os resultados de suas *reflexões juvenis* que não seja *abalado pelas tempestades*. Nietzsche cria uma atmosfera altamente dramática num palco imaginário, antes de expressar seus pensamentos que giram em torno da questão: o que sucederá se a imagem do mundo mudar, se não houvesse Deus, nem imortalidade, nem Espírito Santo, nem inspiração divina, se a crença milenar se baseasse em enganos, se as pessoas durante tanto tempo tivessem *sido induzidas em erro por uma ilusão* (J 2, 55). Que realidade sobra depois de removidos os fantasmas religiosos? O aluno de Pforta treme de coragem levantando essa questão, e ele mesmo responde: sobra a natureza, no sentido das ciências naturais, um universo de leis; e sobra a história como sequência de acontecimentos, nos quais causalidade e acaso atuam sem um objetivo geral reconhecível. Pois Deus era a essência do significativo e do objetivo, e se ele desaparecer também significado e objetivo desaparecem da natureza e da história. Mas então existe a alternativa: ou percebemos que esse significado geral nem é necessário para viver, ou não o buscamos mais na transcendência, onde a imaginação o presumiu por tanto tempo. Nietzsche não quer renunciar a significado e objetivo; portanto, para ele, exclui-se a primeira alternativa. Mas ele não está mais disposto a aceitar significado e objetivo como previamente dados, muito antes os encara como imposições. Não aposta na aceitação crente, mas em uma produção entusiástica. No seu texto, o jovem Nietzsche investiga pela primeira vez a vontade de desenvolver a vida como uma espécie de transcender imanente. Não está em jogo aqui um sentimento devoto, que procura por um Além, mas uma paixão pela configuração criativa da vida. Mas como essa paixão pode se afirmar contra a imagem do mundo das ciências modernas de então, onde só existe determinação e causalidade? O jovem Nietzsche "resolve" esse problema de maneira bastante simples, assim como a filosofia idealista do começo do século, que o aluno de Schulpforta pouco conhece, já "resolvera". Ele pondera que a razão reflexionante é pelo menos tão livre a ponto de permitir que o problema da liberdade se apresente para ela. Já na pergunta: "*Como é possível a liberdade?*" manifesta-se uma vontade livre, que pertence ao universo da determinação, mas ainda é suficientemente livre para poder distanciar todo esse mundo no conhecimento. A essa consciência liberada, o mundo aparece como o grande Outro, o universo da determinação. Nietzsche chama isso de *Fatum*. A consciência livre sente esse mundo como resistência e conquista dentro dele seu espaço de ação, e assim se percebe como *vontade livre*. Na verdade essa vontade só é livre na autopercepção da consciência. Esse homem com espaço de ação Nietzsche mais tarde chamará de *animal não fixado*, que busca fixações e depois as chama "verdades" — "verdades" entendidas como moral, que prendem o agir, e "verdades" entendidas como conhecimento de regularidades na natureza e na história, que dão orientação dentro do Inaudito. Tais perspectivas de verdade naturalmente ainda não foram desenvolvidas nesse genial texto escolar, mas surgirão dele. O fatum, explica Nietzsche, é o estável, e a liberdade é a singular abertura e mobilidade dentro deste mundo determinado. Ele chama a vontade livre de *mais alta potência do fatum* (J 2, 59), que se concretiza no seu oposto, portanto no medium da liberdade da vontade. Nietzsche teria podido citar Kant, a quem ainda não conhecia, que falava da "causalidade por liberdade". Nietzsche queria evitar que o mundo se rompesse num dualismo de determinação e liberdade, a *unicidade* deve ser preservada de algum modo. É preservada na relação de tensão dos polos. Só a liberdade pode sentir o fatum como força coercitiva, e só a experiência do fatum pode instigar a *vontade livre* a ser viva e a intensificar-se. Na oposição reside a unidade. Nietzsche resiste expressamente contra a interpretação do fatum como previdência divina, que supostamente é bem intencionada com os seres humanos. Não, o fatum não tem rosto, não se relaciona com os seres humanos, ele é aquele contexto cego que desafiamos extraindo-lhe significado através de nossa própria ação. Ele rejeita a crença na boa previdência divina como um *tipo indigno* de *entrega à vontade de Deus*, de quem não ousa *enfrentar com determinação o seu destino* (J 2, 60). O fatum, como Nietzsche o entende, é a contingência, acaso e necessidade sem sentido. Mas afinal existe uma espécie de objetivo, ainda que o processo do mundo não esteja intencionalmente dirigido para ele. Quando o jovem Nietzsche escreveu seu ensaio, a ideia do evolucionismo estava no ar — o darwinismo já iniciara seu cotejo triunfal —, e por isso ele experimenta com a ideia segundo a qual a história natural culmina no ser humano, e nele se abre o palco da consciência, onde a vida se torna um teatro para si mesma. A metáfora do jogo agrada Nietzsche. *A cortina cai*, escreve ele, *e o homem se reencontra, como uma criança brincando com mundos, como uma criança que acorda ao alvorecer e, rindo, esfrega a testa removendo dela os sonhos terríveis* (J 2, 59). Os *sonhos terríveis* relacionam-se com a ideia de que não vivemos, mas somos vividos, que não agimos conscientemente, mas que tudo nasce de *ação inconsciente*. Mas uma vez que despertamos para a consciência, não podemos estar seguros de estarmos realmente acordados, ou apenas trocamos o sonho, e se a suposta liberdade não mostrará mais uma vez ser o fascínio sonâmbulo de um sonho. *Descobri*, escreverá Nietzsche mais tarde, *que a velha humanidade e animalidade — sim, todo o tempo e o passado mais primitivo do ser que tudo percebe —, continua criando, continua amando, continua odiando, deduzindo em mim — de repente acordei no meio desse sonho, mas só para a consciência de que estou sonhando e tenho de continuar sonhando para não sucumbir: como o sonâmbulo que caminha tem de continuar sonhando para não cair* (3, 416; FW).

Esse pensamento posterior desenvolve a visão anterior do mistério da liberdade entendido como *mais alta potência do fatum*. Mas, para o jovem Nietzsche, para onde corre o todo: se a relação entre liberdade e fatum é constituída de modo que interessa o indivíduo, e a maneira como ele liga as duas esferas em sua própria vida, então cada indivíduo se torna palco do processo universal. Todo indivíduo é um exemplo da ligação entre fatum e liberdade. Os dois conceitos se diluem, escreve Nietzsche, fundem-se na *ideia da individualidade* (J 2, 60). O verdadeiro indivíduo está entre um Deus que teria de ser pensado como liberdade absoluta e um autômato, que seria o produto do princípio fatalista. O indivíduo não deve nem curvar-se para um deus nem para a natureza, não deve nem se volatilizar nem se coisificar. A falsa espiritualidade e a falsa naturalidade: são os dois perigos dos quais já o jovem Nietzsche se previne.

Com esses pensamentos o estudante de dezessete anos criou para si um impressionante cenário interior para a obra difícil e enobrecedora da autoformação. Durante os feriados de páscoa de 1862, Nietzsche medita intensamente sobre Deus e o mundo, vaga pelo seu *imensurável oceano interior* e adivinha para onde poderia se dirigir essa viagem; seria preciso tornar-se um indivíduo que conforma a si próprio e, ampliando seus círculos, consegue elevar-se o mais possível. Autoformação em linha ascendente: é isso. Na conclusão de seu curso de pensamento, ele quer reconciliar de novo a ideia da autoformação com a do cristianismo, que para esse fim interpreta de maneira conveniente. O que significa afinal que Deus tenha se tornado homem em Cristo? Significa a certeza de que vale a pena ser homem. Mas não somos seres humanos ainda, estamos nos tornando isso. Para isso é preciso entender *que somos responsáveis apenas por nós próprios, que uma censura pelo fracasso na vida deve valer só para nós, não qualquer outra força superior* (J 2, 63). Não precisamos da fantasia do *mundo supraterreno*, pois a tarefa de nos tornamos um ser humano é o realmente inaudito.

O aluno de Pforta precisa mover-se anda em círculos estreitos, no que diz respeito à realidade. Há o regulamento severo da vida no internato, nas férias, visitas em casa com a mãe e irmã em Naumburg, às vezes uma viagem para visitar parentes em Pobles, pequenas excursões nos fins de semana, por exemplo para Bad Kösen, onde ele bebe cerveja demais, volta embriagado e por isso é atormentado pela sua consciência por vários dias. Nietzsche amplia o espaço ainda apertado da realidade com ajuda do palco que sua imaginação lhe abre. Lá experimenta papéis. Começa, por exemplo, um romance de uma vida, narrado por um niilista cínico, uma figura famigerada que recorda de longe Lord Byron ou o William Lovell, de Tieck. Esse narrador tem o problema de não haver mais segredos para ele: *eu me conheço completamente (...) e agora — matraca no moinho — arrasto numa lentidão bastante confortável a corda que se chama fatum* (J 2, 70). Transbordando de fantasias púberes e densamente eróticas, o malvado Euforion conta como *engordou* uma freira magrinha e deixou o gordo irmão dela *magro como um cadáver*, acrescenta o narrador, para que não se deixe de perceber a graça. Depois de duas páginas manuscritas termina essa tentativa de romance. Nietzsche tinha querido criar uma personagem que sofre de excesso de autotransparência. Mas não é o caso dele. A magia de sua relação consigo mesmo é que permanece um mistério para si mesmo. E está firmemente decidido a continuar assim. Procura vislumbrar o que não tem limites, por isso a música tem primazia para ele. Poucos dias depois de interromper aquele projeto de romance, ele comenta: *Nossa vida emocional está menos clara exatamente para nós mesmos*, por isso seria preciso ouvir música, pois só ela faz ressoar as cordas da nossa vida interior, e mesmo que continuemos sem saber quem somos, podemos pelo menos *sentir nossa natureza nas vibrações.*

O homem só é criativo quando permanece uma charada para si mesmo. Mais tarde Nietzsche se chamará de *amigo das charadas, que não quer se privar facilmente do caráter enigmático das coisas* (12, 144). Mas os próprios enigmas nem sempre o divertem. Em setembro de 1863 ele escreve à mãe e irmã: *Se posso pensar durante alguns minutos o que quero, procuro palavras para uma melodia que tenho e uma melodia para palavras que tenho, e as duas coisas que tenho, juntas, não combinam, ainda que venham de uma só alma. Mas este é o meu destino!* (B 1, 153).

Ano-Novo de 1864, agora ele estuda na Universidade em Bonn, remexe manuscritos e cartas, prepara um ponche quente, e depois toca no piano o Réquiem do "Manfredo", de Schumann. Agora está sintonizado, e, segundo anota no diário, quer *deixar todas as coisas alheias e pensar só em mim* (J 3, 79). Escreve para casa a respeito dessa noite de Ano-Novo: *Nessas horas nascem propósitos decisivos (...) Por algumas horas estamos alçados acima do tempo e quase saímos da nossa própria evolução. Asseguramos e garantimos nosso passado, e adquirimos coragem e determinação para continuar seguindo nosso caminho* (B 2, 34). O relato à mãe e irmã é antes convencional, adaptado à compreensão delas, e não corresponde inteiramente aos acontecimentos sutis dessa noite de Ano-Novo que ele confia ao seu diário. Lá ele descreve uma espécie de cena espectral. Está sentado no canto do sofá de seu quarto, cabeça apoiada na mão, deixando passar diante do olhar interior cenas do ano passado. Mergulhado no passado, de repente toma de novo consciência do seu presente. Vê alguém deitado ali sobre a cama, gemendo e arquejando de leve. Um moribundo! Sente-se rodeado de sombras, que sussurram e rosnam para o moribundo. E de repente ele sabe que ali morre o ano velho. Poucos momentos depois a cama está vazia. Está claro outra vez, as paredes do quarto recuam e uma voz diz: *Oh, tolos e enlouquecidos pelo tempo, que não existe senão em vossas cabeças! Eu vos pergunto, o que fizestes? Quereis ser e ter o que esperais, o que perseguis, então fazei isso* (J 3, 9). Em seu diário, Nietzsche descreve essa visão e a interpreta imediatamente. O vulto arquejante sobre a cama é o tempo personificado, que morrendo lança o indivíduo de volta sobre si mesmo. Não é o tempo, mas a própria vontade criadora que transforma e desenvolve a pessoa. Não podemos nos fiar no tempo objetivo, temos de fazer sozinhos o trabalho de conformação do próprio eu.

Capítulo 3

Autoexames. Dieta filológica. A experiência de Schopenhauer. O pensamento como autossuperação. Fisis transfigurada e o gênio. Dúvidas quanto à filologia. A vontade de estilo. Primeiro encontro com Wagner.

Os problemas de uma atenção tão ocupada consigo mesma não podem escapar ao jovem Niestzche, que já escreveu no diário algumas "autobiografias" e outras reflexões acerca de si mesmo. Em 1868 ele anota, sob o título *Auto-observação*, as seguintes frases: *Ela engana/Conhece-te a ti mesmo. /Por ações, não contemplações/ (...) O observar inibe a energia: isso desagrega e esfarela. /O instinto é o melhor.* Ele se interrompe, reflete mais uma vez no que escrevera. Está correto que a auto-observação realmente só inibe e desagrega? Ele observa a auto-observação e percebe que também o ajudou. *Auto-observação, uma arma contra influências estranhas*, escreve (J 4, 126). Com ajuda da auto-observação ele pôde separar o próprio e o alheio, distinguir entre o que ele mesmo queria e o que os outros queriam dele. Mas essa distinção clara nem sempre se consegue, pois faz parte dos enigmas do próprio eu que não se saiba exatamente o que se quer. Como descobrimos o que queremos? Acaso o encontro decisivo consigo mesmo só ocorre na decisão, e não antes dela? Nietzsche indaga-se isso no começo de 1869, quando fica sabendo de seu chamado para Basileia e examina o que fez até ali, para descobrir como deve agir em relação a essa convocação. Deve-se prender à profissão na filologia clássica. Mas como foi que entrou na filologia clássica? Foi um *capricho barroco* do destino externo? Ele teve modelares professores de filologia, inspiradores, a atmosfera em Pforta, o seu talento, a sua aplicação, seu prazer em combinações e conjecturas — nada disso basta para compreender sua própria evolução. Pouco antes de mudar-se para a Basileia ele encontra a seguinte fórmula de autocompreensão. Escreve: *A sensação de não sucumbir na universalidade me impeliu para os braços da ciência rigorosa. Depois a nostalgia, de salvar-me da rápida alternância de sentimentos das tendências artísticas no porto da objetividade* (J 5, 250).

O autoexame o faz entender que não fora coerção exterior nem a perspectiva de carreira e segurança profissional, tampouco paixão pela filologia que determinara o curso de sua formação, mas que ele obviamente escolhia a filologia como instrumento de disciplina para se proteger contra a sedução dos inauditos horizontes do conhecimento e das paixões artísticas. A *mão tateante do instinto* (J 5, 250) obviamente ainda não o deixou sair para mar alto, mas recomendou-lhe que se contentasse em contemplar a amplidão parado na margem. Seu sentimento o preveniu contra o próprio desejo, e assim ele estava disposto a se curvar a coerções autoimpostas.

Curva-se primeiramente ao desejo da mãe, que o queria pastor. Ele deveria seguir a carreira do falecido pai. Mas já depois do primeiro semestre em Bonn ele interrompe o estudo de teologia e dedica-se inteiramente à filologia clássica. Naturalmente está longe de resolver sua relação com o cristianismo, mas os dogmas cristãos da Ressurreição, da Graça e da Justificação pela Fé não têm mais força vinculante para ele. Quando nas primeiras férias do semestre, na primavera de 1865, volta a Naumburg, a mãe fica horrorizada porque o filho se recusa ostensivamente a ir à Santa Ceia. Há uma briga violenta com a mãe, que finalmente rompe em lágrimas e é consolada por uma das tias com menção ao fato de que todos os grandes homens de Deus sofreram dúvidas e tentações. Por enquanto ela se acalma, mas pede que no futuro o filho seja mais discreto e a poupe. Não devem falar de dúvidas sobre religião. A mãe escreve ao seu irmão Edmund: "Apesar de nossa diferença de opiniões, o meu velho querido Fritz é um homem nobre que realmente tenta explicar a vida ou muito antes o tempo e só se interessa pelas coisas elevadas e pelos bons interesses, e despreza todas as coisas vulgares, e mesmo assim muitas vezes me preocupo com esse pobre menino. Mas Deus vê os corações" (Janz 1, 147). Por vezes a mãe não quer saber muito bem o que se passa no coração de seu filho transviado, que se queixa da limitação que lhe é imposta quanto à *expressão de fatos exteriores*, e na carta de 3 de maio de 1865 pede: *Escolhamos outros temas para as cartas* (B 2, 51). Com a irmã ele é franco. A 11 de junho de 1865 ele lhe dá um relatório sobre o que pensa de religião e fé. Escreve que é mais cômodo acreditar no que nos consola. Mais difícil é perseguir a verdade. Pois o verdadeiro não precisa limitar-se ao belo e ao bom. O amigo da verdade não deve pretender paz, calma e felicidade, pois a verdade pode *ser muito feia e repulsiva* (B 2, 60), e por isso os caminhos das pessoas se separam diante da questão: *queres paz da alma e felicidade, então crê, queres ser apóstolo da verdade, então investiga* (B 2, 61). Como estudante de filologia clássica na Universidade, Nietzsche no começo renuncia à busca de grandes verdades e contenta-se com sucesso com as pequenas moedas de sua disciplina especializada. Isso faz bem à vida da alma, pois ele nota *que apaziguamento benfazejo e enobrecimento do ser humano existe em um trabalho constante e insistente* (B 2, 79). E também o reconhecimento externo é considerável. O filólogo Ritschl, então liderando em Leipzig, o estimula. Cedo o faz trabalhar para publicação, deixa-o escrever textos para revistas especializadas e premia um de seus ensaios. Ritschl também não poupa outros elogios, diz que nunca teve um aluno tão talentoso. Mas o menino-prodígio da filologia clássica é cauteloso. A 30 de agosto de 1865 escreve a seu amigo Mushacke, *como é fácil ser determinado por homens como Ritschl, arrebatado talvez exatamente naqueles trilhos que estão bem longe da nossa própria natureza* (B 2, 81).

Ele não se deixará arrebatar pela filologia, mas pela filosofia no momento em que lhe chegar às mãos a obra de Schopenhauer. Em outubro de 1865 ele descobrira num antiquário de Leipzig os dois volumes de "O mundo como Vontade e Representação", comprando e lendo-os imediatamente, e depois, como relata em suas autobiografias, ficou algum tempo andando por ali como que embriagado; o mundo ordenado pela razão, pelo sentido histórico e pela moral, não era o verdadeiro mundo, lia-se ali. Atrás ou por baixo dele pulsa a verdadeira vida, a vontade. Nas cartas e anotações dos anos de Leipzig, entre 1866 e a primavera de 1868, anuncia-se uma postura de emoção, quase se poderia dizer conversão. Imediatamente, percebeu que a natureza do mundo, sua substância, não é algo racional, lógico, mas um impulso vital obscuro. Mas, o mais importante: ele se sentia confirmado na sua paixão pela música, pela ideia de Schopenhauer da redenção pela arte. O jovem Nietzsche interpreta o mero entusiasmo pela arte como triunfo da natureza espiritual do homem sobre a inibição natural de sua vontade. Se esse triunfo é possível, diz Nietzsche, também se pode ter como objetivo a *santificação e transformação de todo o cerne humano* (J 3, 298). É preciso ter poder sobre a própria vida, o que se prova proibindo-se também alguma coisa. Nietzsche obriga-se a ir para cama sempre apenas às duas da madrugada por catorze dias consecutivos, e levantar-se às seis da manhã. Impõe- se uma dieta severa, cria seu próprio mosteiro e nele vive como asceta. Assusta sua mãe enviando-lhe notícias gélidas de sua oficina de asceta. A 5 de novembro de 1865 ele escreve que é preciso decidir se se quer ser bobo e alegre, ou sábio e capaz de renúncia. Ou se é *escravo da vida* ou senhor dela, o que só consegue quem renuncia aos *bens da vida*. Só então a vida é suportável para aquele que não quer permanecer aprisionado na animalidade, *porque sua carga se torna sempre menor; e nenhum laço mais nos prende ao mesmo. É suportável porque então pode ser largada sem sofrimento* (B 2, 95s). Como Nietzsche escreve em outubro de 1868 a Rohde, é *a atmosfera ética, o aroma fáustico, cruz, morte e cova* (B 2, 322), que o fascinam em Schopenhauer; cruz, morte e cova não o deprimem, mas agem sobre ele como um elixir da vida. Nietzsche se deixa desafiar como que esportivamente pela cosmovisão sombria. Assimila-a, para avaliar o quanto pode suportar sem perder o prazer de viver. Terminologicamente ainda não se fala da "Vontade de poder" naquelas anotações sob influência da leitura de Schopenhauer, mas ele já faz experimentações com essa Vontade de poder, pois a negação schopenhauriana de poder para ele não é negação, mas afirmação enfatizada, entendida como vitória da vontade espiritual sobre a vontade natural.

As forças da vida, interna e externa, lhe aparecem sublimes, vistas da perspectiva de Schopenhauer. Sob a impressão de uma tempestade, Nietzsche escreve a 7 de abril de 1866: *Como é diferente o raio, a tempestade, o granizo, forças livres, sem ética! Como são felizes, e intensas, pura vontade não perturbada pelo intelecto!* (B 2, 122). Agora ele também vê de modo diferente as pessoas ao seu redor. Desde que Schopenhauer lhe tirou dos olhos *a venda do otimismo*, a vida se lhe tornou *mais interessante ainda que mais feia*, escreve ele a 11 de julho de 1866 a Mushacke (B 2, 140). Quando o amigo Carl von Gersdorff se desespera totalmente com a morte do irmão admirado, Nietzsche lhe escreve a 16 de janeiro de 1867: *Este é um tempo em que tu mesmo podes experimentar o que há de verdade na doutrina de Schopenhauer. Se o quarto volume de sua obra principal agora te causa uma impressão feia, sombria, incômoda, se não tem a força de te elevar e te conduzir para fora da intensa dor externa para aquele estado de espírito melancólico mas feliz que nos domina quando ouvimos uma música sublime, aquela disposição em que vemos apartarem-se de nós os invólucros terrenos; então eu também não quero ter mais nada a ver com essa filosofia. O que está dolorido pode e deve pronunciar sozinho uma palavra decisiva sobre essas coisas; nós os demais, no meio da torrente das coisas e da vida, apenas desejando aquela negação da vontade como uma ilha de felicidade, nós não podemos julgar se o consolo de tal filosofia também basta para os tempos de luto profundo* (B 2, 195). O consolo de Schopenhauer age sobre o amigo, e assim os dois, Friedrich Nietzsche e Carl von Gersdorff, podem permanecer unidos no espírito do filósofo.

No tratado sobre Schopenhauer escrito meia década mais tarde, Nietzsche expressa claramente que para ele Schopenhauer não foi apenas um mestre, mas sobretudo um *educador*. Lá ele define verdadeiro educador como *libertador* (1, 341; SE), que ajuda uma *alma jovem* a descobrir *a lei fundamental do próprio eu*. O libertador também é alguém que desperta, e em 1872, na sua quinta conferência, "Sobre o futuro das nossas Instituições de Ensino", Nietzsche descreve como, quando jovem, no seu primeiro encontro com a obra de Schopenhauer, estava carente e disposto a ser despertado. O universitário, resume ele falando da própria experiência, vive aparentemente livre e independente, e sente-se como num sonho, quando pensamos poder voar, mas nos sentimos presos por obstáculos inexplicáveis. Ele percebe *que não pode guiar nem ajudar a si próprio*. Verdade que crescem dentro dele *decisões altivas e nobres*, mas falta-lhe força para persistir. Assim ele mergulha *no mundo do dia e do trabalho cotidiano, pobre em esperanças*, e pouco tempo depois sente horror disso; não quer descambar tão cedo numa *especialização estreita e mesquinha*. Mas seria o seu destino, se continuasse *faltando um guia para sua formação* (1, 744s; BA). Para Nietzsche, Schopenhauer era um desses guias, dos quais emanava aquele feito que ele esperava de um verdadeiro filósofo, isto é, que lhe *pudessem obedecer porque confiariam mais nele do que em si próprios* (1, 342; SE). Essa confiança não precisa significar concordância com as doutrinas nos detalhes. A credibilidade pessoal lhe é mais importante do que o conteúdo objetivo da doutrina. Por isso a confiança em Schopenhauer permanece depois que, numa segunda leitura, crítica, surgiram algumas dúvidas e objeções.

A segunda leitura foi influenciada por outra grande vivência de leitura desses anos: a "História do Materialismo", de Friedrich Albert Lange, uma tentativa, então muito influente, de unir pensamento materialista e idealista. Através de Lange, Nietzsche conhecera a crítica do conhecimento de Kant, o materialismo antigo e moderno, o darwinismo e os fundamentos das mais novas ciências naturais, e com atenção mais aguçada descobriu agora falhas teóricas no sistema de Schopenhauer. Escreveu que não se deveria dar depoimento sobre a "coisa em si" incognoscível, nem aquele de que todos os predicados do mundo aparente — como espaço, tempo, causalidade — deveriam ser subtraídos da "coisa em si". O incognoscível não deve ser reinterpretado como imagem negativa do cognoscível, pois também com a lógica dos contrários se introduzem no indeterminável determinações do mundo cognoscível. Muito menos se deveria interpretar a "coisa em si"como vontade, o que seria uma afirmação determinada demais sobre a natureza indeterminada do mundo. Que a "vontade" é uma força vital elementar, talvez até primária, isso ele reconhece, mas critica que se inclua a "vontade" naquele lugar categorial que Kant deixara livre para a "coisa em si".

A crítica neokantiana a Schopenhauer, que Nietzsche desenvolve em ligação com Lange, porém não muda o fato de que ele permanece de acordo com duas ideias básicas da filosofia schopenhaueriana; em parte com a ideia segundo a qual o mundo em sua natureza interna não é algo racional e espiritual, mas ímpeto e impulso[3] obscuro e dinâmico e sem sentido, se medido pelo critério de nossa razão.

A segunda ideia básica a que Nietzsche se aferra é a possibilidade, descrita por Schopenhauer sob o título "negação da vontade", de um conhecimento que transcenda. Nenhuma transcendência no sentido religioso, nem um Deus do Além estão em jogo aqui, mas deve ser possível

3 Procurei traduzir "Trieb"quase sempre como "impulso", pois eventualmente o autor usa "Instinkt", que também pode ser denominado com o mesmo termo "Trieb" (N. da T.).

uma serenidade que supere o habitual comportamento egoísta. Um liberar-se do poder da vontade, um acontecimento que beira o milagroso, que Schopenhauer também descreveu como uma espécie de êxtase. Nessa mística da negação, não é tanto o "não" que fascina Nietzsche, mas a força de uma vontade que se dirige contra si mesma, portanto contra seus impulsos habituais. Mais tarde, na terceira "Consideração Extemporânea"— da qual se pode citar neste contexto, porque ele próprio esclareceu que a formulação de 1874 se refere à ideia dos tempos de estudante universitário — Nietzsche chamará esse desenvolvimento soberano da vontade, que chega a voltar-se contra si própria, de emancipação da *animalidade*. Ela é conseguida pelos *não-mais-animais*, são os *filósofos, artistas e santos* (1, 380; UB), *nos quais o eu foi inteiramente fundido e cuja vida sofrida não é ou quase não é mais sentida individualmente, mas como mais profundo sentimento junto-com e estar-unido em tudo o que é vivo: do sagrado, no qual acontece aquele milagre da transformação, no qual o jogo do devir existe sempre, àquela mais alta e final humanização para a qual toda a natureza se dirige e impele, para salvar-se de si mesma* (1, 382; UB).

Mais tarde Nietzsche interpretará essa inversão da vontade como ascese, triunfo de uma vontade que prefere o Nada a não querer. Esse "Nada" que aí se quer é entendido por Nietzsche como negação de posturas utilitárias, que servem à vida, fixadas em autoafirmação. Em lugar de avidez pela vida, a renúncia; em lugar de domínio, a entrega; em vez de limitação, o deslimite; em vez de individuação a unio mystica. Nietzsche liga-se a Schopenhauer exatamente ali onde a filosofia deste avança para uma vida transformada.

Schopenhauer, sabidamente, apenas apontara para a iluminação e a grande transformação. Ele próprio não era nenhum santo, nem se tornou um Buda de Frankfurt. Como ele mesmo admitia, ele "apenas" chegou até a filosofia e amor à arte. Para ele, filosofia e arte estavam a meio caminho da salvação, realizavam um distanciamento do mundo pela contemplação. Trata-se porém de uma postura estética, e assim a filosofia de Schopenhauer é uma metafísica do distanciamento estético, e nesse sentido é reivindicada por Nietzsche para suas próprias visões. Diferentemente da metafísica tradicional, o aspecto desonerador da metafísica estética de Schopenhauer não reside no conteúdo daquilo que se descobre como "essência" por trás do mundo aparente. Esse conhecimento essencial penetra na metafísica tradicional até tornar-se um ser-bom fundante do mundo, ele descobre bons fundamentos. Em Schopenhauer, porém, o conteúdo essencial do mundo não é uma boa causa (Grund), mas um abismo (Abgrund), a vontade escura, o ser torturante, o coração da treva. "Tente uma vez apenas ser inteiramente natureza — não dá para aguentar", é uma anotação de Schopenhauer. A desoneração não está, pois, no "o quê" da essência descoberta, mas no ato do conhecimento distanciador, no "como" portanto. Esse distanciamento estético do mundo quer dizer: olhar o mundo e fazendo isso "simplesmente não se emaranhar ativamente nele". Esse distanciamento estético abre um local de transcendência que tem de permanecer vazio. Nenhum querer, nenhum dever, apenas um ser que se tornou inteiramente um ver, um "olho do mundo".

O ponto arquimédico do alívio schopenhaueriano do mundo é o que Nietzsche chama "*Fisis transfigurada*" (1, 362; SE). Quando cunha essa expressão, Nietzsche já desenvolveu sua teoria sobre as forças elementares da vida do dionisíaco e do apolíneo. Por isso, na *Fisis transfigurada* poderemos reconhecer sua concepção da natureza apolínea dominada e da natureza dionisíaca purificada. Diferentemente de Schopenhauer, Nietzsche é mais fortemente atraído pela natureza dionisíaca, vai querer aproximar-se mais do abismo, porque suspeita haver ali dentro segredos ainda mais sedutores, e se considera livre de vertigem. Mas essa diferença por enquanto ainda não muda sua intenção de tomar Schopenhauer como modelo.

Em que exatamente consiste esse ser-modelo? Para Nietzsche, consiste na postura perfeitamente segura de si, imperiosa, desse filósofo que, contrariando o espírito de seu tempo, pronuncia como *juiz da vida* sua sentença e sua condenação, e com sua filosofia da negação aparece ao mesmo tempo como *reformador da vida* (1, 362). Schopenhauer realizou pois algo que mais tarde Nietzsche chamará de *transvaloração dos valores*. Contra quais valores reinantes ele fez sua objeção? Nietzsche descreve o próprio presente, quando retrata um mundo que Schopenhauer queria condenar e superar. Este mundo, diz Nietzsche, está povoado de gente que pensa em si própria com uma precipitação e exclusividade *como nun-*

ca antes seres humanos pensaram em si próprios; constroem e plantam para o seu dia, e a perseguição da felicidade nunca será maior do que quando ela tem de ser apanhada rapidamente entre hoje e amanhã; porque depois de amanhã talvez tenha acabado todo o tempo de caçar. Vivemos o período dos átomos, do caos atomístico (1, 367; SE). Mas quem vai refazer *a imagem do ser humano* naquela *revolução atomista* que nos conduzirá para baixo, para o *animalesco*, ou para *o rigidamente mecânico?* (1, 368).

Nietzsche pondera três imagens dessas, que podem lembrar o ser humano em suas melhores possibilidades: o homem de Rousseau, o homem de Goethe e, finalmente, o homem de Schopenhauer. Rousseau aposta na reconciliação com a natureza e na naturalização da civilização. O homem de Goethe é contemplativo e em sábia resignação e estilo nobre está em paz com as circunstâncias da vida. Finalmente, o homem de Schopenhauer descobriu que todas as ordenações do ser humano são de modo a que o traço básico trágico e sem sentido da vida não seja sentido. A vida comum é distração. Embora possa precipitá-lo em desespero, o homem schopenhaueriano quer erguer o véu da Maja, assume *o sofrimento voluntário da veracidade*, e isso lhe serve para *matar a sua vontade própria e preparar aquela total mudança e conversão de sua natureza, que é o verdadeiro sentido da vida* (1, 371; SE). Nietzsche chama isso *uma vida heroica* (1, 373). Ainda não conhecia aquela carta confessional de Schopenhauer a Goethe, na qual o filósofo se manifestava exatamente naquele sentido "heroico". A passagem da carta diz: "A coragem de não guardar nenhuma pergunta no coração é que faz o filósofo. Este precisa parecer-se ao Édipo de Sófocles, que, procurando explicação sobre seu próprio horrível destino, continua investigando sem descansar, ainda que já adivinhe que das respostas virá para ele o mais pavoroso". Com efeito, Schopenhauer se sentia tão heroico quanto Nietzsche o considerou ao escrever seu tratado de 1874, chamando-o de *gênio*.

Em que consiste a singularidade de um gênio? Nietzsche responde: um gênio na filosofia é um pensador que institui outra vez o valor da existência (Dasein), ele *é um legislador para medida, moeda e peso das coisas* (1, 360; SE). Para o jovem Nietzsche, filosofia é um empreendimento que interfere poderosamente na vida. Não é apenas uma descrição reflexiva e pensativa da vida, mas produz uma modificação da vida, e ela já é essa modificação. Pensar é agir. Na verdade isso não vale para todo pensar nem para todo pensador. Tem de haver um carisma especial do pensador e uma força vitalizante do pensado, para que as verdades não sejam apenas encontradas, mas realizadas. Uma década depois, em "Humano, Demasiado Humano", Nietzsche chamará aqueles filósofos que conseguem realizar seu pensamento os *tiranos do espírito* (2, 214; MA 1), e afirma que na Grécia antiga estão mais evidentes e distintos. Parmênides, Empédocles, Heráclito, Platão, todos eles querem chegar *com um único salto ao centro de todo o Ser* (2, 215). Não nos enganemos com as cadeias de argumentação por vezes enredadas e longas. Não foi por esses caminhos que esses *tiranos* chegaram à sua verdade, são apenas demonstrações posteriores, intimidações prolixas e excessos lógicos. São pré e pós-liminares, mas com efeito os heróis da filosofia querem ousar, depois do salto na verdade, o salto no público, e pronunciar suas poderosas palavras que deveriam levar algumas pessoas ou toda uma sociedade a ver, viver e conduzir sua vida diferentemente do que fizeram até então. Mas o tempo desses tiranos acabou: agora vale o *Evangelho da tartaruga* (2, 216; MA). "Verdades" não são mais conquistadas num salto, não são mais imperiosamente impostas aos seres humanos. A filosofia perdeu a Vontade de poder, e triunfa uma geração que agora esmiuça filológica e historicamente as grandes "verdades" antigas.

Assim, ao jovem Nietzsche, que como filólogo lida com as grandes ações da Antiguidade, apresenta-se a situação em que com Schopenhauer ele vive o inesperado retorno de um desses *tiranos do espírito*. A vivência de Schopenhauer tem consequências para o trabalho filológico. Em fins de 1867 Nietzsche escreve em seu rascunho: *É um pensamento terrível saber que incontáveis cabeças medianas se ocupam com coisas realmente influentes* (J, 3, 320). Ele planeja seu artigo sobre Demócrito e sobre a "História dos estudos literários na Antiguidade e nos tempos modernos", no qual, como escreve a Rohde a 1º de fevereiro de 1868, gostaria de dizer *uma porção de verdades amargas aos filólogos* (B 2, 248), por exemplo, que recebemos *todos os pensamentos iluminantes* somente de poucos *grandes gênios* e que esse *criativo* vem de pessoas que nem realizaram estudos filológicos e históricos. Eles próprios colocaram algo no mundo, não comentaram, compilaram, explicaram outros autores, não os ordenaram e colocaram em gavetas. Os primários afirmam e se afirmam, os secundários — os filólogos e historiadores portanto — esmiuçam o que é grande, porque *não possuem a fagulha criadora* (B 2, 249).

No outono de 1867 desperta em Nietzsche o desejo de sair das fileiras dos comentadores e compiladores e tornar-se ele próprio um autor criativo, ainda que permanecendo no campo da filologia. Em suas anotações ele descarrega seu desgosto pelas rotinas da lida filológica. É preciso finalmente parar de remexer *no quarto de despejo* da tradição, *tem de acabar esse ruminar* (J 3, 337), a filologia devia reconhecer que sua provisão em objetos realmente interessantes se esgotará e que importa, com alguns *pensamentos grandes*, transformar o antigo em algo novo, algo com futuro. *O melhor que se pode fazer é uma recriação poética consciente de espíritos, acontecimentos, caracteres* (J 3, 336).

Nietzsche ainda não chegou ao ponto de poder ver-se como gênio. Mas em retrospectiva ele afirmará que a reflexão "Schopenhauer como Educador" já naquele tempo teria merecido o título "Nietzsche como Educador". Em 1867 ainda não se pode pensar nisso, mas ser apenas filólogo é muito pouco para ele. Tem um claro pressentimento de estar sendo autor de si mesmo. Por isso é *como se lhe caíssem escamas dos olhos* quando vê que lhe falta estilo. *Vivi tempo demais em uma inocência estilística* (B 2, 208), escreve numa carta a Carl von Gerdorff, a 6 de abril de 1867. Diz que um *imperativo categórico* o fez despertar com a instrução: *Deves, e tens de escrever*. Nesse momento ele notara, para seu horror, que não conseguia. *De repente a pena ficou paralisada em minha mão*. Em Lessing, Lichtenberg e Schopenhauer ele estuda prescrições de estilo, mas *as Graças* não querem aproximar-se dele. Como conseguir que se liberem no estilo *alguns espíritos alegres?* Está perplexo mas decidido: vai trabalhar em si mesmo, exercitar-se na consciência de estar apenas no começo. Luta para conseguir aceitar como um presente a ofensiva noção de *simplesmente não ter estilo em alemão*, pois quem quer tornar-se escritor precisa ter *na consciência a tábula rasa de nossas artes estilísticas* (B 2, 214).

Porém Nietzsche ainda está no círculo de tarefas da filologia pela qual se decidiu no começo de seus estudos, e na qual continua prisioneiro quando, antes de terminar seus estudos, lhe chega a honrosa convocação para a cátedra de filologia clássica em Basileia. Mas como filólogo que olha por cima da cerca de sua disciplina e descobriu sua paixão por escrever e filosofar, ele assume ter a força de soprar um hálito vivo na sua disciplina.

Chama esse processo, com qual transformamos em algo vivido o que foi feito e talvez até forçado, de a geração de uma *segunda natureza* (J 3, 291), e explica esses conceitos em sua "biografia" de 1867, escrita depois do serviço militar, com o exemplo do soldado infantarista que, ao fazer os exercícios, no começo receia desaprender a caminhar, quando é *instruído a levantar o pé conscientemente*. Mas quando marchar se instalou em seu sangue e carne, *ele caminha tão livremente quanto antes* (J 3, 291). O conceito de *segunda natureza* assumirá importância central em Nietzsche. Quando, em 1882, amigos o censuram de que sua jactância de ser um espírito livre nem combina com a sua natureza, e que estava se excedendo, ele se defende numa carta a Hans von Büllow: *Bom, pode ser uma "segunda natureza", mas ainda vou provar que só com essa segunda natureza realmente tomei posse da minha primeira natureza* (B 6, 290).

A *primeira natureza* é aquilo que fizeram conosco, o que nos foi imposto e o que encontramos em nós mesmos e ao redor de nós, origem, destino, meio, caráter. A *segunda natureza* é o que fazemos com isso tudo. Já o jovem Nietzsche descobrira a linguagem e a escrita como aquele poder que lhe permite fazer algo de si próprio.

A autoconfiguração através da linguagem será para Nietzsche uma paixão que marcará o inconfundível estilo do seu pensamento. Nesse pensar diluem-se as fronteiras entre encontrar e inventar, filosofia torna-se obra de arte de linguagem e literatura, tendo como resultado que os pensamentos estarão inapelavelmente metidos no seu corpo verbal. O que o virtuosismo linguístico de Nietzsche vai produzir como por mágica, só com grande perda de evidência se pode reproduzir em outras palavras. Nietzsche estava consciente dessa fusão de suas ideias com suas singulares formulações, e por isso duvidava se jamais lhe seria possível criar uma "escola". Considerava-se, e ao que tinha feito consigo mesmo, algo inimitável. Nietzsche sentia-se em casa no limite da comunicabilidade. Lá fazia experiências com sua autoconfiguração.

Como a linguagem singular, também os pensamentos devem agir junto numa autoformação, na produção de uma *segunda natureza*. Só isso lhe dá os *temperos secretos* (5, 239). Veremos Nietzsche no palco de seus escritos, como ele avalia o efeito que seus pensamentos têm sobre ele mesmo. Sua obra sempre fornece as duas coisas, o pensar e o pensador. Ele não se limitará a desenvolver pensamentos, mas mostrará como os pensamentos nascem da vida, e retornam para a vida modificando-os. Ele testará a força deles, para ver se resistem às dores físicas sob as quais ele padece. Pensamentos têm de deixar-se *encarnar*, ele exige, só então teriam valor e significado para ele. Quem, como Nietzsche, se pergunta constantemente como faço meus pensamentos, e o que meus pensamento fazem de mim, este inevitavelmente tem de tornar-se produtor de seu pensar.

* * *

Nesse tempo em que Nietzsche começa a projetar-se como escritor de filosofia, que, partindo da filologia sai em *viagens* pelo *desconhecido com a inconstante esperança de um dia encontrar um objetivo onde possa descansar* (J 3, 336), nesse momento de sua vida, pois, Nietzsche conhece Richard Wagner pessoalmente. Poucas semanas antes desse primeiro encontro, numa carta a Rohde de 8 de outubro de 1868, Nietzsche ainda se expressara bastante criticamente quanto a Wagner, chamando-o de *representante de um diletantismo moderno, que suga e digere todos os interesses artísticos* (B 2, 322). O que lhe agrada em Schopenhauer, *o clima ético, o aroma fáustico, cruz, morte e cova etc.*, ele também valoriza em Wagner. Apenas três semanas depois assiste a um concerto onde se apresentam as aberturas de "Tristão e Isolda" e de "Os mestres cantores". Decide manter-se distanciado, sem conseguir. *Não consigo me portar com frieza crítica em relação a essa música; cada fibra, cada nervo meu estremece, e há muito não tive um sentimento tão duradouro de alheamento* (B 2, 332; 27. Outubro 1868).

Tinham falado sobre o talentoso universitário e amante da música Friedrich Nietzsche na casa do orientalista de Leipzig Heinrich Brockhaus, e Wagner, que visitava a família, manifestara vontade de conhecer o jovem estudioso de filologia clássica. Este é convidado, e fica eufórico de orgulho. Encomenda um traje novo no alfaiate, que é pontualmente entregue, mas que ele não pode pagar na hora. O ajudante de alfaiate quer sair de novo levando a roupa. Nietzsche o segura, brigam, cada um deles puxa a calça nova. O alfaiate vence e desaparece com a peça. Nietzsche descreve a cena a seu amigo Rohde: *Fico meditando sentado no sofá, e contemplo um casaco preto pensando se será suficientemente bom para Richard* (B 2, 340; 9). Veste-o, está num *estado de espírito intensamente romanesco.* Na casa de Brockhaus ele encontra um grupo familiar e aconchegante. Wagner vai até ele, diz algumas coisas lisonjeiras, informa-se de onde o jovem conheceu sua música. Falam em filosofia. Com *indescritível calor* Wagner fala de Schopenhauer e chama-o único filósofo *que reconheceu a essência da música.* Wagner toca ao piano algumas passagens de "Os mestres cantores". Nietzsche sente-se como que enfeitiçado. Na despedida o mestre aperta muito calidamente a sua mão e o convida para uma visita em Tribschen, *para fazerem música e filosofia.*

Depois que Nietzsche se muda para a Basileia, viera a ocasião para uma visita à vizinha Tribschen. Ele é recebido com imensa amabilidade. Wagner acolhe agradecido todo o prosélito. Depois dessa primeira visita, na segunda-feira de Pentecostes de 1869, Nietzsche escreve a Richard Wagner: *Veneradíssimo senhor: quanto tempo tive a intenção de lhe manifestar sem nenhuma timidez o grau de gratidão que sinto em relação ao senhor; pois realmente os melhores e mais elevados momentos de minha vida se ligam ao seu nome, e eu só conheço mais um homem, além disso seu grande irmão em espírito, Arthur Schopenhauer, em quem penso com a mesma veneração, até senso religioso* (B 3, 8).

Os dias felizes em Tribschen, depois dessa primeira visita, foram descritos muitas vezes: os passeios em comum no lago, Cosima Wagner de braço com Nietzsche; as noites alegres em círculo íntimo, quando depois de lerem juntos "O pote dourado", de E. T. A. Hoffmann, onde Cosima se intitulava a serpente mágica Serpentina, o mestre, ele próprio, o diabólico arquivista Landhorst e Friedrich Nietzsche como o sonhador e desajeitado estudante Anselmus; a solicitude de Nietzsche quando providenciava para Cosima, em Basileia, cálices de vinho, fitas de tule com *pois* ou estrelinhas douradas, e outros agrados, um pequeno Menino Jesus entalhado e outros bonequinhos, ajudando a dourar maçãs e nozes nos preparativos de Natal e revisando as correções da autobiografia de Richard Wagner; a manhã do primeiro dia de Natal de 1871, quando uma pequena orquestra na escadaria apresenta a composição mais tarde conhecida como "Idílio de Siegfried" como saudação de aniversário para Cosima; Nietzsche improvisando no piano, enquanto Cosima escuta gentilmente e Richard Wagner deixa a sala contendo o riso.

Richard Wagner rapidamente fez uma imagem dos talentos de Nietzsche, aqueles que pensava poderem lhe ser úteis. Wagner escreve: "Você pode assumir boa parte, uma metade inteira da minha destinação!" Ele se atormentava tanto com filosofia quanto Nietzsche com música, sem produzir nada direito. Mas para ele a filologia era igualmente importante, como a música para Nietzsche. Poderiam se complementar magnificamente, Nietzsche continuado filólogo e "orientando-o", como inversamente o filólogo se deixaria guiar e inspirar pelo músico. "Pois mostre então", escreve Wagner a 12 de fevereiro de 1870, "para que serve a filologia, e ajude-me a conduzir essa grande 'Renascença' ao estado em que Platão abraça Homero, e Homero, cheio das ideias de Platão, agora é que se torna o grande Homero" (N/W 1, 58).

Wagner animou o jovem professor universitário a fazer algo ousado em filologia clássica. Nietzsche se entusiasma. Para colaborar na *grande Renascença* da qual Wagner fala em palavras imprecisas, ele começa seu Livro sobre a Tragédia, adivinhando que no futuro talvez não o leve em frente, mas mais perto de si mesmo. Uma extravagância também no campo da filologia, mas já realizado no estilo do aventureiro e navegador daquele mundo interior que se chama "ser humano" (2, 1; MA). Ainda no terreno da filologia, mas já com vontade de dançar, Nietzsche escreve sua primeira grande obra, "O Nascimento da Tragédia".

Capítulo 4

O torvelinho do Ser. O nascimento do "Nascimento da Tragédia". Crueldade no fundo. Nietzsche na guerra. Escravos. Pensamento moral vs. pensamento estético. Medo da insurreição. Olhar no segredo do funcionamento da cultura. Imagens luminosas e ofuscamento diante do Inaudito. Sabedoria dionisíaca.

A 2 de julho de 1868 Nietzsche confessou a Sofia Ritschl, esposa de seu venerado mestre de filologia clássica e benfeitor, que buscava uma oportunidade que lhe permitisse unir música com filologia. *Mas talvez um dia eu encontre um tema filológico que possa ser musicalmente tratado, e então vou gaguejar como um bebê e amontoar imagens como um bárbaro que adormece diante de uma cabeça antiga de Vênus, e apesar da "pressa florescente" da descrição — terei razão* (B 2, 299). Isso foi escrito antes de conhecer Richard Wagner. Ainda era o devaneio de um jovem professor de filologia clássica, que já dominava tão bem seu metiê que o entediava *anotar raciocínios sóbrios com a necessária discrição e brevidade* (B 2, 299).

Tratar *musicalmente* um material filológico para ele não significa apenas deixar a música tornar-se temática, mas produzir ele mesmo uma espécie de música *que por acaso não é escrita com notas, mas com palavras* (B 2, 298). Nietzsche busca um tema que lhe permita fazer música com palavras. Depois do encontro com Richard Wagner ele percebe que há algum tempo tem esse material nas mãos: a tragédia grega. Nietzsche já se ocupara dela antes do encontro com Wagner, mas só depois descobre nela *o torvelinho do Ser*, como diz em um prefácio-projeto de "O Nascimento da Tragédia" (7, 351).

Nietzsche escreveu esse primeiro livro quando ainda sentia, no campo da filologia, o dever de justificar com uma publicação brilhante sua prematura convocação sem doutorado nem concurso. Mais tarde, na *Tentativa de uma Autocrítica* (1, 11; GT), de 1886, não se fala mais de tais motivos. Em retrospectiva, Nietzsche se descreve *como discípulo de um Deus ainda desconhecido*, que sob a carapuça do intelectual só pensava em procurar *companheiros de devaneio e os atrair para novos atalhos e novos locais de dança* (1, 14; GT).

A tragédia grega — local de dança onde se pode ser arrebatado para o torvelinho *do Ser*.

No surgimento de "O Nascimento da Tragédia" podem-se reconhecer claramente os passos isolados do trabalho. No começo estão as duas conferências públicas: "O drama musical grego", de 18 de janeiro de 1870, e "Sócrates e a Tragédia", de 1º de fevereiro de 1870.

Na primeira conferência, Nietzsche desenvolve a tese do surgimento da tragédia grega das festas dionisíacas. Com isso ainda permanece rigorosamente no campo da filologia clássica contemporânea. Nietzsche emprestara da Biblioteca da Universidade de Basileia uma obra standard sobre a tragédia grega, a "História da literatura grega" (1857), de Karl Otfried Müller, onde se fala do culto a Dioniso como germe do teatro grego. Lá descrevem-se detalhes reveladores como o disfarce dos dançarinos com peles de bode e cervo, suas máscaras e seu "desejo de saírem de si mesmos, de se tornarem estranhos a si próprios" (Latacz 38). Mas, diferentemente dessa filologia clássica que cuidava de manter distanciamento, Nietzsche tenta entrar no delírio dessas festividades, mas o *sapato apertado* da erudição o impede, pois o ideal da clareza influencia a disposição de sentir estímulos obscuros. *Todo o crescer e devir no reino da arte tem de acontecer numa noite profunda* (1, 516). Nietzsche quer conduzir para essa noite. Descreve os êxtases e excessos da multidão excitada e entusiasmada. Compara-os às danças de São Vito na Idade Média, que muitos estudiosos chamavam a *epidemia do povo*. Vê-se como eram injustos com esse julgamento desrespeitoso, porque na Antiguidade essa chamada *epidemia do povo*, portanto os excessos dionisíacos, fizeram surgir o teatro grego, conferindo-lhe sua força. Nietzsche continua escrevendo que era a desgraça das artes modernas *não terem nascido de uma fonte tão misteriosa* (1, 521). Mas como é que excesso e êxtase levaram à tragédia no palco? Nietzsche descreve o fato em suas fases isoladas. Na embriaguez o indivíduo perde a consciência de sua individualidade; desabrocha naquela excitada massa em festa, dilui se com ela. Nesse excitado corpo coletivo circulam visões e imagens com as quais os indivíduos fundidos na unidade se contagiam mutuamente. Os *exaltados dionisíacos* pensam ver e vivenciar o mesmo. Mas cada vez retorna o momento do despertar dessa vertigem, e todos retornam ao seu isolamento individual. Essa é a difícil e arriscada transição para a lucidez, uma transição que exige um acompanhamento e apoio ritualísticos. A apresentação da tragédia no fim das festas dionisíacas não é senão esse ritual de transição da vertigem coletiva para a vida cotidiana da cidade. O drama ático, escreve Nietzsche, só pôde surgir porque *algo dessa vida dionisíaca natural* foi mantido no palco do teatro.

Que aspectos dessa vida natural dionisíaca foram preservados? O jogo ritualístico encena as duas coisas: a dissolução no acontecimento coletivo e a individualização. Os protagonistas estão no palco, e ali está o coro. Quando na tragédia o indivíduo sucumbe, paga a culpa de ser indivíduo. É o coro que sobreviverá ao indivíduo. Por isso os protagonistas no palco agem como se fossem uma visão do coro. E com o coro, diz Nietzsche, o autor da tragédia traz o público, com suas visões, até o palco. O espectador do teatro ático queria o alheamento quando de tarde se sentava nas pedras do amplo anfiteatro, e ele lhe era concedido. Ele está com disposição de festa, pronto a deixar-se transformar e a sair de si. E agora soa a música, o canto rítmico do coro, que faz os corpos dos cantores e ouvintes embalarem-se. Surge um estado de animo denso, e quando as figuras isoladas sobem ao palco, é como se da vida e trama dessa disposição nascesse a visão comum a todos; diante do coro atuam os protagonistas, primeiro só um, depois vários.

Mas são os indivíduos que por algum tempo se afirmam contra o coro coletivo. Eles aparecem, e são, como diz Nietzsche, a *dissonância viva*. Como habitualmente na dissonância, surge um arco de tensão no palco: os protagonistas separam-se do coro como vozes isoladas, desenvolvem seu jogo dissonante para depois submergir de novo no uníssono do coro. O indivíduo dissonante não pode manter-se muito tempo, e quando submerge retorna ao seio da música, o coro o aceita outra vez. As personagens e ações destacam-se da música como a ilha de um mar. O coro e sua música permanecem onipresentes. O que também ocorre no palco é público, na luz clara, nada fica oculto ao coro, o indivíduo não se pode esconder, a música do mundo o engolirá. A música, diz

Nietzsche, tinha entre os gregos a tarefa de transformar *o suportar (...) do herói na mais intensa compaixão dos ouvintes* (1, 528).

A tragédia grega leva para o palco a relação de poder entre palavra e música. O protagonista domina a palavra, mas é a música do coro que domina o que produz as palavras. A palavra está submetida a mal-entendidos e interpretações errôneas, não sai do mais interior e não chega até lá. Ela vive e tece à margem do Ser. Com a música é diferente. Ela *atinge o coração diretamente, como a verdadeira linguagem comum que se entende por toda parte* (1, 528s).

Nessa primeira conferência Nietzsche já alude àquilo em que a tragédia vai se despedaçar. Na carreira da palavra. O Logos vence o Pathos da tragédia. A tragédia estará liquidada quando a linguagem se emancipar da música e fizer valer em excesso a sua própria lógica. O que é linguagem? Um órgão da consciência. Mas música é ser. Com o fim da tragédia, Ser e consciência não se harmonizam mais. A consciência se fecha contra o Ser. Torna-se rasa. Com o fim da velha tragédia do Pathos, começa para Nietzsche a nova tragédia do Logos. E dessa tragédia, diz Nietzsche, ainda estamos no meio.

Mas quanto à origem da tragédia das festas dionisíacas, Nietzsche ainda permanece nas fronteiras da filologia clássica contemporânea. Mas a tese de sua segunda conferência, a que já se alude no fim da primeira, mencionando o *processo de desagregação* (1, 530) da tragédia pela sua intelectualização, devia ser uma provocação para os filólogos clássicos. Por isso ele também cuida para que essa conferência ainda não caia sob os olhos de seu professor Ritschl. Mas finalmente ele fica sabendo e, como se pode imaginar, fica pouco edificado. Como se tivesse de penitenciar-se por suas incursões demasiado livres, Nietzsche oferece ao seu professor tarefas de filologia clássica de postura correta para um volume da coleção a “Meletemata Societatis philologicae Lipsiensis”.

A conferência sobre “Sócrates e a Tragédia” despertou, como relata Nietzsche a seu amigo Rohde em meados de fevereiro de 1870, *susto e mal-entendidos* (B 3, 95). O que houve nessa conferência de tão terrível e passível de mal-entendido?

Nietzsche criticou a alta valorização da consciência, considera funesta a carreira do pensamento socrático *tudo tem de ser consciente para ser bom*

(1, 540). Primeiro, isso destrói a Tragédia, e depois limita o inconsciente criativo, e o inibe. Sócrates quebra o poder da música, e em seu lugar coloca a Dialética. Sócrates foi funesto, com ele começa o racionalismo que nada mais quer saber das profundezas do Ser. Sócrates é o começo de um saber sem sabedoria. Quando à Tragédia, o pathos do destino foi afastado pelo calculismo, intrigas e cômputos. A descrição das forças da vida tornou-se encenação de intrigas refinadamente imaginadas. O mecanismo de causa e efeito expulsa a relação de culpa e penitência. Nem ao menos se canta agora no palco, mas se discute. O acontecimento no palco perde seu mistério, os protagonistas sofrem porque erraram nos cálculos. O estado de ânimo fundamental, que era trágico, se dissolve. Diz Nietzsche, *é como se todas essas figuras não sucumbissem pelo trágico, mas pela superafetação do Lógico* (1, 546).

Nietzsche trata Sócrates como sintoma de uma transformação cultural profunda de consequências até a atualidade. A vontade de saber domina as forças vitais de mito, religião e arte. A vida humana se aparta do escuro fundo de raízes de seus instintos e paixões. É como se o Ser devesse justificar-se perante a consciência. A vida anseia pela luz, a dialética vence a música trevosa do destino. Desperta a esperança otimista de que a vida se deixe corrigir, dirigir, calcular a partir da consciência. Assim, escreve Nietzsche, morre o teatro musicado, por *delírio, vontade e dores*, mas não morreu para sempre. A conferência de Nietzsche termina com observações em voz baixa sobre o possível renascimento da tragédia grega. Não se menciona o nome de Richard Wagner, mas provavelmente todo ouvinte terá notado a referência a ele.

O drama musicado renovado poderá impor-se, poderá voltar a despertar, numa era marcada pelas ciências e de inclinações otimistas, o senso dos abismos trágicos? Essas são as questões que Nietzsche levanta ao fim de sua conferência. Sugere que o destino do teatro musicado no presente dependerá da força de sua contraparte, o *socratismo de nossos dias*. O manuscrito original da conferência de Sócrates, que envia para Wagner em Tribschen, termina com a frase: *Esse socratismo é a imprensa judia atual; não direi mais nenhuma palavra* (14, 101). Encarar a força desagregadora do conhecimento como um princípio "judaico" é um dos princípios fundamentais na casa de Wagner, e talvez Nietzsche o tenha assumido de lá, mas Cosima ainda sente que deve fazer exortações táticas ao seu jovem admirador. "Agora tenho um pedido a lhe fazer", escreve Cosima a 5 de fevereiro de 1870, "de não mexer no ninho de abelhas. Está me compreendendo bem? Não mencione os judeus, principalmente não *en passant*; mais tarde você vai querer assumir a terrível batalha em nome de Deus, mas não antecipadamente, para que em seu caminho tudo não se torne confusão e mistura (...) Você há de saber que no fundo da alma concordo com o que você disse" (N/W 1, 52).

Richard Wagner também reage com grande louvor à conferência de Nietzsche. Concorda em todos os pontos, mas confessa seu "susto" pela "audácia" com que Nietzsche "transmite ideias tão novas" (N/W 1, 50). Como Cosima, Wagner aconselha cautela. "Mas eu me preocupo com você", escreve, "e desejo de todo o coração que não quebre o pescoço." Depois sugere que Nietzsche desenvolva suas ideias em um "trabalho maior e mais abrangente".

Há indícios de que Nietzsche concebeu o plano para seu livro sobre a tragédia instigado por isso. Domina-o um pressentimento singular de grandes coisas que vão acontecer com ele, e que ele há de realizar. Escreve a Rohde em meados de fevereiro de 1870: *Ciência, arte e filosofia se vão fundindo tanto em mim que algum dia certamente vou parir um centauro* (B 3, 95).

Na primavera de 1870 Nietzsche tem uma ideia e logo nota que com a ajuda dela poderá compreender e julgar não apenas a cultura clássica, mas cultura em geral, no que diz respeito à sua dinâmica e vitalidade. Trata-se da descoberta do jogo conjunto de forças polares da cultura, que Nietzsche batiza com o nome dos dois deuses, Apolo e Dioniso. No tratado escrito no verão de 1870, "A cosmovisão dionisíaca", ele aplica pela primeira vez o par contrastante "apolíneo-dionisíaco" como chave para interpretação da tragédia grega.

As reflexões elaboradas nas duas primeiras conferências o tinham conduzido para bem perto da soleira dessa descoberta. Na primeira, falava-se da origem da tragédia nos festejos dionisíacos; e na segunda conferência ele falara da *clareza apolínea* (1, 544) de Sócrates. Agora começa a perceber que a tragédia representa um compromisso desses dois impulsos fundamentais. As paixões e a música são dionisíacas, a linguagem e a dialética no palco são apolíneas — as duas coisas juntas resultam na descrição consciente e clara de obscuras forças do destino.

No primeiro avanço Nietzsche compreende que o apolíneo e o dionisíaco são marcas de estilo artístico. Apolo é o deus da forma, da clareza, do contorno nítido, do sonho luminoso e, sobretudo, da individualidade. As artes plásticas, a arquitetura, o mundo homérico dos deuses, o espírito da epopeia — tudo isso é apolíneo. Mas Dioniso é o deus selvagem da dissolução, da embriaguez, do êxtase, do *orgíaco*. Música e dança são as formas preferidas. O encanto do apolíneo reside em não se esquecer em nenhum momento a artificialidade, preserva-se a consciência do distanciamento. mas nas artes dionisíacas a fronteira se dilui. Quem é arrebatado pela música, dança e outros feitiços da arte perde o distanciamento. Na vertigem perde-se a consciência da embriaguez. O *exaltado dionisíaco* não se vê de fora, mas o apolineamente entusiasmado permanece reflexivo. Saboreia seu entusiasmo sem entregar-se a ele inteiramente. O apolíneo dirige-se ao indivíduo, o dionisíaco ultrapassa os limites.

O que começa com a análise de princípios estéticos amplia-se em um dos primeiros ousados projetos das condições metafísicas básicas do ser humano. Aqui aparece em Nietzsche a filosofia de Schopenhauer, pois o dionisíaco é entendido como mundo da vontade impulsiva, e Apolo é responsável pela representação, isto é, a consciência. Dessa constelação surge sem dúvida para Schopenhauer, primeiro, que o dionisíaco representa a força de vida primária, elementar, e, segundo, que essa camada da vida é criativa, mas ao mesmo tempo cruel e desesperada. Schopenhauer também descreve o mundo da vontade como criativo, cruel e desesperado.

Com a reinterpretação das características artísticas do estilo -apolíneo e dionisíaco — como forças vitais metafísicas, no verão de 1870 Friedrich Nietzsche deu o passo que decidia tudo em sua biografia intelectual. A partir dali ele tem na mão uma chave com a qual pensa compreender o segredo do funcionamento das culturas, sua história e seu futuro.

O dionisíaco, é a visão de Nietzsche, é o próprio inaudito processo da vida, e culturas não são senão tentativas frágeis e sempre ameaçadas de criar dentro delas uma zona de "vivibilidade" (Lebbarkeit). Culturas sublimam as energias dionisíacas; as instituições culturais, rituais, significados, são representações, símbolos, que se alimentam da verdadeira substância vital, mas mesmo assim a mantêm à distância. O dionisíaco jaz diante da civilização e debaixo dela, é a dimensão a um tempo sedutora e ameaçadora do Inaudito.

Sedutor no dionisíaco é uma tríplice dissolução de limites, uma tríplice separação do *principium individuationis* (1, 554). O ser humano abre suas fronteiras em direção à Natureza, sente-se um com ela. Abre suas fronteiras para o seu semelhante no *orgiasmo*, no amor e na ebriedade da massa. E o terceiro limite é derrubado dentro do indivíduo. A consciência abre-se para a sua inconsciência. Essa tríplice queda de fronteiras tem de ser vivida por um Eu como ameaçadora, medrosamente agarrado que está à sua identidade. Dionisíaca em relação a isso seria a disposição de sucumbir prazerosamente.

No verão de 1870, quando Nietzsche escreve seu artigo "A cosmovisão dionisíaca", começa a guerra franco-alemã. Isso fornece a disposição básica heroico-trágica, pois Nietzsche vive o começo da guerra como irrupção do dionisíaco. *Toda a nossa cultura desbotada desaba no peito do Demônio terrível*, escreve ele a Rohde a 16 de julho de 1870 (B 3, 130). A expressão *Demônio* não se refere à França, mas, como Nietzsche diz em outra passagem, ao *gênio militar* (1, 775). Este irrompe a fina casca da civilização, é um caso de emergência da vida. O que já se anuncia no entendimento de Nietzsche do dionisíaco evidencia-se agora em suas reações à guerra; o mundo dionisíaco da vontade elementar é ao mesmo tempo o mundo heraclítico da guerra como pai de todas as coisas.

Nessa hora da verdade, em que se revelam os terríveis subterrâneos do Ser (B 3, 154; 7 de novembro de 1870), Nietzsche não aguenta mais ficar na escrivaninha. Oferece-se como enfermeiro no front, ainda que Cosima Wagner o desaconselhe, e recomende que é melhor mandar charutos aos soldados do que o próprio "eu" (9 de agosto de 1870; NW 1, 96). Por somente duas semanas em setembro, Nietzsche fica no cenário da guerra no oeste; está junto quando recolhem mortos do campo de batalha, acompanha um transporte de feridos e, com isso, contagia-se com difteria e disenteria. *Assim*, escreve a Richard Wagner a 11 de setembro de 1870, *depois de breve tentativa de 4 semanas esforçando-me para atuar sobre o geral, volto a ser lançado sobre mim mesmo* (B 3, 143). A partir dali ele não poderá mais esquecer *as pavorosas imagens* (B 3, 146) dos campos de cadáveres, os moribundos e os mutilados. Sabe do que está falando quando chama essa *cosmovisão dionisíaca* de *glorificação e transfiguração dos meios terríveis e das coisas pavorosas do existir como remédios do existir* (1, 570; DW). Num esboço (fevereiro de 1871) de um prefácio de "O Nascimento da Tragédia", dirigido a Richard Wagner, ele diz: *Eu também tenho minhas esperanças. Elas me tornaram possíveis, enquanto a terra tremia sob os passos de Áries, e mesmo no meio dos mais horríveis efeitos da guerra, entregar-me à contemplação do meu tema; recordo até de estar deitado com feridos no caminhão em noite solitária, cuidando deles, mas entregue aos meus pensamentos sobre os três abismos da tragédia: seus nomes são "Delírio, Vontade, Dor"* (7, 354).

As esperanças de Nietzsche ligam-se a uma renovação da cultura, que empalideceu no *crepúsculo da paz* (B 3, 130) e expulsou a dionisíaco-heraclítica seriedade da vida. As chances de uma renovação são boas, pois o *gênio militar* irrompeu como poder dionisíaco na realidade burguesa.

A guerra como força de vida tivera no conceito original de "O Nascimento da Tragédia" um papel ainda maior do que na versão definitiva. Um trecho longo sobre guerra e escravidão no estado grego não foi aceito em "O Nascimento da Tragédia", mas reelaborado num prefácio a um livro ainda por escrever, sobre o "Estado Grego". Nessa dissertação fundem-se o mundo dionisíaco e o mundo heraclitiano. O poder dionisíaco de vida se identifica com a guerra como pai de todas as coisas. Coisa semelhante ocorre também no texto daquela época, sobre "A competição de Homero". Já o mundo schopenhauerianamente interpretado da vontade, que Nietzsche identifica com a camada dionisíaca da vida, tinha sua dimensão bélica. Pois já Schopenhauer pensara a vontade do mundo como unidade das encarnações — inimigas entre si — da vontade do indivíduo. Por isso não é de admirar que Nietzsche descubra nas camadas elementares da vida, e com isso também no pano de fundo da cultura, essa mesma hostilidade.

O aspecto bélico do dionisíaco, como o dionisíaco em geral, sucumbe às mudanças pela ritualização e sublimação. Com esse tipo de metamorfose cultural Nietzsche interpreta a instituição clássica antiga da competição. O homem grego, diz Nietzsche, tinha *um traço de crueldade, de prazer animalesco na destruição* (1, 783). Na epopeia homérica, por exemplo, contemplam-se *abismos de ódio*. Como se não significasse nada de repulsivo e fizesse parte do heroico, a "Ilíada" descreve o desejo de vingança de Aquiles, que arrasta pela cidade com a carruagem o cadáver de Heitor. Para Nietzsche, esse exemplo revela a dimensão de uma crueldade terrível e arcaica, já suavizada em Homero. No mundo pré-homérico deve ter sido bem pior ainda: o pouco que dele sabemos faz adivinhar *noite e horror* (1, 785).

A cultura grega, porém, também é um exemplo de como essa crueldade bélica pode ser sublimada pela competição em toda parte, na política, na vida social, na arte. Nietzsche cita Hesíodo, cujo poema pedagógico "As Obras e os Dias" começa com a descrição das duas deusas de Eris, portanto as deusas da disputa e da inveja. Uma das Eris exige a "guerra terrível". Essa deusa vem da "noite negra", e tão inevitável quanto o destino é a "discórdia" que ela provoca entre os seres humanos. Mas Zeus pôs ao lado dessa deusa uma segunda Eris, que usa produtivamente a discórdia, levando as pessoas a concorrerem entre si em lugar de se matarem umas às outras. Os seres humanos crescem com a concorrência. Nietzsche cita Hesíodo: "Ela (a segunda Eris) impele para o trabalho até o mais desajeitado dos homens; e se alguém privado de posses olha para o outro que é rico, apressa-se a semear e plantar e cuidar da casa da mesma forma que aquele; o vizinho compete com o vizinho que busca o bem-estar. Essa Eris é boa para o ser humano" (1, 786).

Nietzsche, a quem Jakob Burckhardt indicou esse traço básico agonal[4] da cultura grega, acrescenta esse conceito da transformação da guerra na competição em seu esquema da transformação de energias dionisíacas em uma forma apolínea de vida. Mas existe o perigo de que nas formas apolíneas se apague a energia dionisíaca, e por isso, diz Nietzsche, é necessário para preservação da cultura viva que periodicamente irrompa seu fundo terrível e, como a lava de um vulcão, renove a terra para que seja mais fecunda. Assim Nietzsche compreende a força criadora de cultura do *gênio militar* (7, 347).

A meta superior de Nietzsche continua sendo com tudo isso o crescimento da cultura. Das três grandes forças do existir, como as definiu

4 As "agonais"ou "agonálias"eram festas em honra ao deus Marte, a Jano e outros na antiga Roma (N. da T.).

Burckhardt — Estado, Religião e Cultura —, a cultura é a mais importante para ele. Por ela tudo deve acontecer. Ela é o objetivo superior, e onde pensa ver uma subordinação da cultura aos objetivos do Estado ou da economia, ele fica indignado.

As conferências de 1872, "Sobre o futuro das nossas instituições de ensino", expressam de forma eloquente essa indignação. Aqui ele tenta defender o ideal da personalidade evoluída contra a instrumentalização econômica e política da formação da personalidade, que com isso se degrada, a seus olhos, em mera informação. Tudo deve ser subordinado à cultura. Isso também vale para a guerra franco-alemã, a que Nietzsche de início saúda. Faz isso por amor à cultura. Espera com ela uma renovação. Por isso, no momento em que decide participar da guerra, escreve a seu amigo Rohde: *Vamos precisar outra vez de conventos* (B 3, 131). Não o motivavam o triunfo da Prússia e o nascimento de um estado nacional forte ou até o chauvinismo e ódio aos franceses. Quando começa a entrever que a vitória na guerra não ajuda à cultura, mas ao Estado, ao lucro financeiro e à arrogância militar, Nietzsche distancia-se. Escreve a Gersdorff a 7 de novembro de 1870: *As condições iminentes da cultura me deixam preocupadíssimo. Tomara que não tenhamos de pagar preço alto demais pelos incríveis sucessos nacionais, em uma região na qual pelo menos eu não posso admitir nenhum sacrifício. Cá entre nós, considero a Prússia atual uma potência altamente perigosa para a cultura* (B3, 155). Um mês depois ele escreve à sua mãe: *Minha simpatia pela atual guerra de conquistas alemã está diminuindo paulatinamente. O futuro da cultura alemã me parece mais ameaçado do que nunca* (B, 164).

Nietzsche encontra na Antiguidade o modelo de como a guerra pode servir a uma cultura. Modelar é em parte, como já se disse, a transformação do impulso bélico para a forma da competição criadora de cultura. Mas a guerra está ainda mais fundamentalmente ligada com o destino da cultura. No ensaio "O Estado Grego", Nietzsche argumenta com o *estado natural* no sentido de Hobbes, com o *bellum omnia contra omnes*[5]. O Estado surge na tentativa de controlar a guerra num território limitado, não importa como, e concentrar suas energias nas fronteiras com outras

5 Latim: "guerra de todos contra todos" (N. da T.).

comunidades. Haverá então sempre *terríveis tempestades de guerra* entre os povos, mas nos *intervalos* a sociedade terá tempo e oportunidade de produzir *sob o efeito concentrado para dentro daquela guerra as flores luminosas do gênio* da cultura (7, 344). Em resumo: a guerra periódica como uma emergência, como um novo submergir no elemento heraclítico-dionisíaco, é indispensável para que floresça a cultura. A cultura precisa do subterrâneo cruel, ela é o belo fim do terrível. A relação necessária entre campo de *batalha e obra de arte* (7, 344) revela a verdade sobre a cultura.

A cultura não precisa apenas da crueldade da guerra, mas, segundo Nietzsche, outra crueldade é uma de suas premissas. Ele a nomeia claramente no exemplo do estado cultural para ele exemplar na antiguidade grega. É a escravidão.

Toda cultura elevada precisa de uma classe de homens para explorar, para fazer o trabalho. Uma *classe de escravos* (1, 117), escreve Nietzsche implacável, e prossegue: *Não há nada mais terrível do que uma escravidão bárbara que aprendeu a encarar sua existência como uma injustiça, e trata de vingar-se não apenas por si, mas por todas as gerações* (1, 117).

Nietzsche escreve essas frases na primavera de 1871 naquele prefácio a um livro não escrito sobre o "Estado Grego", texto que dará a Cosima Wagner numa edição especial que, porém, não publicará. Os jornais relataram em maio de 1871 de Paris que os rebeldes da Comuna saquearam o Louvre e o destruíram (na verdade houve apenas um incêndio nas Tulherias). Nietzsche considera o fato um indício da barbárie iminente. Numa carta ao conselheiro Wilhelm Vischer-Bilfinger, ele escreve a 27 de maio de 1871 desculpando seu afastamento de uma sessão do grêmio universitário: *As notícias dos últimos dias foram tão terríveis que nem consegui mais um estado de espírito sequer tolerável. O que somos nós, intelectuais, diante de um tal terremoto da cultura! Como nos sentimos atomizados! Empregamos toda a nossa vida e melhores forças para compreender melhor um período da cultura, e explicá-lo melhor; o que parece essa vocação, quando num único dia infeliz os mais valiosos documentos de tais períodos são reduzidos a cinzas! Este é o pior dia de minha vida* (B 3, 195).

Nietzsche interpreta o incêndio de Paris como relâmpagos anunciando as futuras grandes crises. Não atribui os combates sociais a condições de vida ruins, mas à consciência de sofrimento das massas, aumentada por crescentes exigências. Vê as massas subirem ao palco político com consequências imprevisíveis. Ele já ficara alarmado quando soube, no outono de 1869, que exatamente em Basileia haveria um congresso da Associação Internacional de Trabalhadores. Alguns anos mais tarde ele entraria em pânico por suspeitar que a "Internacional" tramava intrigas para impedir Bayreuth. Nietzsche considera os esforços para resolver a "questão social" no sentido dos trabalhadores uma ameaça à cultura. Acusa os "democratas" de quererem emancipar as massas inventando para elas coisas sobre a *dignidade do trabalho* e a *dignidade do ser humano* (1, 765), tendo como resultado que elas sintam sua própria condição como gritante injustiça, e pretenderem que se faça justiça. Comparam sua vida oprimida com o brilho da alta cultura a que odeiam porque não lhes é destinada, e porque não vivem nela, embora com o trabalho de suas mãos tenham criado as premissas materiais para ela. Mas as exigências de justiça social e libertação da opressão não serão justificadas? O ódio por uma cultura que aparece apenas como luxo impertinente às massas, não será compreensível? Nietzsche se faz essas perguntas, que o levam a refletir sobre a ligação entre cultura e justiça, e chega a conceitos aos quais vai se aferrar até o ultimo período de seu trabalho no "Vontade de Poder", apesar de certas vacilações.

A vida, já ouvimos isso, é trágica. Ela se desenrola no Inaudito. Sofrimento, morte, crueldade de toda sorte dominam nela. Em "O Nascimento da Tragédia", Nietzsche encontra a famosa fórmula: *o existir e o mundo só se justificam eternamente como fenômeno estético* (1, 47). No texto sobre " O Estado Grego" e outros fragmentos daquele tempo em seu espólio, em que reflete sobre o movimento social de massas e seu medo da Comuna de Paris, o sentido político implícito dessa fórmula fica mais claro do que na edição abrandada nesse sentido em "O Nascimento da Tragédia". Em suas anotações, Nietzsche dirige o problema da ligação entre cultura e justiça social para a sua tese de que precisamos decidir, em relação à cultura, se o sentido da cultura é o bem-estar da maioria ou a vida bem-sucedida em casos isolados. Quem tem em vista o bem-estar do maior número possível de pessoas pensa moralmente; quem declara que o cume das figuras bem-sucedidas, o cume do *encantamento* são o sentido da cultura pensa esteticamente. Nietzsche opta pelo pensamento estético.

Os *indivíduos*, anota ele num fragmento do outono de 1873, devem submeter-se ao *bem-estar dos indivíduos mais elevados*. E estes são *as pessoas criativas* (7, 733). Sob a base do trabalho explorado eles produzem as grande realizações culturais, na arte, na filosofia, nas ciências; e por vezes fazem de si mesmas uma obra de arte, que vale a pena ser contemplada. Esses heróis do criativo não se justificam pela sua utilidade social, mas pelo seu ser melhor. Eles não melhoram a humanidade, mas encarnam suas melhores possibilidades, e as colocam à vista dos outros. Uma cultura e um Estado são justificados *quando neles podem viver e trabalhar tais exemplares superiores* (7, 733). São esses exemplares superiores, diz "O Nascimento da Tragédia", as *imagens luminosas* (1, 65) na escura noite do sentimento trágico da vida. Se optamos pela felicidade e liberdade do maior número possível de pessoas, diz Nietzsche, teremos uma cultura democrática, onde triunfa o gosto das massas. O Estado democrático, com sua orientação segundo o bem-estar geral, a dignidade humana, a liberdade, a justiça equiparadora, a proteção aos fracos, impede a possibilidade de evolução das personalidades grandes: as *imagens luminosas* desaparecem da História e com isso também desaparece, depois da morte de Deus, o sentido que ainda pudesse ter restado.

Porque Nietzsche quer defender esse sentido estético da História, já no começo dos anos setenta ataca a democracia, antes ainda de, alguns anos depois, atacar com tons estridentes toda *a transformação do animal de manada democrático em um bonachão* (11, 587). A sociedade escravagista da antiguidade grega lhe aparece por isso mesmo como cultura modelar, porque não se permitiu essa defesa do *animal de manada democrático*. Na sociedade clássica, Nietzsche louva o fato de ela ter sido suficientemente honesta para não esconder o terrível subterrâneo do qual brota a sua flor. Ela admitia abertamente precisar de escravos. Com efeito, em Platão e Aristóteles podemos ver como se defende aberta e ofensivamente a necessidade da escravidão para manutenção da cultura. Assim como o ser humano tem músculos e intelecto, segundo Nietzsche também a sociedade precisa de mãos eficientes que trabalhem por uma classe privilegiada, e lhe permitam *produzir e satisfazer um novo mundo de necessidades* (1, 766). A sociedade escravagista é um exemplo particularmente crasso de que cultura e formação repousam sobre uma *base terrível. Para que haja um solo amplo, fundo e generoso para a evolução das artes, a imensa maioria tem de trabalhar para uma minoria, para além da medida de sua indigência individual, submetida como escrava à necessidade da vida* (1, 767). Nos tempos modernos enobrecia-se o mundo do trabalho, mas isso era autoengano, pois nem a *alucinação conceitual* da *dignidade do trabalho* alterava a injustiça fundamental do destino, que indica para uns o trabalho mecânico, e para os mais talentosos a atividade criadora. A sociedade escravagista evidencia essa desigualdade com franqueza brutal, enquanto os tempos modernos se fingem de envergonhados, sem porém querer renunciar à exploração que produz cultura. Se a arte justifica esteticamente o existir, isso ocorre sobre o pano de fundo de uma *crueldade* (1, 768).

Essa *crueldade na essência de toda cultura* prova mais uma vez para Nietzsche que a existência é uma ferida eterna (1, 115), e que o remédio, a arte — justificação estética —, mantém a ferida aberta. Os seres humanos são sacrificados pela beleza da arte, por isso a existência da arte acrescenta mais injustiça ao péssimo estado do mundo. E por isso, defendendo a escravidão, Nietzsche também está disposto a sentir-se culpado porque é daqueles que podem saborear o privilégio da justificação estética do mundo. Ele sabe que sua própria existência se deve ao sacrifício de outros. Em uma carta de 21 de junho de 1871, censura seu amigo Gersdorff, que falara com excessiva petulância sobre o populacho de Paris que é hostil à cultura. Também a ele, escreve, a existência científica e artística parecera um *absurdo* diante da fúria destrutiva que pode destruir em poucos momentos as obras geniais de séculos inteiros, e agarrara-se ao *valor metafísico da arte, que não pode estar aí por causa das pobres pessoas, mas tem missões mais elevadas a cumprir. Mas,* prossegue ele, *apesar da minha grande dor eu não consegui jogar uma pedra naqueles sacrílegos que para mim eram apenas portadores de uma culpa generalizada sobre a qual muito se deve refletir!* (B 3, 204).

A expressão *culpa generalizada* se liga de um lado com os membros iconoclastas da Comuna de Paris, mas também se refere à culpa da arte, que tira proveito da injustiça do mundo, e até da *escravidão.* Nietzsche não foge do problema e admite abertamente ser partidário da tese. Se quiséssemos remover esse envolvimento culposo da arte seria preciso destruir o princípio de qualquer cultura mais elevada. Para ele era certo que o princípio da igualdade e da justiça, levado às últimas consequências, tem de se transformar em hostilidade à cultura. Mas como a cultura também se deve à injustiça, aquele que tem o privilégio de participar dela não deve cair num logro. Deveria permanecer consciente do contexto de culpa.

Aqui Nietzsche toca num problema antigo. Trata-se da questão da Teodiceia, que outrora se referia à relação Deus e o mundo, e agora se refere a relação entre arte e realidade não-artística. Formulando a justificação estética do mundo, Nietzsche tocou expressamente na questão da Teodiceia. A questão clássica da Teodiceia, só para lembrar, vai de Jó a Leibniz. Como, diante do Mal no mundo, se justifica a existência de Deus? Depois do desaparecimento do velho Deus, a questão da Teodiceia se orienta para a arte, e diz: Como, diante do Mal no mundo, se justifica o empreendimento da arte igualmente luxuriante? O fato de que uns fazem arte enquanto outros sofrem não é uma prova escandalosa da injustiça no mundo? O lamento do mundo e a canção da arte: como harmonizar isso? O jovem Hofmannsthal escreverá um poema a respeito: "Muitos têm de morrer lá embaixo / Onde se manobram os pesados remos dos navios / Outros ficam no alto no leme / E conhecem o canto dos pássaros e o país das estrelas" (Hofmannsthal 26).

O pensamento de Nietzsche, de que a arte nasce de um fundo escuro de injustiça e, portanto, a crueldade e o sacrifício fazem obviamente parte da essência da cultura, há de provocar a todos os que quereriam ver a arte ligada com progresso social. Nietzsche queria essa provocação, pois com efeito via no progresso social uma ameaça para a arte. Escreve que haveria *uma rebelião das massas oprimidas contra os indivíduos ameaçadores*. Seria *o grito da compaixão a derrubar os muros da cultura*, e o *impulso de justiça e de igualdade no sofrimento recobriria todos os demais conceitos* (7, 340).

E essa hora chegou. Nos movimentos revolucionários sociais do século 20, com efeito em grande medida houve uma traição à arte por solidariedade com a miséria. Como Nietzsche, também Heinrich Heine previu isso, quando em 1855 escreveu sobre os comunistas, com cujos objetivos sociais simpatizava: "Com seus punhos brutos eles destroem todas as imagens de mármore do meu amado mundo da arte (...) meu

'Livro das Canções' será usado pelo quitandeiro para fazer cartuchos de papel onde despejar café ou rapé para as velhotas do futuro" (Heine 5, 232). Outros artistas estavam dispostos a renunciar *aos diques da vida cultural*. Tolstoi, por exemplo, pelo fim de sua vida, sensível ao oceano de sofrimento social ao seu redor, parou de escrever e exigiu que se fizessem coisas socialmente mais úteis do que contar histórias inventadas. Sua decisão foi exemplo na época de maior destruição da cultura em nome da revolução social.

Nietzsche estava convencido de que a arte nos tempos modernos será ameaçada por um duplo perigo: ela pode sucumbir na revolução social, ou perder sua dignidade autorreferida, ao adaptar-se à utilidade social. Ou é devorada pelo social, ou se adapta a ele e degenera, tornando-se engajamento. De um jeito ou de outro, virão maus tempos para as Musas.

* * *

Nem todas essas reflexões foram desenvolvidas em "O Nascimento da Tragédia". Os pensamentos sobre necessidade da cultura para guerra e escravidão são apenas aludidos, e não, como nas anotações, explicitadas com clareza por vezes provocativa. Para Nietzsche, tratam-se de consequências de sua convicção de que a camada mais profunda da vida é de um tipo heraclítico-dionisíaco, cruel, vital e perigoso. A vida é inaudita, é diferente do que pode imaginar um humanismo brando. Em seu texto "Sobre Verdade e Mentira no Sentido Extramoral", de 1872, Nietzsche encontra a seguinte formulação para a relação da consciência com as camadas profundas da vida: *Ai da funesta avidez pelo novo, que uma vez conseguiu espreitar por uma fresta para fora e abaixo dos aposentos da consciência, e adivinhou que o homem repousa no impiedoso, no ávido, no insaciável, no assassino, na indiferença do seu não-saber, e ao mesmo tempo sonhando sobre o dorso de um tigre. Como, com uma tal constelação, poderia existir o impulso para a verdade!* (1, 877; WL)

Um conhecimento que avança até essa imagem, um conhecimento ao qual, portanto, o conhecer em face de um processo monstruoso de vida tornando-se ele mesmo um problema, a isso Nietzsche chama *sabedoria dionisíaca* (1, 67). Quando na futura autocrítica ele defende seu "O

Nascimento da Tragédia" dizendo que nele *pela primeira vez se concebe a sabedoria como problemática e questionável* (1, 13), refere-se a essa *sabedoria dionisíaca* como espírito inspirador desse livro.

Com a expressão *sabedoria dionisíaca* se designa com efeito o passo decisivo de "O Nascimento da Tragédia". Trata-se de uma operação mental ainda totalmente na tradição da filosofia transcendental. Nietzsche tenta um avanço naquele horizonte ao qual se refere o conhecimento em geral, e diante do qual transcorrem todas as atividades da vida. É um avanço para o absolutismo sempre inconcebível da realidade. Não é um Além especulativo, mas a essência de todo o real, onde transcorrem conhecimento, vida e arte. O ato transcendental não constrói uma transcendência, mas é a tentativa de obter e relativizar a dimensão do conhecer a partir da inesgotabilidade do real.

Evidentemente o inesgotável não foi reconhecido; e como haveria de ser se ele é o incognoscível? Mas é vivido no momento em que o conhecer percebe que não consegue esgotar a vida e sua inaudita plenitude. Mas o desejo de mesmo assim não apenas dar um nome ao inesgotável porém submetê-lo a conceitos, é a velha sedução da metafísica, à qual Nietzsche não consegue resistir; uma atração da qual Kant prevenira. Na "Crítica da Razão Pura", em geral tão seca, ele encontrou uma imagem poética para essa tentação: "Agora", escreve ele, "não apenas viajamos pelo país da razão pura (...) mas também o medimos, e determinamos a cada coisa nele o seu lugar. Mas esse país é uma ilha (...) rodeada de um vasto oceano tempestuoso, (..) onde muitos bancos de nevoeiro e muito gelo logo derretido fingem ser novas terras, e na medida em que incessantemente ilude com esperanças vazias o marinheiro anelante por novas descobertas, enreda-o em aventuras das quais ele não poderá mais sair, mas que jamais consegue levar a cabo" (Kant 3, 267).

Kant permanecera na ilha e chamara o "oceano tempestuoso" de a ominosa "coisa em si"; Schopenhauer atrevera-se a ir mais longe ao batizar o oceano com o nome "Vontade". E, em Nietzsche, a realidade absoluta é o *dionisíaco*, nas palavras de Goethe que Nietzsche cita: "Um mar eterno, um tramar alternante, uma vida ardente" (1, 64). Repetindo, o dionisíaco assim entendido não é um reino, mas uma essência. Como se respondesse diretamente à metáfora kantiana do oceano do incognoscível, o dionisíaco Nietzsche escreve mais tarde na "Gaia Ciência": *Finalmente nossos navios podem partir de novo, para todos os perigos, é novamente permitida toda a audácia do cognoscente, o mar, o nosso mar está outra vez aberto, talvez nunca tenha havido um "mar tão aberto"* (3, 574).

Nietzsche não utiliza sempre a expressão "dionisíaco" no sentido rigorosamente terminológico para designar a realidade absoluta. Designa também como *dionisíaco* o excesso de violência ou o excesso sexual pré-civilizatório *bárbaro* (cp. 1, 31), bem como o subcivilizatório dos impulsos (Triebhaftigkeit). Se Nietzsche emprega o conceito de *dionisíaco* no sentido de pré ou subcivilizatório, esse uso histórico-cultural, portanto antropológico, do conceito permanece mesmo assim relacionado ao seu significado central ontológico e metafísico. O dionisíaco significa o *Uno Primordial*[6] (1, 38), o Ser abrangente em última análise incompreensível. O conceito do dionisíaco implica uma decisão teórica, que por sua vez retrocede para uma experiência básica. Já para o jovem Nietzsche o Ser é algo móvel, ameaçador e sedutor a um tempo. Em *Raio, Tempestade e Granizo* ele o vivência, e cedo emerge em suas anotações a *criança do mundo* de Heráclito, que brincando constrói mundos e os destrói. É preciso ter experimentado o Ser como o Inaudito, como um Ser no qual a vida despertada para a consciência não se sinta confortável. O Ser mostra-se dionisíaco quando o familiar (Heimische) se torna o sinistro (Unheimliche).

Sabedoria dionisíaca é a força de suportar a realidade dionisíaca. E tem de suportar duas coisas: um *prazer* e uma *repulsa jamais conhecidos.* A dissolução dionisíaca da consciência individual é um prazer, pois com ela desaparecem os *limites e fronteiras do existir* (1, 56). Mas quando esse estado passa, quando a consciência cotidiana volta a dominar, pensar e vivenciar, o dionisíaco agora sóbrio é tomado de *repulsa.* Essa repulsa pode se intensificar chegando ao horror: *Na consciência da verdade uma vez contemplada, agora o ser humano vê por toda parte apenas o horrível ou o absurdo do Ser* (1, 57).

O que acontece aqui? Onde se mostra o horrível? A *realidade contemplada* do dionisíaco é o horrível, ou é a realidade cotidiana que assume

6 Em alemão "Ur-Eine" (N. da T.).

uma aparência horrível depois que vivemos as delícias do deslimite dionisíaco? Nietzsche refere-se ao horror duplo. Visto da consciência cotidiana, o dionisíaco é horrível, e vice-versa: visto a partir do dionisíaco a realidade cotidiana é horrível. A vida consciente move-se entre duas possibilidades. Mas esse é um movimento que parece antes um dilaceramento.

Arrebatado pelo dionisíaco com o qual a vida precisa manter contato para não virar um deserto; e ao mesmo tempo dependendo de seus instrumentos civilizatórios de proteção para não ficar entregue à força de dissolução do dionisíaco.

Não é de surpreender que Nietzsche veja a imagem dessa situação precária no destino de Ulisses, que se deixa amarrar num mastro para poder ouvir o canto das sereias sem ter de segui-lo e cair na própria destruição. Ulisses encarna a sabedoria dionisíaca. Ele escuta o Inaudito, mas para proteger-se aceita as algemas da cultura. O que é cultura?

Nietzsche desenvolve uma espécie de tipologia partindo do ponto de vista de como as diversas culturas conseguem organizar a vida diante do Inaudito. O questionamento é: sobre qual sistema de ofuscamento contra a ameaçadora força do dionisíaco, e da canalização das energias dionisíacas necessárias à vida, repousa a cultura? Nietzsche levanta essa questão consciente de estar tocando no segredo do funcionamento da respectiva cultura. Ele segue a trilha da vontade de viver e descobre como ela é culturalmente inventiva. Para *prender* suas criaturas *na vida* (1, 115) ela as envolve num delírio, em ilusões. A uns permite que escolham *o véu de beleza da arte*, os outros procuram em religiões e filosofia o consolo metafísico *de que sob o torvelinho das aparências continua fluindo imperturbável a vida eterna*, e deixam-se aturdir pela ilusão de que o conhecimento poderia curar *a eterna ferida do existir* (1, 115). Desses ingredientes fez-se a mistura que chamamos cultura. E conforme as proporções da mistura teremos uma cultura mais artística, como da Grécia antiga, ou uma metafísico-religiosa, como nos áureos tempos do Ocidente cristão e do mundo budista oriental, uma cultura socrática do conhecimento e das ciências.

Para Nietzsche, esta última cultura se tornou dominante nos tempos modernos. O princípio de Sócrates trouxe ciência e esclarecimento, e as últimas consequências disso foram as ideias de democracia, justiça e igualdade. O destino deveria poder ser entendido e dirigido pelo conhecimento. Em todos os terrenos dever-se-ia poder formar e determinar a História em que se está envolvido. A natureza, que administra com tanta injustiça produzindo talentos e destinos desiguais, deveria ser corrigida ou ao menos compensada. Não deveria mais haver pessoas exploradas e escravizadas. Nietzsche atribui essas consequências à cultura socrática do saber e do conhecer, e por isso faz a sua (e nossa) atualidade começar com a vitória socrática do conhecimento otimista sobre o sentimento trágico da vida. Ainda voltaremos a falar nisso.

Devemos lembrar que em todos os tipos de cultura mencionados agem forças dionisíacas e também apolíneas. Arte, religião e saber são formas apolíneas nas quais a realidade dionisíaca é a um tempo rejeitada e canalizada. Nesse contexto, Nietzsche formula, na última parte de seu "O Nascimento da Tragédia", uma espécie de lei básica ontológica para a relação do dionisíaco e do apolíneo. *Daquele fundamento de toda a existência, do subterrâneo dionisíaco do mundo, deve entrar na consciência do indivíduo humano apenas tanto quanto pode ser superado por aquela força apolínea esclarecedora* (1, 155).

Dessa lei ontológica básica, Nietzsche extrai seu conceito da força e da posição. Fortes e de alta posição são aquele seres humanos e aquela cultura que podem aceitar grande dose de força elementar dionisíaca sem se quebrar com isso. Essa fortaleza significa, ao mesmo tempo, que a força apolínea de transfiguração tem de ser igualmente grande. Culturas e indivíduos fortes extraem beleza do terrível. A cultura grega é forte nesse sentido. Não devemos nos deixar enganar pela jovialidade grega. O sentimento de vida fundamental era trágico e pessimista. A vida grega que desperta para a consciência no começo fita o abismo. O horror está no início da carreira do espírito. Nietzsche cita a sabedoria popular grega, que faz o sábio Sileno, companheiro de Dioniso, responder o seguinte quando o rei Midas pergunta o que seria o melhor e preferível para o ser humano: "*Ó mísera linhagem de um dia, filha do acaso e da dor, por que me obrigas a dizer o que não seria bom ouvires? O melhor para ti é totalmente inatingível: não ter nascido, não ser, ser nada. A segunda coisa melhor porém, é para ti — morrer logo*" (1, 135).

Esse é o sentimento fundamental trágico do universo cultural grego. A afirmação apolínea repousa sobre um "apesar disso" corajoso e vital. O mundo dos deuses olímpicos deve seu surgimento ao mesmo *impulso que convoca a arte para a vida, como a complementação e aperfeiçoamento da existência, que seduz para continuar vivendo* (1, 36); esse mundo da arte parece as visões deslumbradas de um mártir torturado. A vontade apolínea de cultura erige uma espécie de proteção — ou, em linguagem marcial — *um acampamento de guerra continuado* (1, 41) contra as elementares forças de vida, e deixa que em primeiro plano ou no interior da fortaleza o teatro da vida se desenrole com seus deuses urbanos, leis, virtudes, imagens, narrativas e sua inteligência política. Mas o dionisíaco, como acontece nos cultos e festas orgiásticos, nos rituais de sacrifício, em música e embriaguez, está bem mais próximo do abismo de terror do vivo, embora, como já vimos, já represente uma sublimação e um cultivo. Em resumo: as forças dionisíacas de vida feitas de dor e prazer e morte e devir ainda se percebem na arte clássica antiga. "O Nascimento da Tragédia" de Nietzsche termina com a inquirição retórica: *Quanto deve ter tido de sofrer esse povo, para tornar-se tão belo!* (1, 156).

Nietzsche rodeia o dionisíaco e deixa-lhe a sua ambiguidade fundamental. É na realidade absoluta que o indivíduo se dissolve prazerosamente ou sucumbe com terror. Não deveríamos nos aproximar do processo vital inaudito sem proteção. Estes são os meios: religião, conhecimento e arte. Nietzsche mais uma vez fala em Édipo. Este obviamente ousou demais. Respondeu às perguntas da Esfinge e resolveu o *enigma da Natureza*. Mas esse solucionador de enigmas é ao mesmo tempo assassino de seu pai e marido de sua mãe, portanto aquele que *quebra a mais sagrada ordem natural*. Nietzsche escreve: *O mito parece querer sussurrar-nos que (...) a sabedoria dionisíaca é um horror antinatural, que aquele que com seu conhecimento lança a Natureza no abismo do aniquilamento tenha de sofrer em si mesmo a dissolução da natureza* (1, 67). Com a formulação seguinte — *A ponta da sabedoria se volta contra o sábio* —, Nietzsche por sua vez aguça o problema da verdade. Quanto de verdade suporta o ser humano sem sucumbir com isso? Não precisamos também conhecimento que nos faça reconhecer a medida do vivível no conhecimento? O resumo de "O Nascimento da Tragédia", se isso existe, seria: aproximamo-nos melhor do Inaudito da vida através da arte, e melhor ainda com a música.

Com o seu "O Nascimento da Tragédia", Nietzsche queria algo paradoxal: o dionisíaco deveria ser colocado na luz do conhecimento, e ao mesmo tempo os efeitos clarificadores do conhecer deveriam ser novamente revogados. Mais tarde Nietzsche dirá que o livro, na verdade, fora escrito para canto. Embora, ou exatamente porque afinal acabou aparecendo apenas como tratado de filologia, a corporação dos filólogos não perdoou por isso ao seu antes mimado menino-prodígio. O ex-professor e benfeitor de Nietzsche, professor Ritschl, sentencia: "Uma bobagem espirituosa" (Janz, 1, 470). E o jovem Wilamowitz-Moellendorf, futuro papa da filologia clássica, publica em 1873 um artigo aniquilador, que termina com as frases: "Que o sr. N. tome a palavra, pegue o tirso[7], mude-se da Índia para a Grécia, mas que desça da cátedra na qual deveria ensinar de maneira científica; que reúna tigres e panteras em torno de suas pernas, mas não a juventude filológica alemã" (Janz 1, 469).

Do dia para a noite Nietzsche sacrifica seu prestígio de filólogo. Não se atrai impunemente os filólogos para *secretos locais de dança* (1, 14). Os universitários da Basileia fogem dele. Em compensação é louvado na casa dos Wagner em Tribschen. Richard Wagner julga-se bem representado no retrato de Dioniso. Mas Nietzsche também tinha querido retratar a si mesmo e a suas paixões por aquele *deus desconhecido* (1, 14) — mas aquele grande ególatra não percebe isso.

Nietzsche entregara-se à força dionisíaca da vida pela ótica ainda não arriscada do estético. Mas de repente esse jogo fica sério, pois Nietzsche tem de suportar agora as consequências sociais de seu gesto — o afastamento do mundo acadêmico, para o qual ele agora "morreu". Sente-se mal em sua cátedra na Basileia, e adoece. Mas não se deixa mais afastar daquele caminho intelectual uma vez trilhado. Do ponto de vista da vida dionisicamente entendida ele vai aguçar ainda mais sua crítica da vontade de saber. O texto de 1872, "Sobre Verdade e Mentira no Sentido Extramoral", começa com as frases: *Em algum recanto afastado do cintilante universo despejado no incontável sistema solar, houve uma vez um astro no qual animais inteligentes inventaram o conhecimento. Foi o minuto mais arrogante e mais mentiroso da "História universal", mas foi apenas um minuto. Depois de*

7 Insígnia de Baco: uma haste enfeitada com folhagens, usada em festas em homenagem a esse deus (N. da T.).

poucos fôlegos da natureza o astro congelou, e os animais inteligentes tiveram de morrer. Alguém poderia inventar uma fábula assim, e mesmo assim não teria ilustrado suficientemente a maneira lamentável, vaga e efêmera, sem objetivo e arbitrária com que o intelecto humano se apresenta dentro da Natureza (1, 875).

A vida precisa de uma atmosfera protetora de não-saber, ilusões, sonhos, no qual se encasula para poder viver. Mas acima de tudo a vida precisa de música. De preferência a música de Richard Wagner.

Capítulo 5

Nietzsche e Wagner: trabalho conjunto no mito. Romantismo e revolução cultural. O "Anel". Nietzsche trabalha no mestre. O retorno de Dioniso. Visões de fim, e o "cume do encantamento". Desilusão em Bayreuth.

O drama musical wagneriano despertou no jovem Nietzsche a esperança de reconstruir-se a vida espiritual alemã, que considerava gravemente prejudicada pelo materialismo, economicismo, historicismo e, politicamente, pela fundação do Reich de 1871. Na primeira "Consideração Extemporânea" ele fala da *derrota, sim, extirpação do espírito alemão em favor do "Reich alemão"* (1, 160; DS) e refere-se ao triunfo do chauvinismo nacional, da ideia de lucro, da crença no progresso. Como vimos, Nietzsche nada opõe à vitória do *gênio militar* (1, 775). Mas deveria se tratar aí de uma revivescência heroica da cultura. O enriquecimento da cultura deveria ser o objetivo máximo também na vitória militar. Para Nietzsche a guerra significava que o mundo heraclítico-dionisíaco irrompe na política e produz o caso de emergência na vida, e com isso, e exatamente com isso, a cultura seria fecundada. Mas, na medida em que a vitória militar estimula somente os objetivos prosaicos da sociedade burguesa, Nietzsche afasta-se decepcionado desse processo. Ele não compreendia o fortalecimento da economia, do Estado, ou de uma religião oficial, como o desejado renascimento do espírito alemão. No livro sobre a Tragédia, esse renascimento aparece, para ele, muito mais na imagem do Siegfried wagneriano: *Imaginemos uma geração que começa a surgir com esse olhar destemido, essa heroica tendência para o Inaudito, imaginemos o passo ousado desses matadores de dragões, a audácia altiva com que voltam as costas a todas as doutrinas da fraqueza para "viver resolutamente" no todo e no querer; não seria inevitável que o homem trágico desta cultura, autoeducado para a gravidade e o terror, tenha de desejar uma nova arte, a arte do consolo metafísico (...)?* (1, 21).

Nietzsche ainda aposta no consolo metafísico, para mais tarde, depois de afastar-se de Wagner, procurar uma ótica de vida que supere qualquer necessidade de consolo. Esse afastamento já começa em um momento em que ele ainda aparece "oficialmente" como seguidor de Wagner. Em retrospectiva, Nietzsche vai declarar que a quarta "Extemporânea" sobre Richard Wagner reflete um pensamento já superado na hora de ser escrito. Mais tarde examinaremos essa mudança do seu pensar, que ocorria por trás dos bastidores. Em "O Nascimento da Tragédia", e em "Richard Wagner em Bayreuth", Nietzsche ainda pensa no consolo metafísico no sentido de um renascimento do mito e uma ativação da potência criadora de mitos da consciência, e louva a força criadora de mitos da obra wagneriana.

Em "O Nascimento da Tragédia", Nietzsche chama o mito de *imagem condensada do mundo* (1, 145; GT), no qual a vida é mergulhada na luz de um significado mais alto. Ele não tem apenas um sentido individual, mas produz um contexto sociocultural. *Sem mito, porém, qualquer cultura perde sua saudável força natural criadora; só com um horizonte rodeado de mitos todo um movimento cultural se unifica* (1, 145; GT). O poder de representação e o pensar são protegidos, pelo mito, do perigo de *vagar sem destino*. Para Nietzsche, homem da atualidade, desprovido de mitos, é um desenraizado. Procura apoio nas posses, na técnica e ciência e no arquivo da História. O historicismo como auxílio para a vida será criticado por Nietzsche na segunda "Extemporânea". Mas já em "O Nascimento da Tragédia" ele escreve: *Para onde aponta a inaudita necessidade histórica da insatisfeita cultura moderna, o reunir-em-torno-de-si incontáveis outras culturas, o devorador desejo de conhecimento, senão para a perda do mito, a perda da pátria mítica, do mítico regaço materno?* (1, 146). Nietzsche volta-se para o mito porque, de um lado, não pode mais crer no sentido religioso, de outro, não confia na racionalidade para dar orientação à vida. O que significa mito, e a que ato intelectual ele se deve?

Mito e mitização é conferir intenso sentido imagístico ao que habitualmente não tem sentido. O que estimula constantemente a potência formadora de mitos da consciência é a indiferença do mundo. Defendemo-nos da concepção de um mundo em que não podemos ter a sensação de sermos de alguma forma "referidos". O ser humano que conhece, quer ser conhecido, não apenas pelo outro ser humano, mas por um cosmos pleno de significados. Pertencendo à Natureza, pela sua consciência o ser humano distanciou-se dela, e espera que fora de si, na Natureza, algo semelhante à consciência corresponda à sua consciência. O homem não quer permanecer sozinho com sua consciência. Quer que a Natureza lhe responda. Mitos são tentativas de conversar com a Natureza. Para a consciência mítica os processos da Natureza têm significado. Neles expressa-se alguma coisa, ainda que, para o Nietzsche schopenhaueriano, seja apenas a vontade elementar. Depois de uma vivência com raios, tempestade e granizo, o jovem Nietzsche escreve em uma carta: *Como são fortes e felizes, são vontade pura sem perturbação do intelecto* (B 2, 122).

Foi Hölderlin, a quem Nietzsche admirava muito, que procurou muito insistente e eloquentemente uma linguagem atualizada para a experiência mítica, triste porque perdemos a leveza e naturalidade dessa experiência, que, pensava também Hölderlin, deveria ter sido cotidiana entre os gregos. Segundo Hölderlin, essa perda fazia desaparecer toda uma dimensão na qual o real tinha podido abrir-se verdadeiramente para o olhar e a experiência. Por isso não "vemos" mais a terra, não "escutamos" mais os pássaros, e a linguagem entre as pessoas "ressecou". A esse estado Hölderlin chama "noite dos deuses", e previne contra a "hipocrisia" com que se malbaratam temas e nomes mitológicos para mero jogo artístico. Já Hölderlin, como Nietzsche, queria a descoberta do mítico como uma força vital que devolvesse ao Ser a plenitude de sua solenidade. A maneira eficaz de criar no meio da indiferença da Natureza uma zona plena de significados é naturalmente a cultura. Ela permite vivenciar a não-indiferença no encontro com as pessoas, na solidariedade, na confiança, mas também nas regras e instituições que organizam as relações significativas entre os seres humanos. Cultura é o esforço tornado permanente de superar com eficácia, ao menos num território interior, a indiferença do mundo. Para Nietzsche, como para Hölderlin, entrementes a "noite dos deuses" também ensombrece a cultura. A grande indiferença avançou até o interior da cultura e mata as relações entre as pessoas. Por isso é mais urgente ainda que as energias míticas sejam ativadas para a tentativa de estabelecer valores comprometedores e compromissados do convívio. Mitos são criações de valores para produzir uma coerência profunda na sociedade. Portanto, mitos respondem ao grande silêncio da Natureza e à erosão do sentido na sociedade.

Richard Wagner e Friedrich Nietzsche sentiam seu tempo como uma situação social de crise, porque pobre de significados, e por isso tratam de encontrar ou inventar novos mitos. Quando Nietzsche retrocede aos deuses gregos Apolo e Dioniso para entender as forças elementares da vida e da cultura, serve-se deles no sentido de uma *abreviação do fenômeno* (1, 145) — mas essa é a sua definição de mito. Nietzsche e Wagner tentam, cada um à sua maneira, uma revivescência do mito, e negam-se a aceitar o que mais tarde Max Weber chamaria o "des-encantamento" do mundo pela racionalização, técnica e senso burguês de economia. Sofrem com a falta de mitos de seu tempo e veem no reino da arte a possibilidade de fazer reviver ou recriar o mito. Numa época em que a arte começa a estar sob a coerção da economia, tornando-se uma questão secundária, eles lutam pela posição elevada da arte, que colocam no ápice de todos os objetivos possíveis da vida. Com Richard Wagner, a arte assume o lugar da religião. Nietzsche impressiona-se com isso, mas finalmente essa visão da arte se torna devota demais para ele, e a partir de então desvia-se disso para o conceito de uma arte de viver artisticamente. Não redenção, mas intensificação da vida, é o que ele espera da arte. Numa situação-limite — e Nietzsche sempre vê situações-limite — isso quer dizer: devemos fazer de nossa vida uma obra de arte inconfundível.

O que vai separar Nietzsche e Wagner depois de uma harmonia inicial será o contraste entre uma produção de mitos que exige validade religiosa (Wagner) e um jogo estético com o mito, que está a serviço da arte de viver (Nietzsche). Mas ainda não chegamos lá. Nietzsche ainda se sente ligado a Wagner na tentativa de fundar, com o espírito da música, um novo mito.

Richard Wagner e — nas suas pegadas — Friedrich Nietzsche tomam impulso no romantismo do começo do século, quando já se tinham feito experimentos com a fundação de mitos.

Há um documento notável para a compreensão dos mitos no começo do romantismo: um breve esboço, mais tarde chamado "O mais antigo programa sistemático do Idealismo alemão", que provavelmente surgiu por volta de 1796, atribuído alternadamente a Schelling, Hegel e Hölderlin, por vezes também aos três como trabalho em conjunto. O texto encerra com o anúncio: "Primeiro falarei aqui de uma ideia que, até onde sei, nunca ocorreu a uma pessoa: precisamos de uma nova mitologia, mas a mitologia tem de estar a serviço das ideias, precisa ser uma mitologia da Razão" (Hölderlin 1, 917).

Naquele tempo, dois motivos ocasionaram a busca de um novo mito. Por um lado, a Razão entra em um estado intenso de autoquestionamento no fim do Iluminismo. A Razão é forte lá onde pode questionar e analisar criticamente os elementos tradicionais de moral e religião. Friedrich Schlegel escreve: "O espírito crítico tornou-se diretamente político e tentou uma revolução do mundo burguês; de outro lado explicou e esclareceu tanto tempo a religião que no fim ela se tornou muito tênue e desapareceu de tanta claridade" (Schlegel 3, 88). Mas essa claridade é sentida negativamente: a necessidade de sentido e objetivos mais altos permanecem mesmo quando se receia não poder passar além de imaginações. O melhor será que a Razão se harmonize com a Imaginação para criar novas sínteses da atribuição de significados. Os autores do esboço de programa chamam a esse projeto "Mitologia da Razão". Os primeiros românticos sonham que ela deve surgir do trabalho comum de escritores e filósofos, músicos e pintores, e substituir a religião oficial enfraquecida. Essa "Mitologia da Razão" deve "ser formada do fundo mais fundo do espírito", uma "obra como uma nova criação que começa do início partindo do Nada" (Schlegel 301).

O segundo motivo para a busca de novos mitos está em uma experiência traumatizante dos tempos de mudança social no começo do século 19: a sociedade pós-feudal se quebra e sente-se dolorosamente a perda de uma ideia abrangente de vida social. Um egoísmo privado de espírito e o utilitarismo econômico dominam o campo. Por isso o novo mito deve cumprir a tarefa "de unir as pessoas em uma intuição comum" (Frank 12).

Na concepção romântica, o experimento com os novos mitos deve dar um fundamento, uma orientação e uma limitação para a Razão e fundar uma unidade social. Os românticos estão convencidos de que esses mitos também podem ser produzidos artificial e artisticamente, quando faltam tradições aproveitáveis. Os românticos aprenderam com a adição que não se vive sem mitos, e o espírito da factibilidade nos tempos modernos iniciantes lhes dá suficiente autoconfiança para ousarem a produção artificial de tais mitos. Mesmo assim não chegaram além dos primeiros esboços, e em breve voltaram a procurar refúgio na tradição. Os Irmãos Grimm colecionam lendas populares e reúnem material para uma "Mitologia Alemã". Brentano e Achim von Arnim editam a coletânea de baladas "A cornucópia do menino", e Hölderlin invoca o céu dos deuses gregos. A audácia que Nietzsche admira, de realmente ousar a fundação de mitos, foi exercida meio século depois por Richard Wagner. Sua concepção surgiu nas barricadas da revolução civil de 1848.

Wagner conspirara com Bakunin em Dresden e participara dos combates de rua. Depois de sufocadas as rebeliões ele fugira para a Suíça, onde escreveu o artigo "A arte e a revolução", texto depois de cuja leitura Nietzsche anotou em seu caderno: *Abaixo com a arte que não busque a revolução da sociedade, a renovação e união do povo* (8, 218).

Naquele texto Wagner fundara o seu projeto dos Nibelungos. Lá contrasta a cultura idealizada da antiga polis grega com as condições culturais da moderna sociedade burguesa, vista da perspectiva de um anticapitalismo dos primórdios do socialismo. Na polis grega, sociedade e indivíduo, interesse público e privado estavam harmonizados entre si, e por isso a arte era um assunto verdadeiramente público, um acontecimento por meio do qual um povo conseguira entender o sentido e princípios de sua vida em comum. Para a arte moderna porém, diz Wagner, não existe mais esse espírito público. O púbico tornara-se mercado e a arte entrara sob a pressão da comercialização e da privatização. Como outros produtos, a arte era oferecida e vendida no mercado. Entrementes, também o artista precisava produzir apenas pelo dinheiro. Fato escandaloso, pois a arte como expressão da força criativa humana deveria ter uma dignidade autorreferida. A "escravidão" do capitalismo roubava a dignidade da arte, rebaixava-a a mero instrumento: instrumento de diversão das massas, prazer de luxo dos ricos. Ao mesmo tempo a arte era privatizada na medida "em que o espírito da coisa comum se fragmenta em mil direções egoístas". Buscava-se agora apenas a originalidade superficial. Quem queria valer alguma coisa tinha de distinguir-se dos concorrentes. A arte já não se sentia comprometida com uma verdade mais alta, e apenas buscava "progredir, independente, mas solitária e egoísta" (Wagner, pensamentos 132).

Wagner defendia a tese de que a corrupção da sociedade também corrompera a arte. Sem uma revolução da sociedade, também a arte não conseguiria encontrar sua verdadeira essência. Mas o artista não precisa esperar pela revolução, ele já agora pode agir em favor da liberdade social, na medida em que começar o trabalho de libertação no próprio campo de atuação: a arte pode lembrar ao ser humano o verdadeiro objetivo de sua existência, e esse, diz Wagner, consiste simplesmente no desenvolvimento da força criativa humana. Ele declara univocamente: "O mais alto objetivo do ser humano é o artístico" (Wagner, Pensamentos 145). A revolução serve à arte, por isso a arte deve colocar-se a serviço da revolução. O homem artístico era o homem verdadeiramente livre, e por isso também o revolucionário.

A imagem desse ser humano livre é esboçada pela obra wagneriana mítica "O Anel dos Nibelungos". Richard Wagner queria colaborar com sua obra para essa libertação política, mas estava convencido de que só depois da revolução sua obra seria perfeitamente entendida. Porém, não houve uma revolução bem-sucedida. Por isso Wagner teve de contentar-se com fazer sentir pelo menos a necessidade de uma revolução futura; na última década de sua vida, nos anos de amizade com Nietzsche, Wagner está politicamente resignado, mas tão convencido de sua própria arte que pensa que ela poderá compensar a ausência de uma revolução, ou até substituir a própria revolução. A experiência da arte deve invocar como por magia o momento aprazado da libertação dos males da vida, e tornar-se até mesmo arauto e promessa daquela grande redenção no fim dos tempos.

Um quarto de século Richard Wagner trabalha na composição do "Anel". Em novembro de 1874 ele completa o "Crepúsculo dos Deuses". "Não digo mais nada", escreve na última página da partitura da tetralogia.

Em 1876 realiza-se a primeira apresentação do "Anel" inteiro, em quatro dias, para inauguração da Casa dos Festivais em Bayreuth. Para Wagner, esse acontecimento é o auge de sua carreira artística, e

Nietzsche também se refere a isso, depois de sua ruptura com Wagner, como *a maior vitória que jamais um artista conseguiu* (2, 370).

O "Anel" fala da derrocada dos deuses e do nascimento do ser humano livre. Os deuses sucumbem pela sua própria Vontade de poder. Estragaram o mundo desde o começo, na medida em que não conseguiram conciliar entre si os dois princípios fundamentais da vida, o amor e o poder. Os deuses ficaram enredados nas forças vitais hostis. Anseiam um novo conheço, que só é possível quando o poder dos deuses sucumbe à liberdade dos seres humanos. A moradia dos deuses, o Walhalla, incendeia-se quando Brunhilde devolve o anel, símbolo do poder, ao elemento da água e com isso devolvendo à inocência da natureza, portanto quando o poder, separado do amor, desaparece do mundo e se reconstitui a original ordem justa do ser. À liberdade do ser humano é dada a tarefa de preservá-la.

O prelúdio "Ouro do Reno", tantas vezes louvado por Nietzsche, começa com o famoso trítono mi bemol maior, pensamento acústico do começo de todas as coisas: o elemento primordial móvel da água. Essa imagem musical da água também não abandonará Nietzsche mais tarde. O elemento fluido ondulante será para ele símbolo da vida móvel: *Assim vivem as ondas, assim vivemos nós, os que desejamos!*[8] (3, 546; FW)

Quando se dissolve o primeiro acorde desenvolve-se todo o resto em Wagner. O momento da criação torna-se audível quando aparece o som que simboliza o sol. O fogo do sol faz a água rebrilhar dourada. Também há ouro no fundo da água. Mas é pura beleza, ainda não um "valor", ainda não inserida no funesto ciclo de poder e posse, ainda intocada pela cobiça de valorização. As filhas do Reno protegem o tesouro rodeando-o amorosamente em seus brinquedos.

Chega agora o Príncipe das Trevas Alberico, o Negro, Senhor dos Nibelungos. Não tem senso da beleza do tesouro, não pode deixá-lo em paz, quer possuí-lo, para aumentar seu poder. Dessacraliza o valor querendo valorizá-lo. A vontade de valorização é ausência de amor. Alberico tem de matar o amor dentro de si e ser implacável para conseguir roubar o tesouro. Só um coração frio pode roubar o tesouro de metal.

8 Em alemão, jogo entre "Wellen", ondas, e "Wollen", querer, desejar (N. da T.).

A cena inicial já contém todo o conflito do drama. A relação tensa entre poder, amor, cobiça e entrega, jogo e pressão determinará a tetralogia até o final.

No reino dos Nibelungos funde-se um anel com ouro do tesouro, e conferirá poder ilimitado a quem o possuir. Sem dúvida, com os Nibelungos, Wagner quis corporificar o espírito demoníaco da era industrial. Para Cosima, ele observa, sobre a impressão que sobre ele exerceram as instalações portuárias de Londres: "Aqui o sonho de Alberico é realizado. Morada do nevoeiro, domínio sobre o mundo, atividade, trabalho, por toda a parte a pressão do vapor e da névoa" (Cosima Wagner, 1052).

Também Wotan, o Branco, o deus supremo, deixou-se enredar no mundo do poder e da posse, também ele não vai devolver o anel dos Nibelungos às filhas do Reno depois de o conquistar, pois acordos o ligam ao reino dos Nibelungos. Dessa maneira ele não pode reconstituir a inocência do Ser. E por isso Erda, a ctônica Mãe-Primordial, se nega a reconhecê-lo: "Não és / o que dizes ser" (Wagner, Anel 240). O monstro de poder, ouro e do pacto indigno vence sobre o direito natural do ser.

O mundo mítico de Richard Wagner tem pois três planos. Embaixo, Ser original de beleza e amor, corporificado nas filhas do Reno e da terra-mãe Erda. Por cima, mundo dos Nibelungos, onde se trata de poder e posses. E, sinistramente enredado nisso tudo, o terceiro mundo, o mundo dos deuses, que se afastaram de suas origens ctônicas. No fim do "Ouro do Reno" as filhas do Reno se lamentam: "Confiável e bom é só aqui no fundo / falso e covarde / quem lá em cima se alegra!"

Então, nascido de uma genealogia complicada, aparece Siegfried. Mata o dragão, pega inocentemente o tesouro, dá o anel como presente de amor a Brunhilde. Todavia, faltam-lhe a prudência e o saber. Por isso torna-se vítima de uma cabala de inveja, Vontade de poder e cobiça. Hagen, filho de Alberico, o mata. A irrupção ainda não terminou inteiramente. Brunhilde conclui a tarefa e devolve o anel ao Reno. O Walhalla se consome em chamas, os deuses morrem queimados.

Portanto os deuses têm parte na corrupção generalizada do mundo. Deles não virá salvação. Só o homem livre pode trazer, se sair do ciclo funesto de poder, posse e acordos enganosos. O novo começo funciona sem os deuses, que, cansados de sua criação fracassada, podem morrer quando o ser humano do amor e da beleza desperta.

O velho mundo dominado por Vontade de poder e cobiça sucumbe quando nasce o novo mundo de amor e beleza. Richard Wagner quer colaborar com isso, com seu jogo mitológico. Como podemos representar isso? Todo o aparato mítico pode ser tombado como algo que não fosse ficção? Wagner não elaborou material mitológico em que já ninguém acredita? A obra wagneriana não se orienta inteiramente para recepção estética, e com isso não se neutralizaria a eficácia mítica?

Wagner estava inteiramente consciente das dificuldades. Seus incontáveis textos teóricos falam disso, mas também anunciam sua intenção de explodir os limites do meramente estético e produzir uma consciência que se pode chamar "mítica", e que o próprio Wagner chamou de "religião". Ele declara: "Pode-se dizer que ali onde a religião se torna artificial, é privilégio da arte salvar o cerne da religião" (Wagner, Pensamentos 362).

Richard Wagner distingue o "cerne da religião" de seu "aparato mítico" com seus dogmas e cerimônias complicados e discutíveis — todo o fundo de tradição religiosa que apenas sobrevive na medida em que é reforçado pelos hábitos e protegido por poder oficial. Mas o cerne da religião, que é chamado a salvar a sua arte, é definido por Wagner como o "conhecimento da transitoriedade do mundo e da indicação, disso nascida, para livrar-se dele" (Wagner, Pensamentos 363). Wagner encara o mundo com os olhos de Schopenhauer. O que chama transitoriedade do mundo significa em Schopenhauer um mundo em que as encarnações individuais da vontade preparam um inferno para si mesmas com luta e destruição mútuas. Isso vale para a Natureza, mas também para o mundo humano, para todo o combate de jângal desta vida. Também para Schopenhauer, como se sabe, a arte é uma força de salvação; no verdadeiro prazer da arte, escreve ele, "livramo-nos da pressão infame da vontade, comemoramos o Sabá do trabalho de prisioneiros do querer, a roda de Ixion está imóvel" (Schopenhauer 1, 283).

Seguindo Schopenhauer, Wagner formula suas ideias da salvação através da arte: "Acreditamos já partilhar da salvação na hora sagrada em que todas as formas de manifestação do mundo se diluem para nós como num sonho cheio de pressentimentos: então não nos amedronta mais a ideia daquele abismo escancarado, do tremendo Inaudito da profundeza, de todos os abortos enfermos da vontade que dilacera a si mesma, assim como nos apresentou o dia — ai de nós! — a história da humanidade: puro e pacífico nos chega então o lamento da natureza, destemido, esperançoso, apaziguador, salvador. A alma da humanidade unida no lamento, por esse lamento tornando-se consciente de sua alta tarefa de redenção de toda a natureza que com ela sofre, escapa do abismo dos fenômenos e, liberada (...) sente- se a vontade inquieta (...) livre de si mesma" (Wagner, Pensamentos 396).

Se a arte quer salvar o cerne da religião, tem de conseguir uma transformação posterior da pessoa interna. O momentâneo prazer da arte não basta. A vontade da arte como religião choca contra as fronteiras do fato meramente estético. E isso há de ser sempre a maior ofensa de um artista que, como Wagner, se considera ao mesmo tempo fundador de uma religião. Nesse conflito prepara-se um potencial altamente explosivo de hostilidade: a hostilidade contra um mundo regido pelo dinheiro e, em questões de arte, pelo comércio de arte, e no qual nada se espera da arte senão apenas — arte, talvez até apenas entretenimento. Nessa hostilidade da enfática vontade de arte contra o mundo secular e talvez banal, residem aliás as raízes do antissemitismo por vezes fanático de Wagner. Pois são os judeus que Wagner encara como personificação do princípio econômico e da diversão superficial.

Wagner queria atingir o efeito sacralizador e redentor através do caráter da obra de arte total. A arte tem de mobilizar todas as suas forças. Temos a música, que encontra para o "indizível" uma linguagem que só a sensibilidade compreende; temos a ação no palco, os gestos, a mímica, a configuração espacial, e sobretudo o ritual festivo dos dias de espetáculo, todos reunidos em torno do altar da arte.

Richard Wagner tem de manobrar todos os registros da sua capacidade de obter efeitos, para sair do reservado das meras belas artes e possibilitar a vivência mítica e a experiência religiosa. Nesses esforços ele se torna um expoente do comércio de arte que tanto odeia. Sua arte, como já comentavam criticamente seus contemporâneos, torna-se um ataque generalizado a todos os sentidos. Isso confere à sua obra, que protesta contra os tempos modernos capitalistas, uma singular modernidade. Pois o primado do efeito e da intenção do efeito pertence ao caráter dessa modernidade, em que o público se organiza como mercado. Lá o artistas também devem concorrer entre si: ânsia de originalidade e busca de sempre mais efeitos são os resultados. Baudelaire, um wagneriano de primeira hora, nessa situação recomenda aos artistas que aprendam do espírito da propaganda: "Despertai igual interesse com novos meios (...) duplicar, triplicar, quadruplicar a dose" (Oehler 48). O mercado deu poder ao público. Este exige seus heróis na política e na arte. Quer ser lisonjeado, seduzido ou até violentado. O que aparece no mercado tem de ter um lado de espetáculo que seduza. Começa o grande período da estética mercantil.

Naturalmente a arte sempre fora relacionada com o público, mas nos tempos modernos enfatiza-se claramente o princípio "efeito". Isso convocou um contramovimento, um esoterismo intencional no "l'art pour l'art", no simbolismo, uma tendência ao difícil, para dificultar a compreensão e alongar os caminhos para o público. Mas na época de Wagner predomina o esforço por conquistar público através de agrados, provocação ou mistificação. A pintura sufocante de um Makart ou Stuck, a nitidez explícita dos naturalistas, os favores dos realistas são exemplos disso. A arte volta-se para fora, define-se no front de seus efeitos: o que não é eficaz não existe. Nessa época em que Richard Wagner se torna herói da arte o axioma de Descartes seria: Eu faço efeito, portanto existo. Dessa forma Richard Wagner sabe muito bem estabelecer sua própria pessoa como mito público. Provavelmente existe aqui uma relação necessária: a produção de mitos nos tempos modernos não surge sem automistificação do que os produz. Wagner não começa sua campanha de conquista do público em Paris, por exemplo, apresentando suas obras, mas alugando uma moradia luxuosa que nem poderia pagar, mas que desperta interesse pela sua pessoa. O que importa é o efeito: Wagner não despreza nada que prometa fazê-lo subir. O moderno fundador de religião Wagner era também um estrategista de mercado de sua arte. Nietzsche observa bastante cedo esse traço de Wagner, de construir efeitos e ser obcecado pelos efeitos. Nas anotações de 1874 fala na *natureza de ator* de Wagner (7, 756), mas ainda não em sentido negativo como mais tarde, embora já com um tom de dúvida nas entrelinhas. Depois da separação, Nietzsche descobrirá o enganador no ator, e chamará Wagner de *Cagliostro da modernidade* (6, 23; WA), que calcula seus efeitos sobre o público, cujo gosto segue o seguinte lema: *Aquele que nos derruba é forte; aquele que nos levanta é divino; quem nos faz pressentir, este é profundo* (6, 24).

Já nos primeiros esboços para "Anel", Wagner sabia que aquele drama musical não poderia ser apresentado nas casas habituais de óperas. Ele precisava de um espaço que dirigisse toda a atenção para o processo no palco, que prendesse o público e o deixasse num estado de alma festivo; ele deveria ser retirado de sua vida cotidiana e reunir-se por alguns dias num local visitado unicamente para aquele fim. Em torno do espetáculo no palco devia-se organizar por um tempo determinado uma convivência transformada, como antegosto de uma vida no "belo público livre". A entrada deveria ser gratuita. Wagner esperava subvenções do Estado e de mecenas particulares. Primeiro queria instalar seu teatro junto do Reno e convidar para o "grande festejo dramático" (Müller/Wapnewski 592). Finalmente sua escolha recaiu em Bayreuth, que ficava na terra de seu benfeitor, o rei bávaro Ludwig II, com cujo apoio contava. Quando a 22 de maio de 1872, 59º aniversário de Richard Wagner, foi lançada solenemente a pedra fundamental, Friedrich Nietzsche estava presente. Na quarta e última de suas "Considerações Extemporâneas", de 1876, ele escreve a respeito: Não houvera *sinais prévios* de tal empreendimento como o de Bayreuth, aquela era *a primeira viagem em torno do mundo no reino da arte; com o que, parece, se descobria não apenas a nova arte, mas a arte mesma* (1, 433).

Com Wagner, Nietzsche vê a arte retornar à sua origem na antiguidade grega. Ela volta a ser o acontecimento social sacralizador, que comemora a significação mítica da vida. Recupera aquele local onde uma sociedade compreende a si mesma, onde pode ser revelado para a contemplação comum o sentido de todo o fazer e agir. Mas em que reside esse "sentido"?

Nietzsche não se demora muito nos detalhes mitológicos da literatura wagneriana. Descobre o mítico da arte wagneriana quase exclusivamente na música, que chama uma linguagem da verdadeira sensação. Diz que é preciso ter sofrido a enfermidade da nossa cultura para poder receber com gratidão o presente da música de Wagner. O drama musical é para ele uma salvação do sofrimento pelo desconforto na cultura. *Para que o arco não se quebre, existe a arte* (1, 453). Wagner teria notado que a linguagem estava enferma. O progresso das ciências destruíra as imagens plásticas do mundo. O reino dos pensamentos entrava no não-plástico nas coisas grandes como nas pequenas. E ao mesmo tempo, a civilização se torna sempre mais complexa e insondável. Especialização e divisão de trabalho aumentam, as cadeias de ações pelas quais cada um é ligado ao todo se tornam mais longas e confusas. Quem tenta entender o todo dentro do qual vive, a este por fim a linguagem recusa seu serviço. Com esse excessivo estender-se, a civilização, e com ela a linguagem, se esgotaram, e quase não conseguem mais realizar aquilo para que existem, isto é, o entendimento sobre *as mais simples necessidades vitais* (1, 455). Porém a linguagem já não abrange o todo ao qual pertencemos, nem entra na profundeza do indivíduo. Mostra ser pobre e limitada demais. Acompanha-a uma sensação de impotência, mas ao mesmo tempo traz consigo uma ligação mais estreita do tecido social, e assim a linguagem sofre um aumento de seu poder público. A linguagem pública torna-se ideológica. Nietzsche chama isso *o delírio dos conceitos universais* (1, 455), que agarram o indivíduo *com braços espectrais,* arrastando-o para onde ele não quer ir. Existe, é verdade, uma coincidência em palavra e ação, mas sem uma harmonia do sentimento. Nietzsche escreve: *Se numa humanidade assim ferida soa a música do nosso mestre alemão, o que realmente ali ressoa? Simplesmente a percepção correta, inimiga de toda a convenção, de todo o estranhamento artificial e incompreensão entre as pessoas; essa música é retorno à natureza, sendo ao mesmo tempo purificação e transformação da Natureza; pois na alma dos seres humanos mais amáveis surgiu a necessidade daquele retorno, e na arte deles soa a Natureza transformada em amor* (1, 456; WB).

Para Nietzsche, a verdadeira sensibilidade é aquele sentimento que considera força mítica da vida, e cujo nome já conhecemos: o dionisíaco. O que Nietzsche espera do drama musical wagneriano é a reunião dionisíaca nas camadas profundas do sentimento, aquela comunhão pela arte que descrevera no exemplo dos efeitos da tragédia grega. *Sob o feitiço do dionisíaco firma-se de novo (...) a aliança entre as pessoas (...) Agora (...)*

cada um sente-se não apenas unido, reconciliado, fundido com o outro, mas um com ele, como se o véu da Maja se tivesse rasgado e apenas esvoaçasse em farrapos diante do misterioso Uno primordial (1, 29s.; GT). Nietzsche vive o drama musical de Wagner como um grande jogo dionisíaco universal. Para tornar-se consciente dessa vivência, ele aplica em Wagner sua diferença entre apolíneo e dionisíaco.

Apolíneos são os destinos e personagens das figuras isoladas, seu falar e agir, seus conflitos e concorrências. Mas o subterrâneo de sons é o dionisíaco: dentro dele também há distinções — a técnica wagneriana dos leitmotifs os enfatiza expressamente —, mas todo o diferente mergulha de novo, sempre, no mar de sons. A embriaguez musical dionisíaca afrouxa as máscaras dos personagens em favor de um sentimento de Todo e de Unidade. Para Nietzsche a música wagneriana é um acontecimento mítico, porque expressa a riqueza da tensão da unidade do que está vivo.

Portanto Nietzsche tornou-se wagneriano porque sentia seu drama musical como retorno do dionisíaco, portanto um meio para abrir um acesso às camadas elementares da vida. A filosofia musical de Nietzsche ligada a Wagner é a tentativa de entender o universo sonoro musical como revelação de uma verdade abissal sobre o ser humano. Aqui Nietzsche começa investigações em que mais tarde Lévi-Strauss lembrará na sua obra principal, "Mytoloques", ao afirmar que na música, especialmente na natureza da melodia, está a chave do "último mistério do ser humano". A música seria a mais antiga linguagem universal, compreensível a todo mundo, e mesmo assim intraduzível em qualquer outro idioma. Como podemos nos representar esse "mistério" do qual falam Nietzsche e Lévi-Strauss?

A música existe até antes da confusão das línguas em Babel, e como ainda hoje é o único meio de comunicação universal, podemos encará-la como um poder que triunfa sobre a confusão das línguas. A noção a isso ligada, de que a música está mais próxima do Ser do que outros produtos de nossa consciência, é antiquíssima. Está na base das doutrinas órficas e pitagóricas. Orientou Kepler no cálculo das rotas dos planetas. Música passava como a linguagem do Cosmos, como sentido figurado, e em Schopenhauer como expressão direta da vontade universal.

Se o Logos rompe o silêncio das coisas que não falam, porém mesmo assim seu ser inesgotável tem estar ausente do conceito, e se o mito quer dizer o que o Logos não pode abranger, então a música deveria preservar a mais íntima relação com o mítico. Talvez ela seja aliás aquele resíduo mítico que se afirmou fortemente até nossos dias, até aquela onipresença da música possibilitada pela evolução tecnológica. Ela penetra em toda parte, em todas as relações e todos os nichos. Ela é tapete de melodias, atmosfera, ambiente. Ela se tornou o rumor básico da nossa existência. Quem está sentado no metrô com o walkman no ouvido ou correndo pelo parque, este vive em dois mundos. Apolineamente viaja ou corre, dionisiacamente ouve música. A música socializou o transcendente, e o tornou esporte de massas. As discotecas e salas de concerto são as catedrais de hoje. Boa parte da humanidade entre treze e trinta anos vive hoje nos espaços dionisíacos não-verbais e pré-lógicos do rock e do pop. Os dilúvios musicais não conhecem fronteiras, solapam os terrenos políticos e as ideologias, o que se viu nas mudanças de 1989. A música funda novas comunidades, transfere para outro estado, abre um novo Ser. O espaço de audição consegue encerrar o indivíduo fazendo desaparecer o mundo exterior, mas mesmo assim em outro plano a música reúne os ouvintes. Podem tornar-se mônadas sem janelas, mas não são solitários quando a mesma coisa ressoa em todos eles. A música possibilita uma coerência social de profundezas numa camada da consciência que antigamente se chamava "mítica".

Nietzsche cita o "moda atrevida" de Schiller, que separa as pessoas e as instiga umas contra as outras, e sua esperança de que a "bela fagulha dos deuses" consiga refazer a grande união. Nietzsche atribui ao drama musical wagneriano esse trabalho de união: ele deverá eliminar *todas as fronteiras rígidas e hostis* em um novo *Evangelho da harmonia dos mundo*s (1, 29).

Harmonia dos mundos? Mas o mito que Wagner coloca no palco é um mito trágico.

Nietzsche tenta desfazer o mal-entendido, como se se tratasse de uma contradição reunir consciência trágica e harmonia universal. A vida dionisíaca, diz Nietzsche, é trágica porque se realiza com morte e devir, com o desabrochar da *rosa que vem dos espinhos*, com o murchar das flores e o surgimento dos frutos. A harmonia universal está na consciência do necessário ocaso e sacrifício; é uma consciência na qual o *Uno-primordial* desabrochou como *o eternamente sofredor e contraditório* (1, 38; GT), e ao qual *o lúdico construir e derrubar do mundo individual* se mostra como *escoadouro de um prazer primordial (...) de maneira semelhante a Heráclito, o Obscuro, comparando a força que forma os mundos a uma criança que brincando move pedrinhas daqui para lá e constrói montes de areia para os desfazer depois* (1, 153; GT).

O espectador da tragédia ou do drama musical identifica-se com o herói trágico, por exemplo com Siegfried, mas encara-o como fenômeno de primeiro plano, como projeção luminosa, sobre o fundo escuro da vida dionisíaca. Desse ponto de vista, como imagem luminosa na noite, *apesar de toda a alternância das aparências, a vida* aparece *no fundo das coisas, imperturbavelmente poderosa e prazerosa* (1, 56). O fundo ou o subterrâneo escuro da vida dionisíaca ressoa na música. Nietzsche dá a "O Nascimento da Tragédia" a expressão *orgiasmo musical* (1, 134). Ele sente a música, especialmente a wagneriana, com tal intensidade, que compreende a ação no palco do drama musical e os mitos ali encenados não apenas como *imagem luminosa*, mas também como uma espécie de proteção contra a força devoradora da música pura e absoluta. Aquele *outro Ser* (1, 134) para onde a música pode nos arrebatar é quase insuportável. É preciso que se interponham mediadores para suavizar isso. Tais intermediários são os trabalhos de armação e bastidores, os acontecimentos de palco e da sociedade, encenações, vaidades de artistas, interpretações e convenções quanto ao gosto, todo o amplo mundo horizontal da empresa cultural. Tudo isso, quando não predomina, produz uma situação em que se pode escutar o canto de sereias da música sem perder os sentidos. Produziu-se então o distanciamento necessário que permite ao entusiasta escutar *como se o abismo mais interior das coisas lhe falasse de maneira compreensível* (1, 135).

Consciência dionisíaca para a qual a arte prepara, é uma sacralização da vida, uma afirmação enfática — apesar ou exatamente por causa desse olhar nos abismos escuros que, para Nietzsche, se abrem sob dois aspectos: são *o terrível ímpeto de destruição da chamada história universal* e a *crueldade da Natureza* (1, 56; GT). Consciência dionisíaca se liga com o Inaudito da vida, com um consentimento facilitado pelo intermediário artístico, em que não há qualquer dissolução terrena da grande dissonância da vida. A vida será sempre injusta com o indivíduo a quem só resta a desoneradora comunhão com o processo da vida como um todo. Para Nietzsche, esse é o *consolo metafísico* (1, 56) que a arte oferece. É de natureza puramente estética, o que se vê já no fato de que o efeito é de prazo limitado. *Como no sonho*, escreve Nietzsche, *está alterada a avaliação das coisas enquanto nos sentimos sob o fascínio da arte* (1, 452; WB). Mas também só durante esse lapso de tempo: *precisamos exatamente do dramaturgo do Todo, para que ele os alivie ao menos por algumas horas da terrível tensão* (1, 469). O *consolo metafísico* da arte não é conforto em um mundo do além, com suas compensações e alívio e sua promessa de um futuro reino de grande justiça.

Esse consolo metafísico contrasta fortemente com a justificação religiosa-metafísica do mundo. Mas essa fórmula dionisíaca trágica: *pois só como fenômeno estético o existir e o mundo são eternamente justificados* (1, 47; GT) também contrasta com a postura moral. A moral, ainda que se dirija ao indivíduo, aposta em uma melhoria do mundo e simplificação de seus contrastes. A moral, diz Nietzsche, tornou-se o verdadeiro *deus ex machina* (1, 115) dos tempos modernos secularizados. Falta-lhe sabedoria dionisíaca, motivo pelo qual a postura moral via de regra teme um olhar implacável para a vida. A esse olhar revela-se que toda a tentativa de fazer valer a justiça aqui, e agora sempre, tem como consequência que se exerça injustiça noutra parte. O processo total é um contexto de culpabilidade e acusação. Toda felicidade que alguém saboreie no momento é na verdade um escândalo diante do sofrimento do mundo. Alguém aqui colhe um sucesso, embora o todo esteja péssimo. *Não podemos ser felizes enquanto tudo sofre ao nosso redor; e cria sofrimento para si; não podemos ser éticos enquanto o curso das coisas humanas for determinado por violência, logro e injustiça* (1, 452; WB). Nietzsche não rejeita a moral, mas critica a autojustificação e o singular otimismo quanto a melhorar o mundo, que em geral se liga a ela. Mas, em todo caso, para ele a postura moral significa estreitamento do campo que se abre pela *sabedoria dionisíaca*.

É essa sabedoria que expressa o *Evangelho da harmonia dos mundos*. Não soa nem religioso nem moralista, mas estético. É verdade, acrescenta Nietzsche, que ainda se tem de criar o *ouvinte verdadeiramente estético* (1, 143; GT), que consiga escutar isso. Mas grande obras de arte, como a tragédia grega e o drama musical wagneriano, têm a força de produzir o público adequado que lhes corresponda.

O público contemporâneo terá de cumprir um longo caminho de enobrecimento antes de levar a arte tão a sério quanto ela merece. Pois essa seriedade da arte, a prontidão para deixar-se enfeitiçar por ela e obter uma alegria superior, pressupõe ainda uma seriedade bem diferente. É preciso ser tragicamente determinado para provar que se é digno da alegria estética. É preciso não ter ilusões, mas continuar apaixonadamente enamorado pela vida, ainda que tenhamos descoberto o quanto ela é em vão. Nietzsche exige muito de alguém que está maduro para a tragédia. Deve ter-se aberto primeiro para o horror e o pavor, e depois poder desaprender de novo esse *medo terrível*, na experiência de que *já no menor instante, no mais breve átomo de uma vida*, pode-lhe *acontecer algo sagrado* (1, 453; WB). O momento estético é um desses átomos de felicidade que compensa toda a luta e toda a aflição. Nietzsche conclui esse raciocínio dizendo: *E se toda a humanidade tiver de morrer mais uma vez — quem poderia duvidar! — sua mais nobre tarefa para todos os tempos futuros será, crescendo, unir-se no Um e no Comum, para ir ao encontro do seu fim iminente como um todo, com um sentido trágico; nessa mais nobre tarefa está incluído todo o enobrecimento dos seres humanos* (1, 453). Portanto a tarefa mais elevada é produzir ou apanhar momentos de maior realização em um ser humano, em uma obra. Para isso Nietzsche escolheu em suas anotações uma única vez a expressão singular: *o cume de encantamento do mundo* (7, 200). Devemos imaginar aquele momento em que, sob o máximo de perigo, *no cérebro de quem está se afogando*, por exemplo, um tempo infinito é condensado num segundo: máximo encantamento, máxima dor, quando toda a vida rebrilha mais uma vez antes de sucumbir. São assim as imagens luminosas e vislumbres luminosos de um gênio. Assim como o indivíduo nesse instante compreende toda a sua vida e a pode sentir justificada, assim também toda uma história da humanidade é iluminada e justificada por essas imagens radiantes. O auge desse *cume de encantamento* concretiza o significado da cultura.

Para Nietzsche, o drama musical de Wagner era um cume de encantamento assim, e também, pelo menos no começo, a pessoa de Wagner. Ele admirava a audácia com que Wagner colocara a arte no ápice de todos os objetivos da vida burguesa; a imodéstia com que se recusava a ver na arte apenas um belo tema secundário; a Vontade de poder com que Wagner praticamente impunha sua arte à sociedade. Esse napoleonismo, ligado com um encantamento, magia e espírito de sacerdócio, era o que Nietzsche admirava. Nietzsche vê o contraponto prosaico disso representado em David Friedrich Strauss, que nas primeiras "Extemporâneas" é chamado de mau exemplo da banalização do sublime. Na polêmica contra Strauss, Nietzsche não se importava com a pessoa, mas com uma postura intelectual sintomática e representativa no ambiente da burguesia alemã que estava se fortalecendo. Uma postura espiritual que, esperava Nietzsche, tinha de ser superada por Wagner e pelo empreendimento de Bayreuth. Pouco antes da abertura dos primeiros festivais de Bayreuth, Nietzsche descreveu mais uma vez toda a decadência da arte no mundo burguês: *Singular turvação do juízo, mania mal disfarçada de idolatria, de distração a qualquer preço, escrúpulos eruditos, bazófia e simulação com a seriedade da arte de parte dos executores, avidez brutal por lucro financeiro de parte dos empresários, futilidade e leviandade de uma sociedade (...), tudo isso reunido forma o ar abafado e danoso da atual situação de nossa arte* (1, 448; WB).

Para grande decepção de Nietzsche, Bayreuth não vai mudar em nada essas condições. Ao contrário: Nietzsche, que em fim de julho de 1876 viaja para Bayreuth para os ensaios e vivencia toda aquela confusão — a chegada do Kaiser, a postura cortesã de Richard Wagner na colina do festival e na casa Wahnfried, a involuntária comicidade da encenação, o estalar dos aparelhos dos mitos, a vida social bem humorada, saturada e nada desejosa de redenção que se desenrolava em torno daquele fato artístico, o tumulto quando assaltavam o restaurante depois das apresentações —, horrorizado, ofendido e até doente, poucos dias depois partirá de novo de Bayreuth. *Aqui encontrareis espectadores predispostos e iniciados,* escrevera Nietzsche anteriormente, *a emoção de pessoas no auge da felicidade e que sentem exatamente e nela toda a sua essência condensada, para deixarem-se fortalecer para um querer mais amplo e mais elevado* (1, 449; WB). Nietzsche procurara em vão em Bayreuth esse tipo de espectadores; teve de reconhecer dolorosamente que apenas os tinha imaginado.

E será que não esperara demais de toda a música wagneriana e o drama musical? Depois da decepção de Bayreuth de 1876, Nietzsche começará a trabalhar no livro "Humano, Demasiado Humano", para no futuro proteger-se de decepções.

Mas ainda não chegamos a esse ponto quando, entre 1872 e 1874, Nietzsche escreve as primeiras três "Considerações Extemporâneas". Ele ainda atribui ao empreendimento de Wagner uma *profundidade enigmática, a infinitude, a cauda de cometa (...)* que aponta para *o ignoto, o insondável*, e ainda acredita que esse empreendimento, talvez com sua própria ajuda, conseguirá abrir caminho para as *coisas inauditas*. Espera que o senso para a grande *incomensurabilidade* (1, 80s.; GT) do Ser voltará a despertar. Em suas "Considerações Extemporâneas" Nietzsche valida com um espírito do tempo a que acusa de *colocar em lugar de um consolo metafísico uma consonância terrena, até um deus ex machina próprio, isto é, o Deus da máquinas e dos cadinhos* (1, 115; GT).

Capítulo 6

Os espíritos da época. O pensamento em casas de trabalho. Os grandes desencantamentos. As "Considerações Extemporâneas". Contramaterialismo e historicismo. Ímpetos de libertação e tratamentos de desintoxicação. Com Max Stirner e para além dele.

Nietzsche queria o Inaudito, por isso a música lhe era tão próxima. Desejava o retorno do sentimento trágico do mundo. Queria sabedoria dionisíaca em lugar de ciência. Mas tem de lidar com a sua época, na qual a ciência comemora triunfos inauditos. Positivismo, empirismo, economicismo, ligados com excessivo pensamento utilitarista, determinam o espírito dos tempos. E, sobretudo, estão otimistas. Nietzsche registra, indignado, que se encara a fundação do Reich alemão como *golpe aniquilador contra todo o filosofar "pessimista"* (1, 364; SE). Nietzsche diagnostica a sua época como *sincera e honesta*, mas à maneira do populacho. Era *mais submissa e mais verdadeira diante da realidade de todo tipo*. Procurava teorias por toda parte, que servissem para justificar uma *submissão ao efetivo*.

Nietzsche tinha diante dos olhos o aspecto burguês e também pusilânime desse realismo. Mas desde meados do século 19 grassava um realismo que apenas se submetia ao efetivo para o dominar mais perfeitamente, e poder transformá-lo segundo sua vontade. A *Vontade de Poder* que Nietzsche anunciará mais tarde já triunfa, mas não nos cumes dos *além-do-homem* [9], e sim na aplicada atividade de formiguinhas de uma civilização que acredita na ciência em todas as coisas práticas.

9 Há uma grande discussão, no âmbito da pesquisa sobre Nietzsche no Brasil, a respeito da tradução de Übermensch. Atualmente a alternativa se fixou entre "além-do-homem" e "super-homem". Nesse livro, adotamos a opção do especialista Rubens Rodrigues Torres Filho para o volume sobre Nietzsche na coleção "Os Pensadores", da editora Nova Cultural (N. do E.).

Isso valia para o mundo burguês, mas também para o movimento dos trabalhadores, cujo vigoroso lema, como se sabe, era "Saber é poder". A instrução deveria trazer ascensão social, tornando resistente a qualquer tipo de engano: quem sabe uma coisa não é fácil de enganar, o impressionante no saber é que a gente não precisa mais deixar-se impressionar. Prefere-se um tipo de saber com o qual a gente possa defender-se contra as tentações do *entusiasmo* (1, 169). Nada de excessos: quem resolve seus assuntos de maneira seca e objetiva progride mais e terá um ganho em soberania. Quer-se reduzir as coisas e colocá-las no seu próprio formato insignificante.

É espantoso que desde meados do século 19, depois dos altos voos idealistas do espírito absoluto, por toda parte apareça o desejo de apequenar as pessoas. Começa a carreira da seguinte figura do pensamento: "O ser humano não passa de...". Para o romantismo o mundo sabidamente começava a cantar quando se encontrava a palavra mágica. A poesia e a filosofia na primeira metade do século eram o projeto arrebatador de encontrar e inventar cada vez novas palavras mágicas. O tempo exigia significados exagerados. Na crítica do espírito prosaico de seus tempos, Nietzsche entra mais intensamente do que mais tarde confirmará em águas românticas. Já como estudante ele discutira com um professor defendendo o seu poeta predileto, Hölderlin. O espírito da segunda metade do século não favorecia mais os matadores no palco encantado do espírito; eles pareciam crianças, no momento em que os realistas, com seu senso dos fatos e armados com a fórmula de "não passa de", apareceram na porta. O bando de idealistas e românticos fizera um jogo incrível confundindo tudo, mas agora era hora de arrumar as coisas, agora começava o sério da vida, os realistas hão de cuidar disso. Esse realismo da segunda metade do século 19 terá a habilidade de pensar pequeno do ser humano, mas fazer com ele coisas grandes, se quisermos chamar de "grande" a civilização científica moderna com a qual todos lucramos. Seja como for, no último terço do século 19 começava o tempo moderno mais recente com um espírito que contrariava tudo o que fosse excessivo e fantástico. Poucos adivinhavam então, como Nietzsche, que coisas inauditas o espírito da sobriedade positivista ainda produziria.

O desmascaramento do idealismo alemão fora providenciado na metade do século por um materialismo bastante tosco. Breviários de sobriedade eram de repente best-sellers. Houve um Karl Vogt com as suas "Cartas Fisiológicas" (1845) e seu panfleto "Fé de carvoeiros e Ciência" (1854); o "Circulação da Vida", de Jakob Moleschott (1852), o "Força e Substância", de Ludwig Büchner (1855) e o "Nova descrição do Sensualismo", de Heinrich Czolbe (1855). Czolbe caracterizara assim o Etos desse materialismo de força e ímpeto e função glandular: "É uma prova de (...) arrogância e vaidade, querer melhorar o mundo cognoscível inventando outro suprassensorial, e, acrescentando-lhes uma parte suprassensorial, querer transformar as pessoas em uma criatura que está acima da Natureza. Certamente, a insatisfação com o mundo das aparências, motivo mais profundo da concepção suprassensorial (...) é uma fraqueza moral (...) Contenta-te com o mundo dado" (Lange 2, 557). Mas quantas coisas eram "dadas" a esse tipo de postura! O mundo do Devir e do Ser, nada mais que remexer em partes de matéria e transformação de energias. Nietzsche sente-se desafiado a proteger o mundo do atomista Demócrito dos materialistas contemporâneos. Obviamente não se precisa mais do "nous" de Anaxágoras e das ideias de Platão, e naturalmente também não do Deus dos cristãos, nem da substância de Spinoza, nem do "cogito" de Descartes, nem do "eu" de Fichte, nem do "espírito" de Hegel. O espírito que vive no ser humano não passa de uma função do cérebro, dizem. Os pensamentos portam-se em relação ao cérebro como a bílis em relação ao fígado, e a urina em relação aos rins. "Algo não-filtrado" seriam esses pensamentos, comentou então Hermann Lotze, um dos poucos sobreviventes da geração, antes forte, dos metafísicos.

A vitoriosa campanha do materialismo não se deixava deter por objeções inteligentes, sobretudo porque nele se misturava um especial traço metafísico: a crença no progresso. Se analisarmos as coisas e a vida até seus componentes elementares, ensina essa doutrina, descobriremos o segredo do funcionamento da Natureza. Se descobrirmos como tudo é feito, conseguiremos imitá-lo. Aqui age uma consciência que quer conferir tudo, também a natureza, a qual — na experimentação — se tem de flagrar em suas pegadas frescas, e que, se sabemos como transcorre, revela a trilha seguida.

Essa postura intelectual impulsiona o marxismo também na segunda metade do século 19. Num laborioso trabalho de minúcias, Marx dissecara o corpo social embalsamando a sua alma: O Capital. No fim não estava mais muito claro se a missão messiânica do proletariado — colaboração de Marx para o idealismo alemão antes de 1850 — ainda seria essa chance contra a férrea regularidade do capital — colaboração de Marx para o espírito determinista depois de 1850. Também Marx quer analisar e dissecar o que antes era elevado e sublime, o espírito. Refere-o como superestrutura, a base do trabalho social.

Sobretudo o trabalho. Muito além do seu significado prático, o trabalho se torna ponto central a partir do qual se podem interpretar e avaliar cada vez mais aspectos da vida. O ser humano é aquilo que ele trabalha, a sociedade é uma sociedade de trabalho, e também a Natureza de certa forma evolui trabalhando. Trabalho torna-se o novo sagrado, uma espécie de mito que mantém a sociedade unida. A imagem da grande máquina social que transforma o indivíduo em rodinhas e parafusinhos ocupa as autointerpretações das pessoas e estabelece o horizonte da sua orientação. É exatamente desse ponto de vista que Nietzsche coloca no centro em sua crítica a David Friedrich Strauss, iluminista popular da segunda metade do século. David Friedrich Strauss, que, com seu primeiro texto publicado, "A vida de Jesus" (1835), levou ao grande público a crítica racionalista do cristianismo, e agora, já ancião, publicava um livro de confissões muito lido, "A velha e a nova crença" (1872), era um inimigo jurado dos novos mitos artísticos de Wagner, aliás de todas as tentativas de elevar a arte a um substituto da religião. Por isso Wagner o odiava intensamente, e foi Wagner quem pôs Nietzsche nas pegadas daquele autor, a quem na primeira de suas "Considerações Extemporâneas" rejeita como sintoma de toda essa cultura do trabalho e do utilitarismo que se encanta com o trabalho.

A mensagem de Strauss diz: existe todo o motivo para ficar satisfeito com o presente e suas conquistas: ferrovias, vacinação, altos-fornos, crítica da Bíblia, fundação do Reich, adubos, jornalismo, correio. Não existe mais motivo para fugir da realidade para a metafísica e a religião. Se a Física aprende a voar, os voadores da metafísica devem cair e conformar-se com habitar decentemente a terra plana. Estimula-se o senso de realidade. Ela produzirá obras maravilhosas no futuro. Também não devemos nos deixar atordoar demais pela arte. Bem dosada, ela até é útil e boa, até indispensável. Pois, exatamente porque nosso mundo se tornou uma grande máquina, ainda vale a frase: "Não se moviam nela apenas rodas impiedosas, mas também se derrama nela o óleo que suaviza" (Nietzsche 1, 188). Esse óleo suavizador é a arte. Strauss chama a música de Haydn de "uma sopa honrada", Beethoven é "um doce", e escutando a "Heroica" Strauss tem vontade de "saltar a cerca e buscar aventura" (1, 185), mas logo ele retorna para as alegrias da banalidade na febre de fundação da Alemanha unida, e Nietzsche despeja sarcasmo e zombaria sobre esse *furtivo entusiasmo de pantufas de feltro* (1, 182).

Sentimos em Nietzsche toda a indignação de uma pessoa para quem estar na arte, especialmente na música, é estar no coração do mundo, que encontra no fascínio da arte (1, 452) o seu verdadeiro ser, e que por isso luta contra uma tendência para a qual a arte é uma bela coisa secundária, talvez até a mais bela, mas mesmo assim apenas uma trivialidade.

Essa indignação contra os iconoclastas burgueses da arte, a quem Nietzsche chama de *filisteus da cultura*, já era um motivo habitual entre os autores românticos. E. T. A. Hoffmann faz seu maestro Kreisler desfazer uma noitada musical na qual se busca "distração e conversa agradável" apresentando quase com raiva as variações de Goldberg. E na "Senhorita von Scueri", Hoffmann faz seu artista, o ourives, passar do insulto público ao assassinato público em grande estilo. São as histórias românticas da guerra da arte dotada de aura contra os filisteus da arte, com seu pensamento utilitarista. E nessa tradição está Nietzsche com sua crítica a David Friedrich Strauss. Também Nietzsche transborda em fantasias de vingança de um indignado amigo das artes: *Ai de todos os vaidosos mestres e de todo o reino estético dos céus quando o jovem tigre (...) sai em busca de sua presa!* (1, 184; DS). O jovem tigre? Este já aparecera em "O Nascimento da Tragédia", onde simbolizava o espírito da selvagem arte dionisíaca. O que deixa Nietzsche tão irado: que essa tendência cultural burguesa transforme o Inaudito no familiar.

Isso vale para a arte, mas também para a Natureza, pois também o darwinismo, que naquela época surgia com força, é desarmado por Strauss e, como comenta criticamente Nietzsche, não se tiram as consequências disso. Assume-se com prazer o ateísmo darwiniano: agora em lugar de Deus, o assunto é o macaco. Strauss veste-se com *o traje esfarrapado das nossas genealogias simiescas* (1, 194; DS), mas receia tirar as consequências éticas dessa genealogia natural. Se fosse corajoso, teria podido *derivar, da guerra de todos contra todos e do privilégio do mais forte, prescrições morais para a vida* (1, 194), com as quais imediatamente teria provocado a ira dos *filisteus*. Para satisfazer a necessidade deles de segurança e comodidade, Strauss evita as consequências niilistas do materialismo e dá uma direção confortável a suas reflexões descobrindo na Natureza uma nova "revelação da bondade eterna" (1, 197). Porém, para Nietzsche, a Natureza é o pura e simplesmente Inaudito.

Para livrar-se dos naturalistas e dos materialistas, Nietzsche faz na terceira "Extemporânea" um esboço da sua interpretação dionisíaca da Natureza, que opõe ao pálido otimismo naturalista dos filisteus da cultura. Nietzsche diz que é muito espantoso que na série de figuras da Natureza, do inanimado, passando pelo vegetativo, ao animal, finalmente se tenha revelado no ser humano uma consciência. Por que o ser natural criou para si, no ser humano, o palco de uma consciência? A pedra não sabe que existe. O animal percebe seu ambiente, mas, ao fazê-lo, permanece sem distanciamento, confundido com o seu ambiente. Só no ser humano surge a percepção da percepção, e com isso uma consciência distanciadora. Ele não apenas vive no seu ambiente, ele vivencia o mundo como uma amplidão aberta. O ser humano emerge da inibição da existência animal, e nesse momento o mundo adquire uma singular transparência; para a vida consciente revela-se o funcionamento de tudo que é vivo, também da própria *repulsiva avidez*, e como todo vivente deseja, *cega e loucamente* (1, 378; SE) consumir e aniquilar outras vidas. A consciência, pois, não sente primeiramente a alegria pelo mundo que lhe aparece, mas descobre o tormento do Ser. Mas isso não significa que a consciência atormenta o homem como uma doença? O ser natural ainda é suportável no espelho da consciência? A consciência não será talvez realmente uma fatalidade? *Estremecendo fitamos aquela súbita claridade ao redor de nós, e às nossas costas: ali correm refinados animais predatórios, e nós no meio deles. A inaudita mobilidade do ser humano no grande deserto da terra, suas cidades e estados, suas guerras, seu incansável juntar e distribuir, seu misturar-se correndo, seu apartar-se uns dos outros, seu lograr e esmagar uns aos outros, seus gritos de aflição, seus uivos de prazer na vitória — tudo isso é continuação da animalidade* (1, 378; SE). A partir desse momento do despertar daquela inibição, a consciência sente calafrios e anseia voltar para a *inconsciência do impulso*. Para os assuntos cotidianos não será melhor *não ter consciência* (1, 379)? Sim. A consciência pode tornar-se fonte de perturbação para o realismo eficiente. Mas, pergunta Nietzsche, o que conseguiu a Natureza abrindo os olhos no ser humano e fazendo espelhar-se na consciência humana o seu próprio ser?

Perguntando isso, Nietzsche supõe uma espécie de teleologia natural, que professa com as palavras: *Quando a Natureza inteira se aproxima insistentemente do ser humano, dá a entender que ele é necessário para salvá-la da maldição da vida animal, e que finalmente nele o existir se olha num espelho no qual a vida não é mais sem sentido, mas aparece com seu significado metafísico* (1, 378). Em que consiste esse significado metafísico?

Não há uma harmonia universal no fundo das coisas, nem uma ordem metafísica abrangente ou justiça. O significado metafísico reside unicamente em que na vida que desperta para a consciência a Natureza *dá o seu único salto, e é um salto de alegria;* e depois Nietzsche prossegue com a frase enigmática, de que a Natureza *pela primeira vez sente que chegou ao seu objetivo, ali onde compreende que teria de desaprender a ter objetivos, e que no jogo da vida e do devir, jogou alto demais* (1, 380). Uma argumentação mal interpretada. Nietzsche sabe que a Natureza não é um "sujeito" que pudesse aprender ou desaprender ou apostar alto demais. Ele não pretende ver na Natureza um Deus. Quando se fala de aprender e desaprender da Natureza, fala-se em reflexos na consciência do ser natural homem, aquela Natureza, pois, que toma consciência de si mesma no homem. Na consciência de si do ser humano a Nnatureza se revela como impulso voltado para um objetivo, que tem de permanecer sempre insatisfeito porque em todo objetivo o impulso percebe que não queria o objetivo, mas apenas a si próprio, e por isso continuará impelindo. Na medida em que a consciência apresenta um "espelho" ao impulso, pode acontecer que essa impulsão se apague. Não por cansaço ou desespero, mas porque reconhece: não há objetivos, estamos sempre no objetivo. O momento realizado não está num futuro, mas sempre está aí, é preciso apenas agarrá-lo, aprendendo a ser inteiramente presente, espiritualmente presente. O "jogo" da vida é uma aposta "alta demais" quando se apostam quantias que têm de ser pagas em um futuro ominoso. Queremos "jogar" assim com a vida, mas a própria vida não joga dessa maneira. Pois ela não segue o princípio da acumulação linear e da progressiva intensificação, mas gira em ciclos de morrer e devir. Cada ponto do diâmetro está igualmente distante do centro. E por isso a vida sempre está no objetivo ou sempre fica igualmente longe dele, o que dá na mesma. A Natureza dá um *salto de alegria* no ser humano quando supera a ilusão do objetivo, e o ser humano, despertando para a consciência, percebe que ele próprio é o objetivo e o tempo do instante. A Natureza no homem, escreve Nietzsche, *se transfigura com essa noção* (1, 380; SE). Essa *enigmática emoção sem comoção* (1, 381) Nietzsche chama de *a grande iluminação*, sob cuja luz a realidade assume a aparência de *beleza* (1, 380).

Esse raciocínio de Nietzsche, ainda elaborado na dependência de Schopenhauer, desemboca numa transfiguração da realidade, cujo pressuposto não é uma nova "revelação da eterna bondade" na Natureza, mas uma transformação naquele que conhece. Em vez de ser dirigida pelo interesse e desejosa de olhar para dentro da realidade, a consciência afrouxa os laços que prendem à vontade e abre-se para deixar, calmamente, que o mundo se aproxime dela. O "significado metafísico" está unicamente nessa modificação do ver: do espreitar (Spähen) que se orienta para os objetos do desejo, para o contemplar (Schauen). Aqui Nietzsche ainda está totalmente comprometido com o conceito schopenhaueriano de Metafísica, segundo o qual a consciência metafísica é tal que desperta de sua inibição através da vontade e à qual por isso o mundo parece diferente. Portanto não se trata de uma descoberta de um mundo metafísico atrás ou sobre, mas apenas um outro estado, extraordinário, isto é, uma *enigmática emoção sem comoção*.

Nessas reflexões, Nietzsche permanece ainda tão perto do seu mestre Schopenhauer, que também fala da superação do desejo como pressuposto da experiência transformada de mundo. Mas Nietzsche coloca aí outra ênfase. Ele acentua o momento ativo desse processo. A vontade não se apaga, mas algo no ser humano que dá esse "salto" triunfa sobre a vontade comum. Há no ser humano algo mais, que domina aquele outro inquieto e irrefletido algo. Em última análise, esse algo. apaziguador não passa de uma vontade extraordinariamente forte, que põe limites às loucuras da vida irrefletida. É aquela "sabedoria dionisíaca" que entrementes conhecemos bem, que é forte o bastante para suportar o olhar no abismo, e não se quebra com isso, mas preserva uma enigmática, quase alegre calma.

Em seu texto póstumo "A Filosofia na Era Trágica dos Gregos", de 1873, Nietzsche descreve esse tipo de "sabedoria dionisíaca" no exemplo de Heráclito. *O eterno e único Devir, a total inconsistência de todo o real, que permanentemente apenas age e se torna, e não é, como ensina Heráclito, é uma noção terrível e atordoante, e na sua influência muito aparentada com a qual alguém, durante um terremoto, perde a confiança na terra firme. Seria preciso uma força espantosa para traduzir esse efeito no seu contrário, no sublime e no espanto que nos dá felicidade* (1, 824s.). Ser capaz de se manter em um determinado modo de ver ao Ser tumultuado não é simplesmente, como diz Schopenhauer, contemplação e apagamento da vontade, mas ativação de uma outra vontade, da vontade de configuração. Subjugar ou deixar-se subjugar: essa é a questão aqui. Trata-se de uma relação ontológica agonal. A mais alta vontade viva de configuração ousa apostar contra a força vital da subjugação irrefletida. Essa vontade de configuração é artística, está a serviço de uma vontade de vida intensificada para além da atividade irrefletida. Por isso, Nietzsche pode chamar Heráclito de *um ser humano que experimentou no artista e no surgimento da obra de arte, como (...) necessidade e jogo, contradição e harmonia, têm de se acasalar para gerar a obra de arte.* (1, 831; PHG). Também na vontade artística de configurar trata-se de resumir o todo numa imagem. E o que é essa imagem, essa imagem heraclítica do mundo, senão resumir o rio do tempo em um instante? Na experiência que permite essa fixação na imagem do mundo, a História se apagou, e compreendemos que não é preciso ter objetivos, porque sempre estamos no nosso objetivo.

Depois da disputa com o Materialismo, a luta contra a subjugação à História é o segundo aspecto no qual Nietzsche briga com o espírito de seu tempo. Também o historicismo é para ele uma consequência da cultura do saber alexandrino-socrático que assumiu uma coloração especial na Alemanha dos tempos da fundação do Reich. O historicismo olha para trás, para a História, para ter consciência de como se avançou gloriosamente. Mas ao mesmo tempo tratava-se de compensar uma insegurança no sentimento de vida e no estilo. Afinal não se sabia tão bem assim quem se era e o que se queria. E assim a esse historicismo ligava-se também o prazer no imitado, no inautêntico. Triunfava o espírito do Como-se (Als-ob).

Impressionava bem tudo o que se parecia com outra coisa. Todo material que se empregava tinha pretensões de parecer mais do que era. Era a época do material falsificado: mármore era madeira pintada, alabastro reluzente era gesso; o novo tinha de parecer velho, colunas gregas no portal da Bolsa, a instalação da fábrica parecendo um castelo medieval, a ruína parecendo uma construção recente. Cultivava-se a associação histórica, tribunais da justiça pareciam palácios de doges, a sala de estar abrigava cadeiras de Lutero, copos de estanho e bíblias de Gutenberg que na verdade eram caixinhas. Depois da proclamação do "Kaiser alemão" no Salão dos Espelhos de Versalhes, o poder político brilhava nos ouropéis. Essa Vontade de poder não era inteiramente autêntica, mais vontade que poder. Desejava-se a encenação. Ninguém sabia disso tão bem quanto Richard Wagner, que manejava todos os botões do fascínio do teatro, para levar ao palco a pré-história germânica. Tudo isso combinava com a tendência realista. Exatamente porque esse senso era tão eficiente, era preciso embelezar, enfeitar, drapear, cinzelar um pouco e assim por diante, para que o todo parecesse alguma coisa, e valesse algo.

Para Nietzsche, não se pode afastar a suspeita de que o historicismo deve compensar uma força vital precária. E essa força vital ficou debilitada exatamente porque perdeu, na cultura socrática do saber, um ponto social mais profundo de unificação. Em "O Nascimento da Tragédia", Nietzsche escreve: *Imaginemos uma cultura que não tem um lugar primordial firme e sagrado, mas está condenada a esgotar todas as possibilidades e alimentar-se precariamente de todas as culturas — isso é o nosso presente, como resultado daquele socratismo orientado para a aniquilação do mito (...) Para onde aponta a gigantesca necessidade histórica da moderna cultura insatisfeita, o rodear-se de incontáveis outras culturas, esse devorador desejo de conhecer, se não é para a perda do mito, a perda da pátria mítica, do mítico regaço de mãe?* (1, 146)

Esse historicismo é para Nietzsche um exemplo especialmente eloquente da paralisia da força vital pelo saber e conhecimento. Na segunda das "Considerações Extemporâneas", com o título "Do proveito e da desvantagem da história para a vida", ele descreve como a vida pode adoecer por um excesso de consciência histórica. Nesse ensaio Nietzsche elaborou com grande audácia um pensamento que hoje só não nos parece mais tão estranho porque Nietzsche o ajudou a difundir-se por toda parte: a ideia de que a vida precisa de *uma atmosfera envolvente* (1, 323) de ilusões, paixões, amor, para permanecer viva. Esse pensamento liga-se com a crítica de um realismo que se submete aos fatos supostamente duros, resignado, inerme ou cínico, para finalmente terminar na tendência de um niilismo egoísta, para o qual tudo se torna indiferente se não lhe for economicamente proveitoso.

Nietzsche começa com um problema que à primeira vista parece atingir apenas o mundo erudito e a formação científica, isto é, a fixação na história, no que foi e no que passou, na inundação com informações históricas, na fragmentação generalizada das forças em problemas de detalhes, que só servem à preservação da atividade científica. Essa conjuntura do historicismo no mundo científico é tomada por Nietzsche como ponto de partida de uma crítica do espírito do seu tempo, a que ele se opõe com uma enfática defesa da vida. Com esse texto nasce a filosofia da vida das décadas seguintes, motivo pelo qual ele está entre os mais eficazes textos da oficina de Nietzsche.

Os séculos de pesquisa histórica e científica produziram uma quantidade enorme de conhecimentos, e como saber e conhecimento são considerados agora o mais alto ideal, o contemporâneo culto tenta assimilar a maior quantidade possível disso, e como consequência *o homem moderno arrasta em última análise uma imensa quantidade de pedras de saber não digeridas, que eventualmente fazem um grande ruído em seu ventre, como diz a lenda. Com esse rumor revela-se a qualidade mais pessoal desse homem moderno: o singular contraste de um interior ao qual nenhum exterior corresponde, e um exterior ao qual não corresponde um interior, contraste que os povos antigos não conheciam* (1, 272). Esse contraste entre dentro e fora seria característico da cultura alemã. Nela, de um lado, consideramos nosso saber não-digerido interioridade profunda, e renunciamos a bom gosto e espírito no exterior. Cultivamos *formação interna para bárbaros externos* (1, 274), só que essa formação interior não vai muito longe: falta-lhe densidade viva. Ela não é, como diz a expressão predileta de Nietzsche para isso, *incorporada* (einverleibt). Ausência de estilo, mania de efeitos baratos, imitação na arte e na arquitetura, formas toscas de convívio social são marcas dessa postura. Imaginamos que somos naturais e nos sentimos superiores à civilização e refinamento franceses, mas na verdade, *na medida em que pensamos ter voltado ao natural, apenas escolhemos o deixar-se-levar, a comodidade e a menor medida possível de autossuperação* (1, 275). Contra a pretensão de uma interioridade assim amorfa, que se interpreta erroneamente como cultura, Nietzsche toma partido em favor da civilização, que, por outro lado, sob a perspectiva da criatividade juvenil, é então criticada também novamente como mera formalidade. Na futura disputa pela distinção entre "cultura" alemã e "civilização" francesa, conforme ainda veremos, as duas posições contrárias podem invocar Nietzsche.

As *pedras do saber* não digeridas que impedem o indivíduo de tornar-se uma personalidade nascem do *fundus* da História e das ciências naturais. No que diz respeito ao *excesso de História* na vida pública, Nietzsche vê nisso o efeito tardio de um hegelianismo simplificado, que encarava o historicamente poderoso como o racional, e por isso pedia respeito diante do poder do existente, e zelo na assimilação da História.

Em Hegel originalmente tudo isso tinha um sentido bem diferente, e Nietzsche também sabe disso. Hegel era sabidamente um filósofo apaixonado pela história. Para ele a história era racional, mas, como acontece com os apaixonados, julgava-a de uma racionalidade encantadora e arrebatadora; para ele, era "a vertigem bacântica, na qual não há um membro que não esteja embriagado" (Hegel 39). Isso começara em Tübingen, quando, diante da notícia do ataque à Bastilha, Hegel e seus companheiros de quarto Schelling e Hölderlin plantaram na campina do Neckar uma árvore da liberdade. Era entusiasmo juvenil, que pretende tomar a História na mão e compreender e transformá-la com uma racionalidade muito viva. Era exatamente o mesmo protesto juvenil que

Nietzsche agora exigia para a sua época, doente por excesso de sentido histórico e científico. A geração de Hegel pôde descobrir na História um espírito revolucionário, e por isso a apropriação da História tornou-se exortação. História era ímpeto, não pesava, mas nos levava por uma viagem aventuresca. Mas, como no quarto de século depois da Revolução Francesa a História causasse muitas decepções a seus entusiastas, também a imagem da razão histórica se modificou. Para Hegel, em sua velhice, o que importa é confirmar a crença na razão histórica de modo tal que a partir dali ela não possa mais ser desiludida. O amante enganado consola-se com cumplicidade nas "artimanhas da razão". Aplica sua inteligência em desenvolver um sistema de razão histórica defendido contra decepções. A razão entra na História, e a História, através de dolorosas contradições, finalmente chega à razão. Esse processo foi descrito no sistema de Hegel, e assim entrou na autoconsciência humana. Portanto, evidenciou-se o segredo do funcionamento da História na consciência da filosofia hegeliana.

Hegel, pensa Nietzsche, conseguiu a obra de arte de inverter a tristeza pelo fim da heroica história da luta pela liberdade e a consciência de um *tardio* que apenas recorda, mas já não age, e transformar isso numa distinção. Manifestamente, deve ter sido a finalidade do acontecimento desembocar no saber de tais tardios. A desgraça consciente é equiparada à conclusão da história mundial. Desde então na Alemanha se fala do "processo mundial" entendendo o presente como seu resultado necessário. *Esse modo de ver as coisas,* escreve Nietzsche, *colocou a História em lugar de outras forças espirituais, arte e religião, como única soberana, na medida em que ela é "o conceito que realiza a si mesmo", na medida em que ela é "a dialética dos espíritos dos povos" e o "tribunal do mundo"* (1, 308).

Assim, Hegel não apenas enobrecera filosoficamente a História, mas também fornecera dignidade filosófica ao diagnóstico atual dos tempos, animando a filosofar também sobre a disputa política, portanto pelo futuro. Assim também sua famosa e famigerada frase, "o que é racional é real, e o que é real é racional", teve efeito totalmente político — em direções contrárias. Uns encararam essa frase como justificação do existente; outros, como Ruge, Bauer, Engels e Marx, entenderam-na como exortação a transformar em realidade o meramente existente, fazendo-o coincidir com a razão até ali apenas pensada. Para uns a frase escrevia um ser (Sein), para outros um dever (Sollen). Mas era-lhes comum a convicção de que sociedade e história representavam uma dimensão do acontecer da verdade.

Na tradição de Hegel isso não era tão natural quanto hoje parece. Antes de Hegel, pensava-se nos contrastes: Deus e mundo, ser humano e natureza, ser humano e Ser. Desde Hegel um mundo intermediário insere-se entre esses pares: a sociedade e a História. Esse mundo intermediário atrai tudo para si: a velha metafísica do Todo — Deus, o Ser, o ser humano — transforma-se em uma metafísica da sociedade e da História, e o discurso do indivíduo torna-se sem sentido e sem consistência, porque o indivíduo sempre aparece como social e historicamente condicionado. O mundo intermediário do social-histórico admite apenas algo além de si: a Natureza, a humana e a extra-humana. Mas, como espécime da Natureza, o ser humano naturalmente é muito menos um ser único, é apenas um exemplar. Metafísica fora uma tentativa de criar espaço espiritual para o ser humano. Mas agora os espaços se estreitam. Debatemo-nos entre a necessidade sócio-histórica e da natureza. A briga na segunda metade do século 19 é apenas por decidir qual das necessidades é a dominante. Hegel, e depois Marx, acreditam na vitória da necessidade social e histórica. Hegel fala do "espírito que chega a si mesmo", e Marx da "supressão do crescimento natural". Para os dois isso é um caminho para a liberdade, que entendem como produto social da história. Os materialistas em contrapartida acreditam na supremacia da necessidade natural. Mas também eles via de regra secularizam a velha promessa metafísica de salvação: interpretam a história evolutiva da natureza como evolução superior.

Para o pensamento filosófico, no começo da era industrial, as dimensões duradouras do Ser, isto é, Natureza e História, começam pois a transformar-se numa espécie de máquina. A essas "máquinas", pensam os otimistas entre os contemporâneos de Nietzsche, podemos confiar a produção da vida bem-sucedida, sob o pressuposto, todavia, de que nos portemos conforme nossas funções. A transformação do "processo mundial" hegeliano em funcionamento mecânico e dispositivos industriais foi descoberta por Nietzsche, com fina sensibilidade, em seu território mais próximo, a ciência filológica. Formamos os jovens para os levar ao *mercado de trabalho* científico, lá colocamos cada um diante de um tema e um probleminha pequeno para que ele o trabalhe diligentemente, o todo é uma *fábrica científica*; não sabemos para o que os produtos dessa diligência servem; em todo o caso, eles dão sustento a seu produtor. Na descrição dessa situação, Nietzsche pára em um momento e recorda seu uso linguístico: *mas involuntariamente aparecem em nossos lábios as palavras "fábrica, mercado de trabalho, oferta, aproveitamento" — e todos esses auxiliares do egoísmo — quando queremos descrever a mais recente geração de intelectuais* (1, 300s.).

Nietzsche toma o filósofo Eduard von Hartmann, então muito lido, como caricatura desse laborioso pensar o processo mundial, para o qual a História se tornou casa de trabalho. Como Hartmann também tem em Schopenhauer seu mestre, Nietzsche, como schopenhaueriano, sente-se particularmente desafiado quando Hartmann exige "total entrega da personalidade ao processo mundial". Curiosamente esse processo mundial é um procedimento de negação em grande escala. Eduard Hartmann, oficial reformado, pensa ter de executar sistematicamente a negação da vontade — para Schopenhauer um mistério dos grandes ascetas e santos. Para essa sistemática recorre à ajuda de Hegel. Nessa síntese surge uma obra monstruosa — "A Filosofia do Inconsciente" (1869) — na qual se encontra uma teoria em três estágios, cuidadosamente descrita, de desilusão da vontade de viver. O centro de tudo isso é: a vontade de viver não consegue se negar direito por sua própria força; é preciso — à boa maneira hegeliana — deixar isso entregue ao processo mundial. Hartmann louva a força da consciência pessimista da humanidade. Esse espírito do mundo pessimista ainda atua inconscientemente, mas despertará quando tiver removido todas as ilusões da felicidade — a ilusão da felicidade no além, no futuro e no agora — e quando tiver reabsorvido o mundo e desaparecido. Esse zelo obstinado de trabalho de um espírito de mundo pessimista parece engraçado, também a rapidez simultaneamente encantada com o futuro com que Hartmann corre para a negação, e o modo burocraticamente escrupuloso com que se liquidam as ilusões para chegar do Sim ao Não. E quando finalmente esse autor chegou à grande negação e faz o processo mundial terminar nela, espalha-se um singular conforto burguês. O discurso sobre o "processo mundial" ficou distorcido até ser irreconhecível. Hartmann faz o processo mundial avançar para o nada, e com isso mostra, involuntária e comicamente, que o "processo mundial" é uma frase vã.

Nietzsche sempre retorna a seu pensamento central da limitação ou destruição da força vital pelo saber e pela crença na força do passado. Seu contraveneno é a inversão: é preciso voltar o princípio da História contra a História. Quebrar o poder da História pela História. O poder da História quebrado pelo saber histórico. Nietzsche encontra para isso a formulação marcante: *a própria História tem de resolver o problema da História* (1, 306).

Nietzsche volta a História contra a História retornando para o tempo da antiguidade grega que ainda não tinha pensamento histórico, e retirando dali seus critérios de uma arte de viver que saiba proteger-se da subjugação pela História. Nietzsche recorda que também a Grécia estava exposta a um caos de História e histórias: elementos culturais e tradições semíticos, babilônicos, lídios, egípcios infiltravam-se nela, e a religião grega foi *uma verdadeira luta de deuses de todo o Oriente* (1, 333). Tanto mais admirável era a força com a qual a cultura grega impôs sua força plástica e aprendeu a *organizar o caos* (1, 333). Foi possível construir um horizonte amplo mas mesmo assim limitado, criar mitos, fechar um círculo que a vida pôde preencher onde ela pôde se realizar.

Quando escreveu a frase *a própria História tem de resolver o problema da História*, Nietzsche percebeu imediatamente que ali encontrara uma fórmula que podia ser aplicada não apenas à História, mas a todo o problema do saber. Como se pode impedir que a dinâmica própria do saber e das verdades supostas nos violente? Como a vida se preserva de ser sufocada pelo saber: Nietzsche responde na continuação da frase antes citada: *o saber tem de voltar seu aguilhão contra si próprio* (1, 306; HL).

Nos anos quarenta — em que Nietzsche, como admitiu a um amigo, gostaria de ter vivido — surgira um autor contra os maquinistas da lógica histórica e naturalista, que escrevera a respeito do espírito livre e vivo: "Ele sabe que não apenas com relação a Deus nos portamos de maneira religiosa ou crente, mas também com relação a outras ideias, como Direito, Estado, Lei etc., isto é, ele reconhece por toda parte a possessão. Dessa maneira, quer dissolver os pensamentos pelo pensar" (Stirner 164).

Devemos lembrar aqui um provocador filosófico que já antes de Nietzsche fazia experimentos com o pensamento de inversão, e formulara seu protesto anarquista contra a suposta lógica férrea de Natureza, História e Sociedade, em uma obra aparecida um ano antes do nascimento de Nietzsche. Sob o pseudônimo de Max Stirner, Johann Caspar Schmidt, professor do "Educandário para Moças Nobres", em Berlim, publicara em 1844 seu livro "O Único e sua Propriedade", que naquela ocasião causara grande alvoroço, e por sua radicalidade anarquista individualista fora rejeitado oficialmente como escandaloso ou absurdo pelo meio filosófico acadêmico e também pelos dissidentes. Em particular, porém, muitos se deixavam fascinar por esse autor. Marx foi levado a escrever uma crítica dessa obra, mais ampla do que o livro criticado, e que mesmo assim não publicou. Feuerbach escreveu a seu irmão que Stirner era "o mais genial e livre escritor que conheci" (Laska 49), mas publicamente não se manifestou sobre esse autor. Esse efeito silencioso de Stirner continuou também mais tarde. Husserl falou certa vez da "força tentadora" de Stirner, mas não o menciona em sua obra. Carl Schmitt, quando jovem, foi profundamente impressionado com Stirner, e só em 1947, na cela da prisão, será novamente "visitado" por ele. Georg Simmel não se permite um contato com esse "tipo singular de individualismo".

No que diz respeito a Nietzsche, também nele parecer haver um estranho silêncio. Nem uma única vez ele menciona o nome de Stirner em sua obra, mas pouco depois de seu colapso desencadeou-se na Alemanha uma disputa acirrada sobre se Nietzsche teria conhecido Stirner, ou se deixara estimular por ele. A posição mais extrema nesse debate, em que entre outros tomaram parte Peter Gast, a irmã, o amigo de muitos anos Franz Overbeck e Eduard von Hartmann, foi assumida por aqueles que fizeram uma acusação de plágio. Hartmann, por exemplo, argumentou que Nietzsche conhecera a obra de Stirner, pois na sua segunda "Extemporânea" criticara exatamente aquelas passagens da obra de Hartmann em que se tratava de uma rejeição explícita da filosofia de Stirner. Portanto, Nietzsche devia ter sabido de Stirner pelo menos por essa via. Hartmann indica ainda paralelos de pensamento entre os dois, e então pergunta por que Nietzsche se deixaria estimular por Stirner, mas sistematicamente se calava sobre ele. A resposta evidente naquele tempo foi assim formulada por um contemporâneo: "Por toda parte no mundo das pessoas cultas ele (Nietzsche) teria ficado desacreditado para sempre se mostrasse qualquer simpatia por Stirner, o grosseiro, inescrupuloso Stirner que insistia em seu egoísmo e anarquismo crus; pois a rigorosa censura em Berlim apenas permitira que se imprimisse o livro de Stirner porque os pensamentos apresentados eram tão exagerados que ninguém concordaria com eles" (Rahden, 485).

Com a má fama de Stirner, realmente podemos entender que Nietzsche não quisesse ser mencionado em relação a ele nem por um segundo. As pesquisas de Franz Overbeck mostraram que inegavelmente Nietzsche fizera seu aluno Baumgartner emprestar a obra de Stirner da Biblioteca de Basileia em 1874. Talvez fosse uma medida de precaução, fazer o aluno ir em seu lugar? Pelo menos foi assim que essa notícia foi recebida pelo público, interpretação que é apoiada nas memórias de Ida Overbeck, amiga de Nietzsche nos anos setenta. Ela relata: "Certa vez, quando meu marido saíra, ele (Nietzsche) conversou comigo um pouquinho e mencionou duas figuras esquisitas em particular com que estava se ocupando naquele momento, e nas quais via um parentesco consigo próprio. Como sempre que detectava algum parentesco interior, ele ficava muito animado e feliz. Algum tempo depois viu Klinger em nossa casa (...) 'Ah', disse ele, 'com Klinger eu me decepcionei lindamente. Era um filisteu; não, com esse não me sinto aparentado; mas Stirner, ah, esse sim!' E no seu rosto havia uma expressão solene. Enquanto eu o contemplava atentamente, seus traços mudaram de novo, ele fez um gesto negativo e de recusa e disse num sussurro: 'Bom, agora eu já lhe disse, e não queria falar nisso. Esqueça. Vão lhe falar de um plágio, mas estou certo de que você não o fará, eu sei'"(Bernoulli 238). Ida Overbeck prossegue dizendo que, para seu aluno Baumgartner, Nietzsche dissera que a obra de Stirner era "a mais ousada e coerente desde Hobbes". Sabemos que Nietzsche não era um leitor paciente, mas à sua maneira um leitor minucioso. Raramente lia livros até o fim, mas os lia com um instinto certeiro procurando aqueles aspectos reveladores e estimulantes. Ida Overbeck relata sobre isso: "Ele me disse que ao ler um autor sempre é atingido apenas por frases breves, que se liga a elas com suas próprias ideias, e sobre esses pilares que assim se oferecem constrói algo novo" (Bernoulli 240).

Mas o que era que, de um lado, tornava Stirner tal pária da filosofia, e, por outro, tinha efeito tão estimulante sobre Nietzsche, ou de tal forma confirmava o pensamento deste? Mais tarde Nietzsche vai coquetear em causa própria com a aura do infame; em relação a Stirner, agora podia encarar o próprio empreendimento no espelho do proscrito.

Na filosofia do século 19, Stirner foi certamente o nominalista mais radical antes de Nietzsche. A coerência com que realizou a destruição nominalista até hoje deve parecer absurda aos burocratas da filosofia. Como os nominalistas medievais designavam os conceitos universais, especialmente relacionados com Deus, como "sopro" (Hauch), nomes sem realidade, Stirner fez a mesma coisa. No cerne do ser humano, ele descobre uma força criadora que produz fantasmas, para depois deixar-se oprimir pelos próprios produtos. Já Feuerbach elaborara esse pensamento em sua crítica da religião. E Marx transferira para o trabalho e para a sociedade essa estrutura de uma produtividade que se torna prisão para quem a produz. Até aqui Stirner ainda permanece na tradição do hegelianismo de esquerda: libertar o homem da servidão aos fantasmas criados por ele próprio, e às condições sociais. Mas Stirner aguça a sua crítica. Está certo, declara, destruímos o "Além fora de nós", portanto Deus e a moral supostamente fundada nele. Aqui "cumpriu-se a tarefa do Iluminismo". Mas se esse "Além fora de nós" desaparece, resta intocado o "Além em nós" (Stirner 192). Deus está morto, nós o reconhecemos como fantasma, mas existem fantasmas ainda mais obstinados que nos atormentam e, o que Stirner censura nos hegelianos de esquerda, os assassinos de Deus mais do que depressa colocaram em lugar do velho Além um Além interno. O que é que Stirner quer dizer com esse "Além em nós"? De um lado, designa aquilo que Freud depois chamará o "superego". A hipoteca heterônima implantada em nós por família e sociedade, de um passado do qual viemos. Mas também se refere ao domínio erigido dentro de nós por conceitos gerais como "Humanidade", "Liberdade". O Eu, despertando para a consciência, encontra-se preso numa rede de tais conceitos que têm força normativa, e com os quais o Eu interpreta a sua existência inominada e não-conceitual. Já para Stirner valia o fundamento existencialista: a existência vem antes da essência. O ímpeto de Stirner é levar o indivíduo de volta à sua existência inominada e libertá-lo das prisões essencialistas.

Tais prisões são, para ele, de início as religiosas. Mas elas já estão suficientemente dissolvidas pela crítica. Não resolvida está, porém, a dominação pelos outros fantasmas essencialistas: a suposta "Lógica" da História, as chamadas leis da sociedade, as ideias do humanismo e do progresso, do liberalismo etc. Tudo isso são universais para o nominalista Stirner, que não têm realidade, mas, quando ficamos possuídos por elas, podem produzir más realidades.

Stirner irrita-se sobretudo com a fala em grau bem intencionada sobre a "humanidade". Não existe a humanidade. Existem apenas incontáveis indivíduos. E nenhum indivíduo pode ser concebido com conceitos de humanidade. O que significa por exemplo a "igualdade" do gênero humano? Que todos temos de morrer? Mas nunca experimentamos o ter-de-morrer generalizado, apenas sempre o próprio. Não saio para fora de mim mesmo. Jamais saberei como o outro vivencia o seu ter-de-morrer, ainda que seja o meu próximo. Experimento apenas alguma coisa sobre a experiência do outro. Mas não experimento a experiência do outro. "Fraternidade" — outro conceito universal da "humanidade". Até onde se pode ampliar realmente esse sentimento, até abranger todo o globo terrestre e toda a raça humana? Nenhum sentimento suporta essa expansão. O Eu se volatilizou num modo de falar. "Liberdade" — outro conceito geral eminente, que assumiu o lugar fantasmagórico de Deus. Stirner descreve com ironia mordaz aqueles pensadores do processo que constroem uma engrenagem social e histórica que no fim de sua ruidosa tarefa deve produzir a "liberdade" como um produto — mas até então, como trabalhadores do partido, permanecemos escravos dessa máquina de libertação. Assim a vontade de liberdade se torna prontidão para servir a uma lógica. Entrementes a história do marxismo comprovou que consequências destrutivas essa crença na lógica histórica pode trazer. Na sua crítica às construções universalistas da libertação, Stirner certamente teve razão contra Marx. O nominalismo de Stirner quer, pois, "dissolver os pensamentos com o pensar" (Stirner 164). Mas não devemos interpretar isso erroneamente. Ele não quer ausência de pensamento, mas a liberdade para o pensamento criativo, o que significa que não nos curvaremos sob a força do pensado. Temos de permanecer geradores do nosso pensar. Pensar é criação, o pensamento é criatura, e liberdade de pensar significa que o criador está acima da sua criatura. O pensar é potência, e por isso é mais do que o pensado. O pensar vivo não deve ser prisioneiro do pensado. "Assim como és em cada momento, és tua criatura, e exatamente nessa 'criatura' não deves te perder, tu que és seu criador. És uma criatura mais alta do que és, e te superas a ti mesmo" (Stirner 39).

O nominalismo medieval defendera o Deus criador e inconcebível contra a Razão que queria aprisioná-lo em suas teias de conceitos. O nominalista Stirner defende o Eu inconcebível e criador contra os conceitos universais religiosos, humanistas, liberais, sociológicos e outros. E assim como, para os nominalistas medievais, Deus é o Inaudito que do Nada criou a si mesmo e ao mundo, e em sua liberdade está acima de toda lógica e até acima da verdade, assim para Stirner o *individuum ineffabile* é também uma liberdade que "aposta no Nada". Também esse Eu, como outrora Deus, é o Inaudito, pois, diz Stirner, "não sou nada no sentido de um vazio, mas o nada criativo, o nada do qual eu próprio como criador crio tudo" (Stirner 5). Com uma zombaria muito barata, Marx objetou ao pequeno-burguês Schmidt/Stirner a sua situação social que impunha limites ainda mais estreitos à criatividade. Mas com isso Marx não meditou na velha descoberta da Stoa, de que não somos tanto influenciados pelas coisas, mas por nossas opiniões a respeito delas. E o próprio Marx, em seu agir, afinal não se deixava conduzir pelo proletariado, mas pelo fantasma dele. Por isso Stirner tem toda a razão, enfatizando a criatividade do Eu, porque é essa fantasmagoria que produz o espaço de atuação no qual depois ela, teoricamente, se apoia.

A filosofia de Stirner foi um grandioso golpe de libertação, por vezes estranho e engraçado. Também coerente em seu aspecto muito alemão. Nietzsche o deve ter experimentado como um golpe de libertação no momento em que tinha de criar espaço para o seu próprio pensar, quando, por causa da vitalidade da vida, refletia no problema do saber e da verdade, e em como se voltaria o "aguilhão do saber contra o saber".

Num sentido, porém, Nietzsche deve ter percebido em Stirner algo totalmente estranho e certamente repulsivo também para ele. Pois, por mais que enfatize o criativo, na teimosia com que reclama a propriedade em si mesma, Stirner se revela como o pequeno-burguês para quem a propriedade significa tudo, ainda que seja apenas pela propriedade em si. Também Nietzsche quer se libertar desse fantasma e fazer com o seu pensar tudo para, como certa vez escreve numa carta, *assumir a autêntica posse de si mesmo* (B 6, 290). Mas as atitudes de Nietzsche são menos defensivas que as de Stirner: Nietzsche quer liberar-se para si mesmo. Stirner investe no desmascaramento, Nietzsche no movimento. Stirner faz a ruptura, Nietzsche a irrupção.

Voltar o aguilhão do saber contra o saber — isso significa em Nietzsche: o saber não se ilude mais quanto a ser ele próprio uma proteção contra o Inaudito. O saber que passa além de si próprio não apenas percebe seus limites, mas também sentimentos de vacilação e de vertigem. Esse tipo de mais-saber, sabemos agora, Nietzsche chama de *sabedoria*, às vezes também completando *sabedoria dionisíaca*. E como se apresenta o Todo a essa *sabedoria*?

Em parte como devir tumultuado que sempre está em sua meta porque não existe uma meta final: em parte — como vemos pelo texto "Sobre Verdade e Mentira no Sentido Extramoral" — como constelação no universo, onde alguns *animais inteligentes inventaram o conhecimento* (1, 875; WL), por breve tempo.

O grande silêncio do universo finalmente vai preparar o fim do "processo mundial" pensado com tanta confiança. Essa tendência básica trágica forma o pano de fundo para aquela instigação para *fogo, teimosia, esquecimento de si e amor* (1, 323) com que termina o artigo sobre "Proveito e Desvantagens da História". Já se insinua aqui a figura de pensamento típica dos anos futuros: os movimentos e pensamentos são tanto mais reflexivos quanto mais forte a vontade para o imediatismo. Afinal, quase não há movimento que não se ligue com a fórmula do "vontade de..." e com isso não seja interrompida. A vontade de alegria, de esperança, de viver, de dizer sim etc., tudo são ensaios da Vontade de poder. Nietzsche já trabalha em uma *Doutrina e saúde da vida* (1, 331), que coloca no centro o princípio da imediatidade intermediada (*vermittelte Unmittelbarkeit*), portanto da recriação da primeira natureza em uma segunda. *Plantamos um novo hábito, um novo instinto, uma segunda natureza, de modo que a primeira natureza resseque* (1, 270). Essa segunda natureza terá de reaprender *o a-histórico e o supra-histórico* (1, 330). O a-histórico é a imediatidade viva, e o supra-histórico é definido por Nietzsche como aquilo *que confere ao existir o caráter de eterno e idêntico* (1, 330). Portanto, metafísica. Mas, segundo tudo o que até aqui ouvimos sobre Nietzsche, só pode ser uma "metafísica do como-se". Não uma metafísica que vige no sentido absoluto, mas que se faz valer como um outro modo de ver, durante o breve instante sobre a pequena estrela na noite do universo.

Sobre as sensações ouvindo a música de Wagner para a morte de Siegfried, Nietzsche escreve: toda a humanidade tem de morrer, quem pode duvidar, por isso é tanto mais espantoso que se revele ao indivíduo na música a experiência: *no menor átomo do curso de sua vida pode encontrar algo sagrado, que compensa toda a luta e toda a aflição* (1, 453; WB).

O sagrado? Ainda falaremos nele. De momento, de qualquer modo, para Nietzsche é a música. O animal que pode fazer música já por isso é o animal metafísico. Mas quem sabe ouvir bem ouve o cessar[10]. Toda verdadeira música, diz Nietzsche, é "canto do cisne".

10 Jogo com "hören", ouvir, escutar, e "aufhören", cessar, terminar (N. da T.).

Capítulo 7

Despedida de Wagner. Sócrates não desprende. A força curativa universal do saber. Crueldades necessárias. A tentativa com o frio. Átomos caindo no espaço vazio. "Humano, Demasiado Humano".

No verão de 1878 já aparecera o primeiro volume de "Humano, Demasiado Humano", e a separação de Wagner já se efetuara, quando Nietzsche escreve em suas anotações: *A natureza de Wagner torna poeta, a gente inventa uma natureza ainda mais elevada. Um de seus mais magníficos efeitos, que finalmente se volta contra ele* (8, 5343). A essa *natureza mais alta*, que Nietzsche inventa sob influência de Wagner, pertencia também o modo de vivenciar e pensar do supra-histórico no sentido de uma visão metafísica que não invoca uma ordem transcendente, mas descobre no existir o *caráter de eterno e idêntico* (1, 330; WB). Na sua descrição inacabada da "Filosofia na Era Trágica dos Gregos", escrita em 1873, Nietzsche explica aquele modo de ver supra-histórico com o exemplo do pré-socrático Tales. *Quando Tales diz "tudo é água", o ser humano salta daquele seu tatear e rastejar de verme das ciências isoladas, pressente a última solução das coisas e com esse pressentimento supera a inibição geral dos graus inferiores de conhecimento. O filósofo procura deixar ecoar em si o som total do mundo* (1, 817). Quem quiser deixar ressoar em si *o som total do mundo* e obriga a verdadeira filosofia a formar esse som *em conceitos*, esse também há de procurar uma música verdadeira, e não apenas metafórica, onde esse pressentido contexto interior do mundo ressoe. E agora sabemos que, para Nietzsche, essa música do mundo era a wagneriana.

No pensamento de Nietzsche, em meados dos anos setenta, coincidem três aspectos. Em um deles, de um modo bem stirneriano, o saber se volta contra o saber para abrir espaço para a vida imediata. Dessa maneira realiza-se o *a-histórico*. O *supra-histórico* é adquirido pelo pensar através de um ímpeto: visto a partir de uma perspectiva de pássaro, aparecem estruturas e relações da vida que permanecem iguais. Não devemos imaginar, desse ponto de vista, a descrição da vida muito discursiva e seu "objeto" muito inteligível. Pois — esse é o terceiro aspecto — uma tal descrição conceitual é para Nietzsche a elaboração secundária de uma experiência que se manifesta melhor na linguagem da música. *Conhecimento intuitivo*, assim Nietzsche chama esse pensar que encontrou uma natureza *mais alta* sob influência de Wagner. Mas a reflexão acima citada, de 1878, indica a dinâmica inversora do efeito de Wagner, da qual Nietzsche diz que é o seu aspecto *mais magnífico*, que *em última análise ela se volte contra ele* (Wagner). Como entender isso?

A 14 de janeiro de 1880 ele escreve a Malwida von Meysenbug: *Penso em duradoura gratidão nele* (Wagner), *pois a ele devo alguns dos mais fortes estímulos para independência espiritual* (B 6, 5). Se reunirmos esse depoimento com a anotação à primeira vista contrária a ele de 1878: *Wagner não tem a força de tornar o ser humano livre e grande no convívio* (8, 496), o *estímulo para independência espiritual* só pode ser referir ao fato de que Nietzsche teve de mobilizar todas as suas forças para sair do círculo de fascinação de Wagner, e que por isso ele recorda com gratidão o poder de Wagner: porque o obrigou a tomar posse de si próprio. No fim de sua fase wagneriana, Nietzsche tem orgulho de finalmente ter encontrado a saída do jardim de Klingsor e descoberto a si mesmo ao medir forças com aquele feiticeiro. No verão de 1877, Nietzsche escreve as seguintes frases resolutas no seu diário: *A leitores de meus textos mais antigos quero declarar expressamente que renunciei aos pontos de vista artístico-metafísicos que dominam aqueles no mais essencial: são agradáveis mas insustentáveis* (8, 463).

Há um pensamento decisivo e uma experiência decisiva que levam Nietzsche a renunciar a seus pontos de vista *artístico-metafísicos.*

Comecemos com a experiência decisiva que fundamenta o afastamento da metafísica artística. O próprio Nietzsche se refere à experiência decepcionante nos dias do primeiro festival de Bayreuth, no verão de 1876. Escreve no diário em 1878: *Meu retrato de Wagner ia além dele, eu descrevera um monstro ideal, que porém talvez seja capaz de inflamar artistas. O verdadeiro Wagner, a verdadeira Bayreuth, era para mim como a última cópia mal feita de uma gravura em cobre sobre papel ruim. Minha necessidade de ver pessoas reais e seus motivos foi incrivelmente excitada por essa experiência constrangedora* (8, 495). Nietzsche estaria querendo, em lugar de fazer ecoar ainda o *som total do mundo*, baixar, nos termos de sua caracterização de Tales, aos chamados *graus inferiores de conhecimento*, e com "Humano, Demasiado Humano", teria se decidido em favor do *tatear e rastejar de vermes*? Veremos. Seja como for, ele descreve sua experiência de Bayreuth de 1876 como uma vivência que o fez acordar de um sonho. Mas a decepção não o assaltou repentinamente. Recordemos algumas fases de sua difícil relação com Wagner.

O sentimento de íntima pertença a Wagner fora mais intenso durante o trabalho em "O Nascimento da Tragédia" e diretamente depois de sua publicação. A 28 de janeiro de 1872, ele escrevia a Rohde: *Firmei um pacto com Wagner. Você nem pode imaginar como agora estamos próximos e como nossos planos se tocam* (B 3, 279). Nesse ano — como já dois anos antes na fase eufórica dos primeiros encontros — Nietzsche seguia plano de colocar-se a serviço de Bayreuth como escritor autônomo. Queria viajar pelos países, dar conferências, fundar centros de fomento e administrá-los, redigir artigos, inseri-los e talvez até fundar uma revista. Despediu-se definitivamente desses planos quando, no outono de 1873, teve de ver que a comunidade wagneriana tem tendências prosaicas e pífias demais para poder concordar com seu projeto de uma "Exortação aos alemães", onde se defende a ideia de que *agora mais do que nunca o povo precisa da purificação e consagração através da sublime magia e dos terrores de uma legítima arte alemã* (1, 897). Essa "Exortação" deveria obter benfeitores e subscritores para a Empresa de Bayreuth, e fora concebida quase como um sermão de penitência. Fustiga-se o gosto das massas, o povo é lembrado de sua grandeza nacional e sua nobreza cutural, e exortado com palavras fortes a finalmente provar que era digno da grande atividade cultural de Wagner. Cosima Wagner escreveu em seu diário depois da reunião da Liga de Wagner em Bayreuth, na qual o projeto de Nietzsche foi recusado: "As Ligas não se sentem com direito àquela linguagem ousada, e quem fora delas haveria de assinar aquilo?" (N / W 1, 187).

Àquela altura os Wagner ainda se aferram a Nietzsche e preferem rir da pusilanimidade da "comunidade" do que dizer uma palavra de crítica contra Nietzsche. Ainda vale o que Richard Wagner escrevera a 25 de junho de 1872 a Nietzsche: "Na verdade você, depois de minha mulher, é o único ganho que a vida me concedeu" (N/W 190). Especialmente nos feriados de Natal e mudança de ano, Nietzsche é insistentemente convidado, e há pequenas mágoas quando Nietzsche não aceita tais convites. Cosima Wagner anota muito precisamente também as mais ternas alusões sobre comportamento reservado da parte de Nietzsche. A 3 de agosto de 1871 ela escreve, depois de alguns dias de férias que Nietzsche passou em Tribschen, que certamente Nietzsche era o amigo mais talentoso da casa, "mas em muitas coisas bem aborrecido, por uma reserva não inteiramente natural em seu comportamento. É como se ele se defendesse da impressão dominadora da personalidade de Wagner" (N/ W 1, 168). Cosima acertou. Com efeito, Nietzsche queria certa distância, de que precisava para preservar sua própria liberdade em relação ao mestre. Certa vez, quando Richard Wagner o censurara mais uma vez porque ele não os visitara no Ano-Novo, Nietzsche escreveu a respeito a seu amigo Gersdorff: *Nem posso imaginar que alguém pudesse ser mais fiel a W. em todas as coisas importantes, e ser mais profundamente devotado a ele do que eu (...). Mas em pequenos pontos secundários menos importantes, e em certa abstinência quase "higiênica" de convívio pessoal mais frequente, tenho de preservar uma certa liberdade, no fundo apenas para poder manter aquela fidelidade em sentido mais alto* (B 4, 131).

Dessa *abstinência higiênica* desenvolvem-se lentamente os primeiros desentendimentos cautelosos. Na primavera de 1874, Nietzsche assiste em Basileia a uma encenação da "Canção Triunfal" de Brahms. Fica tão impressionado que leva a partitura para Bayreuth para a visita de verão, tocando parte para o Mestre, mesmo sabendo que este não tem opinião muito boa de Brahms. Indignação na casa dos Wagner. Cosima anota em seu diário: "De tarde tocamos a 'Canção do Triunfo' de Brahms, grande horror pela precariedade dessa composição que até nosso amigo Nietzsche elogia (...) Richard fica muito zangado" (N/W 1, 191). Quatro anos mais tarde, comentando em retrospectiva a briga por causa de Brahms, Nietzsche anota a respeito de Wagner: *Profundo ciúme contra tudo o que é grande (...) ódio àquilo que ele não consegue atingir* (8, 547).

Enquanto Nietzsche ainda era ligado a Wagner, percebia com muita nitidez, por vezes até dolorosamente, seu traço imperioso, mas tolerava-o sabendo que com um *gênio* como Wagner era preciso suportar as faltas de delicadeza. Chama atenção que Nietzsche reagia cada vez mais frequentemente com enfermidades quando era iminente uma visita aos Wagner. O pior foi no verão de 1876, nas semanas antes dos primeiros festivais de Bayreuth. Embora poucas semanas antes do grande acontecimento tivesse aparecido a quarta "Extemporânea" sobre Wagner, e este respondesse ao envio do exemplar de prova com as frases: "Seu livro é inaudito! De onde tirou essa experiência de minhas coisas" (N/W 285), embora, pois, Nietzsche pudesse contar com uma recepção muito cordial, o corpo se rebelava. Na véspera da partida para Bayreuth ele diz numa carta a von Gersdorff: *Saúde cada dia mais lamentável!* (B 5, 178). Insinua-se nele o pressentimento de que Bayreuth não será o renascimento do espírito dionisíaco, e que ali também não se descobrirão aqueles *espectadores iniciados* de que se fala na quarta "Extemporânea", quando ouve dizer como Bayreuth se prepara para a torrente de visitantes. Escreveu na quarta "Extemporânea" que Bayreuth liquidaria com a confusão entre arte e *divertimento a qualquer preço* (1, 448; WB). Com efeito, agora se pedem em Bayreuth os preços mais desavergonhados por alojamento, comida, viagens de carruagem entre cidade e colina dos festivais. Monarcas, príncipes, banqueiros, diplomatas e cocotes estão no centro das atenções. Em geral essas pessoas se entediam durante as encenações, mas estão interessadíssimas nos acontecimentos sociais. Mais tarde Nietzsche escreverá sobre os acontecimentos de Bayreuth: *Não apenas que ficou óbvio então para mim o totalmente indiferente e ilusório do "ideal" wagneriano, mas vi sobretudo como até o mais interessado não considerava o "ideal" como coisa principal — que importantes e mais apaixonantes eram consideradas bem outras coisas. Além disso, a lamentável sociedade dos senhores e mulherzinhas que tudo patrocinavam (...). Juntaram ali toda a ralé ociosa da Europa e qualquer príncipe entrava e saía da casa de Wagner como se tudo não passasse de mais um esporte* (14, 492). Nietzsche assiste aos ensaios, à pomposa chegada das cabeças coroadas na estação ferroviária, e na casa dos Wagner se organizam recepções mundanas. Nietzsche é suficientemente imodesto para apresentar seu texto sobre Wagner como a mais importante colaboração intelectual para a festa, e fica tanto mais ofendido porque em todo aquele tumulto Wagner não lhe concede a devida atenção. Nos diários de Cosima só se menciona uma vez brevemente a visita de Nietzsche, mas sem maiores comentários. Ele tem um papel secundário que não quer aceitar. Poucos dias depois parte, entre grandes sofrimentos, para a Klingenbrunn, na Boêmia, mas afinal a 12 de agosto de 1876 retorna a Bayreuth para as primeiras apresentações. Aguenta ali até fim de agosto, e sai antes do fim nas poucas apresentações a que assiste. *Tenho horror dessas longas noites artísticas*, escrevera à sua irmã já a respeito dos ensaios (B 5, 181; 1° de agosto, 1876). Em "Ecce Homo", relata que se consolara com uma *parisiense encantadora*. Provavelmente fora Louise Ott, uma alsaciana de família rica que depois da anexação da Alsácia se mudara para Paris. Era uma wagneriana apaixonada, e também lera com admiração o texto de Nietzsche sobre Wagner. Depois do fim do festival vão trocar ainda algumas cartas. A 22 de setembro Nietzsche escreve: *Essa nova amizade é como um vinho novo, muito agradável, mas talvez um pouco perigosa. Pelo menos para mim. Mas também para a senhora, quando penso que espírito livre a senhora foi encontrar! Uma pessoa que nada deseja senão perder diariamente alguma crença apaziguadora, que nessa cotidiana liberação maior do espírito busca sua felicidade e a encontra. Talvez eu até queira ser mais um espírito livre do que posso ser!* (B5, 185s.).

Essa decepção com os festivais de Bayreuth é, pois, o pano de fundo daquela experiência da qual Nietzsche diz que o ajudou a redescobrir a realidade dos seres humanos e seus motivos, e o levou ao caminho do *espírito livre*.

Tão paulatina quanto esse distanciamento foi a formação daquele pensamento decisivo que dá uma nova direção à filosofia de Nietzsche e o separa do mundo espiritual de Wagner. Também a formação desse espírito começa antes de 1876, mas só depois ele o consegue formular com determinação e provocadora clareza, por exemplo em uma carta de 15 de julho de 1878 a Mathilde Maier, como Louise Ott também do círculo de veneradores de Wagner. Fora um erro funesto e o deixara doente, escreve ele, aquele *nevoeiro metafísico em torno de tudo que era simples e verdadeiro, a luta com a razão contra a razão, luta que quer ver em tudo e em cada coisa um milagre e um absurdo* (B5, 337s). Essa formulação lembra à primeira vista aquela fórmula de Stirner sobre saber que volta seu aguilhão contra saber. Com essa formulação Nietzsche tinha querido dar à vida lugar para aquisição de uma segunda imediatidade. A fórmula tinha um sentido vitalista. A serviço da vida devia-se limitar o poder do conhecer e do saber. Mas essa manobra de enfraquecimento do saber pelo saber agora lhe parece um autoengano da razão. Parece-lhe desonesto combater a razão com a razão. Em seu entusiasmo pelo mito (e por Wagner), ele descobre a vontade de autoencantamento intencional, estético-mítico. Em "O Nascimento da Tragédia" ele escrevera: *só com um horizonte rodeado de mitos todo um movimento cultural se unifica* (1, 145). Mas sob que pressupostos mitos podem desenvolver essa força? Só quando lhes é atribuído um valor de verdade. Quando uma época superou os mitos pela reflexão, quando se adquiriram conhecimentos que não se podem mais unificar com mitos, então se efetuou uma ruptura que modifica fundamentalmente a relação com o mito. Seu valor de verdade desaparece, e ele talvez ganha em valor estético. O mito esteticamente assumido, porém, não tem mais aquela força de fazer de um *movimento cultural* uma unidade. Isso só dá certo com formas espirituais que podem exigir também todo o espaço do conhecimento para além do território estético. Assim aconteceu com o cristianismo quando ainda estava em floração e abrangia todos os reinos de arte, saber e moral. O mesmo vale para a antiga Grécia, enquanto estava sob poder do mito. Nietzsche sabe que podemos sonhar tais passados, mas só realizar seu renascimento ao preço do autoengano. Uma consciência mítica moderna é reflexivamente oca, é uma insinceridade feita sistema. Wagner deixara os deuses morrerem no palco — para Nietzsche isso continua sendo uma façanha. Mas Wagner aferrara-se à vontade de encantamento através do mito, e Nietzsche o seguira. Aos poucos vai percebendo que depois da morte dos deuses só resta o acontecimento estético, que se pode enfeitar miticamente, mas não transformar em fato religioso.

A religião da arte não funciona: essa ideia vai se formando sempre mais clara em Nietzsche, já antes do choque de Bayreuth em 1876, quando ele vira o acontecimento artístico sacral despencar em banalidades. Nietzsche começa a atacar o cerne de todo o empreendimento wagneriano que diz: em uma realidade dolorosa é poder da obra de arte "colocar em lugar da realidade o delírio consciente". Quem está encantado pela arte, diz Wagner em seu texto "Sobre Estado e Religião", é tão arrebatado para o jogo da arte que inversamente só consegue vivenciar o chamado lado sério da vida como jogo. A obra de arte pode nos "dissolver benfazejamente no delírio no qual ela mesma, essa realidade séria, finalmente nos aparece apenas como delírio" (Wagner, Pensamentos 315). Ainda a 2 de março de 1873, Nietzsche recomendara esse texto de Wagner como leitura a seu amigo Gersdorff, incluindo-o entre *os mais profundos de todos os seus produtos literários* (B 4, 131), dizendo que eram *"edificantes" no sentido mais nobre da palavra*. Dois anos mais tarde, nas anotações de 1875, ele rejeita a ideia de que possamos mergulhar em um "delírio consciente" (Wagner) sem prejuízos da honestidade intelectual. Deveríamos examinar sem ilusões as forças que condicionam a arte: *o prazer na mentira, no simbólico impreciso* (8, 92).

A partir dali Nietzsche não quer mais permitir-se, com ajuda de uma reflexão refinada — portanto da razão —, tirar do jogo a razão e entrar de tal forma no sonho de um mito estético que no fim se acredite estar crendo. Ele escreve: *No culto religioso mantém-se um grau de cultura mais antigo. São "remanescentes". Os tempos que o celebram não são aqueles que o inventam* (8, 83). Quanto mais distantes da origem estão aqueles tempos nos quais o *culto* (a tragédia) não é novamente celebrado, mas apenas esteticamente saboreado? Não, todo esse encantamento da tragédia é apenas uma ilusão. Com grossos sublinhados ele anota, como se quisesse gravar isso em si mesmo: *Para sempre separa-nos da cultura antiga o fato de que seu fundamento se tornou totalmente caduco para nós. Uma crítica dos gregos ,é nessa medida, ao mesmo tempo uma crítica do cristianismo, pois o fundamento na crença nos espíritos, no culto religioso, no encantamento com a natureza, é o mesmo* (8, 83).

Quando, uma década mais tarde, Nietzsche olha para trás para o período de seus sonhos com um renascimento do mito e da tragédia sob o signo de Wagner, escreve no livro de notas: *Por trás do meu primeiro período sorri irônica a face do jesuitismo; quero dizer: o apegar-se consciente à ilusão e forçosamente assimilação da mesma como base da cultura* (10, 507). Não só uma década mais tarde, mas já nas anotações em meados dos anos setenta, Nietzsche julga asperamente esse apego intencional a ilusões desmascaradas. Fala do *pensamento impuro* que se insinua no passado, pensando que com isso pode revogar a ruptura com a ingenuidade, produzida por Racionalismo e Iluminismo. Quando se contemplam as coisas honestamente, elas se mostram diferentes do que desejaria a nostalgia do mito: *Fantasma ao lado de fantasma. É cômico levar tudo tão a sério. Toda a filosofia mais antiga como um curioso passeio da razão por um jardim de enganos* (8, 100).

Essas são frases das anotações para o texto planejado em 1875, "Nós Filólogos". Seria a quinta "Extemporânea", e Nietzsche estava trabalhando nela quando, de repente, a parte já pronta do texto sobre Wagner lhe pareceu *impublicável* (B5, 114; 26 de setembro, 1875). O artigo "Nós Filólogos" deveria trazer a grande ruptura com a filologia clássica. Ele queria explicar que o papel importante dessa disciplina na educação se devia a uma concepção falsa da Antiguidade, e que a filologia clássica se prendia a essa noção até contrariando uma ideia melhor, para poder afirmar seu poder na educação. A imagem da Antiguidade, que ainda tinha influência e fundava a tarefa da educação, era a de Winckelmann: simplicidade nobre, grandeza silenciosa. Nesse quadro, a Grécia antiga se torna o lugar idealizado da concretização clássica da unidade do bom, belo e verdadeiro. Com a tese de que a branda humanidade da Antiguidade era uma ilusão, Nietzsche não teria surpreendido um público familiarizado com "O Nascimento da Tragédia". Pois já ali ele destruíra a imagem de Winckelmann da Antiguidade, enfatizando os traços selvagens, cruéis, pessimistas da cultura grega. O novo que se anuncia nessas anotações é muito antes uma interpretação mudada da importância do conhecimento e sua relação com mito e religião. Não se deveria ser *injusto para com o saber* (8, 47), anota Nietzsche, que portanto já antes da separação de Wagner começa a girar o palco: Sócrates, que, como encarnação da vontade de saber, é responsabilizado no "O Nascimento da Tragédia" pelo colapso da tragédia, deve ser reabilitado? Deveria ele reaparecer, como um convidado de pedra, depois do banquete trágico? Nas anotações do verão de 1875, Nietzsche escreve: *Sócrates, para apenas mencionar, me é tão próximo que quase sempre estou lutando com ele* (8, 97). Para entender a relação transformada de Nietzsche com Sócrates, lembremos como Sócrates aparece em "O Nascimento da Tragédia".

Ali Nietzsche o faz aparecer como alguém que esperava o mais alto do conhecimento, e não apenas julgara possível viver com a verdade, mas julga uma vida fora da verdade como indigna de ser vivida. Para

Nietzsche, Sócrates é o antepassado da carreira ocidental do saber e da vontade de verdade. Esse Sócrates encarna o princípio do saber e da verdade, dirigido contra a tragédia, porque reivindica *não apenas conhecer o Ser mas até corrigi-lo* (1, 99; GT). Se o Ser se deixa corrigir, a dor, a angústia, o sofrimento e a injustiça não precisam mais ser tragicamente suportadas: podemos eliminá-las, talvez não hoje, mas amanhã. Conhecimento cria serenidade e felicidade. Corrigir o existir significa em Sócrates: através de autoconhecimento transformar o próprio Ser e com isso iluminar de tal maneira a essência do mundo que se possa conduzir a vida sem angústia com confiança no existir. Com Sócrates, Nietzsche faz aparecer o gênio de uma ciência que vive *da crença na cognoscibilidade da Natureza e na força curativa universal do saber* (1, 111).

Não precisamos mencionar mais amplamente como seria realmente a situação desse espírito da ciência no Sócrates histórico, pois apenas interessa entender como Nietzsche determina aquele poder do qual faz Sócrates ser representante.

Cognoscibilidade da Natureza significa a convicção de que na sua substância a Natureza é da mesma espécie do espírito humano cognoscente. Ela é inteligível, ou, como formula Platão: o semelhante reconhece o semelhante. Os sentidos físicos falam ao aspecto físico do mundo, e o espírito desvenda as ideias que fundamentam o mundo como padrão eterno. No ato de conhecer, o ser humano se liga com o verdadeiro Ser, torna-se aquilo que já é. Ele volta para casa. A ideia enfática do conhecimento conta com a possibilidade da consonância entre eu cognoscente e mundo. Em Platão tudo isso ainda se desenrola num mundo do pensamento, mas não como posse empírica do mundo, que, porém, não tardará muito.

No Sócrates platônico preserva-se a *força curativa universal do saber* especialmente na relação com a morte. A narrativa da morte de Sócrates é uma espécie de documento fundador do platonismo. Aqui se realiza a grande prova da verdade do espírito cognoscente. É o Sócrates moribundo quem triunfa sobre a tragédia. Sócrates supera o medo e o horror. Para Nietzsche, a imagem de um Sócrates moribundo como um ser humano que supera com saber e por motivos conhecidos o medo da morte é o *brasão que sobre o portal de entrada da ciência recorda a cada um sua determinação, isto é, de fazer aparecer o existir como compreensível e por isso como justificado* (1, 99; GT). Na verdade, ele aparece como justificado e compreensível apenas porque o conhecimento socrático abrange mais do que os tempos modernos habitualmente atribuem ao conhecimento. O conhecimento socrático não é apenas empírico, naturalista e mimético. Ele não pesquisa fatos desconhecidos, não é relacionado aos objetos como o conhecimento científico moderno. Quando Nietzsche fala da *força curativa universal do saber*, relaciona-se de início ao espírito participativo, que o Sócrates platônico faz valer de maneira muito intuitiva na relação com a morte. Conhecer, isso Sócrates demonstra, é participar de um espírito que vai além do Eu empírico. Estamos desde sempre enredados nesse espírito, mas importa descobri-lo dentro de si próprio e atribuir-lhe o domínio sobre a própria condução da vida, até na morte. A essa autoexperiência de um espírito do qual se participa, mas que vai além de nós, Sócrates chama "ter a alma só para si". Se voltamos a essa compreensão da alma, isso não significa apartar-se do mundo, mergulhar em uma interioridade fora do mundo, mas ligação com um Ser universal, do qual o corpo nos separa como um ser isolado. No conceito atual: a alma representa o objetivo, e por isso pleno de conteúdo, e o realmente pleno de mundo. O corpo e nossos sentidos são o mero subjetivo e efêmero, sem substância e por isso também sem-mundo. Mas quando, como indica Sócrates, retornamos para a nossa alma, não nos tornamos desprovidos de mundo, mas, ao contrário, quando nos recolhemos em nossa alma é que chegamos realmente ao verdadeiro mundo. A descrição que Platão faz da morte de Sócrates, portanto, deve provar que não é verdade que cada um morre sozinho. A morte não é o momento da maior solidão. Sócrates não está sozinho. Pelo contrário, na autoexperiência do pensar e conhecer, ele se assegura de um Ser que o suporta, ao qual ele pertence, também para além da morte individual.

Não importam tanto as provas isoladas de imortalidade que Sócrates apresenta em seu último diálogo com seus discípulos. Só o fato de serem várias "provas" já mostra que ela é duvidosa individualmente. Por isso também Sócrates a chama um "barco de emergência" com que tentamos "navegar pela vida" (Platão 4, 339). Muito mais decisiva é a experiência pessoal do espírito como uma essencialidade viva, que vai além da fronteira da individualidade corporal. Essa autocerteza do espírito não precisa ser desconsideradamente expandida para todas as suas manifestações. Em outras palavras: na autoexperiência do pensamento está a verdade, portanto no ato, e não nos diversos argumentos que se possa imaginar e que podem convencer mais ou menos. Por isso as "provas" isoladas de imortalidade são apenas limitadamente confiáveis. E por isso Sócrates não receia retornar ao mito. Se antes utilizamos a nossa razão, diz Sócrates, também podemos nos atrever a acreditar no mito. Ele chama a crença no mito — para Sócrates é sobretudo o mito da migração das almas — de uma "bela ousadia e esse tipo de coisas devemos comentar também com nós mesmos" (Platão 4, 339). Entre a autoexperiência do pensar, portanto da Razão, e o mito, não há contradição fundamental para Sócrates. O espírito racional o conduziu às bases mais profundas do ser, e ele é confirmado pelo mito.

Por causa dessa aliança entre o espírito consciente de si e o mito, que juntos devem possibilitar a compreensão do existir, Nietzsche chama a esse Sócrates platônico de um *mistagogo*[11] *da ciência* (1, 99/GT). A diferença entre conhecimento socrático e conhecimento trágico reside, para Nietzsche, no fato de que Sócrates não conhece aquele ponto onde o conhecimento *congela no não-iluminável* (1, 101). O universo socrático do espírito permanece claro, e as trevas que ainda possam existir são provisórias. O otimismo socrático pensa saber que virá o dia em que também o mais escuro ficará claro. Isso podemos esperar do conhecimento. De onde vem essa confiança? Ela se deve à intuição platônico-socrática, de que a essência do mundo é o Bem. Por isso o sombrio, o escuro, pode ter sua causa apenas em um déficit de conhecimento.

Se no Sócrates platônico o conhecimento ainda não busca expressamente um controle prático-empírico do mundo, para Nietzsche esse acontecimento é indicado no otimismo de conhecimento da *força curativa universal do saber*. Em Aristóteles, uma geração mais tarde, essa relação entre conhecimento e domínio da natureza já é mais nítido. A fórmula com que Nietzsche liga a ontologia platônico-socrática com o moderno conhecimento da Natureza é: *consonância terrena* (1, 115). Isso

[11] Sacerdote que iniciava nos mistérios, entre os antigos gregos (N. da T.).

significa: o sujeito e o objeto do conhecimento são da mesma espécie, ou em relação à sua fundação conjunta no espírito ou na matéria. Não há ruptura, nem um abismo intransponível.

Os progressos modernos no conhecimento da Natureza são poderosamente estimulados pela aceitação dessa *consonância terrena*, até que do velho deus da Metafísica surja o verdadeiro *deus ex machina*, que não precisa mais da tragédia, mas realiza com sucesso sua tarefa, isto é, como *Deus das máquinas e dos cadinhos*, que promete uma *correção* muito prática *do mundo pelo saber* (1, 115). O ideal de uma vida dirigida pela ciência torna-se o critério, e a humanidade, a partir de então, move-se num círculo de tarefas que em princípio parecem todas possíveis de resolver. O otimismo do saber desenvolve-se aqui plenamente. A crença, por princípio, na cognoscibilidade do mundo, seu caráter inteligível, pressupõe uma relação fundamentalmente harmoniosa com ele; dissonâncias e sombras parecem superáveis, seja já agora pelo método correto ou num futuro mais distante pelo crescimento do saber. Quando o princípio socrático se liga com a ideia da evolução histórica, o triunfo da curiosidade teórica não deveria mais conhecer obstáculos. Mas quando a realidade é concebida como crescentemente penetrável e controlável, e quando os primeiros resultados materiais dessa cultura do saber se instalam no terreno da técnica, da produção, da medicina e da vida social, e os fenômenos habitualmente amedrontadores das forças naturais se tornam causalidades naturais, por isso calculáveis e em princípio domináveis, quando tudo isso acontece, então, diz Nietzsche, espalha-se um sentimento otimista que desce até as camadas sociais inferiores, que também começam a sonhar agora com a *felicidade terrena de todos* (1, 117). Se a Natureza for cada vez mais controlável pelas ciências, por que a injustiça inerente na sociedade não poderia também ser removida? Se desmistificarmos o destino natural um pouco mais como causalidade, e pelo menos em parte pudermos tomar nas mãos a cadeia de causalidades, por que não seria possível também romper o poder do destino social? Na medida em que aqui e ali se consegue sabotar o destino, também crescerão as exigências nos até aqui resignados com o destino, de atingirem o prazer desses fatores que aliviam a vida. A distribuição das chances de vida e desenvolvimento se torna questão de organização justa ou injusta. O infeliz viverá seu destino como desvantagem, como injustiça contra a qual se pode fazer uma queixa.

Nietzsche não vê a ciência como ligada ao espírito rebelde da democracia apenas com seus resultados, mas também com seu Etos. Sócrates demonstra isso com sua indiferença pelas opiniões reinantes. A violência é puxada para a arena dos argumentos. No pró e contra do diálogo desarmam-se reivindicações de verdade muito bem equipadas. A dialética não tolera a autoridade. O Logos socrático desconfia do *incomensurável*, e os *aspectos inauditos* (Ungeheuerlichkeiten) (1, 81; GT) da tragédia lhe parecem injustiça. E essas injustiças não procuraram desde sempre a escuridão para se esconder? Por isso o escuro é suspeito para o espírito socrático. Quem fala do *não-iluminável* — esse não terá algo a esconder? Finalmente Nietzsche o formula com clareza: o espírito democrático foi gerado no *regaço dessa cultura socrática* (1, 117; GT), pois na ciência do tipo socrático a verdade vale sem acepção de pessoa. Gênios e grandes descobridores desempenham um grande papel também nas ciências, mas as verdades e descobertas científicas valém "intersubjetivamente", como dizemos hoje. A importância da verdade aparta-se da posição da pessoa que a representa. A verdade subsiste por si mesma e tem de poder ser examinada por todos. Experiências singulares que não possam ser generalizadas não podem possuir status de verdade. Uma verdade é feita de modo que em princípio possa ser conferida por todos. Todos são iguais diante da verdade. Não existem acessos privilegiados.

Assim Nietzsche vê o espírito socrático, progresso científico e mudança democrática interligados entre si. Mas por que isso o desagrada tanto? Por que tem medo da democracia? A resposta foi dada quando se mencionou a defesa da escravatura por Nietzsche (Capítulo 4). Aqui citaremos mais uma vez as frases iniciais do texto sobre "O Estado Grego": *Para que haja um solo amplo, fundo e generoso para a evolução das artes, a imensa maioria tem de trabalhar para uma minoria, para além da medida de sua indigência individual, submetida como escrava à necessidade da vida* (1, 767). Se saber e conhecimento se espalham entre essas pessoas, Nietzsche receia que possa acontecer uma terrível rebelião que destruirá a cultura, pois a *escravidão bárbara* há de se vingar *não apenas por si, mas por todas as gerações* (1, 117). Para Nietzsche, essa terrível vingança é a *desgraça* (Unheil) *que cochila no seio da cultura teórica.*

A ordem da sociedade escravagista antiga ou nova só se mantém se toda a concepção trágica da vida humana for aceita por todos como efeito *da crueldade natural das coisas* (1, 119). Os escravos toleram as crueldades, essa é uma metade da sabedoria dionisíaca, e a elite cultural sabe dessa crueldade e protege-se atrás do escudo da arte — a outra metade da sabedoria dionisíaca. Por que Nietzsche não percebe o toque obviamente cínico desse pensamento? Provavelmente porque está convencido de que a elite que cria cultura — se for realmente essa elite que pretende ser — também sofre com a crueldade da existência, e só com esse conhecimento trágico abre o guarda-chuva protetor da arte. O estado de escravidão no submundo cruel da sociedade vive a tragédia, e a elite cultural sabe da tragédia, e mesmo assim deve-se providenciar uma espécie de igualdade: uns são a desgraça, outros a enxergam. Talvez nesse contexto não seja supérfluo mencionar que Nietzsche também afirma politicamente sua cosmovisão trágica: ele é contra a abreviação do tempo de trabalho — em Basileia de 12 a 11 horas diárias; ele é a favor do trabalho infantil, em Basileia permitiam-se 10-11 horas diárias a partir dos 12 anos de idade; ele é contra ligas para educação de operários. Mas pensa que as crueldades não devem ser levadas a extremos: afinal, o operário deve ter uma vida tolerável *para que ele e seus descendentes possam trabalhar bem também para os nossos descendentes* (2, 682; WS).

Com o retrato esboçado em "O Nascimento da Tragédia" de um Sócrates que parece quase um social-democrata da Antiguidade, naturalmente Nietzsche está ainda longe de resolver seu problema com Sócrates. Ainda não o resolveu, nem o fará até o final. Já em "O Nascimento da Tragédia", que deveria originalmente terminar no décimo quinto capítulo com uma reflexão sobre os méritos de Sócrates, constatamos que ele *está sempre lutando com Sócrates.* Acrescentaram-se mais dez capítulos dedicados especialmente à renovação da tragédia dionisíaca com Wagner, e lá estão os mais duros ataques a Sócrates. Mas naquele décimo quinto capítulo, no final, portanto, da versão original, Nietzsche encontra palavras de reconciliação. Lá afirma que de um certo ponto de vista também devemos agradecer a Sócrates. Sócrates é um *momento de transição e um torvelinho* (1,

100) da história mundial, porque ajudou a prender no prazer do conhecimento as energias destrutivas. A *pirâmide de saber da atualidade*, extraordinariamente alta, também é um dique contra o perigo do suicídio da espécie humana. Nietzsche escreve que devíamos imaginar que toda a soma de força não fosse consumida *a serviço do conhecimento* mas com *os objetivos práticos, isto é, egoístas dos indivíduos e povos, e provavelmente o prazer instintivo de viver ficaria tão desgastado nos combates de extermínio generalizados e nas constantes migrações dos povos, que com o hábito do suicídio o indivíduo sentisse um último resquício de sentimento de dever se, como os moradores das ilhas Fidji, o filho estrangulasse seus pais, e o amigo estrangulasse o amigo.* O prazer socrático no conhecimento realizou nada menos do que uma rejeição daquele *sopro pestilento do pessimismo prático, que poderia produzir até uma terrível ética do assassinato de povos por compaixão* (1, 100; GT).

Quando nas anotações de 1875, e mais tarde, Nietzsche exorta a si mesmo para não ser *injusto com o saber* (8, 47), isso de um lado também significa um julgamento mais brando de Sócrates, na medida em que este representa a curiosidade teórica, mas de outro lado agora o critica porque não foi suficientemente radical no campo do conhecimento. Compara-o a outros filósofos da Antiguidade, sobretudo com Demócrito. Por que Demócrito? Ele é frio, objetivo, realmente científico, não tão *individualmente eudemonológico* quanto Sócrates, e sem aquela *antipática pretensão de felicidade* (8, 103).

Demócrito fizera experimentos com uma visão de mundo muito aparentada com a científica moderna, e que cada vez mais agrada a Nietzsche. Na retrospectiva do "Ecce Homo" ele escreve sobre esse período de sua vida depois da separação de Wagner: *Com compaixão eu me via muito magro, faminto: as realidades faltavam dentro do meu saber e as "idealidades" não serviam nem para o Diabo! Fui tomado de uma sede ardente: a partir dali na verdade eu nada fiz senão Fisiologia, Medicina e Ciências naturais* (6, 325; EH). O erudito filólogo clássico Nietzsche aproxima-se primeiramente da moderna ciência da natureza pelos caminhos da antiga ciência da natureza. O atomista Demócrito fez isso com ele, por causa de sua frieza.

Com efeito, Demócrito rompe com uma audácia sem igual com o antropomorfismo, e retira da imagem do mundo todas as projeções morais, fazendo-o com isso aparecer neutralizado, objetivado, portanto "frio". Há somente átomos caindo no espaço. E devido a suas diversas grandezas os átomos caem com velocidade desigual, chocam-se uns com os outros como bolas de bilhar, giram em torvelinhos e formam figuras arbitrárias. A alma e o espírito humano também são apenas encadeamentos e torvelinhos de átomos particularmente pequenos. "Nada existe senão os átomos e o espaço vazio, todo resto é opinião" (Lange 1, 18), ensina Demócrito.

Dessas opiniões que esvoaçam por aí, mas que não atingem a essência das coisas, faz parte também a ideia de que a Natureza é determinada por causas finais (Zweckursachen), portanto a partir de um objetivo. Essa teleologia é interpretada por Demócrito como projeção antropomórfica. Assim como o ser humano se propõe objetivos, segue intenções e age conforme, assim também imaginamos ser o universo. Mas não devemos pensar assim, explica Demócrito. Tudo acontece com causalidade, como os átomos caem, se chocam e se encadeiam, mas são causas eficientes (Wirkursachen), não finais (Zweckursachen). Uma necessidade "cega" que não divisa fins, e por isso também não segue nenhum "sentido". O universo atômico de Demócrito é "sem sentido". Nietzsche comenta Demócrito: *O mundo é totalmente sem razão nem impulso, apenas misturado. Inúteis todos os deuses e mitos* (8, 106). As qualidades sensíveis que o ser humano atribui às coisas são enganosas. Demócrito diz que "só na opinião reside o doce, o frio, a cor; na verdade nada existe senão átomos e o espaço vazio".

Com essa fórmula "na verdade" Demócrito explode nos ares todo o mundo com que se estava familiarizado, assim como hoje fazem as ciências. Vemos o sol nascer, mas sabemos que não é assim. A ciência de Demócrito até os tempos modernos ensina que não devemos em absoluto confiar em nossos sentidos. A substância atômica do mundo não é visível, quando muito calculável. Já Demócrito aposta na matemática. Naturalmente as pessoas continuarão sentindo, tendo convicções morais, mas, declara Demócrito, são apenas movimentos confusos dos átomos de matéria sutil. No universo democrítico não há um espírito que tudo une e dirige e que tem algum significado moral. O Bem e o Mal não são realidade cósmica, mas vêm apenas das fantasias morais dos seres humanos. A imagem de mundo de Demócrito, já que se nega um significado universal moralmente fundado, é niilista, e Nietzsche o entendeu da mesma forma. Assim foi entendido então pela oposição idealista, portanto por Platão. Diz-se que Platão queimou as obras de Demócrito.

A resposta de Platão ao universo sem alma de Demócrito é a doutrina das ideias na qual sabidamente os conceitos universais valem como substâncias, por isso mais reais do que aquela realidade da qual foram abstraídos. A ideia da árvore é mais real que cada árvore em si; a ideia do bem é mais real do que qualquer ação boa isolada, a ideia da beleza mais real do que qualquer coisa bela isoladamente etc. Essas ideias erguem-se tão alto sobre a sensorialidade e a realidade que os sentidos possam perceber, que se tornam cada vez mais esvaziadas. Mas como são tão intensamente concebidas por Platão, porque com sua ajuda ele quer modificar a vida ética, é inevitável que ele vista essas ideias em imagens míticas e também desenvolva uma singular mística da participação no ser das ideias. O pensar torna-se um treinamento da vida bem-sucedida. Pode ascender sobre uma hierarquia de conceitos por uma escada do céu de abstrações. Para onde? Para aquele ponto do qual o Ser total se mostra como o Bem ordenado. Platão descreve um Todo com alma, uma harmonia esférica na qual o Pensar se inclui. Conhecimento platônico significa descobrir a bondade do mundo e através dele tornar-se bom também.

Dificilmente se pode imaginar um contraste mais nítido com o espaço vazio de Demócrito, com seus átomos e mobilidade sem sentido e sem intenção. Em Demócrito, a Natureza é de uma indiferença sublime, Para Além de Bem e Mal. Em Platão, porém, o todo é o Bem. O Mal é a falta de conhecimento, pois este significa que o indivíduo não sabe se inserir nesse todo. A Ontologia do Ser bom de Platão é a resposta ao universo neutralizado de Demócrito. Tratava-se de uma re-moralização e re-mitização enérgica da substância do mundo. E por que toda essa reação idealista do platonismo? Resposta de Nietzsche: *medo por si mesma torna-se a alma da Filosofia* (8, 106). O ser humano em que desperta a consciência simplesmente não aguenta existir em um universo atomista frio, ele quer ter a sensação de estar em casa. Então Filosofia não é senão a nostalgia de chegar em casa. Nesse sentido, comenta Nietzsche em sua comparação entre Demócrito e Platão, a filosofia de Platão seria uma *tentativa de pensar tudo até o fim e ser o redentor* (8, 106). Nietzsche conhece suficientemente bem a história da Polis para saber que, atrás do idealismo platônico, também está o receio político de que no desencantamento democrítico do Ser e no triunfo de um Iluminismo objetivante poderiam se dissolver os fundamentos da polis. Platão combate o espectro do niilismo moral contra a desvalorização materialista dos valores.

Em suas anotações, Nietzsche formula pela primeira vez seu espanto, mais tarde muitas vezes manifestado, pelo muito que esse platonismo teve sucesso no ocidente cristão. Platão queria assegurar espiritualmente o pequeno círculo da polis, e obviamente criou um contexto espiritual para todo um mundo cultural por muitos séculos futuros. Pois por mais modificada que fosse, manteve-se a concepção cristã-platônica na qual o Bem e o Mal não valem como julgamentos de valor convencionais sem verdadeiro valor de verdade, mas como "verdadeiros" aspectos do mundo objetivo. Universo "sem sentido" tornou-se para Nietzsche entrementes a expressão adequada para o mundo cientificamente concebido. Mas porque Sócrates (e Platão) não suportou o conhecimento frio e voltou a moralizar e idealizar o mundo, Nietzsche anota, sob o título *A Influência de Sócrates*, a espantosa frase: *aniquilou a ciência* (8, 108). Espantosa essa frase porque, como já dissemos, Nietzsche fizera Sócrates aparecer em "O Nascimento da Tragédia" como representante do espírito teórico-científico.

Defendendo em 1875 a vontade de saber contra autoencantamento intencional, remitização e pathos religioso, Nietzsche dirige sua crítica a Sócrates (e Platão). Sócrates é criticável não porque queria saber, mas porque não queria saber de modo suficientemente radical e "frio". Faltava a coragem do conhecer, ainda havia demasiado romantismo e sentimentalismo idealista em jogo. Naquele tempo um universo terrível já se revelara a quem realmente quisesse saber — Demócrito prova isso —, o mesmo universo que Blaise Pascal, que a partir de então se torna um dos autores preferidos de Nietzsche, descrevera com as palavras: "Engolido pela amplidão infinita dos espaços do qual nada sei e que nada sabem de mim, sinto calafrios (...) O eterno silêncio desses espaços infinitos me dá calafrios" (Pascal 113). E mais: "Quando penso que (...) o ser humano (...) está entregue a si mesmo como alguém perdido nesse canto do cosmos (...) sinto terror" (Pascal 321).

Suportar esse terror sem procurar refúgio em uma religião (como fez Pascal), mas também sem utilizar numa nova forma de religião o mito artificial ou a arte como *proteção e remédio* (1, 101; GT) — por algum tempo isso se torna o ideal de Nietzsche, que experimenta ter um olhar frio. No prefácio escrito dez anos depois para o segundo volume de "Humano, Demasiado Humano", Nietzsche examina esse período de ruptura: *Naquela vez eu realizava uma campanha tediosa e paciente contra a tendência básica a-científica de todo o pessimismo romântico, de inflar e esgotar com interpretações as experiências individuais pessoais transformando-as em julgamentos gerais, até condenação do mundo* (2, 374s; MA).

Que o conhecimento possa triunfar ainda que desvende o terrível quando examina imperturbavelmente o Inaudito: nisso reside o otimismo inerente ao ato de conhecer. O cognoscente declara orgulhoso: vou suportar meu conhecimento ainda que ele quase me mate. Nietzsche prescreve para si mesmo esse otimismo como remédio contra uma consciência que tem o vício da tragédia e gosta tanto de entregar-se à tristeza pós-sirênica depois que a música cessa. *Otimismo com finalidade de reconstituição, para poder ser alguma vez de novo pessimista — compreendeis isso?* (2, 375).

Capítulo 8

"Humano, Demasiado Humano". Química dos conceitos. Negação lógica do mundo e pragmatismo capaz de vida. O Inaudito do social. Compaixão. Naturalismo divertido. Crítica da Metafísica. O enigma do Ser incognoscente. Causalidade em lugar de liberdade.

O mundo, a vida, o Si Mesmo (Selbst) podem ser algo Inaudito, até trágico, mas Nietzsche quer fazer uma tentativa com o conhecimento não-trágico e seu otimismo. Até onde vamos com isso? O que aparece quando prolongamos algumas linhas possíveis de evolução? Devemos recear que o prazer no mistério não se satisfaça? O amigo das charadas, que aprecia o *caráter enigmático* (12, 142) do mundo, receita um tratamento para si mesmo: fortalecer a vontade de clareza e sobriedade contra as seduções da penumbra. O olhar frio contra pathos e emoção. *O degrau mais alto da cultura, que se coloca sob o domínio (...) do conhecimento, precisa de uma grande sobriedade de sentimento e uma forte concentração de todas as palavras* (2, 165). A *forte concentração das palavras* significa: escolher outro estilo de descrição. *Sobriedade* não pode ter fôlego longo nem ser rapsódica, elegíaca, suntuosa. É assim, porém, que, olhando para trás, Nietzsche julga muitas coisas que escreveu até então. Sobriedades não são, como em "O Nascimento da Tragédia", escritas para *uma voz que canta.* Devem ser aguçadas e certeiras, com ideias surpreendentes. A ambicionada *forte concentração das palavras* evidencia a forma aforística. Nietzsche porém ainda não pensara em um livro de aforismos. Na época de mudanças entre 1875 e 1876, Nietzsche ainda planeja "Considerações Extemporâneas". Faz lista de títulos e complexos de temas. Teria material para cinquenta reflexões, escreve a Malwida von Meysenbug a 25 de outubro de 1874. Devem ser todos artigos longos, com os quais ele pretendia ocupar-se nos anos seguintes. Esse plano, ele o elabora quando pretende realizar um tratamento de desintoxicação. *Como vou me sentir quando tiver tirado de mim toda a negatividade e indignação que está aqui dentro* (B 42, 268). Deveria com isso ser clareado *todo o sistema altamente enredado de antagonismos dos quais consiste o "mundo moderno"* (B 4, 269). E tudo isso para finalmente chegar à criação, à própria atividade criativa. Não fica claro que criação. Ele quer compor música, escrever literatura, elaborar uma visão de mundo ou já sonha com a transformação dos valores e com novas *tábuas da lei*? Seja como for, ele não revela o que quer *criar* assim, provavelmente nem ele próprio ainda sabe. Uma coisa porém sabe precisamente: quer transformar-se de um autor secundário, que escreve sobre outros, em um autor primário, sobre o qual se escreve.

Quando em 1875 reúne material para a quinta "Extemporânea", sobre o tema "Nós Filólogos", ele anota: *Prefiro escrever algo que mereça ser lido do mesmo modo como os filólogos leem seus autores, a debruçar-me sobre um autor. E, aliás, mesmo a menor criação está acima de falar sobre o criado* (8, 123). Mesmo assim ele sabe que terá de conseguir antes disso alguns golpes de libertação para ficar maduro para suas próprias coisas: *Se eu já fosse livre, não precisaria de toda essa luta, mas me voltaria para um trabalho ou atividade em que pudesse testar toda a minha força. De momento só posso esperar libertar-me aos poucos; e até agora sinto que sou cada vez mais livre. E com isso há de chegar também o dia do meu autêntico trabalho* (8, 94). Essa anotação é do verão de 1875. Naquela ocasião, como vimos, acontece a transformação. A vontade de saber, de conhecimento mais lúcido, recebe um peso maior. E assim nesse verão, Nietzsche, que ainda sonha com *criar*, pode escrever: *Trazer à luz a irracionalidade* (Unvernunft) *nas coisas humanas, sem qualquer pudor (...) Fazer avançar o conhecimento do ser humano!* (8, 45). Para onde deve se dirigir esse conhecimento, qual deve ser o seu objetivo?

Nietzsche dá uma resposta surpreendentemente pragmática a essa pergunta, evidenciando a distância agora obtida com relação ao pessimismo de Wagner e sua mística estética de redenção. Nietzsche declara que suas investigações servem para distinguir que males nas condições humanas são *fundamentais e incorrigíveis*, e quais podem ser *melhorados*. Assim a intenção original de um tratamento de desintoxicação pessoal passa a um programa geral de esclarecimento. No momento em que Nietzsche quer colaborar para *fazer avançar o conhecimento do ser humano*, também se conscientiza de que tal trabalho só se realiza com investigações e avanços singulares. Como poderia ser capaz de desvendar sistematicamente e com exigências de completude esse gigantesco continente que agora, de repente, se mostra para ele! É impaciente demais para isso, e, ele próprio admite, *cruel* demais. Ele quer atacar. *Só no ataque o jogo ressoa*, dirá mais tarde. Mas não quer mais atacar contemporâneos como David Friedrich Strauss, Eduard von Hartmann e assim por diante, agora quer iluminar a emaranhada vegetação de opiniões que recobriu os fatos humanos. Mitos cujo significado e importância ele há pouco ainda defendia — como os mitos artísticos de Wagner, por exemplo — agora lhe parecem mistificações que se deve atacar.

Mas Nietzsche observa com exatidão a si mesmo para poder dizer de onde nasce aquela sua hostilidade cruel. Em setembro de 1876, depois de voltar de Bayreuth, ele anota: *Valor de uma depressão: Pessoas que vivem sob uma pressão interior tendem a excessos, também do pensamento. Muitas vezes a crueldade é sinal de um estado de alma insatisfeito, que deseja atordoar-se; da mesma forma uma certa implacável crueldade do pensamento* (8, 315). Seu programa de esclarecimento implacável abrange, no verão de 1876, treze ensaios planejados. Pretende escrever sobre "Propriedade e Trabalho", "Religião", "Mulher e Filho", "Sociabilidade", "Estado", "Libertação", sobre o "Espírito Livre", "O Professor" e sobre os "De Vida Fácil". Deverão ser ensaios longos, nada de coleção de aforismos, mas depois serão acrescentados aforismos como suplemento (8, 290) a cada reflexão.

Como os sofrimentos físicos de Nietzsche, as dores nos nervos, dificuldades de visão e ataques de enxaqueca, tivessem aumentado nesse ínterim, no outono de 1876 ele pedira e recebera uma licença de um ano. Quer passar esse ano na casa de Malwida von Meysenbug em Sorrento com amigos, sobretudo o novo amigo Paul Rée. Nas poucas semanas entre Bayreuth e a partida para o sul da Itália, ele reúne as anotações para a reflexão "O Espírito Livre", que no caderno reunira primeiro com o título "A Relha". Nesse trabalho, Nietzsche deve ter notado que o material não cabia numa só reflexão conjunta, mas preservava o caráter aforístico. A partir dali ele tem de debater-se com a suspeita de que a forma aforística seria expressão de seu fracasso. Sua força não seria bastante para uma descrição compacta? Esse continente inaudito do humano e demasiadamente humano, ao que mais tarde ainda se acrescentaria o sobre-humano, poderia ser apresentado em forma cerrada e sistemática? Seja como for, Nietzsche tem um novo problema. Mais tarde, no "Crepúsculo dos Ídolos"[12], ele afirmará: *Desconfio de todos os sistematizadores e fujo deles. A vontade de sistematizar é uma falta de integridade* (6, 63; GD). Mas na verdade as coisas não são tão óbvias assim. Quando, em meados dos anos oitenta, Nietzsche trabalhava no "Vontade de Poder", escreveu a seu editor: *Agora precisarei por longos anos de uma profunda tranquilidade: pois tenho pela frente a elaboração de todo o meu sistema de pensamento* (B 7, 297). Mas, então, um sistema de pensamento? Certamente o sistema fechado à maneira de Hegel o horrorizava, mas a elaboração de uma conexão de pensamentos também era sua meta. Interessava-o antes um sistema implícito do que explícito. *Vocês acham que deveria ser uma obra fragmentária apenas porque a dou (e tenho de dar)a vocês em pedaços?* (2, 432; MA). Os aforismos não devem ser mal interpretados como *obra fragmentária*, mas também devem anunciar que ainda não amadureceu o tempo, pelo menos o tempo dele, para a obra sistemática e compacta. Nietzsche exige de si mesmo essa confissão, e nota como lhe é difícil. Pois deseja uma obra mais ampla, na qual se possa ao mesmo habitar: seu senso estético exige isso. Ele sentiu essa sedução, ou não teria podido prevenir tão compreensivamente contra os *sistematizadores: que querem preencher um sistema e por isso fazem o horizonte em torno redondo (...) querem representar naturezas completas e singularmente fortes* (3, 228; M). Por enquanto Nietzsche ainda resiste à tentação de bancar a *natureza forte.*

Antes da viagem a Sorrento, no outono de 1876, a coleção de anotações ("A Relha") já estava pronta, e constitui aproximadamente a "Primeira Parte Principal" de "Humano, Demasiado Humano". A opção pela forma aforística foi feita. No ano e meio seguintes, surgem os outros capítulos, cujos títulos indicam que entraram ali os temas da planejada série das "Reflexões". O primeiro livro de "Humano, Demasiado Humano", com o título "Das Primeiras e Últimas Coisas", está bastante próximo da crise e transformação de 1875, o triunfo da vontade de conhecer

12 Com o título "Götzendämmerung" (Crepúsculo dos Ídolos), Nietzsche parodia a "Götterdämmerung" (Crepúsculo dos Deuses) de Wagner (N. do E.).

sobre a vontade de arte e de mito. O problema da verdade é energicamente colocado no centro, e refletido em diversos aspectos, com grande riqueza de ideias. Nietzsche nesse capítulo cria um palco de pensamento que não precisará mais abandonar, e no qual haverá de tomar sucessivamente diversas posições e tentar várias perspectivas.

Lembremos mais uma vez a imagem marcante que Nietzsche encontrara no texto "Sobre Verdade e Mentira no Sentido Extramoral" para a situação precária de uma consciência exposta à verdade do Ser: *pendurado em sonhos no dorso de um tigre* (1, 877; WL). Não é bom para a nossa consciência olharmos para baixo do alto do *aposento da consciência* e descobrirmos que *sobre o impiedoso, o ávido, o insaciável, o assassino, repousa o ser humano na indiferença do seu não-saber*. Isso significa: Uma vontade radical e desinibida de verdade nos confronta com o insuportável. Essa verdade insuportável — como é entendida se paradoxalmente só se mostra a uma consciência que deixou o seu *aposento da consciência*? Como deve a consciência transpor a si mesma e entender a realidade indisfarçada, não perspectivista?

Nietzsche observa que é preciso que o conceito de uma consciência à qual se mostra a visão do Inaudito deve ser mais apurado do que em "O Nascimento da Tragédia" ou no texto "Sobre Verdade e Mentira no Sentido Extramoral". Como se recorda (Capítulo 4), ele chamara essa consciência que transcende de *sabedoria dionisíaca*, sem abordar as questões lógicas e teóricas emaranhadas da teoria do conhecimento. Trata-se do velho problema kantiano da "Coisa em si". Não há reflexão sobre as fronteiras do conhecimento com a qual já não se ultrapasse essa fronteira. A análise transcendental tem de trabalhar com o conceito implícito de uma realidade absoluta, uma realidade que existe ainda que seja apenas desvendada como aquele algo indeterminado com o qual se relacionam os processos da consciência e da percepção. Pode-se introduzir, com lucidez, o conceito de realidade absoluta como grandeza residual teórica, como categoria residual. Mas não era isso que Nietzsche buscava no tempo em que escrevera o livro sobre a tragédia. Naquela vez tratava-se da presença do Absoluto no êxtase, nos sentimentos de horror e delícia, em pressentimento e visão. Essa presença seria mais forte do que o meramente pensado. Deveria não apenas entrar na consciência, mas penetrar até o Ser. Deveria-se obter não uma relação mimética, mas participativa. Não esqueçamos: a filosofia dionisíaca de Nietzsche vive da participação na realidade abrangente do Inaudito. Trata-se de uma união extática. O chamado *orgiasmo musical* concordara com isso. Não uma Ontologia do Inaudito pensada, mas vivida com terror e delícia, era esse o tema de Nietzsche.

Mas agora Nietzsche quer providenciar o necessário distanciamento. Prescreveu-se uma dieta: nada mais de excessos estéticos e metafísicos! E assim, nas reflexões de "Humano, Demasiado Humano", a realidade absoluta é friamente designada como a *essência* logicamente *revelada do mundo* (2, 30). Com esse conceito Nietzsche quer afastar-se de *religião, arte e moral*, que em seus pressentimentos, sensações e estados extáticos de alguma forma se sentem próximos do mistério do mundo. São meras fantasias, diz Nietzsche, com tudo isso *não tocamos na "essência do mundo em si"*. Permanecemos no reino das ideias, nenhum pressentimento nos leva adiante. Mas não podemos renunciar a esse conceito da *essência inferida* (erschlossen) *do mundo*. Ele é necessário como postulado lógico para poder entender a relatividade e perspectividade dos acessos à realidade. Nada se pode saber sobre a essência inferida da realidade, apenas serve para nos libertar da prisão das imagens do mundo. A *essência inferida do mundo* é um ponto vazio, mas um ponto de fuga, uma saída para o indeterminado. Mas como do indeterminado podemos relativizar qualquer determinação, esse ponto de fuga da indeterminação se transformará num ponto arquimédico, do qual podemos tirar dos gonzos uma imagem do mundo, na medida em que negamos seu valor de verdade. Mais tarde Nietzsche formulará da seguinte maneira esse pensamento: há só interpretações, não conhecemos um texto original. Existir um texto original é o postulado lógico de toda interpretação, mas ninguém conhece esse texto original inferido. Assim acontece com a *essência inferida do mundo*. Nietzsche está obviamente preocupado em revogar aquilo que o excitou e encantou na sua fase dionisíaca: a participação extática na realidade absoluta. E chama esse procedimento de *congelamento* (Vereisung) (2, 16).

Em meados dos anos setenta ele estuda a obra principal, já esquecida então, do filósofo Afrikan Spir, "Pensamento e Realidade", que o influencia duradouramente. No parágrafo de "Humano, Demasiado Humano" ele cita Spir sem mencionar seu nome, mas comentando que se trata da *frase de um excelente lógico* (2, 38). A filosofia de Spir parte do pensamento de que o conceito substância não tem nenhuma realidade, que na verdade existe apenas um constante Devir. A proposição da identidade A=A só vale no espaço lógico, na realidade nada existe que fosse idêntico a si mesmo, porque nada existe que permaneça igual nem no momento da equiparação. Para Spir, pois, a essência inferida do mundo, que fica encoberta pelo espaço lógico e linguagem, é o mundo do Devir absoluto.

Nietzsche, que depois de seus excessos dionisíacos queria agora deixar valer a essência inferida do mundo apenas como postulado lógico frio, naturalmente fica encantado com um lógico que apresenta o mundo do devir como realidade absoluta, porque aquele homem severo lhe recorda a cisão do mundo heraclítico. Mesmo assim por enquanto Nietzsche não quer se entregar a imagens e visões, mas fazer uma experiência com o nominalismo radical. Esse nominalismo já se prenunciara no texto sobre a verdade, onde a verdade é designada como *exército móvel de metáforas* (1, 880). Agora, animado por Spir, Nietzsche desenvolve essa crítica nominalista. O que é a linguagem? Ela é a morada do Ser, mas não esqueçamos: essa morada fica na amplidão sem linguagem do Inaudito. Com o nominalismo, Nietzsche despede-se da fantasia onipotente de um pensar que não traz com suficiente nitidez à consciência a diferença entre o Ser e a Linguagem. *Na medida em que por longos períodos o ser humano acreditou nos conceitos e nomes das coisas como em aeternae veritates* (verdades eternas), *ele se apossou daquele orgulho com o qual se elevou acima do animal: ele realmente pensava ter na linguagem o conhecimento do mundo* (2, 30; MA). O ser humano move-se no mundo do conhecimento com a consciência orgulhosa de poder, a partir dele, *arrancar o mundo de seus gonzos.*

Mas quando se desmascara nominalisticamente esse autoengano, vige ainda o inverso: o mundo do conhecimento até então considerado sólido é completamente arrancado de seus gonzos? Tudo se torna caduco, incerto? O ser humano que desperta de seu sonho de conhecimento e se encontra de novo no oceano das incertezas é ameaçado pelo enjoo de mar ontológico? Como aparece a realidade, se tentarmos revogar o Inaudito *engano* (2, 31) da crença na linguagem? Deveríamos admitir, mesmo que seja inimaginável, que não existe um sujeito, um objeto, uma substância, nem qualidades que se prendam em um algo — tudo são ficções da gramática. Também o "eu penso" é uma sedução pela gramática. O predicado "penso", como todo predicado, exige um sujeito. Portanto declaramos o "eu" como sujeito e com isso o tornamos ator. Mas na realidade é através do ato de pensar que se produz a consciência do eu. Para o pensamento, vale: primeiro a ação, depois o ator. As seduções pela linguagem e gramática estão tão enraizadas em nós que seus efeitos se tornaram nossa realidade.

No primeiro volume de "Humano, Demasiado Humano", em que Nietzsche realiza sua tentativa com o pensamento não-trágico, ele defende o conceito de que *por sorte* é tarde demais para *revogar de novo a evolução da razão que repousa naquela crença* (na linguagem) (2, 31). Por que *por sorte*? Porque esses enganos constituem toda a nossa riqueza, eles tecem no mundo em que nos movemos aquele véu que beneficamente o esconde de nós. *Quem nos revelasse a essência do mundo nos causaria, a todos, a mais desagradável decepção. Não o mundo da coisa-em-si, mas o mundo como representação (como erro) é tão rico em significados, profundo, maravilhoso, carregando no regaço a felicidade e a desgraça* (2, 50). Qual é o resultado dessa reflexão? Deveremos ceder a vontade de verdade até a última consequência, até aquela terrível *decepção*? Devemos levar o conhecimento ao ponto de todo o mundo que nos é familiar ser explodido nos ares e se perderem no ilimitado as certezas e orientações? Para Nietzsche não há dúvida de que a vontade radical de verdade leva à *negação lógica do mundo* (2, 50). Nietzsche aqui não se refere a negação de mundo schopenhaueriana no sentido da negação da vontade, mas a ideia adquirida por autorreflexão do conhecimento, de que o mundo que conhecemos não é o mundo real, mas apenas o que nós mesmos arranjamos. A negação lógica do mundo nega o valor de verdade do mundo que habitualmente conhecemos. Essa negação lógica do mundo, diferentemente do mundo dionisíaco vivido com horror e delícia, não tem em si nada de dramático nem de trágico.

Com a negação lógica de mundo passa-se o mesmo que com a "coisa-em-si" kantiana. Podemos, consolados, deixá-la em paz. Ela apenas nos recorda que todo conhecimento sempre é apenas "para nós", mas nunca pode abranger o "em-si" das coisas. É uma transcendência congelada que não é mais, e também não é menos, do que o verso sempre invisível das nossas representações[13]. A curiosidade por um mundo além das nossas representações também por vezes atormentava Kant, mas abafou isso com uma análise penetrante das antinomias da nossa razão, apontando para o fato de que essa razão é incomodada por perguntas metafísicas que ela não pode nem rejeitar nem responder. Uma contradição que faz parte de nossa razão, que tem de indagar pelo absoluto sem poder apreendê-lo. Precisamos suportar essa contradição, o que pode acontecer porque nos ajeitamos bastante bem em um mundo "em si" desconhecido, com nossos conhecimentos transcendentalmente limitados.

Essa "coisa-em-si" kantiana sabidamente fez uma carreira singular. Abriu como que um buraco no mundo cerrado do conhecimento, através do qual entrou um inquietante vento encanado. Os sucessores de Kant — Hegel, Fichte, Schelling — não quiseram deixar em paz essa "coisa em si". Queriam entendê-la a qualquer preço, queriam avançar para dentro do suposto coração das coisas, e então o chamaram de "Eu" (Fichte), "Natureza" (Schelling) ou "Espírito" (Hegel). Queriam olhar por trás do véu de Maia, e se não pudessem encontrar uma palavra mágica, queriam inventá-la, como fizeram os românticos.

Se antes disso "Dioniso" era a palavra mágica de Nietzsche, com a qual ele tocava o sono do mundo, agora tenta com a serenidade kantiana. Enfatiza expressamente que essa negação lógico-nominalista do mundo (com a qual se nega o absoluto valer da verdade do mundo conhecido) pode se conciliar muito bem com uma *afirmação prática do mundo* (2, 50).

O aforismo 16 tem como título *Aparência e Coisa-em-si* (2, 36). Aqui Nietzsche analisa algumas reações possíveis à diferença entre o mundo da experiência e a Coisa-em-si. Podemos nos sentir impelidos de uma maneira *sinistramente misteriosa a renunciar ao nosso intelecto* (2, 37), identificando-nos com a essência incognoscível. Tentamos vivenciar o incognoscível, *para através disso chegarmos ao essencial, que é tornar-se essencial.* Obviamente aqui Nietzsche descreve a sua paixão dionisíaca.

---

13 Em alemão, um jogo irreproduzível em português, com "Vor-stellung", que é representação, noção, ideia, mas também "vor" (ante, diante) e "stellung" (posição), isto é, o que está diante de outra coisa (N. da T.).

Outra possibilidade é que *em lugar de acusar o intelecto como culpado*, culpa-se a essência do mundo porque ela se esconde e leva o intelecto por caminhos enganosos. Queremos nos livrar de tudo, desejamos ser *libertados do Ser*. Com isso, Nietzsche caracteriza o caminho schopenhaueriano.

A terceira possibilidade é aquela que está experimentando naquele tempo: deixar de lado a diferença entre mundo experienciável e a essência do mundo, e voltar-se para a *história* empírica *da origem do pensamento*. Nessa longa história os seres humanos fitaram o mundo com incontáveis olhos, nele agiram, com paixão, fantasia, moral, conhecimento. Com isso o mundo tornou-se o nosso *mundo maravilhosamente colorido, terrível, de profundos significados, cheio de alma. Recebeu cores*, e naturalmente nós próprios as pintamos. *Isso que agora chamamos de mundo é o resultado de uma mistura de enganos e fantasias que aos poucos surgiram na evolução geral das criaturas orgânicas, emaranhando-se uns nos outros e que agora herdamos como tesouro acumulado de todo o passado; como tesouro: pois o valor de nossa humanidade nisso se baseia* (2, 37). Só poderemos encarar essa história de experiências como *tesouro* se estivermos dispostos a renunciar ao ponto de referência absoluto. Deveríamos parar com a cisma a respeito das "primeiras" e "últimas coisas", desistir da vertical para finalmente ganhar a horizontal. A ciência horizontal não poderá nos libertar inteiramente do *poder de hábitos antiquíssimos* — o que nem seria inteiramente desejável. Basta que os sentimentos sejam enobrecidos e os conhecimentos melhorados no quadro de sua limitação principial. O que importa não é a transcendência, mas a distância. A própria história, os hábitos, o conhecimento e sentimentos — tudo isso podemos *esclarecer* por uma postura científica — *e ao menos por instantes erguer-nos acima de todo esse processo* (2, 37s.). *Talvez então reconheçamos*, diz Nietzsche encerrando esse aforismo, *que a coisa-em-si vale uma risada homérica: que tenha parecido ser tanto, sim, tudo, e que na verdade seja vazia, isto é, vazia de significados* (2, 38).

Em "Humano, Demasiado Humano" Nietzsche tenta fortalecer o senso pelas verdades práticas contra o canto de sereias do Inaudito, e contra os sentimentos trágicos. Ele entoa um louvor à ciência útil, que *nem pode mais pensar separada da ciência natural* (2, 33). Com suas investigações ele também gostaria de colaborar com algo de útil para ampliar nossos conhecimentos sobre o ser humano. Mas para ele esse pragmatismo é uma camada de gelo fina. A cada passo ameaça quebrar-se. Nietzsche deseja isso, aliás, pois conhece o prazer de naufragar no Inaudito. Como veremos, ele permanecerá atraído por aquela esfera "na qual morres e terminando ressurges" (Benn 3, 345). Permanece obcecado pelo mistério e num estado de espírito *musical orgiástico* porque procura o outro estado, o êxtase, porque ama mais o abismo do que o chão firme. Para ele o mistério é familiar e sinistro[14], um romântico que aqui por algum tempo se compromete com as ciências úteis.

O Inaudito que por vezes Nietzsche gostaria de excluir refere-se ao mistério do Ser em um sentido abrangente. Mas existe ainda algo Inaudito de natureza mais limitada, que igualmente o desafia: o Inaudito da vida social. Também para ele Nietzsche é muito receptivo, e por isso mesmo procura também lá um ir-além, um distanciamento, uma distância segura.

A abertura de Nietzsche para o Inaudito do social é grandemente condicionada por uma espécie de sensibilidade que ele não aprecia particularmente em si próprio, e contra a qual mais tarde até vai lutar furiosamente. Trata-se da compaixão. Um poder-compadecer-se sensível intuitivamente também enxerga as longas cadeias causais do sofrimento entre as pessoas. Quando as cadeias causais entre a ação aqui e seu efeito como malefício ali são curtas, falamos de culpa; se são um pouco mais longas, falamos de tragédia; culpa e tragédia podem atenuar-se em cadeias causais mais longas tornando-se mero mal-estar. Uma pessoa com sentimento de justiça mais delicado descobre mesmo nesse mal-estar difuso o escândalo que reside em ele continuar sendo um sobrevivente que vive do fato de outros sofrerem aflições e morrerem. Nietzsche — com sua paixão pelo trágico e seu talento para a compaixão — descobre o Inaudito também como contexto universal de culpa de toda a vida humana.

Nietzsche sofreu com seu talento para a compaixão. Para o filósofo que lutara contra a moral da compaixão, é característico um poder-compadecer-se e um ter-de-compadecer-se quase osmótico. Nietzsche nem de longe consegue ser tão cruel, duro e desconsiderado quanto exigirá

14 Jogo de palavras com "heimlich", familiar, e "unheimlich", sinistro (N. da T.).

mais tarde do além-do-homem. Ele não é apenas sensível ao clima, mas também ao ser humano. Isso levará a confusões graves. Embora a mãe e a irmã muitas vezes o humilhem, o rebaixem com sua pouca compreensão, ele precisa sentir com elas. Sofre pelo excesso de prontidão em perdoar. Dificilmente consegue defender-se. Há pouco jurou nunca mais escrever uma carta à mãe, mas mal chegam as meias e linguiças de Naumburg e "Fritz" agradece, comportadamente, e obedece à mãe, que exige que ele se reconcilie de novo com a irmã. Diferentemente do que desejaria, ele é um gênio do coração, ter de compadecer-se é obviamente parte de sua *primeira natureza*, seus instintos; a compaixão não é, como ele tenta convencer aos outros e a si mesmo, um dogma assumido de Schopenhauer. A Malwida von Meysenbug ele escreverá em julho de 1883: *Mas o "compadecer-se" schopenhaueriano até aqui sempre causou em minha vida a maior desgraça (...) Isso não é apenas uma fraqueza sobre a qual qualquer helenista mais exigente haveria de rir — mas é um grave perigo do ponto de vista prático. Devíamos impor nosso ideal do ser humano, e forçar e dominar aos nossos semelhantes e a nós mesmos com nosso ideal: portanto, atuar criativamente! Mas para isso é preciso controlar lindamente sua compaixão, e tratar como inimigo tudo o que contraria ao nosso ideal (...) Está vendo como "escolho a moral"; mas chegar a essa "sabedoria" quase me custou a vida* (B 6, 404).

Obviamente falta à sua *primeira natureza* o talento da hostilidade. Primeiro ele precisa descobrir e desenvolver isso em sua *segunda natureza*. Depois realmente exercerá a hostilidade em grande estilo. De momento, Nietzsche ainda está demasiado preso à sua *primeira natureza*, e ainda é suficientemente schopenhaueariano para não apenas enxergar o Inaudito processo mortal da vida, mas também venerar a compaixão como aquela paixão que se abre para esse Inaudito.

Em dois aforismos reveladores do primeiro volume de "Humano, Demasiado Humano", esse Inaudito torna-se tema no social, essa cruel totalidade da trama humana. Nietzsche descreve a falta de justiça e mostra como todo mundo é prisioneiro de seu próprio interesse em preservar sua vida. Só porque o indivíduo se leva mais a sério do que ao resto do mundo é que o pode suportar. Espreita o mundo como através de fendas para os olhos. A grande *carência de fantasia* lhe dá a necessária robustez na luta. Não devemos sentir o sofrimento universal. *Quem em contrapartida real-*

mente pudesse participar dele teria de desesperar do valor da vida (2, 53). O perspectivismo da consciência individual mostra-se aqui como proteção social de imunidade. Uma *consciência total da humanidade*, diferentemente do que imaginava o idealismo alemão, sobretudo Hegel, não teria efeito sublime, mas destruidor. Nietzsche acusa Schiller de não ter sabido do que falava ao anunciar, altivo: "*Sejam abraçados milhões*". Uma tal *consciência total* não apenas teria de sentir o sofrimento imensurável que as pessoas se causam mutuamente, mas também não poderia fechar-se à ideia de que a humanidade *como um todo não tem objetivos*. O indivíduo pode propor-se objetivos, protegido pelas suas abreviações perspectivistas, mas está sempre no seu objetivo, porque este já é o todo. Mas com isso falta o *consolo e apoio* que se poderia encontrar em uma ideia de progresso. Quem, pois, olha sobre a cerca da mera autopreservação não pode deixar de descobrir o *caráter de desperdício* do processo de vida social. Nietzsche encerra essa reflexão dizendo: *Porém sentir-se tão desperdiçado como humanidade (e não apenas como indivíduo) como vemos desperdiçada a floração isolada da Natureza, é um sentimento sobre todos os sentimentos* (2, 53). A anotação baseada nessa passagem terminou com a frase resignada: *Aí na verdade tudo cessa* (8, 179). Em "Humano, Demasiado Humano", porém, Nietzsche continua elaborando assim esse pensamento: quem está, indaga ele, em condições de tolerar esse *sentimento sobre todos os sentimentos*? *Certamente só um poeta; e poetas sempre sabem se consolar* (2, 53; MA). Mas Nietzsche, que neste livro quer fazer a vontade de verdade triunfar sobre a ilusão, que quer renunciar cegueira estética e mítica diante do intolerável, esse Nietzsche possuído pela verdade não pode se contentar com esse comentário sobre o consolo dos poetas. Por isso o aforismo seguinte começa com a pergunta: *Poderemos ficar conscientemente na inverdade?* (2, 53s.; MA). Tal *inverdade* não consiste apenas em nos entregarmos à bela aparência dos poetas; também uma ligação muito prática do conhecimento nos interesses da preservação individual da vida não é verdadeira. Existirá então apenas a autoafirmação estética e epistêmica de um lado e, do outro, o desespero como consequência da compaixão?

Diante dessa alternativa Nietzsche tenta analisar uma terceira possibilidade: um naturalismo sereno, quase alegre. O pressuposto decisivo para isso é que finalmente nos libertemos daquela *ênfase* que reside no pensamento de que somos *mais do que natureza* (2, 54). Isso seria um *conhecimento purificador*, que porém não podemos equiparar à negação da vontade de Schopenhauer, que entrementes vale para Nietzsche como violência metafísica. Esse *conhecimento purificador* de Nietzsche não se dirige contra o Ser corporificado; ela é um impulso natural, através do qual a natureza se enobrece no próprio ser humano. Nenhuma superação metafísica do mundo, nenhum sucumbir na compaixão, e também nada de sentimentos de unidade dionisíaco-orgiásticos, mas também não uma autoafirmação cega. Tudo isso deve ser evitado. O terceiro caminho, do naturalismo alegre, que paira na sua mente, é na realidade um pairar. Os *velhos motivos do intenso desejar* teriam de ser abafados, daí resultando que a alma perderia um pouco do seu peso de gravidade, se desarme na vontade de autoafirmação, adquira distanciamento do tumulto, *deliciando-se em muitas coisas como num espetáculo, do qual até ali só se tinha que sentir medo* (2, 54). O estado de uma alma assim aliviada é descrito por Nietzsche como *aquele flutuar livre, destemido por cima de pessoas, costumes, leis e todas as avaliações tradicionais das coisas* (2, 55).

Poder-se-ia dizer que em "Humano, Demasiado Humano" Nietzsche começa a experiência de encarar *pessoas, costumes, leis* assim como aparecem a alguém que se aproxima deles com esse *pairar destemido*. Na verdade é preciso acrescentar imediatamente que esse pairar por vezes pode-se tornar um circular e depois um precipitar-se predatório sobre uma presa divisada. Se aquele que paira, circula e depois se precipita sobre sua presa a agarrou, vira-a *com um riso mau*. Quer descobrir *como se parecem essas coisas quando as viramos do outro lado* (2, 17; MA). O *riso mau* precisa do efeito surpresa: quando se constata que nada ou pouco existe por trás, que o inverso oculta um verso comum, que a maior parte parece mais do que realmente é. Mas o efeito surpresa se desgasta. Nietzsche receia que também *as importantes verdades da ciência possam se tornar cotidianas e vulgares* (2, 208s.). Mas quando os outros estiverem calejados demais para se deixarem abater, resta ferir aquela parte da própria pessoa que continuou respeitosa, romântica e faminta de metafísica.

Em "Humano, Demasiado Humano" Nietzsche começa com a crítica dos modos de pensar que descobre também em si mesmo. São as chamadas *primeiras e últimas coisas*, das quais quer se liberar.

Em primeiro lugar, existe o princípio metafísico de que o começo, a origem, a base de surgimento contém toda a verdade, de que ali está o verdadeiro Ser, a integridade, a pureza, a plenitude. Se a origem contém a verdade, como pressupõe o pensamento metafísico, importa redescobrir no fervilhar do tempo e nas formas corporificadas o padrão original e a verdadeira estrutura. Nietzsche exige contra a ficção metafísica da integridade e verdade dos começos uma *química dos conceitos e sentimentos* (2, 23) que pode encerrar seu exame do original com o resultado de que as *mais magníficas cores são obtidas com substâncias baixas, até desprezadas* (2, 24). Segundo o princípio dessa *química* Nietzsche vai proceder quando declara, por exemplo, que a origem da moral não é nada moral, e de que o conhecimento nasceu do fingimento e do engano. Também sua psicologia da suspeita se deve a essa espécie de *química*. O comportamento, as falas, os sentimentos, os pensamentos aparentam mais do que são. Se olharmos para o local de onde nascem, estamos bastante distantes da dignidade e verdade de suas pretensões.

O princípio antimetafísico "científico" consiste, para Nietzsche, na recusa em reconhecer o inicial, primário, fundamental, como o mais alto, mais valioso, mais rico. Como nos portamos em relação às origens decidirá se vamos agir metafísica ou cientificamente. Enquanto a metafísica aposta na origem nobre, a ciência inverte as circunstâncias e parte da hipótese de que o inicial nada é senão contingência e indiferença, de que se podem desenvolver então figuras mais refinadas, complexas e plenas de significado. *Todas as coisas que vivem muito aos poucos ficam tão impregnadas de Razão que, por causa disso, sua proveniência a partir da desrazão se torna improvável* (3, 19; M). A ciência não deve deixar-se enganar pela sugestão metafísica das origens nobres, uma herança platônica que procura na origem a forma pura. Nietzsche diz que esse platonismo permanece em um pensar que julga saber o que algo é se conhece a sua origem, ou a pode deduzir; portanto, um pensar para o qual a origem vale como informação sobre a essência da coisa. *Glorificar a origem — esse é o impulso metafísico que (...) faz pensar que no começo de todas as coisas está o mais valioso e o mais essencial* (2, 540). Quando superamos esse *impulso metafísico*, mostra-se uma história que nem nasce de um começo essencial nem atinge a plenitude de seu objetivo. Existe apenas um burburinho, com pontos altos aqui e ali, decadência da qual nasce outra vez alguma coisa, e assim por diante. Sentido, importância e verdade não residem nem na origem nem no objetivo. A realidade é tudo o que está a caminho. E nós próprios também estamos a caminho. Reconhecemos o que se modifica e finalmente percebemos que não apenas o conhecido, mas também o conhecer mesmo, é algo que se modifica. O *erro hereditário* de todos os filósofos é: eles não querem aprender *que também a capacidade de conhecer se desenvolveu; enquanto alguns deles até pretendem que o mundo todo se origine dessa capacidade de conhecer* (2, 24; MA). Isso nada significa senão admitir que a capacidade humana de conhecer tem uma longa pré-história biológica. Se o ser humano *tece um mundo todo* a partir dessa *capacidade de conhecer*, também descobre que foi esse mundo que o teceu junto com sua capacidade de conhecer. Ele conhece a Natureza, que o faz conhecer. Ele é um acontecimento da história natural do autoconhecimento da Natureza. No ser humano ela prepara um palco para si mesma, onde possa aparecer. Por um breve instante a Natureza contempla a si mesma no ser humano, esse *animal inteligente. Foi o minuto mais arrogante e mentiroso da "história do mundo"*, escreveu Nietzsche em seu texto sobre a verdade, *mas apenas um minuto. Depois de poucos sopros da natureza o astro congelou, e os animais inteligentes tiveram de morrer* (1, 875; WL). O conhecimento nasce com a raça humana e com ela morre.

Mas que mundo é esse que ainda não ou não mais se espelha em um conhecimento? Conhecemos a Natureza animada e inanimada, que é incognoscente em si mesma. A pedra não sabe que existe. Nem as plantas, nem, provavelmente, os animais. Desenvolvem-se pré-formas de percepção, formas de reação e recepção. Mas conhecimento, que se abre no ser humano, significa: conhecemos que percebemos, e percebemos que conhecemos. Faz parte dessa duplicação e desse tornar-se reflexivo da capacidade humana de conhecer a visão da historicidade da capacidade de conhecer. O conhecer busca avançar naquela noite da qual brotou. De que outro modo poderíamos imaginar um estado inteiramente incognoscente, senão como noite? A tese do devir biológico do conhecimento conduz para aquela noite de um mundo incognoscente, que nem podemos imaginar. Pois não podemos representar na mente um estado que é sem representação. Não podemos conhecer o não-conhecer. Se em um astro num remoto recanto de um sistema solar, *animais inteligentes inventaram o conhecer* (1, 875), e se depois de poucos fôlegos da Natureza esses animais humanos morreram e o astro se congelou, como é que a Natureza continua vivendo — sem ser conhecida? E como existia essa Natureza antes de ser tocada pelo olhar cognoscente?

Pensamos que a mera existência (Vorhandensein) de algo seja a coisa mais simples do mundo. Mas, pensando bem, é na verdade a coisa mais enigmática. É mais fácil e mais natural imaginar um Deus e toda uma Natureza animada. Pois com isso colocamos fora de nós, no mundo exterior, algo que nós mesmos somos, isto é, espírito, consciência, alma. Pensar o Ser cego, opaco, que apenas existe, é o maior dos desafios. Uma pedra que não sabe que existe, como é que existe? Existirá? Onde está no espaço, no tempo, se não existe uma consciência perspectivista a partir da qual se projetam as coordenadas da ordem espacial e temporal: como "vive" a pedra? Podemos suportar saber que ela é apenas pedra e nada mais? Novalis disse certa vez que pedras são lágrimas endurecidas, e algumas montanhas parecem ter se petrificado de horror ao verem o ser humano. Para Michelangelo era certo que a ideia da figura que se esculpe já pré-existe na pedra; basta remover o supérfluo, e ela há de aparecer.

Na medida em que Nietzsche se aprofunda na singularidade do conhecer, toca no enigma do Ser incognoscente. Sua tese é de que é tendência espontânea do conhecimento redescobrir seu próprio princípio em toda a Natureza — exatamente porque para ele o Ser incognoscente na verdade é irrepresentável e estranho. *Na grande pré-história da humanidade se pressupunha o espírito por toda parte e nem se pensava em honrá-lo como privilégio do ser humano* (3, 41; M). Porque se fizera do espiritual um bem comum da natureza, não nos envergonhávamos de também descender de animais, árvores ou pedra. A ideia de uma Natureza com alma e uma onipresença do espírito não era uma expansão da consciência humana de si mesma, mas expressão de modéstia. Em "Aurora", Nietzsche escreve que o ser humano considerava o espírito aquilo que nos liga com a Natureza, não que nos distingue dela. Assim as pessoas se educavam na modéstia (3, 41). Não é imodesto olhar dentro da Natureza como se ela devolvesse nosso olhar. Naquele que recebe esse olhar da Natureza realiza-se o encontro do originado com sua origem. Quem busca a origem porque suspeita que lá está a verdade quer conhecer aquilo que o faz conhecer. A origem — o que significa isso senão a experiência de que conhecer significa ser conhecido. O grande olho da Natureza que me encara, seu sentido que me carrega, esse mundo vivo ao qual eu sou espelho daquilo que ele me confiou e que espelhou primeiro — ele é a origem da qual eu broto, mas da qual não consigo escapar.

Esse conhecer para o qual é natural que a Natureza tenha espírito e alma ainda não se voltou sobre si mesmo. É um conhecer que ao mesmo tempo sai de si próprio livremente e descobre na Natureza o que lhe é semelhante. Como criatura cognoscente o ser humano inventou os deuses, que contempla na medida em que se sente sob o olhar deles. Os deuses são a imagem de uma Natureza que olha para trás quando a encaramos. Isso pode ser opressivo, nós nos sentimos perseguidos e observados. Mas também alimenta o nosso orgulho. O ser humano olha o cosmos e pensa *ver telescopicamente dirigidos sobre seu agir e pensar, de todos os lados, os olhos do Universo* (1, 875s.; WL). Com isso, mesmo o ser humano mais modesto *imediatamente incha como uma mangueira* de tanto orgulho (1, 875).

Mas quando o conhecimento não sai mais de si tão livremente vendo-se espelhado na Natureza externa, quando o conhecimento se dirige muito antes sobre si mesmo, então pode ocorrer que se compreenda como princípio solitário no meio de uma Natureza incognoscente. Conhecer torna-se autorreferido, percebendo seu próprio autismo. A aliança entre o animal cognoscente e o resto da Natureza se rompe. A Natureza torna-se o outro estranho com quem não nos podemos comunicar, mas que temos de esclarecer. Com esse tipo de conhecimento da Natureza não sabemos lidar muito bem; até aprendemos a dominar a Natureza melhor que antes, mas nos sentimos inteiramente separados dela. A Natureza não responde mais como o fizera com o sentimento religioso e mágico. Não existe Natureza como origem que abriga e confere significado. E com a origem desfaz-se também a ideia de uma intenção final cósmica. Caduca a ideia de um Ser que se arqueia sobre todo o devir ou que está prescrito como um grande objetivo. Não há Ser antes do devir, atrás do devir e depois do devir.

A tradição metafísica, apaixonada pelo mundo por trás do Ser, gostaria de ler o mundo *pneumaticamente* como um texto, procurando nele um *duplo sentido* (2, 28s.; MA). Mas o mundo está não-metafisicamente diante do olhar cognoscente como um devir sem começo que confere significados, e sem um fim que cumpra os significados. É verdade que a Natureza evolui dinamicamente, mas as causalidades em progresso são "cegas" porque não pretendem nada. Não são intencionais, mas quando as conhecemos podemos aproveitá-las para nossos próprios fins. O sentido do culto religioso e mágico era influenciar a Natureza no ambiente de um contexto espiritual. Para o conhecimento científico da Natureza esse contexto se desfez, mas em compensação somos capazes de fazer a natureza trabalhar em nosso favor, aproveitando suas regularidades.

A civilização científica trouxe alívios práticos. Nietzsche reconhece isso. Também em questões morais existe um alívio, pois na medida em que o conhecimento da causalidade natural aumenta, o reino das causalidades morais e fantásticas diminui. Portanto, quando o raio pode ser atribuído a condições meteorológicas, não atinge mais a consciência humana como um julgamento divino. Com a descoberta das causalidades naturais sempre desaparece do mundo, nas coisas morais, *um pedaço de temor e de opressão* (3, 24).

O grande des-encantamento da Natureza pelo conhecimento científico não apenas tira do mundo um acontecimento intencional com início pleno de sentido, fim que cumpre um sentido e no meio disso um processo que se dirige para um objetivo, reduzindo-o a um universo de cadeias causais que se cruzam e devoram mutuamente e produzem imprevisíveis causalidades novas, mas também desaparece o terceiro santuário do pensamento metafísico religioso, isto é, a ideia da liberdade humana. Pois na medida em que se descobre a causalidade na Nnatureza exterior, manipulando-a sempre com maior sucesso, é inevitável que esse princípio de causalidade por fim também atinja a própria instância cognoscente. Se outrora houve um Todo com alma e espírito, portanto o Todo fora espiritualizado, agora chegamos ao outro extremo: o Todo é naturalizado. Primeiro a Natureza era espírito encarnado, agora o espírito é apenas natureza sublimada. No caminho da espiritualização para a naturalização a ideia da liberdade fica no meio do caminho. Mas quando desaparece a liberdade, também desaparece o preço da liberdade: a impossibilidade das ações, e com isso a responsabilidade.

Sob o título *A fábula da liberdade inteligível*, Nietzsche escreve um conto sobre o desaparecimento da responsabilidade. Ele escreve: *Assim em sequência tornamos o ser humano responsável por seus efeitos, depois por suas ações, depois por seus motivos, e finalmente pela sua essência. Finalmente descobrimos que também essa essência não pode ser responsável, na medida em que é uma consequência totalmente necessária e nasce dos elementos e influências de coisas passadas e presentes: portanto o ser humano não pode ser responsabilizado por nada, nem pela sua essência, nem por seus motivos, nem por suas ações nem por seus efeitos. Com isso entendemos que a história dos sentimentos morais é a história de um engano, o engano da responsabilidade* (2, 63; MA). Nietzsche está bem consciente da importância dessa tese: *A total irresponsabilidade do ser humano por seu agir e sua essência é a gota mais amarga que o cognoscente tem de engolir* (2, 103; MA). O que tem sabor tão amargo para ele é a circunstância de que sob a premissa da irresponsabilidade, louvor e censura pela ação humana são tão absurdos como *louvar ou censurar a Natureza e necessidade.*

Mas Nietzsche continuará a julgar os assuntos humanos como se as pessoas tivessem escolha e pudessem decidir. Portanto ele vai se enredar na antinomia da liberdade — como Kant chamou esse problema. Nietzsche nega que exista liberdade, e ao mesmo tempo a reivindica — não por último, nesse próprio ato de negação. Assim ele é livre para anular a liberdade esclarecendo-a. A antinomia da liberdade significa que a experimentamos de uma perspectiva dupla. Como criatura que age espontaneamente eu vivencio em meu palco interior a liberdade de ação. Mas a razão me ensina, diante das leis de causalidade, que a Natureza não dá saltos e eu também não, mas que tudo está causalmente determinado. Agora agimos, e depois sempre poderemos encontrar uma necessidade, uma causalidade para o nosso agir. No momento da ação e da escolha, porém, a causalidade não nos ajuda, apesar de tudo termos de decidir. A experiência da liberdade parece-se com um palco giratório: vivemos da liberdade, mas se nos dirigimos para ela conceitualmente, não a conseguimos apreender. Essa antinomia era o centro secreto de gravitação de toda a filosofia kantiana. O próprio Kant concedera isso, ao admitir numa carta, que exatamente o problema da liberdade o despertara do "sono dogmático" levando-o à crítica da razão: "O ser humano é livre e, em contrapartida, não existe liberdade; tudo é necessidade segundo regras naturais" (Gulyga 143).

Também Nietzsche se envolve inevitavelmente nessa antinomia da liberdade, com particular nitidez e eficácia na moldura de sua doutrina do retorno, com o convite a amarmos nossos destino — *amor fati*. Amar o necessário significa acrescentar-lhe algo que o transforme. A sorte amada não é a mesma que apenas suportamos como destino. Portanto podemos ter certeza de que o espírito livre, que faz desaparecer a liberdade com um *riso mau*, em breve a fará ressurgir como por mágica.

Capítulo 9

O professor se despede. O pensar, o corpo, a linguagem.
Paul Reé. De "Humano, Demasiado Humano" a "Aurora".
Os fundamentos amorais da Moral. Atos iconoclastas.
Religião e arte no banco de ensaios.
O sistema bicameral da cultura.

No início de janeiro de 1880, Nietzsche escreve a seu médico Otto Eiser: *Minha existência é uma carga terrível: eu há muito a teria rejeitado se não fizesse os mais instrutivos ensaios e experiências no terreno ético-espiritual exatamente nesse estado de sofrimento e quase total renúncia — essa alegria da sede de conhecimento me leva a alturas nas quais venço todos os martírios e toda a desesperança. No geral estou mais feliz do que jamais antes em minha vida* (B 6, 3). Essa é uma das inúmeras cartas em que Nietzsche relata a relação entre sofrimento físico e triunfo espiritual. Entre 1877 e 1880 tudo estava particularmente difícil. Havia os regulares acessos de terríveis dores de cabeça, vômitos, vertigem, uma pressão nos olhos, fraqueza da vista, quase cegueira. O inverno em Sorrento, em 1876/1877, traz algum alívio. Mas quando, no semestre de verão de 1877, Nietzsche reassume a atividade de docente em Basileia, o sofrimento também retorna. Nos semestres seguintes ele se atormenta com conferências e seminários sobre temas que podem ser tratados com rotina. Pede demissão de seus deveres como professor do Pädagogium [15]. Os amigos se preocupam. Ida Overbeck relata em seu diário uma conversa com a irmã dele, que apresenta alguns motivos que "talvez levassem seu irmão ao hospício" (15, 76; Crônica). O próprio Nietzsche tem medo, pois entra agora na idade em que o pai morreu com uma enfermidade cerebral. Receia estar ameaçado pelo mesmo destino. Em Bayreuth, onde

15 Trata-se de um estágio preparatório para admissão nos cursos superiores (N. do E.).

se horrorizam com a mudança iluminista de Nietzsche, circula o diagnóstico do médico Otto Eiser, segundo o qual a mais recente publicação de Nietzsche revela "o início da destruição do cérebro" (15, 86; Crônica).

Nietzsche consegue arrastar sua atividade profissional até a primavera de 1879, mas trabalha ativamente nos volumes que continuam o "Humano, Demasiado Humano". Quando, em março de 1879, prepara as provas para a segunda parte, escreve a Peter Gast: *Meu Deus, talvez isso seja minha última produção. Parece-me haver nela uma paz temerária* (B 5, 389). Especialmente na coleção de aforismos da segunda parte de "Humano, Demasiado Humano" se percebe os autoestímulos com que Nietzsche quer criar uma contraparte espiritual da infelicidade física que o esmaga. *Todas as coisas boas são fortes excitantes para a vida, mesmo cada bom livro escrito contra a vida* (2, 386; MA).

Esse comentário contém uma indicação importante do que Nietzsche espera do pensar: não apenas verdades proposicionais. Existe ainda outro critério de verdade no palco interno do combate às dores físicas. Poderíamos chamar esse critério de verdade de pragmático-existencial. Significa: um pensamento tem um valor de verdade na medida em que é suficientemente rico em representações e vida para poder contrapor algo à tirania da dor que de outro modo exige toda a atenção. Esse aspecto autossugestivo do pensar adquire grande importância mais tarde com a ideia do eterno retorno. Compreendemos a ideia do eterno retorno de modo insuficiente se o despacharmos como especulação cosmológica ou metafísica. Certamente Nietzsche acreditava em sua verdade proposicional, mas mais ainda em sua força transformadora da existência. Ele a compreendia como convite a viver cada momento de modo que pudesse retornar sem susto. Esse pensamento deveria fazer o momento cintilar, e conferir à vida a dignidade do Inaudito. Mais adiante voltaremos a falar nisso.

Para Nietzsche, um pensamento só pode ter essa força transformadora e orientada para o corpo se estiver metido num corpo linguístico de grande beleza e expressividade. Em Nietzsche, a sensibilidade para o estilo é uma sensibilidade quase física. Ele reage à linguagem com sintomas físicos, de agilidade e desejo de movimento ou abatimento e vômitos. Procura frases que comovam a ele e aos demais, e em geral as formulava e ritmava caminhando. Eventualmente ele permite que se vislumbre algo de sua oficina de pensamentos e palavras: *Espreitemos e escutemos apenas a nós mesmos, naqueles minutos em que ouvimos ou descobrimos uma frase nova para nós. Talvez nos desagrade porque está ali, tão desafiadora e autocrática: inconscientemente nos perguntamos se não devemos colocar uma contrafrase a seu lado como adversária, se podemos anexar-lhe um "talvez", um "às vezes"; até a palavrinha "provavelmente" nos satisfaz porque rompe a tirania pessoalmente incômoda do incondicional. Se em contrapartida aquela nova frase aparece em forma mais branda, tolerante e humilde, ao mesmo tempo caindo nos braços da contradição, tentamos um outro teste da nossa autocracia: mas como? Então não podemos vir em socorro dessa criatura frágil, e acariciar e nutri-la, dar-lhe força e plenitude, sim, verdade e até incondicionalidade ?* (2, 389; MA).

Nesse palco, beleza e força das frases e seu valor de verdade são quase a mesma coisa. Seja como for, a vontade de saber tem de combinar-se com o senso de estilo e ritmo, para que as frases possam dar uma representação sutil, embriagadora, venerável, sedutora. Para isso é preciso que os pensamentos sejam tão vivos *como se fossem indivíduos com os quais temos de lutar, aos quais nos podemos juntar, que tivéssemos de cuidar, proteger, alimentar* (2, 389; MA). No palco interior movem-se os pensamentos como pessoas e executam seus combates, e para esse teatro de pensamentos é verdade também o que Nietzsche disse da tragédia grega: *É uma magia desses combates que aquele que os contempla também os tenha de combater!* (1, 102; GT).

Em Nietzsche pensar é um ato de altíssima intensidade emocional. Ele pensava como outros sentem. Há nisso uma paixão e uma excitação que jamais permitem que o teatro dos pensamentos seja mero reflexo da vida ou rotina profissional. *Eu ainda vivo, ainda penso: ainda tenho de viver, pois ainda preciso pensar* (3, 521). Aqui não se fala em dever moral. Não, para Nietzsche pensar é um prazer inigualável, de nenhum modo ele quer renunciar a isso, e agradece à vida por lhe permitir esse prazer. Ele quer viver para poder pensar. E enquanto pensa, ele suporta aqueles acessos do corpo que poderiam lhe tornar a vida intolerável. Ele burila palavras e pensamentos para que surja algo *que a tudo desafie*, algo até *permanente* (2, 391; MA), que flutue sobre a torrente do tempo.

Nietzsche sonha com essa pequena eternidade e comenta que, com um pensamento refinadamente elaborado, por mais terrível que seja, estará honrando a si mesmo. É preciso lidar com o próprio pensamento como com *forças independentes*, como *igual com iguais* (2, 351). Entre Nietzsche e seus pensamentos desenrola-se uma apaixonada história de amor com todos os envolvimentos que se conhecem habitualmente em histórias de amor. Ali aparecem mal-entendidos, desavenças, ciúme, desejo, repulsa, raiva, medos, encantamento. A paixão pelo pensamento faz Nietzsche organizar sua vida de modo a ter sempre o que pensar. Ele não quer apenas produzir frases que possam ser citadas, mas fazer da sua vida uma base de citações para seu pensar. A vida como palco para ensaiar o pensamento.

Em janeiro de 1880, quando Nietzsche escreve a carta, inicialmente hesitante, sobre a unidade de felicidade e trabalho, corpo e dor, concluía "Humano, Demasiado Humano", e nos cadernos de anotações já se coleciona material para "Aurora", que será publicado um ano e meio depois. Para Nietzsche, essas duas obras são de um mesmo período de trabalho, pois ambas, sob grandes dores físicas, lhe deram a mesma *alegria da sede de conhecimento*. *Nunca tive tanta alegria comigo mesmo*, escreve ele em "Ecce Homo", *como nos períodos mais doentes e doloridos de minha vida: basta ver "Aurora" ou o "Peregrino e sua sombra*" (MA 11), (6, 326; EH).

As duas obras realmente estão juntas porque ali Nietzsche experimenta *virar do outro lado* a moral, a arte e a religião, isto é: encará-las como fenômenos que não possuem o privilegiado acesso à verdade que a história lhes atribuíra fantasiosamente. Nietzsche encontra uma formulação marcante e inspiradora do princípio de suas análises, em um amigo daquele tempo, Paul Rée, que declarou a respeito da moral: "O ser humano moral não está mais próximo do mundo inteligível (metafísico) do que o ser humano físico — pois não existe um mundo inteligível". Nietzsche cita essa frase pela primeira vez (incompleta) em "Humano, Demasiado Humano" (2, 61; MA), e até o "Ecce Homo" (6, 328; RH) sempre voltará a ela. Mas vai ainda mais longe que Paul Rée: arranca do fundo metafísico da verdade não apenas os sentimentos morais, mas também a religião e a metafísica. Paul Rée, cujo livro "A Origem dos Sentimentos Morais" aparecera em 1877, reconhece essa audácia maior com palavras de admiração: "Vejo o meu próprio eu ampliado e projetado para fora" (15, 82; Crônica), escreve a Nietzsche depois de receber o primeiro volume de "Humano, Demasiado Humano".

Nietzsche conhecera Paul Rée em 1873. Depois de estudar Direito, esse filho de um proprietário rural judeu da Pomerânia voltara-se para a Filosofia e viera a Basileia para escutar Nietzsche, só poucos anos mais velho que ele. No inverno de 1876/77 em Sorrento, na casa de Malwida von Meysenbug, a amizade entre os dois chegou ao auge. Desenvolveu-se uma intensa comunhão de trabalho. Liam um para o outro seus manuscritos, davam-se conselhos e críticas, corrigiam-se. Cinco anos depois, no fim do outono de 1882, essa amizade vai se romper por causa de envolvimentos amorosos em torno de Lou Salomé. Rée publicou outros livros de filosofia da moral depois da separação de Nietzsche, estudou Medicina, tornou-se médico nas propriedades rurais do pai; era um tolstoiano que ajudava os camponeses e entre eles passava por um excêntrico, quase um santo. Quando Nietzsche morreu, Rée mudou-se para a região de Sils Maria. Lá atuava como médico dos habitantes das montanhas. Um ano depois da morte de Nietzsche, num passeio, ele despencou de uma encosta de gelo. Não se sabe se foi acidente ou suicídio. Pouco antes disso, Rée declarara: "Eu tenho de filosofar; portanto se não tenho mais material para filosofar, o melhor para mim será morrer" (Janz 1, 644).

Depois da ruptura, Paul Rée quis dedicar seu livro sobre "O Surgimento da Consciência" ao ex-amigo Nietzsche, que porém rejeitou essa ideia. Nietzsche nunca negara os estímulos recebidos de Rée, ainda que mais tarde enfatizasse mais a diferença com as posições teóricas do amigo, até afirmar no prefácio da "Genealogia da Moral" que dificilmente lera alguma coisa para a qual tivesse de ter dito "não" tão decisivamente, *frase por frase, conclusão após conclusão* (5, 250). Concordou com a crítica de Rée do fundamento metafísico da moral; o "não" relaciona-se com a opinião de Rée de que a moral se devia à natureza altruísta do ser humano. Contrariando isso, em "Humano, Demasiado Humano", mas sobretudo em "Aurora", Nietzsche persegue os rastros da moral em retrospectiva até seu fundamento não-moral. A história da moral não é moral, e nos sentimentos morais não se move o que é bom no ser humano, mas manifesta-se toda uma longa história de costumes e características culturais. O fisiológico também tem aí seu papel. Quem age moralmente pode sentir-se como um ser moral, mas na realidade, explica Nietzsche, é essa história do corpo e da cultura que "age" em nós. E como "age"? Primeiramente de modo a dividir as pessoas. Moral, escreve em "Humano, Demasiado Humano", pressupõe a capacidade de *autodivisão* (2, 75; MA). Algo em nós dá ordens a outro algo em nós. Existe a consciência moral e existe um incessante autocomentar e autoavaliar-se. Mesmo assim fala uma tradição forte do "individuum", portanto do cerne indivisível do homem; porém Nietzsche refletiu sobre a divisão do cerne do individuum, e sua frase principal sobre isso é: *Na moral o ser humano não se trata como individuum, mas como dividuum* (2, 76). Porque o individuum não é uma unidade, pode-se tornar cenário de uma história universal interior, e quem pesquisa isso talvez se torne *aventureiro e navegador de um mundo interior que se chama "ser humano"* (2, 21; MA). Como Nietzsche.

O tema "moral" foi a obsessão de Nietzsche durante toda a sua vida. Refletindo a respeito disso, revelou-se para ele a relação fundamental humana como uma relação consigo mesmo. O ser humano — o *dividuum* — pode e deve relacionar-se consigo mesmo. Ele não é uma criatura uníssona, mas de muitas vozes, condenada a — e ao mesmo tempo com a chance de — fazer experimentações consigo mesmo. A vida individual, bem como a vida das culturas, é por isso uma sequência de tentativas consigo mesmo. O ser humano é o *animal não fixado* (5, 81; JGB). Se não podemos nos fixar, então tudo depende de como lidamos conosco mesmos. O pensar de Nietzsche responde à exigência de liberdade, que ao mesmo tempo rejeita. Em compensação está familiarizado com a multiplicidade de vozes interiores, que coloca o ser humano diante da escolha: a qual das vozes conferir força determinante. Somos inclinados a encarar a multiplicidade de vozes como uma riqueza. Mas não poderia ser diferente? Talvez originalmente tenha havido apenas os fortes e os fracos, que se distinguiam pela unicidade e com isso pela força de vontade. A vontade forte podia dobrar as mais fracas. Podia comandar. Os mais fracos obedeciam, mas os aguilhões das ordens permaneciam neles — como corpos estranhos. Eram recobertos, *incorporados*. Tornavam-se consciência moral. Talvez tivesse surgido assim o *dividuum*, uma criatura ferida por aguilhões de ordens, dilacerada, que aprende laboriosamente a transformar a paixão de obedecer na obsessão de comandar, mas continua atormentada pela consciência moral. Aprendemos a obedecer, agora temos de aprender a comandar sobretudo, a dar ordens a nós mesmos. Mas para isso precisaríamos ter respeito por nós mesmos e descobrir dentro de nós o senhor. Quem aprendeu bem demais a obedecer procurará em vão dentro de si mesmo uma instância suficientemente ousada para dar ordens. As ordens interiorizadas não dilaceraram apenas o *individuum*, mas também despertam a autodesconfiança. Nessa história complicada surgiu finalmente isso que séculos depois chamaremos a profundeza da alma, todo esse labirinto interior de sentido latente, profundidade e absurdo[16].

Nietzsche sabe que o modo de existência "dividual" entrementes se tornou irreversível. O caminho de retorno para o uníssono pré-histórico nas relações humanas internas — se é que alguma vez existiram — está fechado. A ruptura, as fendas interiores, agora fazem parte da *conditio humana*.

Mas ainda assim Nietzsche sempre voltará a pedir que façamos *de nós mesmos uma pessoa inteira* (2, 92). Porém esse ser inteiro não significa a impossível superação do modo e existência *dividual*, e sim uma eficiente autoconfiguração e autoinstrumentação. Devemos nos tornar maestros dos impulsos de nossa vida, poder equilibrar-nos sobre nossas fendas e orquestrar a confusão de nossas vozes. A ominosa *Vontade de poder* — em anos posteriores, veremos, ela vai crescer desmedidamente tornando-se um princípio de explicação cósmica e diretiva da grande política — em Nietzsche sempre permaneceu em um tom camerístico, e significa: conseguir poder sobre si mesmo. As obras de Nietzsche, no total, são uma só crônica dos acontecimentos envolvidos na tentativa de assumir poder sobre si próprio. Mais uma vez (cf. Capítulo 2) citemos o imperativo moral de Nietzsche: *Deves tornar-te senhor de ti mesmo, senhor também de tuas próprias virtudes. Antes elas eram teus senhores; mas devem ser apenas teus instrumentos junto com outros instrumentos. Deves adquirir teu pró e poder sobre o teu contra, e aprender a desatá-los e ligá-los de novo, segundo teu objetivo mais*

16 Jogo de palavras em alemão, com a raiz "Sinn", senso, sentido: "Hintersinn", "Tiefsinn" e "Unsinn" (N. da T.).

alto. Deverias aprender a compreender o perspectivístico em cada apreciação (2, 20; MA). A relação consigo mesmo, que aqui se tem em vista, é o de uma soberania na qual a *moral burguesa não tem mais voz ativa*, pois ela pede confiabilidade, constância, previsibilidade. Nietzsche diz que *fazer de si mesmo uma pessoa inteira* é a mais alta tarefa que qualquer pessoa pode cumprir no lapso de sua vida. Essa tarefa não resulta da história da moral, na qual manifestamente nada foi menos "intencionado" do que se o indivíduo viesse a se tornar uma *pessoa inteira*. Ao contrário: essa história é um erro sangrento, que consumiu seres humanos. Quem fez de si próprio uma *pessoa* inteira conseguiu isso apesar da História.

O primeiro esboço de uma história moral desilusionista está em "Humano, Demasiado Humano"; prossegue em "Aurora", e, na "Genealogia da Moral" se conclui a análise da história não-moral da Moral.

Já em "Humano, Demasiado Humano" Nietzsche testa uma tese que fará carreira ascendente em sua obra, e que diz: atrás da distinção moral entre Bem e Mal esconde-se a distinção mais antiga entre *aristocrático* e *inferior* (2, 67; MA). O que é nobre? Resposta de Nietzsche: nobre é quem é suficientemente forte, determinado e destemido para *exercer a vingança* quando lhe fazem um mal. Nobre é quem pode defender a si mesmo e proteger-se, e sabe se vingar. O que o nobre faz é bom porque ele próprio é de uma espécie boa. *Ruim* é o *inferior*. Ele é isso porque não se valoriza o suficiente para querer defender-se, não importa se com meios limitados. *Nobre* e *inferior* designam pois a medida do respeito por si mesmo. Do ponto de vista do nobre, a pessoa ruim é a pessoa insignificante da qual nada se tem a temer porque não respeita nem a si própria.

Mas as pessoas insignificantes — do ponto de vista do nobre — podem mesmo assim tornar-se perigosas quando, compensando sua fraqueza com rebeldia, passam ao ataque, seja físico, numa verdadeira rebelião de escravos, seja espiritualmente, invertendo a hierarquia de valores e virtudes, e substituindo as virtudes da dominação por uma moral de tolerância e humildade. Em "Humano, Demasiado Humano", Nietzsche já indica sua crítica ao ressentimento na moral. Também começa a desmanchar a moral schopenhaueriana da compaixão, transferindo a ênfase da sensação da compaixão para o ato de despertar compaixão. Ele considera despertar compaixão em alguém uma arma dos fracos. Estes descobrem a fraqueza dos fortes, isto é, a capacidade de sentir compaixão, e usam essa fraqueza dos fortes. É a força dos fracos: poder despertar compaixão. Com isso, o sofredor encontrou um meio de *ferir aos outros* (2, 71).

Nietzsche quer despir de sua veste sentimental a dialética da compaixão — o sofredor fere o outro despertando nele compaixão — para que se revele por baixo dela a luta pelo poder. A dialética da compaixão, para Nietzsche, faz parte da luta entre senhor e servo. Quem desperta compaixão tem *reforçada sua ideia de ainda ser suficientemente importante para causar dores ao mundo* (2, 71). Mas quem sente compaixão sente-se colocado no injusto e nele algemado, embora de resto banque o senhor.

Outro exemplo de como a moral é pouco moral, e de quanto o combate ainda vige subterraneamente, é a gratidão. A tese provocadora de Nietzsche é que ela é uma espécie de vingança suave. Recebemos algo, e com isso sentimos o poder do outro, nesse caso benfazejo, mas não suficientemente benfazejo. Pois agora nos sentimos devedores do outro. Mostramos gratidão e devolvemos talvez até além da medida do que recebemos. Queremos ser de novo livres, invertendo a relação de devedor. Nesse contexto, Nietzsche recorda a frase de Swift, de que *pessoas são agradecidas na mesma medida em que exercem a vingança* (2, 67; MA).

A análise da moral de Nietzsche segue por isso a tendência obsessiva de descobrir a crueldade primária escondida na moral. Assim, para ele, a crueldade aberta é o momento da verdade. A história primeva da hostilidade vem à luz. O elementar rompe a casca da civilização. *Devemos encarar as pessoas que agora são cruéis como estágios de culturas mais antigas que sobraram: a cordilheira da humanidade expõe aqui as formações mais profundas, que habitualmente permanecem ocultas* (2, 66).

Em "Aurora", Nietzsche continua analisando a crueldade fundadora das relações humanas. Ele descreve como uma *crueldade refinada* (3, 40; M) pode-se tornar uma virtude reconhecida. Se alguém se esforça por se destacar de um modo habitualmente louvável, não estará com isso também querendo *ferir*, não quererá saborear a inveja que provoca com sua posição destacada? Na euforia criativa do artista não está também o *prazer antecipado* (3, 40) de pôr fora de combate o seu concorrente na arte? O caráter agonal da cultura não será no todo uma sublimação de belicosidade cruel? Que prazeres secretos atuam na castidade da monja? *Com que olhos punitivos ela fita o rosto de mulheres que têm vidas diferentes! Quanto prazer na vingança existe nesses olhos!* (3, 40).

Nietzsche encontra na religião abundantes provas para a sua tese da crueldade como origem criativa da civilização. Em muitos círculos culturais imaginavam que os deuses fossem cruéis. Eles têm de ser aplacados com vítimas. Obviamente imaginavam os deuses como criaturas que se alegram com a visão da tortura e da carnificina. Mesmo o Deus cristão tem de ser aplacado com a morte de seu próprio filho. Quem quer dar prazer aos deuses tem de lhes preparar um festival de crueldade. O prazer dos deuses é o prazer humano em medida ampliada, por isso: *a crueldade é das mais antigas alegrias festivas da humanidade* (3, 30).

Quando Nietzsche denomina a história dos sentimentos morais de história de um *engano* (2, 63; MA), não nega que esse engano tenha toda uma função formadora de cultura, e continua tendo. O sentimento moral erra, na medida em que se entende como órgão da verdade e como informação sobre a verdadeira determinação do ser humano. Mas exatamente nesse mal-entendido ele é uma das ilusões necessárias, que permitem ao ser humano a automodelação cultural. A lei moral, por mais opressiva que seja, provoca ao mesmo tempo um singular autodesenvolvimento. Existe, por exemplo, o tabu do incesto. Podemos infringi-lo: o instinto e a fisiologia, a natureza, pois, não nos impedem. Não é um limite físico, mas moral, que exige o autodomínio: finalmente a obediência torna-se autocontrole, indispensável para a cultura. Só quem consegue se controlar aprende a se respeitar.

Inúmeros mandamentos e proibições culturais servem a fins práticos, eugênicos, econômicos, sanitários, políticos. Mas Nietzsche previne para não se projetar no início, como fim pretendido, o proveito que muitas vezes só se revela com o tempo. Isso também vale para o ponto de vista do autocontrole. Também ele não foi tanto intencionado como programa pedagógico, mas como um resultado subjetivo dos mandamentos da moralidade objetiva. Os costumes não existiam para que um só indivíduo tivesse vantagens com eles. Não se pensou no indivíduo, mas trata-se da preservação e desenvolvimento de toda uma trama cultural humana. Quem é que importa? Não o indivíduo, nem o indivíduo dominante, mas o "sujeito" sem sujeito do processo cultural. Esse sujeito sem sujeito se corporifica no sistema de costumes e tabus. Esse sistema pede respeito, independentemente de se reconhecer o seu proveito ou não. Assim se explicam aquelas proibições enigmáticas que parecem totalmente absurdas e pouco práticas, e que levaram Nietzsche a refletir: *Em povos rudes, existe toda uma série de costumes cuja intenção parece ser a moralidade em si* (3, 29; M). Nietzsche menciona como exemplo uma tribo mongol, os camtchadales, que aparentemente são proibidos, sob pena de morte, de limpar com faca a neve dos sapatos, de espetar um carvão com a faca ou botar ferro no fogo. Esses tabus obviamente têm apenas a finalidade de *manter sempre na consciência a proximidade dos costumes, a coerção incessante de exercer a moralidade; para reforçar a grande proposição com a qual se inicia a civilização: qualquer costume é melhor do que nenhum* (3, 29).

O costume age como sistema de modelação dos impulsos. O mesmo impulso pode, sob pressão de certos costumes, ser sentido como covardia, ou tornar-se um *agradável sentimento de humildade* (3, 45), quando, por exemplo, é imposto aos seres humanos pela moral cristã. O impulso em si, a princípio, não tem caráter moral. Este apenas lhe é acrescentado como sua *segunda natureza* (3, 45). Uma cultura agonal como a grega clássica avaliava a inveja diferentemente de outras culturas, que querem a igualdade. Para os gregos, não era repulsivo prover os deuses com sentimento de inveja, e na velha Israel a ira era prova da maior força vital, por isso a ira santa era uma qualidade privilegiada do Deus judaico.

A moralidade é entendida pelas culturas respectivas não apenas como sistema de diferenciação entre Bem e Mal, mas também de verdadeiro e não-verdadeiro. Os sistemas morais, segundo Nietzsche, são ligados com uma metafísica explícita ou implícita de autolegitimação. Na comparação entre culturas, porém, a pretensão metafísica de verdade de cada uma delas não pode mais se manter. As grandes verdades se esfacelam na multiplicidade de técnicas culturais que evidentemente existem. Essa relativização pelo contato com culturas estranhas, recorda Nietzsche, já na antiguidade grega fundamentou o Iluminismo. As pesquisas históricas de um Heródoto colaboraram para romper o fechado círculo mítico cultural grego. Nos tempos modernos foi sobretudo Montaigne quem aproveitou a comparação cultural para efetuar um desarmamento das exigências de verdade. Nietzsche coloca-se nessa tradição. Não pretende desistir do princípio da moralidade só porque sua metafísica implícita está caduca. Pois moral e eticidade continuam necessários. Ele valoriza muito a força da moral para controle dos impulsos e criação e uma segunda natureza, e por isso pode afirmar: *Sem os enganos que residem nas suposições da moral, o ser humano teria permanecido um animal* (2, 64; MA).

A crítica de Nietzsche à autolegitimação metafísica e religiosa da moral quer deixar intocada a atividade de controlar os impulsos e as conquistas da *segunda natureza*. Mas no futuro isso deve ser manejado de modo mais esclarecido e conscientemente governado. O sistema da moralidade deve passar de um projeto quente e abafado para outro frio e claro. Certamente com o *sopro dessa visão das coisas muitos se sentirão como num inverno* (2, 61). Mas isso não deve nos impedir de esclarecer a cultura sobre nós mesmos, sem medo de tocar nos segredos de seu funcionamento. Em uma cultura que se protege do autoesclarecimento, a temperatura interna sobe. Podemos chamar isso de calor do ninho. Quando o medo da liberdade e do desamparo metafísico causa sentimentos de pânico, o ninho quente pode se tornar um caldeirão fervente. Por isso Nietzsche convida a aproveitar *as pessoas mais intelectualizadas de uma época, que visivelmente está cada vez mais em chamas* (2, 62), a aproveitar as ciências como *meios para apagar e esfriar*, e usá-las como *espelho e autorreflexão* (2, 62) em relação ao espírito de seu tempo.

Em "Humano, Demasiado Humano", Nietzsche coloca grandes esperanças nessa *autorreflexão*, não apenas tendo em vista o indivíduo. Ele pondera a possibilidade de que talvez, comprendendo-se melhor e despedindo-se de velhas crenças religiosas no destino, também toda uma civilização possa colocar-se *ecumenicamente objetivos que abrangessem toda a terra*. Se com esse *governo total consciente* a humanidade não liquidar consigo mesma, deveria se encontrar *um conhecimento das condições da cultura que superasse todos os estágios anteriores e servisse como critério científico para objetivos ecumênicos* (2, 46).

Aqui Nietzsche se aproxima da diferença, que Max Weber mais tarde vai enfatizar, entre decisão de valores de um lado, e conhecimento racional dos meios de sua concretização de outro. A ciência não pode atingir as decisões de valor; mas na medida em que explica a trama funcional da cultura, coloca à disposição do agir critérios que permitem julgar a utilidade dos meios. Da mesma forma Nietzsche também espera da ciência uma visão das *condições da cultura* por meio da qual se possa avaliar se os *objetivos ecumênicos* podem ser concretizados. Quanto a esses objetivos em si, Nietzsche não se despediu em absoluto de suas visões do período de "O Nascimento da Tragédia". Ainda vale o seu princípio da antropodiceia, segundo o qual humanidade e História só se justificam pelo nascimento do gênio. O sentido da história é o *pico de encantamento* no grande indivíduo e sua grande obra.

Se a visão científica soterra o fundo metafísico de verdade, isso atinge a moral. Mas naturalmente também atinge a religião, e finalmente a arte. Quanto à religião, em "Humano, Demasiado Humano" e em"Aurora" Nietzsche a entende primeiro como uma metafísica do povo — bem no estilo de uma crítica religiosa iluminista de sua época. Ele faz experiências com a tese simples de que a religião serve para *anestesiar* (2, 107; MA) males que de outro modo não poderiam ser removidos. Se o conhecimento da natureza avançar, e em lugar das *causalidades fantásticas* (3, 24; M) se descobrem as causalidades verdadeiras, não se precisará mais, por exemplo, encarar as enfermidades como sentença divina e, em lugar de rezar e fazer sacrifícios, se tomará o remédio adequado. O poder do destino — ponto de partida de fantasias religiosas de todo tipo — não é quebrado, mas limitado. Isso limita o poder dos *sacerdotes* e dos *poetas da tragédia* (2, 107). Um sofrimento que se pode curar perde seu pathos escuro e denso de significados.

Com uma religião que é unicamente compensação por um mal insuperável, e tentativa de um mágico controle da natureza, a crítica teria trabalho fácil. Mas o sentimento religioso tem ainda outros aspectos que fazem Nietzsche pensar. Antes de se ocupar detidamente com isso, como para assegurar-se, ele se agarra descomprometida e bruscamente ao resultado, para ele indubitável, da crítica religiosa iluminista. *Jamais uma religião, nem direta nem indiretamente, nem como dogma nem como metáfora, conteve uma verdade* (2, 110; MA). Também não devemos nos deixar confundir pelo *artifício teológico* de misturar conhecimento científico e especulação edificante. E, inversamente, a ciência deve ser criticada se *deixar brilhar uma cauda de cometa religioso na escuridão de suas perspectivas últimas* (2, 111). A religião não deve se vestir de ciência, e a ciência não deve usar de linguagem religiosa onde não puder mais argumentar. Nietzsche prega relações claras. Mas sabe que o sentimento religioso não está esgotado apenas por descobrirmos erros dentro dele.

O que mais há para descobrir no sentimento religioso? Especialmente no cristianismo, existe a tendência de sentir-se pecador. De onde vem esse sentimento, o que está por trás dele? É espantoso que o ser humano se considere *mais negro e pior do que realmente é* (2, 121). A religião grega antiga não atribuíra ao homem esse denegrir de sua percepção de si mesmo. Ao contrário: na medida em que os deuses dividiam com os seres humanos suas virtudes e pecados, todos podiam se sentir desonerados. Os seres humanos até faziam espelhar nos deuses o lado escuro de sua natureza. "Humano, Demasiado Humano" responde à indagação pela origem do sentimento de pecado, e na obra futura de Nietzsche essa resposta será sempre variada. Ela diz: o cristianismo foi originalmente uma religião de pessoas que viviam em miséria e opressão, que não eram nobres e por isso não pensavam em si mesmas como seres nobres, uma religião de pouca autoestima. O cristianismo mergulhava os seres humanos definitivamente na *lama profunda* (2, 118), na qual já estavam enfiados.

Essa explicação não satisfaz nem ao próprio Nietzsche, pois a alusão à relação entre miséria social e pouca autoestima é bastante trivial. E por isso Nietzsche pensa que talvez o amolecimento da cultura romana tardia agisse sobre o sentimento de pecado como um excitante ou uma droga, especialmente porque nessa contrição podia *transfigurar o fulgor de uma misericórdia divina*. Era esse prazer na mudança drástica, no drama da conversão, era esse *excesso de sentimento* (2, 118) que se queria saborear? O império romano se expandira imensuravelmente, abrangendo todo um mundo no qual as relações e pessoas estavam cada vez mais semelhantes, os dramas históricos tinham se transferido para as fronteiras distantes; nessas circunstâncias o drama interior da conversão não era um acréscimo incalculável em intensidade? Esse extremismo do cristianismo antigo não seria uma cura contra o tédio que grassava? Quando uma cultura envelhece e o *círculo de todos os sentimentos naturais*

(2, 137; MA) foi percorrido incontáveis vezes, deve-se encontrar *uma nova espécie de encantos na vida*. Talvez o cristianismo fosse um novo encanto da vida. Ele oferecia ao convertido um drama espiritual de pecado e redenção. E os outros encontravam seu divertimento assistindo aos mártires, ascetas e santos estagiritas, *depois de terem-se embrutecido com a visão dos combates entre animais e seres humanos* (2, 137).

Mas também com essa explicação permanecemos atolados na genealogia histórica do cristianismo. Com ela, seu papel nos sentimentos das pessoas até o presente ainda não foi compreendido. Para avançar nesse terreno, Nietzsche aprofunda-se na psicologia dos santos, mártires e ascetas, nos quais cresce com especial vigor essa rara planta dos sentimentos religiosos. Nesses virtuoses da religião, mostra-se o incrível poder da autoexaltação, as energias extáticas que agem no sentimento religioso. Não se pode mais falar em modéstia e humildade, em abatimento. Esses santos e ascetas combatem dentro de si algo que consideram baixo e vulgar. Mas também combatem nos dois lados: eles são os miseráveis e são o triunfo, são o inferior e o sublime, a impotência e o poder. O ser humano internamente rico vive em uma sala de espelhos. Na medida em que de um lado olha no *claro espelho* de sua imagem divina, sua própria natureza lhe parece *obscura, e singularmente distorcida* (2, 126). Em seus momentos mais silenciosos porém ele sabe que o *espelho claro* nada é senão um Eu aumentado, sabe que no espelho divino ele enxerga suas melhores possibilidades, pelas quais se sente ao mesmo tempo exaltado e humilhado. Também esses reflexos fazem parte do *autodilaceramento* pelo qual o ser humano não se torna apenas um ser moral, mas também religioso. O *autodilaceramento* religioso pode se radicalizar como autossacrifício. Isso acontece porque *o ser humano ama algo em si, um pensamento, um desejo, um produto, mais do que outra coisa em si, que portanto ele dilacera sua natureza e sacrifica uma parte dela pela outra* (2, 76). Assim o asceta, o santo, o mártir, triunfa rebaixando-se, e na sua humilhação está cheio de orgulho. *Esse quebrar-se a si mesmo, esse zombar da própria natureza (...), ao qual as religiões deram tanta importância, é na verdade um altíssimo grau de vaidade. Toda a moral do Sermão da Montanha faz parte disso: o ser humano tem verdadeiro prazer em violentar-se com exigências exageradas, e depois endeusarem sua alma com esse algo tirânico e exigente. Em toda moral ascética o ser humano reza para uma parte de si mesmo como um Deus, e por isso necessariamente tem de demonizar a outra parte* (2, 131).

O ser humano religioso em seus grandes momentos busca o mesmo que também quer um artista: *a emoção violenta*. Ambos são suficientemente imodestos para tocar o Inaudito (2, 132), mesmo que se sintam aniquilados por ele. Esse tipo de naufrágio é para eles o *pico de encantamento do mundo* (7, 200). Porque essa entrega ao Inaudito é uma obsessão comum de religião e arte: em "Humano, Demasiado Humano" Nietzsche faz o capítulo "Da alma dos artistas e escritores" vir logo após o capítulo sobre "A vida religiosa".

A *emoção violenta* nas percepções religiosas e na arte é naturalmente algo extraordinário, uma intensidade, uma tensão e ao mesmo tempo distensão, também um desencadear de forças criativas, uma euforia do sucesso, um irradiar e ser inundado de força, um estado exaltado, mas — e essa é a fria antítese de Nietzsche — não há nisso uma verdade mais alta. Não devemos entender o estado religioso e artístico exaltado como os próprios extáticos religiosos e artistas se compreendem, como mediadores de grandes verdades ocultas.

Desse modo, porém, como conhecimento mais elevado, o jovem Nietzsche tinha entendido a arte ainda em seu escrito sobre Wagner. Nos pensamentos sobre arte em "Humano, Demasiado Humano", fica especialmente nítido o que Nietzsche quer dizer quando no prefácio chama sua experimentação com o Iluminismo de *gesto e olhar iconoclasta em retrospectiva* (2, 16; MA). Até meados dos anos setenta Nietzsche chamara a arte de *a verdadeira atividade metafísica* (1, 17; GT), e agora entra no seu templo com a forçada vontade de lucidez e descrença. Ele espreita seu próprio entusiasmo e alimenta a suspeita de que nele possivelmente se escondem um pensamento impreciso, sentimentos nebulosos, fraquezas e mistificações de toda sorte. Por que esse tratamento de lucidez? No seu prefácio a "Humano, Demasiado Humano", Nietzsche dá a resposta. Ele quer excluir o perigo *de que o espírito acaso se perca nos seus próprios caminhos e fique sentado, embriagado, em algum cantinho* (2, 18).

Como é que a arte se mostra a um adepto que suspeita do seu próprio entusiasmo, e que, como um ex-alcoólatra, defende sua sobriedade ainda débil contra possíveis tentações?

O problema da ciência, escreveu Nietzsche em "O Nascimento da Tragédia", *não pode ser reconhecido no solo da ciência* (1, 13; GT). Ele queria ver *a ciência sob a ótica do artista, a arte porém sob a ótica da vida* (1, 14). Agora Nietzsche torna a arte problema seu, e agora também para a arte vige o que antes valia para a ciência: o problema dela não pode ser reconhecido no solo da arte, também nesse caso, como no problema da ciência, é preciso escolher outra perspectiva; é preciso sair desse círculo de fascínio da arte: só assim evitamos sermos vítimas de sua automistificação.

O artista forma e cria, ele produz uma nova realidade. O cientista conhece a realidade. O artista lida com a configuração, o cientista com a verdade. Da ótica do artista, Nietzsche descobrira na ciência o ficcionalismo ali reprimido e não admitido. A ciência quer a verdade, mas nela age também a força da imaginação, mais do que admite para si mesma. A ciência pode encontrar verdades, mas também as inventa. A arte, em contrapartida, vive conscientemente da força da imaginação, ela cria um mundo de ilusões e tece no belo traje que colocará sobre a realidade; ela lida com o brilho da aparência. A ciência pede desvelamento, a arte ama o véu. Como a arte é íntima da invenção, não ignora quanto de invenção e impulso de formação também existe na ciência. Mas a ciência não quer aceitar isso. A isso Nietzsche chama *o problema da ciência*, visto da perspectiva da arte.

Mas quando, inversamente, ele contempla a arte do ponto de vista da ciência, em que reside o problema da arte? Está na pretensão de verdade. Via de regra, ela é tão pouco admitida na arte quanto o ficcionalismo na ciência. A arte esconde no brilho sua exigência implícita de verdade, e a ciência oculta na exigência de verdade seu ficcionalismo implícito. Nietzsche censura a arte porque ela pretende verdades que não pode dar. E declara, intransigente: com a arte *não tocamos na essência do mundo em si* (2, 30; MA). As intuições artísticas podem ser entusiasmantes, estimulantes, profundas — mas são *representações*, nada mais. Elas conformam estados de espírito, mas nem por isso têm de estar certas.

Nietzsche conhece suficientemente bem suas obsessões para poder avaliar a medida da desilusão. Um longo hábito metafísico se opõe a isso. A necessidade metafísica, apaixonada pelo mistério, quer conhecer o que mantém unido o mundo no seu mais íntimo. Depois de ter sido expulso dos limites da ciência rigorosamente regulamentada, esse impulso metafísico encontrou refúgio na arte. Sobre a influência de Beethoven Nietzsche ilustra quanto ele ainda é forte no *espírito livre* iluminista. A música de Beethoven, escreve Nietzsche, *faz soar junto a corda metafísica há muito emudecida, até rompida* (2, 145; MA), por exemplo quando ouvindo a Nona Sinfonia *nos sentimos flutuar sobre a terra por uma abóbada de estrelas, com o sonho da imortalidade no coração.* Com essas frases Nietzsche se refere ao texto de Wagner sobre Beethoven, mas também critica a sua própria formulação sobre a arte como *verdadeira atividade metafísica*, e agora afirma que aquele que quer satisfazer a necessidade metafísica na música não passou na *prova* de seu *caráter intelectual* (2, 145). Metafísica na arte é a herança captada da religião. Uma arte metafisicamente mal compreendida coloca sobre a vida *o crepe do pensamento impuro* (2, 144; MA). Pensamento preciso e conhecimento preciso serão buscados em vão na arte. Os impulsos artísticos nos estorvam no trabalho duro e rude do conhecimento. Inibem a *virilização da humanidade* (2, 142). Encarada com benevolência, a arte é regressão que distensiona. Liberação, com prazo marcado, da eficiência e do princípio da realidade. Na arte podemos voltar a ser crianças, *instantaneamente volta a agitar-se a velha percepção e o coração pulsa num ritmo que tínhamos esquecido* (2, 142). Mas devemos ter cautela, nada de regressão demais, ou haverá perigo de se *infantilizar a humanidade.* Se exigimos demais esse limitado *alívio da vida*, ficaremos impedidos de *trabalhar numa verdadeira melhoria de suas condições* (2, 143).

Não podemos nos pronunciar mais claramente contra o *temperamento trágico* que Nietzsche habitualmente aprecia, nem falar mais claramente em favor da objetividade e da eficiência prática. Nietzsche desenvolve o projeto mordaz de uma sociologia das atuais necessidades da arte. Quem deseja a arte, e o que queremos dela? Existem as pessoas cultas que não sentem mais o incenso como perfume, mas ainda não são suficientemente livres para poderem renunciar aos *consolos da religião*, e assim valorizam a arte porque ali sentem o eco da religião emudecida. Existem os indecisos, que na verdade gostariam de levar uma outra vida, mas não têm forças para *se converter*, e por isso desejam chegar a um outro estado através da arte; e os vaidosos, que temem o *trabalho sacrificado*, e para quem a arte se torna cama da sua preguiça;

e existem as prudentes mulheres ociosas de boa família, que desejam a arte porque lhes faltam obrigações; médicos, comerciantes, funcionários públicos, que fazem o trabalho aplicado, mas espreitam o mais elevado com *um verme lhes roendo o coração*.

O que significa a arte para essas pessoas? *Ela deve por horas e momentos espantar o desconforto, o tédio, a consciência vagamente pesada, e se possível transformar o erro de sua vida e de seu caráter em erro do destino universal* (2, 447; MA). Aqui não existe um transbordar de bem-estar e saúde, mas é a experiência de carência que leva à arte. Tais amantes da arte são pessoas que não estão bem consigo mesmas. Não é o *prazer consigo mesmo*, mas o *desgosto consigo mesmo* (2, 447) que hoje em dia anseia pela arte, afirma Nietzsche.

O desgosto consigo mesmo no público corresponde à excessiva autocomplacência de muitos artistas. Eles amam suas obras tão exageradamente por vezes, que desejam *uma mudança radical de todas as relações* (2, 149; MA), apenas para melhorar as possibilidades de produzir efeito de suas obras. Nietzsche não menciona nomes, mas obviamente se refere a Richard Wagner, que com efeito se tornou um revolucionário político — para favorecer a sua arte.

Os boatos e lendas que crescem em torno dos grandes artistas, e também são por vezes alimentados por eles, fazem muito alarde da inspiração e do sofrimento pela humanidade. Para Nietzsche, isso é uma das mistificações da arte. De fato, há menos inspiração em jogo do que se pensa. *Todos os grandes foram também grandes trabalhadores* (2, 147). E quanto aos *sofrimentos do gênio*, devíamos ter cautela. Muitos pretextam que não se interessam apenas pelo ser humano, mas pelo destino da humanidade, e que não querem apenas criar uma obra, mas renovar toda uma cultura, mas topam com incompreensão e limitação por toda parte, e que esse é seu grande sofrimento. Contra essas autointerpretações megalômanas de muitos artistas — naturalmente ele volta a referir-se a Richard Wagner — Nietzsche recomenda uma saudável desconfiança. Declara que grandes artistas se sentem magoados quando *tocam seu apito* e ninguém quer dançar. Talvez seja aborrecido para os artistas, mas podemos considerá-lo *trágico*? Talvez sim, admite Nietzsche maldosamente, pois às vezes os sofrimentos do artista que não se sente bem compreendido *são realmente muito grandes, mas só porque sua vaidade e sua inveja são grandes* (2, 147).

Nietzsche é muito severo com a arte e com sua própria paixão por ela. Também não poupa seu amor pela música. Considera que a música foi e é a linguagem do Inaudito, do mistério dionisíaco do mundo. É o mais sagrado para ele. Exatamente por isso o ataque *iconoclasta* não deve recuar diante dela. Escreve com forçada coragem que não poupa a si próprio: *Em si nenhuma música é profunda e significativa, ela não fala da "vontade", da "coisa em si"* (2, 175; MA). Só o intelecto filosoficamente formado e talvez deformado lhe atribui um significado profundo. Nós apenas *presumimos* que na música fala o Inaudito. Mas, com efeito, nela fala a história de símbolos, hábitos auditivos, técnicas, projeções, sentimentos e mal-entendidos. Música é um *rumor vazio* (2, 176) que só pelas lembranças de infância, associações de imagens, sensações corporais, aos poucos é carregada de significado. Ela não é *uma linguagem imediata do sentimento* (2, 175).

Esses comentários são formulados com expressa maldade. Nietzsche quer atingir tudo o que pareça mais e ressoe mais do que realmente é. Podemos imaginar a indignação de Richard Wagner ao ler essas frases. Cosima Wagner constatou com clareza e simplicidade: "Eu sei que aqui o Mal venceu" (15, 84; Crônica).

Nietzsche se prescreve um tratamento de lucidez porque quer impedir que os sentimentos profundos e exaltados dos poetas, músicos, filósofos e entusiastas religiosos o *recubram* (2, 204; MA). Por isso é preciso expô-los ao espírito de uma ciência *que no todo nos torna um pouco mais frios e céticos e esfria a torrente ardente da crença em verdades últimas e definitivas* (2, 204). Nietzsche chama a era das grandes emoções redentoras na metafísica, religião e arte de época *tropical*, e vê surgir atualmente um clima cultural *temperado* (2, 198). Ele quer influenciar e apressar essa mudança de clima. Mas não se sente muito bem fazendo isso. Ele sabe que o esfriamento também traz perigos. Estes residem no *achatamento e alienação* (2, 199) da vida.

Em "Humano, Demasiado Humano", como já vimos, Nietzsche faz a experiência do resfriamento, mas como no palco às vezes o protagonista fala "de lado" e trai seus pensamentos a respeito daquilo que se passa no palco, também Nietzsche deixa entrever que suas reflexões são uma transição. Quão longe poderemos acompanhar o espírito da ciência sem entrarmos num deserto? Essa indagação tímida ecoa algumas vezes. Certo, a curiosidade científica a princípio é renovadora, vivificadora, libertadora. Mas verdades às quais nos habituamos perdem a alegria. Porém, se a ciência nos dá sempre menos alegria, e ao mesmo tempo nos rouba alegria *pela suspeita com relação à metafísica consoladora, à religião e à arte, então empobrece aquela maior fonte de prazer à qual a humanidade deve quase a totalidade de sua humanização* (2, 209).

Com esse pensamento, Nietzsche está de novo girando o palco: o encanto metafísico da arte e o sentimento dionsíaco-trágico do mundo quase reaparecem, mas só "quase". Nietzsche não completa o giro do palco, mas pára em uma sugestão surpreendente de transigência, que não se esperaria dele, por causa do iluminismo tecnológico-cultural, e que talvez por isso se percebe tão raramente. Nietzsche defende uma espécie de sistema bicameral da cultura. Uma cultura mais elevada tem de *dar ao ser humano ao mesmo tempo duas câmaras no cérebro, uma para sentir a ciência, outra para sentir a não-ciência: lado a lado, sem confusão, podendo ser separadas e fechadas; isso é uma exigência da saúde. Num território está a fonte da força, no outro o regulador: é preciso aquecer com ilusões, parcialidades, paixões, com ajuda da ciência cognoscente tem de se prevenir as consequências malignas e perigosas de um superaquecimento* (2, 209).

Na obra de Nietzsche a ideia do sistema de duas câmaras lampeja várias vezes, e depois desaparece — para grande desvantagem de sua Filosofia. Se tivesse permanecido aferrado a ela, talvez se poupasse de algumas tolices em suas visões da grande política e da vontade de poder.

Capítulo 10

"Aurora". Verdade ou amor? Duvidando da Filosofia. Nietzsche como fenomenólogo. O prazer do conhecimento. O Colombo do mundo interior. As fronteiras da linguagem e as fronteiras do mundo. A grande inspiração no penhasco de Surley.

É preciso aquecer com ilusões, parcialidades, paixões, escrevera Nietzsche em "Humano, Demasiado Humano", acrescentando, para não parecer negligente: no interesse da autopreservação e da cultura deveria aparecer também uma ciência esfriadora, ou haveria o perigo de que idiossincrasias artisticamente fecundas se tornassem *consequências malignas e perigosas de um superaquecimento* (2, 209).

Nesse modelo, a ciência vale como um poder de compensação. A vida individual é perspectivista, envolta em uma atmosfera de delírio e não-saber. Mas tal limitação é indispensável no processo criativo da vida. Os artistas sabem muito bem disso, pois neles manias e obsessões são forças pulsionais. Porém, também sabem que só o cálculo frio, a vontade formal reflexiva, a razão construtiva endurecem numa forma bem-sucedida a ardente matéria do entusiasmo. Isso vale para a arte, mas também para a cultura como um todo. O processo vital, com suas teimosias apaixonadas, tem de ser resfriado no ambiente da ciência. Em um fragmento do seu espólio, de 1877, Nietzsche escreve: *Os métodos científicos desoneram o mundo do grande pathos, mostram como laboramos infundadamente nessa elevação do sentimento* (8, 428). As ciências também estão ligadas a perspectivas, mas podem elevar-se acima delas: elas ampliam o olhar e possibilitam relativizar a própria localização no todo. E isso não porque a ciência esteja mais próxima da verdade absoluta. Ao contrário: é a paixão, com sua parcialidade vital, que se faz absoluta e não permite nada fora dela. Porém a ciência é distanciamento metódico, e com isso mantém alerta a consciência da relatividade do saber. As paixões se dirigem para o todo, a ciência porém, assim como a entende Nietzsche, ensina a modéstia: podemos compreender coisas isoladas, mas jamais o Todo. E mesmo assim continua a fome apaixonada por um conhecimento total, e é difícil renunciar ao *pathos* das grandes verdades. *O interesse pelo verdadeiro cessa na medida em que permite menos prazer* (2, 209; MA).

Se é merecimento da ciência esfriar as paixões, apesar disso ela não deve ir longe demais. Pois a sociedade não é apenas ameaçada por paixões desenfreadas, ela também pode se congelar no sistema de esfriamento das ciências. Nietzsche projeta o seu sistema bicameral como ajuda contra o duplo perigo: do vitalismo desenfreado de um lado, e da rigidez niilista de outro. Esse niilismo ameaça quando as verdades mais recentes se tornam tediosas, e o encanto do desencantamento desaparece pelo hábito. Por isso não basta que as paixões sejam abafadas pela ciência, é preciso inversamente também ter faro para perceber quando é necessário defender a teimosia da vida contra o saber. Quando Nietzsche espera de uma *cultura mais elevada* que dê simultaneamente *duas câmaras cerebrais* aos seres humanos, *uma para sentir a ciência, outra para a não-ciência* (2, 209; MA), está pedindo uma arte de vida que permaneça consciente do fato de que não pode mais existir vida com um molde só; que o mundo da vida consiste de vários mundos, pois os dois mundos de *ciência* e *não-ciência* continuam se dividindo nas disciplinas científicas e nas diversas esferas culturais como religião, política, arte, moral. Permanece incerto onde é o lugar da Filosofia: ela é ciência ou antes uma forma de expressão artístico-criativa da vida?

No tempo de “Humano, Demasiado Humano” e de “Aurora”, Nietzsche tende a entender a filosofia tradicional antes como obra edificante da imaginação e menos como uma forma de saber rigoroso. Isso vai mudar. Os próprios esforços de pensar serão uma escola de precisão, naturalmente não no sentido positivista, mas como reflexão sobre a relação entre o pensável e o vivível. Com isso, ele ultrapassa o campo do saber e entra na teimosia do vivo, que defende contra as exigências da autotransparência. São reflexões filosóficas que querem impedir a vontade de saber de estender a mão para o poder por caminhos falsos. O pensamento filosófico de Nietzsche torna-se autorreflexão da ciência, não apenas como reflexão sobre método mas também como reflexão sobre a relação entre saber e mundo da vida. Esse pensar é ao mesmo tempo modesto e imodesto. É modesto porque lembra a limitação e relatividade principiais do saber, e imodesto porque coloca em ação a inteligência da vida contra a lógica própria, desenfreada, da razão científica. O conhecimento tem sua própria dinâmica: deve esfriar paixões, mas também ele pode se tornar *uma nova paixão, que não teme nenhum sacrifício e no fundo não teme nada senão o seu próprio apagar-se* (3, 264; M). Essa paixão do conhecer pode causar sofrimentos, pode, por exemplo, destruir amizades e um círculo de vida familiar. O ethos do conhecimento pede sacrifícios. Estamos dispostos a fazê-los, o sacrifício vale a pena, o que recebemos em troca?

Nieztsche pensa nisso enquanto trabalha em "Aurora", num momento em que, em sua estada para tratamento em Marienbad no verão de 1880, recorda dolorosamente a amizade rompida com Wagner. Ele o venerava tanto, e pôde sentir-se também amado e respeitado; fora aquela intimidade, aquela amizade, que o deixara criativo. Por que tudo isso tivera de acabar? *Isso agora acabou*, escreve ele a seu amigo Peter Gast a 20 de agosto de 1880, de Karlsbad, depois de sonhar várias noites com Wagner, *e de que adianta ter razão contra ele* (Wagner) *em várias questões! Como se com isso a simpatia perdida pudesse ser removida da memória!* (B 6, 36). Ter razão contra Wagner significava para ele, como sabemos, sentir que estivera certo em sua crítica à metafísica da arte de Wagner, sua pretensão ao sublime e seu pathos de redenção. Mas esse ter-razão compensa a perda do amor?

Nesse verão em Marienbad, conversando com um simpático admirador de Wagner, ele é constantemente lembrado do tempo daquela amizade, e é assaltado por dúvidas quanto ao valor vital de sua filosofia. Ela o compensa pelo amor perdido? Devemos, por amor à verdade, renunciar ao amor? É inteligente rejeitar pessoas que apreciamos, apenas por algumas ideias que nos são importantes? Temos necessariamente de tomar partido? É sempre traição cedermos ou deixarmos intocadas as diferenças? A fé em si mesmo exige essa limitação enérgica? Para a autoafirmação existe um mandamento de pureza? Nietzsche se debate com essas questões, e escreve na carta já citada: *Mesmo agora, depois de uma hora de simpática conversa com pessoas totalmente desconhecidas, toda a minha filosofia vacila, e me parece tão tolo querer ter razão ao preço do amor* (B 6, 37).

Com efeito, Nietzsche interrompe nas semanas depois do verão em Marienbad seu trabalho em "Aurora", e admite a Peter Gast a 20 de outubro: *Desde aquela carta de agosto (...) não mergulhei a pena no tinteiro: tão repulsivo era meu estado, e tanto ainda me exige paciência* (B 6, 40). Quando, no inverno em Gênova, Nietzsche recupera força e ímpeto para continuar tecendo seu fio, escreve em "Aurora" sobre a *falibilidade da máquina em naturezas altamente intelectualizadas: Enquanto o gênio mora em nós estamos animados, sim, estamos como doidos, não prestamos atenção na vida, na saúde e na honra; varamos o dia voando mais livres que uma águia (...) Mas de repente ele nos abandona, e com a mesma rapidez somos esmagados pelo medo profundo: não nos entendemos mais, sofremos com tudo o que vivemos e o que não vivemos (...) como míseras almas de criança que têm medo de um farfalhar e de uma sombra* (3, 307). Almas de criança precisam de proteção, são vulneráveis e necessitadas de amor. Ainda não conhecem o heroísmo da verdade. Esse aforismo de "Aurora" elabora as dores da águia de asas feridas no período de desânimo durante o verão de 1880.

Nietzsche dá-se um empurrão: é apenas *a mísera alma de criança* que o faz duvidar do valor da verdade. É preciso resistir a esses ataques que se dirigem contra o ponto fraco da nossa necessidade de amor. Quando a verdade enfraquece diante do poder do amor, é preciso transformar a vontade de verdade em paixão. Nesse sentido Nietzsche escreve em "Aurora": *A verdade precisa do poder. — Em si a verdade não é um poder (...) Ela precisa muito antes puxar o poder para seu lado* (3, 306). Aqui não se fala em poder do Estado nem outras forças políticas ou sociais, mas do poder da vida. A questão é se o fundo pulsional (Triebgrund) do conhecimento é suficientemente "poderoso" no jogo de forças e no medir forças com outros motivos, e se é possível ligar pelo menos retroativamente conhecimentos e "verdades" com um fundo pulsional conferindo-lhes assim poder de vida. Esse contexto rodeia o pensamento de Nietzsche desde o verão de 1880, e ele encontra para isso o conceito de *incorporação* (Einverleibung). Esse conceito aparece pela primeira vez em agosto de 1881 no livro de notas, depois da inspiração no penhasco de Surley de Sils Maria, quando lhe veio o pensamento do eterno retorno. Nietzsche escreve: *Manter os impulsos como fundamento de todo o conhecer, mas saber onde se tornam adversários do conhecer: em suma aguardar para ver em que medida o saber e a verdade podem ser incorporados* (9, 495).

Depois que em 1875 Nietzsche compreendera que não podemos nos aferrar intencionalmente a ilusões que servem à vida, se as desvendamos como tal, e depois que se imaginara no papel do espírito livre *que nada deseja senão perder cada dia alguma crença apaziguadora* (B 5, 185; 22 de setembro de 1876), não existem mais para ele verdades "proibidas" que não possam ser pronunciadas por amor à vida. Não é apenas esse novo heroísmo do conhecimento que o faz rejeitar tais verdades, mas uma consciência sempre mais nítida de que não nos conhecemos, de que não descemos até as próprias profundezas. Como, nesse desconhecimento, haveríamos de saber e poder avaliar de que fontes vivemos e o que podemos exigir desta vida? O argumento da utilidade para a vida pretende saber sobre a vida e o que lhe é necessário e benéfico. Mas não é assim. *Tivemos tanta dificuldade em aprender que as coisas exteriores não são como nos aparecem — pois bem, com o mundo interior é a mesma coisa!* (3, 109; M).

Gênova, onde no inverno de 1880/81 Nietzsche encerra o trabalho em "Aurora", fora cidade de Colombo. Nietzsche compara com aquelas viagens de descobrimento suas próprias investigações na terra incógnita do mundo interior humano. Colombo tinha seus navios e sua arte de navegação. Nietzsche tem sua linguagem ágil. Mas ela não é suficientemente ágil para esse gigantesco continente interior. A fronteira da linguagem é a fronteira da realidade. Só temos palavras para o *grau superlativo* e os *estados extremos* dos processos corporais e anímicos. Mas como quando nos faltam palavras não observamos mais direito, o *reino do existir* cessa para a consciência onde termina o *reino das palavras*. Raiva, ódio, amor, compaixão, desejo, conhecimento, alegria, dor — são aqueles *graus superlativos* de estados interiores que se deixam abranger por palavras e por isso possuem a visibilidade e manuseabilidade na trama cultural, *os graus intermediários mais brandos e até os graus inferiores que brincam incessantemente nos escapam, mas exatamente eles tecem a trama de nosso caráter e de nosso destino* (3, 107; M).

Aqui não devemos pensar na arquitetura freudiana do inconsciente como um porão. Nietzsche não pensa com essas imagens. Nietzsche pensa o inominável e inconcebido (talvez também o inconcebível) a que se refere, antes de maneira musical: como tons que ondulam junto sem serem escutados isoladamente, mas conferem ao som audível a sua coloração inconfundível. Nietzsche sabe que sua alusão à quantidade infinita de movimentos inconscientes, dos quais apenas uma minúscula parcela entra na consciência, de início formula apenas um imenso programa de trabalho. Nietzsche não diz isso, mas com efeito trata-se de um programa fenomenológico. Com atenção aumentada e ajuda de uma linguagem flexível, Nietzsche quer tornar visível — como sob uma lente de aumento — aquela confusão de movimentos e representações atuando e ondulando em conjunto. Portanto não se trata de explicações e construções, mas de presentificação e intuição. O pressuposto de suas reflexões é a hipótese de que esse inconsciente a princípio é totalmente capaz de se tornar consciente.

Para Nietzsche a fisiologia, a percepção e a consciência formam um contínuo, e a atenção é uma espécie de cunha móvel de luz que ilumina as partes alternantes da vida e as coloca onde podem ser vistas e pensadas. A cunha de luz vagueia, e torna aqui algo nítido, ali novamente o mergulha na noite do inconsciente. Mas essa noite não é ausência, é apenas a presença do atuante novamente retornada ao imperceptível e desapercebido.

Esse programa é fenomenológico porque seu princípio básico é: só o que aparece se deixa conhecer; por isso é preciso aguçar a atenção (e a linguagem) de modo a poder aparecer o maior número possível de coisas. Tudo o que está dado no consciente é *fenômeno*, e a pesquisa da consciência observa em rigorosa introspeção a ordem interna dos fenômenos da consciência. Ela não interpreta nem esclarece, mas tenta descrever o que os fenômenos são e mostram por si. Essa atenção para os processos conscientes faz desaparecer num golpe o dualismo entre essência (Wesen) e aparência (Erscheinung), ou antes: nós descobrimos que tal distinção simplesmente faz parte das operações dessa consciência. A consciência está consciente, de maneira singular, disso que lhe escapa na percepção. E como fenômeno é tudo o que entra no consciente, também essa insivisibilidade é um fenômeno da consciência. A essência não é algo que esteja por trás da aparência, mas ela é aparência na medida em que a penso ou na medida em que penso que ela me escapa. Também a "coisa em si" kantiana, esse não-conceito (Unbegriff) do simplesmente não-aparente de que Nietzsche tanto gosta de zombar, sendo pensado ainda é uma aparência.

Nietzsche não pretendia nem de longe reavivar a dúvida artificial e solipsista quanto à realidade do mundo exterior. Ao contrário, ele entende o mundo interior como uma espécie de mundo exterior interno, que também só nos é dado como aparência, tendo como resultado que o Inaudito não está apenas lá fora, mas também aqui dentro. Mas a própria consciência não está nem dentro nem fora, e sim no meio. Ela está a cada vez no ser do qual é consciência. Se é uma consciência daquela árvore lá fora, então está "lá fora". Se for consciência de uma dor, um desejo, então está lá dentro onde se move essa dor ou esse desejo. Nietzsche gostaria de intensificar a vigilância e a atenção, orientado pela ideia *de que toda a nossa chamada consciência é um comentário mais ou menos fantasioso sobre um texto não-sabido, talvez impossível de saber, mas sentido* (3, 113; M).

O que é, pois, a consciência? Não é um espelho vazio. Não é um recipiente vazio que ainda tivesse de ser enchido. A consciência está plena daquele Ser do qual é consciência. Consciência é o Ser consciente de si mesmo. Por isso não é o Ser inteiro, mas também não é menos do que o Ser. Não é separada dele, mas a cada adormecer sente o mistério da transição do seu consciente para o Ser sem consciência. A consciência conhece essas beiradas do Inaudito. Não preenche seu vazio com "objetos", mas sempre esteve relacionada com algo. Ela é essa mesma relação, é o Mesmo dessa relação. A consciência não tem um "dentro", mas é o "fora" de si mesma. Se nos enterramos suficientemente fundo na consciência, encontramo-nos inadvertidamente outra vez junto das coisas fora, somos formalmente lançados para elas lá fora. Nietzsche descreve o ato da consciência como crescendo de uma *fome* (3, 112; M). Os fenomenólogos, aos quais Nietzsche precede com suas análises da consciência, falam nesse contexto de "intenção" ou da "estrutura intencional da consciência".

Aos diversos tipos de processos conscientes correspondem diversos tipos de intenções. Querer apreender algo numa intenção distanciadora é apenas uma das formas possíveis de consciência intencional. Além dessa intenção com a qual muitas vezes identificamos toda a vida consciente, há muitas outras intenções; portanto formas do ser-orientado para algo. E não é como se um objeto fosse entendido ao mesmo tempo "neutramente" para depois num ato seguinte ainda ser "querido", "temido", "amado", "desejado", "avaliado". O querer, avaliar, amar, tem uma relação objetual própria bem diferente. Nesses atos o "objeto" é sempre dado de forma bem diversa. O mesmo "objeto" é outro para a consciência na medida em que eu o entendo com curiosidade, esperança, medo, intenção teórica ou prática. Nietzsche era mestre em dar nuances ao tom, cor e estado de espírito da experiência de mundo, e como sabidamente aceitou o próprio sofrimento como desafio de seu filosofar, encontramos nele descrições particularmente impressionantes da experiência de mundo sob as condições da dor. Fenomenologicamente falando, são análises-modelo de uma constituição intencional do mundo. Pois Nietzsche não quer simplesmente expressão, automanifestação, mas toma a própria experiência como exemplo para perseguir a questão de que maneira é o mundo criado por uma consciência que sofre? *Aquele que sofre duramente, olha de sua condição para fora, para as coisas com uma frieza terrível; todas aquelas pequenas feitiçarias mentirosas em que habitualmente as coisas flutuam quando o olho saudável as contempla, para ele desapareceram: sim, ele próprio está diante de si mesmo sem penugem nem cores. Supondo que até ali ele tenha vivido em alguma fantasia perigosa: essa máxima lucidez através da dor é o meio de o arrancar disso: e talvez o único meio. (...) A incrível tensão do intelecto, que quer ser a contraparte da dor, faz com que tudo o que ele agora contemple brilhe numa nova luz: e o indizível encanto que todas as novas iluminações conferem é muitas vezes poderoso o bastante para desafiar todas as seduções do suicídio (...) Ele pensa com desprezo no confortável cálido mundo nevoento em que o homem saudável vaga sem preocupações* (3, 105; M).

Certamente é um grande mérito de Nietzsche ter mostrado como a consciência trabalha sutilmente, e variadamente, e como são primitivas e toscas as concepções com as quais a consciência traz "à consciência" o seu próprio trabalho. Habitualmente é aquele esquema com o qual um espaço interno subjetivo e um espaço externo objetivo são confrontados e então indagamos como se pode voltar a reunir o que foi artificialmente separado, como o mundo entra no sujeito, e o sujeito no mundo. Nietzsche mostra que nosso perceber e pensar transcorre de modo diferente do que habitualmente pensamos. Que se tratam de clarões descontinuados em uma torrente de atos caídos no esquecimento. Só uma reflexão secundária, portanto consciência da consciência, recorta o mundo em um sujeito-eu aqui, e um mundo-objeto ali. Mas o processo vital continuado, do qual a consciência tão pouca coisa percebe, supera constantemente essa fronteira. A filosofia de Nietzsche é uma tentativa de abrir a consciência para as experiências sublimes e ilimitadas em que desde sempre estamos enredados em corpo e vida. As descrições de Nietzsche abriram uma porta e, com efeito, conforme ele adivinha, abriram também um campo imprevisível: o mundo da consciência, do ser consciente[17]. Esse mundo é de tal multiplicidade e espontaneidade que sua descrição engenhosa tem de entrar em contradição com um conceito científico, orientado por sistemática e por conhecimento pressuposto. Assim a obra de Nietzsche — se aceitarmos o seu gigantesco espólio — se tornou finalmente uma expressão daquela torrente da consciência que ele pretendia descrever. A partir de certo ponto, Nietzsche queria o sistema. Apesar disso, era apaixonadamente um singularista. Para ele o mundo constava de particularidades, ele próprio se considerava uma particularidade entre outras. Da mesma forma, para ele nem havia uma História, mas apenas momentos e acontecimentos. Por isso, uma consciência alerta jamais pode chegar ao final e ao encerramento. Cada síntese se desfaz de novo em particularidades. O Inaudito significa: que só existem particularidades, que elas são tudo, mas não são um todo. Cada todo seria pouco para a plenitude de particularidades. Mas Nietzsche percebe que a vontade do todo, da síntese, não é apenas artimanha da vontade filosófica de construir, e percebe isso tanto melhor quanto mais profundamente espia no fundo instintivo (Triebgrund) do conhecer.

Ele sempre retorna àquelas intuições geniais de seu ensaio antigo, "Sobre Verdade e Mentira no Sentido Extramoral". Lá descobrira a exigência vital prática do conhecer, de tornar seu objeto mais grosseiro, simplificado e resumido. O conhecer que descobre suas próprias artimanhas, descobre que é sobretudo formador, formador do mundo, e de modo algum deve se entender erroneamente como cópia. Conhecer é

17 Jogo entre "Bewusstsein" (consciência) e "bewusstes Sein" (ser consciente) (N. da T.).

mais poiesis que mímesis. Agora Nietzsche persegue essa ideia ainda mais energicamente, mas também mais sutilmente do que nos tempos do texto sobre a verdade, e sobretudo não o refere apenas à fenomenalidade do mundo exterior, mas também do interior. Nietzsche nunca mais desistirá dessa posição. Ainda no inverno de 1888, um ano antes de seu colapso, ele anota: *Afirmo a fenomenalidade também do mundo interior: tudo o que se torna consciente em nós é completamente ajeitado, simplificado, esquematizado e pré-interpretado* (13, 53). *Fenomenalidade* significa: também o mundo interior não "possuímos" no sentido da unidade de consciência e ser. Manifestação (Erscheinung) que entra na consciência é sempre manifestação de alguma coisa. Mas esse algo não é idêntico com a manifestação, ainda que se trate de manifestações da experiência "interior". O si mesmo que aparece no palco interno da autopercepção é uma figura no grande jogo do ser si mesmo, que jamais pode ele mesmo aparecer, mas que possibilita que tudo apareça.

As reflexões de Nietzsche se dirigem para o ponto que a tradição filosófica formula da seguinte maneira: individuum est ineffabile, o indivíduo é impronunciável[18] (Unaussprechbar). O indivíduo é inefável não porque está tão cheio de segredos, porque é plenitude e excesso vivos, uma riqueza interior que não se deveria desperdiçar em moedas pequenas. Tais segredos e tesouros certamente existem. Mas não é a eles que me refiro aqui. Trata-se, porém, do problema estrutural de que mesmo uma consciência do próprio ser é apenas consciência, e não se funde com o ser. O ponto de identidade de ser e consciência na verdade não existe — mas mesmo assim uma consciência de si atenta a si mesma se aproxima de tal modo dele que essa consciência pode representar tal identidade, e desejá-la, ou mais precisamente: mais desejar que representar. Dessa experiência se nutrem as especulações sobre Deus, orientadas para aquele ponto onde o Todo repousa em sua impronunciável plenitude, onde ser e consciência se tornam idênticos em uma claridade impenetrável.

Sem dúvida isso são excessos do coração e da cabeça, mas são desculpáveis, pois por que cabeça e coração não tentariam uma vez atingir por conta própria aquele ponto de identidade, aquele "em-e-para-si", ainda

18 Em português teríamos também "inefável" (N. da T.).

que a consciência gire incessantemente em torno do próprio eixo? O *espírito livre* não existe para proibir *excessos*. Nietzsche não queria nutrir essa suspeita. Nada tinha a objetar a excessos, festas, loucuras orgásticas, nem mesmo quando o pensar comemora suas condições. Se ele se agarra tão firmemente à diferença entre ser e consciência, não é por amor a um Iluminismo lúcido, mas para preservar o caráter de mistério do Ser. O princípio "individuum est ineffabile" significa para ele: descobrir o Inaudito também na particularidade do indivíduo. Mas quem ama o Inaudito? Antes fugimos dele para o conhecido e o familiar. E assim acontece que *a maioria* rapidamente quer procurar um *fantasma de ego* que proteja do Inaudito de si mesmo. Onde encontramos essa fantasmagoria? Nos outros. O que os outros constataram sobre mim ou o que eu penso que constataram, e o que eu mesmo fiz para produzir uma imagem determinada lá fora, e também para mim mesmo — essas impressões e ações produzem aquelas circunstâncias nas quais *um está sempre metido na cabeça do outro, e essa cabeça por sua vez em outras cabeças* (3, 93; M).

O quanto é real essa realidade? Nesse *estranho mundo dos fantasmas* tudo é real, mas é a realidade da violência desencadeada do autoevitamento coletivo. Aqui Nietzsche não objetiva uma crítica da cultura. O teatro do autoevitamento pertence primeiro à Antropologia, e só depois à História da Cultura. Mais tarde Martin Heidegger formulou assim a ideia do autoevitamento estrutural devido ao caráter indizível da pessoa: "Cada um é o outro e nenhum é ele mesmo" (Heidegger 128). A própria individualidade se parece com uma chapa ardente que transforma cada gota em vapor-d'água antes mesmo do contato. O que se evapora sobre a ardente singularidade da individualidade são os conceitos cotidianos ou sublimes de "ser humano", "humanidade" — tudo ficções, mas suficientemente poderosas para organizar o jogo no palco da vida social. Cada um está enredado na realidade cotidiana e mesmo assim não tem linguagem para a sua realidade. Ele age e não sabe o que age nele. Ele fala e em seu interior há silêncio. Racionalmente acessíveis são as relações da trama humana. Podemos entender as relações entre os pontos, mas não o que na verdade é cada ponto isoladamente. Pode-se refazer o modo como uma coisa se relaciona com outra, mas permanece insondável o que alguma coisa é. Tomamos o conceito das relações como explicação sobre a essência de uma coisa ou pessoa. Individuum est ineffabile porém significa: prestar atenção na insondabilidade do singular. Aqui, no indivíduo que não se revela nas suas relações, reside o verdadeiro mistério, e desde os dias de Platão é característico de todo o misticismo transferir essa sensação da irracionalidade do indivíduo singular para outras relações, outros territórios. Esses outros territórios são: os conceitos universais abstratos, a alma do povo, a nação, a classe, o espírito objetivo, a lei da História, Deus, todas essas grandes imagens de realidade ou delírio em que a gente — aqui também aparece o "a gente" heideggeriano — gostaria de desaparecer fugindo da própria impronunciabilidade, para livrar-se de si mesmo.

"Aurora" investiga essa terra incógnita do ser humano, e Nietzsche começa sempre em diversos pontos de partida: os caminhos entrelaçados, labirínticos, do "eu" para o "se", do "eu" para o "tu", para o "nós", para "vós" — abre-se um campo gigantesco de pesquisa fenomenológica. Quanto ao ponto de vista da impronunciabilidade da individualidade e do autoevitamento, Nietzsche encontrou para isso na "Gaia Ciência" — a obra fora planejada como continuação de "Aurora" — as formulações mais marcantes. O aforismo número 354 desenvolve em ritmo arrebatador e em condensação inigualável um raciocínio com conteúdo suficiente para se fazerem dele vários livros. Só percebemos o problema da consciência, diz Nietzsche, quando começamos a entender em que medida a maioria dos processos vitais dispensam a consciência. Para os processos vegetativos, animais e fisiológicos, isso é natural. Mas também os atos "espirituais" de querer, lembrar e até do pensar poderiam se realizar sem o acompanhamento de autorreferência e espelhamento, não precisariam, para realizar-se, aparecer na consciência. Nem a consciência precisaria ser consciente. Sua autoduplicação não é estruturalmente coercitiva. Em suma: *Toda a vida seria possível sem se enxergar simultaneamente no espelho: como efetivamente agora também em nós em grande parte essa vida se desenrola sem esse espelhamento* (3, 590; FW). Mas então para que a consciência, se no principal ela é *supérflua*? Resposta de Nietzsche: a consciência é a esfera do "entre". A trama humana é um sistema de comunicação, e consciência é uma espécie de subjugação do indivíduo por meio de sua inserção nessa estrutura de comunicação. *Na verdade, consciência é apenas uma rede de ligações entre ser humano e ser humano* (3, 591). Nessa rede de ligações a linguagem funciona como *signo de comunicação*. Naturalmente há outros signos de comunicação: o olhar, o gesto, as coisas formadas, todo um universo simbólico no qual acontecem as comunicações. Nietzsche conclui daí *que a consciência não pertence, na verdade, à existência individual do ser humano, mas muito antes àquilo que nele é de natureza comunitária e de rebanho.* O indivíduo dificilmente poderá "compreender" sua singularidade com ajuda dessa consciência comunal. A consciência não serve absolutamente para isso. É um fenômeno de circulação, e não um meio de autocompreensão, e se mesmo assim é usado para isso, não é de admirar que escapemos e fujamos de nós mesmos. O indizível, que somos nós mesmos, está ausente dessa rede de linguagem e consciência da socialização. Nietzsche escreve que todos conhecem essa experiência, que na tentativa de autoentendimento *sempre trazemos à consciência em nós mesmos exatamente o não-individual em si* (3, 592).

Aqui Nietzsche se mostra mais uma vez (cf. Capítulo 6) como nominalista, na medida em que aplica ao indivíduo a absoluta e impronunciável singularidade de Deus. O indivíduo é tão inesgotável e indizível quanto outrora era Deus. Falando como nominalista, ele é uma "Haecceitas", um "isto-aí-agora" (Dies-da-jetzt). O numinoso, outrora privilégio de Deus, é agora a realidade concreta do indivíduo. E da mesma forma como nossa consciência não pode abranger Deus, também lhe escapa o individual. O que está bem próximo e o bem distante são o sublime, o insondável, o mistério. Há um transcender nas duas direções. Só existe solo firme nas zonas intermediárias da consciência socializada. E por isso deveríamos entender com clareza — a isso Nietzsche chama *seu verdadeiro fenomenalismo e perspectivismo* —, que o mundo dessa consciência *é apenas um mundo de superfícies e signos, um mundo generalizado e vulgarizado — que por isso mesmo tornará tudo o que se faz consciente, raso, tênue, relativamente tolo, generalizado, signo, marca do rebanho* (3, 593).

Mas não devemos pensar que, com seu *fenomenalismo* e a alusão ao caráter de comunicação da consciência, Nietzsche queira se referir a uma *unio mystica* não-verbal. Para ele, isso seria simplesmente uma fuga romântica. Não podemos abandonar nosso mundo de linguagem e consciência, mas o Indizível é uma silhueta do mundo falado e comentado, e aquilo que se esquiva das palavras percebemos como dor fantasmal da linguagem. Notando a sua limitação, a linguagem torna-se expansiva. Ela se expande, quer compensar sua falta de Ser, e com isso se torna mais rica. Nietzsche escreve que entrementes acumulou-se um tal *tesouro* de *força e arte de comunicação* que os nascidos depois podem esbanjar (3, 591). Eles não atingem o que é certo — porque o certo nunca pode ser inteiramente atingido pela linguagem e consciência — mas esse "segundo" mundo comunicado também é rico à sua maneira. Os jogos de linguagem e consciência são inesgotáveis, e se não são "verdadeiros" mesmo assim têm a força de se fazerem "verdadeiros" em um ato secundário. O mundo da linguagem e da consciência, do "entre", afinal também é um mundo no qual vivemos, tramamos e somos.

Em tudo isso naturalmente Nietzsche tinha de lutar com antigas dificuldades: se queremos descrever a rica vida da consciência, já por razões de método somos tentados a fazê-la nascer em uma zona determinada, ou pendurá-la em um ponto fixo. Quem, como Nietzsche, quereria evitar a redução psicologista e naturalista, mas também recusa a perspectiva divina, tem de procurar uma possibilidade que lhe permita ver com transparência a rica vida consciente sem a destruir, e tem de desenvolver uma linguagem que fale mais do que a moeda corrente do senso comum, precisa deixar as zonas intermediárias da comunicação socializada. Se temos material para isso, nos tornamos poetas. Desde os tempos de Platão a poesia é o pressentimento e a tentação secreta ou sinistra dos filósofos.

Essa sensação de parentesco com a poesia é especialmente notável no talento de Nietzsche. O fenomenólogo em Nietzsche indaga como me sinto e o que desejo quando penso. E o poeta em Nietzsche trata de fazer falar esses tons intermediários, nuances, sutilezas, imponderabilidades. Surgem assim textos, maravilhosos como o seguinte, de "Aurora": *Aonde quer chegar toda essa Filosofia com todos os seus desvios? Ela fará algo além de traduzir em razão um impulso* (Trieb) *constante e forte, um impulso que busca sol brando, ar mais claro e móvel, plantas do sul, hálito de mar; alimento de carne, ovos e frutas, água quente para preparar a bebida, passeios sossegados dias a fio, poucas palavras, leituras raras e cautelosas, moradia solitária, hábitos puros, simples e quase militares, em suma, e todas aquelas coisas que exatamente a mim sabem melhor, exatamente a mim são mais favo-*

ráveis? Uma Filosofia que no fundo é o instinto (Instinkt) *da busca de um regime de vida pessoal? Um instinto que procura o meu ar, a minha altitude, o meu clima, o meu tipo de saúde, pelo descaminho da minha mente? Há muitas outras coisas, certamente bem mais sublimes na Filosofia, não apenas aquelas que são mais sombrias e exigentes do que as minhas — talvez no todo também não sejam senão desvios intelectuais de impulsos tão pessoais?* (3, 323s; M).

O termo *impulsos* (Triebe) é aqui altamente sujeito a interpretações errôneas, porque é imediatamente associado aos impulsos fundamentais (Grundtriebe)[19] grosseiros e biológicos. Era exatamente isso que Nietzsche pretendia. Ele descreve uma trama altamente diferenciada de excitações sutis, sensual e espiritual sempre se recobrem mutuamente, um fervilhar de acontecimentos refinadíssimos, diante de cujo pano de fundo até o pensamento "profundo" é superfície. Aqui não se reduz, mas se mostra, no movimento filosófico do pensar, como todos os sentidos participam disso. O pensamento é obra comum de corpo e vida, o que é fácil de dizer. Mas Nietzsche tenta realmente investigar esses processos, e elevar o mais possível deles até a linguagem e a consciência. Tal tentativa só tem sucesso quando a linguagem estica seus membros, tornando-se livre, elástica e móvel, quando talvez até abra suas asas para poder voar pela ampla paisagem do humano, com olhar penetrante, mas sem espreitar uma presa. Em "Humano, Demasiado Humano", Nietzsche chamara essa forma de conhecimento de *um pairar livre, destemido* (2, 55; MA).

Também está em jogo a precisão do amor, que não quer destruir no gesto de entender o que conhece, mas deixá-lo ser. Não nos enganemos: em Nietzsche também existe a reflexão contrária, segundo a qual o amor é um mau conselheiro para o conhecimento. Em "Gaia Ciência" ele escreve: *"O ser humano debaixo da pele" é um horror e um impensável para todos os amantes, uma blasfêmia contra Deus e contra o amor* (3, 423).

Às vezes o amor fecha os olhos, não quer dissecar, quer deixar vivas as coisas e as pessoas, e apreendê-las na sua condição de serem vivas; para a vontade de conhecer apaixonada pela vida, talvez as leis naturais e a mecânica, a anatomia e a fisiologia sejam um ataque *atroz* ao que é vivo. Nietzsche diz que também precisamos atravessar esse conhecimento

19 Talvez se pudesse fazer aqui a distinção entre "Triebe", impulsos, e "Grundtriebe", instintos, mas Nietzsche utiliza algumas vezes o termo "Instinkt" (N. da T.).

trevoso. Um pensar radical também deve pactuar com a morte. Por quê? Porque o conhecimento que brota dos grandes sentimentos não pode ser o único conhecimento. É preciso também esfriar e perder as ilusões. Mas não para permanecer nas zonas do ferro e do inanimado, porém para as atravessar e amadurecer para novos renascimentos. Suportar o inverno porque com ele merecemos a primavera. Não devemos temer a noite, pois quando a suportamos ela nos presenteará com uma nova manhã, uma inconfundível claridade da aurora. Nietzsche encerrara a primeira parte de "Humano, Demasiado Humano" com uma rapsódia ao *peregrino* filosófico e sua relação com a noite e com a manhã iminente. No aforismo número 638 ele escreve: *É verdade que tal pessoa há de sofrer noites difíceis, em que estará cansado e encontrará fechado o portal da cidade que deveria lhe oferecer descanso.* Isso é ruim, porque *o deserto chega até o portal* e a noite cai *como um segundo deserto sobre o deserto.* Mas quando isso foi superado, pode acontecer que chegue uma manhã feliz, *em que ele, ao alvorecer, no nevoeiro da montanha já veja as musas passarem dançando perto, e em que depois, quando descansar quieto no equilíbrio da alma matinal debaixo das árvores, dessas copas e ramagens lhe sejam lançadas coisas boas e claras, dádivas daqueles espíritos livres que moram na montanha, no bosque e na solidão, e que, como ele, em sua maneira ora alegre ora pensativa, são andarilhos e são filósofos* (2, 363). Esse filósofo peregrino — *nascido dos mistérios da madrugada* — é Nietzsche feito fenomenólogo. Sua fenomenologia é a filosofia da luz da Aurora e da manhã.

Essa atenção fenomenológica ao mundo da consciência exige uma postura que contradiga as exigências e enredamentos da vida cotidiana, pois ali estamos excessivamente enredados, enrolados em dever e hábito, em cautela temerosa e em oportunismo, não somos suficientemente serenos para permitirmos que o mundo chegue até nós; não lhe preparamos um palco onde ele possa aparecer, onde se torne epifania rica e enigmática, onde nos apareça de modo a podermos ser seus amigos. Para que isso seja possível, não devemos ainda estar demasiado enraizados na vida nem presos a ela. É preciso espaço para que a consciência possa prestar atenção em si mesma, não em um sentido autista, e sim permitindo que se experimente o estar-aberto para o mundo. Tal atenção para o modo como o mundo nos é "dado" significa, sem dúvida, uma ruptura com a postura natural em relação ao mundo. Uma ruptura como a podemos experimentar todas as manhãs quando despertamos.

Nesse momento de transição existe a chance de ver o mundo de maneira nova, a temporária ausência noturna do mundo (Weltlosigkeit) é necessária para se voltar de novo ao mundo. Isso vale cotidianamente e também vale filosoficamente. A imagem do despertar matinal talvez seja alegre demais. Nela não se contém a dor que pode existir na ruptura e na temporária perda do mundo. Mas, segundo Nietzsche, seremos compensados por essa dor pela descoberta de toda uma múltipla ontologia interna: ali existe um reino variado de infinitas nuances do efetivo e do real. Os objetos da memória, do medo, do desejo, da esperança, do pensamento são outras tantas "realidades" que recobrem as separações de sujeito-objeto. Nietzsche se delicia nas imagens da grande torrente, da amplidão oceânica e da partida para novas margens. O segundo Colombo, como ele se sente, deseja, nas praias de Gênova, partir para o mar. *Nós, argonautas aéreos do espírito!* Assim começa o último aforismo de "Aurora" (3, 331).

No inverno de 1880/81 em Gênova, Nietzsche conclui o trabalho de "Aurora". Passa a primavera corrigindo provas do livro. Sugere a seu velho amigo Gersdorff, com o qual por algum tempo rompera porque Nietzsche fizera objeções a seus planos de casamento, que façam uma estada de um a dois anos na Tunísia. O sol o atrai, o deserto claro e o clima seco. Aliás, ele anseia de novo por um recomeço. O fenomenólogo também quer aprender a ver de maneira nova, de longe, a sua velha Europa. *Quero viver um bom tempo entre os muçulmanos, e ali onde sua fé é mais rigorosa: assim certamente se há de aguçar meu discernimento e minha visão de tudo que for europeu* (B 6, 68; 13 de março de 1881).

Gersdorff hesita. Nietzsche desiste de sua viagem à Tunísia porque lá irrompe a guerra. Agora, sonha com o planalto do México. Por que ficar na Europa? A obra cuidará de que ele não seja esquecido por ali. Nietzsche sabe que ainda chegará o seu tempo. Apesar das crises de enfermidade, está animado quando contempla sua obra mais recente, que aparece na primavera de 1881. Mandara o manuscrito a seu editor Ernst Schmeitzner com a observação: *Este livro é aquilo que se chama de "um passo decisivo" — antes um destino do que um livro* (B 6, 66; 23 de fevereiro de 1881). E escreve ao amigo Franz Overbeck em Basileia: *Este é o livro que provavelmente ficará ligado ao meu nome* (B 6, 71; 18 de março de 1881). Com relação à mãe e à irmã ele tem uma atitude ainda mais arrogante, embora um pouquinho irônica. Manda-lhes o livro recém-impresso, com o comentário: *Assim se parece a criatura que imortalizará o nosso não tão bonito nome* (B 6, 91; 11 de junho de 1881). Pelas reações delas, ele percebe que lá não o entenderam muito bem. Para a mãe, o filho não passa de um professor fracassado, que vaga sem destino, doente e instável, que até ali não encontrou mulher, e para quem ela ainda tem de mandar meias e linguiças. Nietzsche sente isso, por isso escreve, mas agora muito a sério, à mãe e à irmã: *Meu sistema nervoso está magnífico, tendo em vista a imensa atividade que tem de realizar (...), graças a ele produzi um dos livros mais corajosos e sublimes e reflexivos que jamais nasceram de cérebro e coração humano* (B 6, 102s.; 9 de julho de 1881).

Mal passados dois meses ele mudara dramaticamente seu julgamento sobre a "Aurora". E escreve a Paul Rée: *E este mesmo ano que trouxe à luz aquela obra, há de trazer agora à luz uma outra obra na qual na imagem do contexto e da cadeia dourada posso esquecer minha pobre filosofia fragmentária!* (B 6, 124; fim de agosto de 1881). "Aurora", há pouco ainda uma obra *imortal*, agora é uma *pobre filosofia fragmentária*? Deve ter acontecido alguma coisa que mudou tão dramaticamente a avaliação da própria obra.

Desde começo de julho de 1881 Nietzsche estava em Sils Maria, na Alta Engadin, e foi sua melhor estada lá. E ali em uma de suas caminhadas em torno do lago de Silvaplana lhe aconteceu aquela experiência inspiradora que mais tarde descreveria no capítulo de Zaratustra do "Ecce Homo" como um acontecimento europeu: *Alguém, no fim do século dezenove, tem uma ideia clara do que os poetas de épocas intensas chamavam inspiração? Em outro caso, eu o descreverei. Com o menor resquício de superstição, a gente, com efeito, teria dificuldade em rejeitar a noção de ser apenas encarnação, apenas porta-voz, apenas mediador de forças superiores. O conceito de revelação no sentido de que, de repente, com indizível precisão e sutileza, algo se torna visível, audível, algo que nos abala profundamente e nos derruba, descreve simplesmente um estado de coisas. A gente escuta, não procura; a gente aceita, não pergunta quem dá; como um raio surge o clarão e um pensamento, em uma forma necessária, sem que se hesite — eu nunca tive escolha. Um deslumbramento cuja incrível tensão se desfaz numa torrente de lágrimas, na qual o passo involuntariamente ora se precipita ora fica mais lento; um total estar-fora-de-si com a mais distinta consciência de uma série incalculável de finos calafrios e tremores até os dedos dos pés (...) Tudo acontece no mais alto grau, involuntariamente, mas como numa tempestade de sensação de liberdade, de incondicionalidade, de poder, de divindade (...) Tudo se oferece como a coisa mais próxima, mais correta, mais simples de expressão. Parece realmente (...) que as coisas mesmas chegam até nos oferecendo-se como metáfora (...) Essa é a minha experiência de inspiração; não duvido de que é preciso recuar milênios para encontrar alguém que possa me dizer "também é a minha"* (6, 339s.).

Que seja preciso recuar *milênios* para descobrir uma inspiração semelhante, isso ele ainda não escreve logo depois do fato, a 6 de agosto de 1881, perto do penhasco de Surley. Mesmo assim, a experiência foi marcante; imediatamente ele viu com clareza que sua vida agora se dividia em duas metades: a vida antes e a vida depois. Anota em seu caderno: *6.000 pés acima do mar e muito mais alto acima de todas as coisas humanas!* (9, 494). E também é lançado acima de seus próprios assuntos. Como se sente lá no alto? Peter Gast é o primeiro a quem ele fala dessa experiência: *No meu horizonte subiram pensamentos como eu jamais contemplara — não vou revelar nada disso, e pretendo me manter numa calma inabalável. Certamente terei de viver alguns anos mais! Ah, meu amigo, passa-me pela cabeça um pressentimento de que na verdade vivo uma vida muitíssimo perigosa, pois sou daquelas máquinas que podem estourar! As intensidades da minha emoção me fazem tremer e rir — algumas vezes nem pude deixar meu quarto pelo motivo ridículo de que meus olhos estavam inflamados — de quê? No dia anterior em minhas caminhadas eu tinha chorado demais, e não lágrimas sentimentais, mas de júbilo; enquanto eu cantava e dizia bobagens, plenificado com essa nova visão que tenho, diante e à frente de todas as pessoas* (B 6, 112; 14 de agosto de 1881).

Quando foi dominado pela inspiração, Nietzsche estava armado de ceticismo. Pois em "Humano, Demasiado Humano" ele dissera, sobre a inspiração, que também ela, como muitas outras coisas, nos parece sublime, mas parece mais do que realmente é, e em seu caderno anotara no outono de 1877: *Nossa vaidade exige o culto do gênio e da inspiração* (8, 475).

Notamos naquela carta a Peter Gast de 14 de agosto de 1881 como Nietzsche se esforça por manter a calma. Quer avaliar, analisar o pensamento inaudito que o assolou, com toda a presença de espírito possível, e depois tirar as consequências. Mas desde agora já sabe: as consequências serão imprevisíveis, e ele a partir dali colocará sua vida a serviço desse pensamento do penhasco de Surley. Até aquele dia de agosto de 1881 ele adivinhara sua missão, agora a encontrara. Seu estado de espírito oscilava entre euforia e medo, pois não é tão simples ser *porta-voz* de uma grande mensagem. Meio ano depois desse fato ele escreve a Peter Gast: *Em relação àquele meu "pensamento", não me importa tê-lo; mas livrar-me dele, quando quero, é cada vez mais danado de difícil para mim!* (B6, 161; 29 de janeiro de 1881).

Assim é. Nietzsche ainda espera com o anúncio. Aludirá cautelosamente ao seu grande pensamento no final do quarto volume de "Gaia Ciência", do verão de 1882. E levará ainda um ano até ele deixar que Zaratustra pise no palco, a quem então confiará com cuidado, quase hesitação, esse pensamento que *precisa de "milênios" para tornar-se alguma coisa* (B 6, 159; 25 de janeiro de 1882). Com seus amigos, especialmente a amada do verão de 1882, Lou Salomé, ele vai apenas sussurrar quando fala disso.

Capítulo II

Pensamento cósmico em Sils Maria. Natureza desumanizada. Cálculos sublimes. A doutrina do eterno retorno. O santo Janeiro em Gênova. Dias felizes, Gaia Ciência. Messina.

O que se passava na mente de Nietzsche antes de lhe sobrevir aquela ideia transformadora, do *retorno do mesmo*? Ela o encontrou despreparado, de repente? Não temos motivos de duvidar de suas palavras quando descreve o acontecimento de sua inspiração. Mas só dificilmente podemos imaginar essa subitaneidade e intensidade da visão, porque há inúmeras testemunhas de que esse pensamento lhe fora familiar já antes. A ideia do tempo que gira sobre si mesmo, repassando sempre de novo seu "conteúdo" limitado, pertence à tradição filosófica e religiosa bem conhecida. Nós a encontramos nos mitos hindus, nos pré-socráticos, nos pitagóricos, em subcorrentes heréticas do Oriente. Nietzsche já sabia disso quando era estudante. Em seu texto "Fato e História", de 1862, alude ao círculo continuado do tempo na imagem do relógio do mundo: *Esse eterno devir nunca acaba? (...) De hora em hora o ponteiro avança, para retomar seu caminho depois das doze; um novo período do mundo se inicia* (J 2, 56). Mas não é novo esse período do mundo: pois *o mostrador são os acontecimentos*, e com isso o novo período do mundo repetirá os acontecimentos, número após número.

Também no seu Schopenhauer Nietzsche pôde encontrar muitas coisas que correspondiam à imagem de mundo esboçada em "Fato e História". A ideia de um renascimento na carne não ocorria a Schopenhauer, mas ele afirmava a durabilidade do cerne da vontade que se encarna de modo variado e múltiplo no mundo aparente, e nessa medida também retorna. Em "O Nascimento da Tragédia", Nietzsche liga a isso a sua formulação da *eterna vida daquele cerne de existência, o permanente sucumbir das aparências* (Erscheinungen) (1, 59; GT). Em Schopenhauer também existe a imagem do tempo como "círculo que gira interminavelmente" (Schopenhauer 1, 386), que deve ter impressionado tanto Nietzsche quanto a caracterização de Schopenhauer do presente como o Agora que não se perderá na vigília. Esse presente, diz Schopenhauer, é ao mesmo tempo o sol de raios verticais do "eterno meio-dia": "A terra gira do dia para a noite; o indivíduo morre: mas o sol arde incessantemente no eterno meio-dia" (Schopenhauer 1, 388). A permanência do presente significa, em Schopenhauer, que, na torrente do tempo, tudo pode se modificar, mas não a forma do ser-presente. Essa se preserva. A paisagem muda, a janela pela qual a vemos permanece. E por que esse permanecer-igual da janela do presente não poderia ser expressamente vivenciado? Schopenhauer medita sobre essa questão. O presente, explica ele, é a tangente que toca em um ponto o círculo do tempo. Esse ponto não gira com o círculo, mas permanece, e isso significa: eterno presente ou eterno meio-dia. Nosso problema é que olhamos o círculo que gira eternamente, e não o ponto permanente do contato com a tangente, embora só possamos perceber esse giro em contraste com o ponto que permanece. Somos essência (Wesen) no tempo da roda que gira, mas como presença de espírito e atenção somos sol e eterno meio-dia. Nota-se o quanto Nietzsche foi tocado por essa ideia porque retomará essa imagem do eterno meio-dia no "Zaratustra", exatamente em relação à doutrina do retorno. Lá se fala então do *grande* meio-dia, e de *meio-dia e eternidade.*

A doutrina do retorno do mesmo também está contida no mito de Dioniso, o deus moribundo e sempre renascido, e como Nietzsche começa seu raciocínio com Dioniso, podemos dizer que não encontrou a doutrina do retorno mais tarde, mas a reencontrou, depois de talvez a ter esquecido por algum tempo. Se, pois, intelectualmente a doutrina do eterno retorno já lhe era conhecida há muito tempo, nesse reencontro com o que há muito conhecia devia ter acontecido mais alguma coisa com ele; ou não se entenderia tamanha excitação. Portanto, a pergunta é: por que uma ideia há muito tempo familiar tem efeito tão incendiário? Por que naquele momento? Em que zona de pensamentos ela adquire, subitamente, tal força explosiva? O que, pois, passava na mente e no coração dele? Devemos analisar o que nos dizem suas anotações das semanas diretamente antes e depois do grande acontecimento.

Na primavera de 1881 ele anota sob o título *Pensamento capital!* (9, 442) a ideia, não nova nele, de que o ser humano explica o ser-aí (Dasein) da natureza e de si próprio *com critérios falseados*, portanto que não consegue conhecer o real. *Tudo o que acontece em nós, é em si uma outra coisa, que não sabemos.* Mas em seguida dá outra orientação ao pensamento familiar. Fica irado com qualquer refração que impeça um encontro puro com o real. E chama esse meio-de-refração de: *uma fantasmagoria de "eu", de tudo o que é "não-eu"*. Ainda em "Aurora" ele erguera um louvor ao ver e se conhecer perspectivista. Parecia reconciliado com o perspectivismo, descobrindo nele o tesouro fenomenológico. E agora diz: Que vá para o diabo a perspectiva! Quero sair da gaiola da minha percepção perspectivista! E sublinha com traço grosso a frase: *Deixar de me sentir um tal ego fantástico! Aprender, passo a passo, a rejeitar o pretenso individuum!* Mas como se faria isso? Devemos assumir um ponto de vista de conhecimento altruísta, o que significaria tentar ver através de muitos olhos? Devemos ingressar na comunidade dos pesquisadores e participar de seus intermináveis debates sobre a realidade do real, na esperança de que dessa maneira surgissem valores comuns e ajustes de alguma solidez? Não, diz Nietzsche, reconhecer *o egoísmo como engano* não significa optar pelo *altruísmo* da teoria do conhecimento. Tem de haver outro caminho, e seguem, com sublinhado especialmente grosso, as duas frases: *Para além do "eu" e "tu"! Sentir cosmicamente!* (9, 443)

Poderíamos pensar aqui que, à maneira de Giordano Bruno, Nietzsche quer a fusão do pequeno eu com o organismo cósmico geral, a comunhão com a alma do mundo. Mas não é exatamente isso que ele quer dizer. Sentir cosmicamente significa, com certeza, sentir o Inaudito dentro do qual estamos contidos. Mas não significa transformar esse Inaudito em um organismo vivo. Isso seria pensar o Inaudito de maneira demasiado cômoda, demasiado semelhante ao humano e à humana devoção. Em uma anotação poucas semanas depois ele escreve: *A contraparte científica--moderna da fé em Deus é a fé no Todo como organismo: e isso me repugna.* Ele não quer saber desse Todo viscoso, macio, invasivo. Proíbe-se qualquer nostalgia do útero. Não se libertou de um Deus protetor para rastejar de volta ao ventre materno do Todo que se assemelhasse a Deus. *Temos de pensar* (o Todo) *tão distante do orgânico quanto possível!* (9, 522).

A verdade do orgânico é o anorgânico. A pedra é a conclusão última da sabedoria. Quando Nietzsche escreve que deveríamos *nos deixar possuir pelas coisas (não por pessoas)* (9, 451), refere-se realmente às coisas, tão frias e mortas quanto possível. Ele tenta penetrar o não-vivo. Não é a sua nostalgia oceânica, mas a mineral que tem o comando. A vida de percepções é um grande engano, um tumor, um descaminho gigantesco. Retorno à paz e ao silêncio da pedra. *Uma valorização fundamentalmente errônea do mundo perceptivo em relação ao morto*, escreve ele, e mais: *O mundo "morto"! Eternamente móvel e sem erro, força contra força! E no mundo perceptivo, tudo falso, ilusório! É uma festa, passar deste mundo para o "mundo morto"* (9, 468).

Nietzsche ensaia formulações, sublinha, risca, coloca vários pontos de exclamação, pontos de interrogação no meio da frase, interrompe-se, recomeça, omite palavras, abrevia outras. Uma rápida alternância entre desalento e determinação. Apaixonadamente insulta a paixão porque ela nos envolve em névoa. Xinga afetuosamente os afetos porque interpretam erradamente a realidade. Com sentimento intenso ele devaneia sobre a insensibilidade, como um estado que nos aproxima mais do Ser. As percepções não valem nada, são um *engano do Ser* (9, 468); não seria possível corrigir esse engano? Onde ficou o fenomenólogo de "Aurora", que queria preparar um palco da atenção para as coisas e o mundo, e pretendia celebrar uma festa bem diferente, na qual participassem todos os sentidos, atuando juntos na epifania de um mundo que triunfasse sobre a força desvivificadora (entlebend) da redução? Como se realizaria a gélida *festa* da passagem *deste mundo para o "mundo morto"*? Por exemplo, de modo que se passasse para uma dimensão na qual tudo fosse *contável e mensurável* (9, 468). Só o que pode ser contado deve contar. A medida de todas as coisas é o mensurar. *Antigamente*, escreve Nietzsche, *o incalculável mundo (dos espíritos*[20]*, do espírito) tinha dignidade, despertava mais temor. Mas nós vemos o eterno poder em bem outro lugar* (9, 468f.).

Nietzsche realiza algumas incursões fisiológicas nas quais movimentos espirituais e excitações afetivas são descritos como sintomas de pro-

20 "Geist" significa a um tempo "espírito", mas, neste caso e em muitos outros, também "intelecto" (N. da T.).

cessos corporais que os baseiam. Tudo isso é apenas aludido, nota-se que nesse momento Nietzsche só pretende aproximar o mais possível o vivo e perceptivo da zona do inanimado e do mecânico, seja como for do desprovido de espírito. Ele expulsa com prazer o espírito do campo do Ser. Finalmente encontra uma fórmula para isso: *Minha tarefa: a desumanização da Natureza, e depois a naturalização do ser humano na medida em que ele conquistou o puro conceito "Natureza"* (9, 525).

Essa frase é escrita depois do episódio da inspiração, e mostra que a ideia do retorno não apenas não cruzou nem interrompeu esse experimentar com uma metafísica petrificada, mas obviamente faz parte desse contexto. Por mais singular que possa nos parecer, é a evidência física presumidamente calculista, de teoria dos conjuntos, que o arrebata. Cálculo que subjaz a isso: o conjunto de forças do universo como matéria ou energia é limitado, o tempo porém é infinito. Nesse tempo infinito já ocorreram, pois, todas as constelações possíveis de matéria e energia, portanto todos os acontecimentos possíveis do animado e do inanimado, e hão de se repetir infinitamente. Nas suas anotações, ao lado de incontáveis reflexões breves sobre a ideia do retorno, há apenas uma passagem longa ligada a esse tema, e ali estão aquelas frases sobre o retorno que Nietzsche repetirá muitas vezes, nas quais a lava da inspiração realmente se resfriou numa teoria petrificada. *O mundo das forças não conhece repouso: pois senão ele teria sido alcançado, e teria parado o relógio da existência. Portanto o mundo das forças jamais entra em equilíbrio, nunca tem um momento de calma, sua força e seu movimento são igualmente grandes em qualquer tempo. Não importa que estado esse mundo possa atingir, deve tê-lo atingido não apenas uma, mas incontáveis vezes antes. É assim esse momento: uma vez e muitas vezes ele já esteve aqui e vai igualmente retornar; todas as forças igualmente distribuídas como agora: e da mesma forma acontece com o momento que pariu este momento, e com aquele que é filho do momento atual. Homem! Toda a tua vida é sempre virada de novo como uma ampulheta, e voltará a escorrer a sua areia — no meio, um grande minuto de tempo, até que todas as condições das quais nasceste voltem a se encontrar na circulação do mundo* (9, 498).

É difícil ligar com esse pensamento, que aparece como um cálculo resolvido, outros sentimentos que não satisfação porque tudo aqui foi tão bem pensado e porque a conta afinal dá certo. Não importa, aqui, que mais tarde espíritos atilados (p. ex. Georg Simmel) acusem o filósofo de ter errado seus cálculos. Para Nietzsche a tarefa de calcular fora cumprida, e a alegria com isso chegava a um encantamento extático. Ele derrama *lágrimas de júbilo*, escreveu a Peter Gast em 14 de agosto de 1881 (B 6, 112).

O eterno retorno deve ser a lei mecânico-matemática fria do Universo, mas por isso mesmo nos deixa frios. Como é que isso pode repercutir na vivência?

Provavelmente aconteceu o seguinte com Nietzsche: um pensamento que até ali ele conhecera como fantasia religiosa e intuição, lhe aparece com a autoridade de uma ciência rigorosa. Na primavera de 1881 Nietzsche lera os "Comentários sobre a dinâmica do céu", de Julius Robert Mayer, escrevendo entusiasticamente a respeito a Peter Gast, que lhe indicara essa obra: *Em livros tão magnificamente simples e alegres como o de Mayer, ouve-se uma harmonia das esferas: uma música que só é preparada para o homem científico* (B 6, 84; 16 de abril de 1881).

O médico Julius Robert Mayer, falecido em 1878, um dos mais destacados cientistas materialistas da segunda metade do século, refinou o princípio da conservação da substância material, com sua hipótese sobre a conservação da energia. A força elementar do universo seria modificável apenas na sua qualidade, ensinava ele, mas na quantidade era sempre igual. A mudança era apenas uma transformação nos estados de energia, por exemplo de energia em matéria e calor no movimento. Entre essas transformações, podem ser calculadas, na soma global, invariáveis relações de grandeza.

Mais tarde Nietzsche vai se afastar outra vez de Mayer, acusando-o de ter contrabandeado para dentro da harmonia material das esferas uma ominosa onipotência divina; mas, de momento, Nietzsche está entusiasmado, e pode-se imaginar que na sua visão do penhasco de Surley os frutos da leitura de Mayer também tivessem papel importante. Na sua lei de conservação de energia, Mayer não se ligara a uma doutrina das constelações e estados que sempre retorna. Nietzsche é que acrescentou isso, deduzido de sua suposição de um *continuum* eterno de tempo, para o que ele também encontrou suficientes confirmações na literatura científica materialista que de momento estudava com afinco, apesar das dores nos olhos e na cabeça.

Nas suas notas, Nietzsche não fala apenas de seu encantamento, mas também no horror e terror provocados por esse conhecimento, e na dificuldade de *incorporá-lo* (9, 504). Mais tarde ele vai considerar marca do *além-do-homem* essa capacidade de incorporar tal conhecimento. Mas em relação ao horror pode-se fazer a mesma indagação que no encantamento: como essa doutrina de aritmética poderia interferir assim na vivência? O eterno retorno seria um susto somente se a consciência se lembrasse das intermináveis repetições, se portanto no curso do tempo ela não apenas permanecesse a mesma, mas soubesse que era a mesma. Mas se a consciência pensa que está cada vez recomeçando, e nessa ilusão de um início se repete constantemente, haverá para a consciência sempre novos começos, não repetições, ainda que lhe apresentem um cálculo que pareça comprovar o eterno retorno. Na medida em que nos demonstramos por cálculo a repetição, ainda não a vivenciamos. O susto (como o encantamento) só pode residir na vivência.

Nas anotações do verão de 1881 não descobriremos sinais de verdadeiro terror, mas deparamos com sondagens que argumentam lucidamente sobre quais as circunstâncias em que a doutrina do eterno retorno poderia causar terror. Nietzsche não fala de um terror real, mas imaginário, quando escreve que *também a ideia de uma possibilidade* (o retorno) *pode nos abalar e transformar; não apenas sentimentos ou determinadas expectativas! Como a possibilidade produziu o efeito de eterna condenação!* (9, 523s.).

Obviamente, o Nietzsche encantado com sua doutrina do eterno retorno também está encantado com a possibilidade de poder aterrorizar outros com isso. E entrega-se a fantasias sobre como no futuro haverá uma espécie de seleção entre aqueles que suportam essa ideia e os que dela duvidam e por ela sucumbem. *Uma nova doutrina atinge em último lugar os seus melhores representantes, as naturezas seguras e asseguradoras (...) Os mais fracos, mais vazios, mais enfermos, mais carentes, são aqueles que pegam a nova infecção* (9, 497s.) — e sucumbem exatamente a ela. No seu palco interior, Nietzsche está arrebatado pela ideia de espalhar horror e terror, e ser, ele próprio, um dos poucos heróis que chegam a haurir um néctar para a vida prática dessa teoria do eterno retorno. Já nas anotações do verão de 1881 encontramos reflexões nesse sentido.

Nietzsche compreendia a ideia do eterno retorno totalmente como uma verdade proposicional, mas também a aplicava como auxiliar pragmático e autossugestivo na conformação da vida. Dessa maneira, consegue aquecer existencialmente um conhecimento "frio". O fato de cada momento retornar deverá conferir a dignidade do eterno ao aqui e agora. Em tudo o que fazemos devemos nos perguntar: *É assim que farei isso incontáveis vezes?* (9, 496). Nietzsche, que quer superar o "tu deves", mesmo assim aqui ensina um novo "tu deves": Deves viver o momento de modo tal que ele possa retornar sem lhe causar horror. O Nietzsche entusiasta da música exige o *da capo* da vida. *Imprimamos a imagem da eternidade em nossa vida! Essa ideia contém mais do que todas as religiões, que desprezam esta vida como algo efêmero, e ensinavam a procurar uma indefinida outra vida* (9, 503). Assim como Kant queria fortalecer os mandamentos morais conferindo-lhes incondicionalidade, "como se" um Deus os tivesse decretado, também Nietzsche quer apoiar o seu imperativo de um ser-aqui (Diesseitigkeit) extático-intensivo com o argumento de que se deveria viver "como se" todo momento fosse eterno, porque eternamente retornará.

Todos os êxtases, todos os momentos felizes, as ascensões ao céu do sentimento, essa fome de intensidade que antes fantasiava um "Além", devem agora aferrar-se à vida imediata do Aqui. Assim deve agir a doutrina do eterno retorno: preservar as forças do transcender para a imanência, ou, como anunciará Zaratustra: *permanecer fiel à terra*. Na "Gaia Ciência", escrita meio ano depois daquele acontecimento inspirador, Nietzsche vai convocar com muitas imagens essa bem-aventurança no Agora, que a perspectiva do eterno retorno lhe abriu. Vai remover da noção do tempo que gira em círculo aquilo que esta tem de pesado e paralisante, pensando-a juntamente com o grande jogo heraclítico do mundo. Também o jogo sabidamente se baseia em repetições, mas aqui nós as vivemos prazerosamente. Para Nietzsche, com a morte de Deus se evidenciam a audácia e o caráter lúdico da existência humana. E um *além-do-homem* será então aquele que tiver a força e a leveza para penetrar no jogo sempre igual do mundo. O transcender de Nietzsche vai nessa direção: para o jogo como fundamento do Ser. O Zaratustra de Nietzsche dança quando atingiu esse fundo; dança como o deus hindu do mundo, Shiva. E o próprio Nietzsche também haverá de dançar nu em seu quarto, pouco antes do colapso mental, nos últimos dias em Turim. Isso a dona da casa observou pelo buraco da fechadura.

Até aqui o aspecto pragmático-existencial desse pensamento do eterno retorno, que se torna verdadeiro porque se faz verdadeiro. Mas não esqueçamos que Nietzsche também considerava essa doutrina verdadeira no sentido proposicional: uma descrição do mundo como ele é. Sem falar no fato de que, com essa forte pretensão de verdade, Nietzsche se enreda em contradições, pois em última análise considera conhecimentos como *ficções* (Erdichtungen), não excluindo nem mesmo as *figuras da matemática*, com as quais calculou o eterno retorno (9, 499); portanto, sem falar em que ele nem sequer deveria afirmar o valor proposicional de verdade de sua doutrina, ele quer até mais que isso. Quer provê-la de dignidade metafísica. O antimetafísico Nietzsche faz essa verdade aparecer em um palco metafísico, para a tornar mais impressionante. Apela para conceitos da ciência, mas gostaria de evitar a pura imanência científica. Pois ela é uma imanência que, de saída, rejeita qualquer indagação metafísica. Nietzsche gostaria de levar o pensamento até aquele ponto em que, com a pergunta: o que se esconde atrás do mundo aparente? a metafísica tradicional realiza a transição para algum tipo de transcendência. Nietzsche também faz essa pergunta. Ele expõe o mesmo palco onde habitualmente só Deus, o Absoluto, o Espírito podem aparecer. Mas em vez dessas nobres figuras da significação são *conjuntos de forças* (Kraftmengen) que aparecem em constelações ricas em figuras, numa repetição cíclica, não encenando nesse palco do pathos uma peça positivista, mas metafísica. Pois é a curiosidade metafísica que encena todo esse jogo. Arrancada desse jogo de significados de uma metafísica última, a doutrina de Nietzsche do eterno retorno pode nos parecer trivial. O próprio Nietzsche sentiu isso: por esse motivo apareceu tão hesitante com ela na boca de cena. Ele percebia em última análise que essa doutrina serve apenas para o profeta ou para o palhaço.

O verão da inspiração em Sils Maria trouxe sentimentos exaltados, mas também intoleráveis dores de cabeça, cólicas de estômago, vômitos. De dia, por vezes, Nietzsche passa oito horas caminhando, à noite senta-se no minúsculo quarto com uma só janela, da qual se avista uma parede de rochas sempre úmidas. Em agosto está tão frio que mesmo no quarto ele tem de usar luvas. Nesse verão Nietzsche não chorou só de alegria. Escreve a Franz Overbeck em latim (para que a esposa de Overbeck não saiba de nada): *A dor derrota a vida e a vontade. Ah, que meses, que verão eu passei. Sofri tantos martírios do corpo quantas mudanças vi no céu. Em cada nuvem esconde-se algo parecido com um raio que me atinge com impressentida violência e pode-me liquidar inteiramente, pobre de mim. Por cinco vezes convoquei a morte como meu médico, e esperei que o dia de ontem fosse o derradeiro — esperei em vão. Onde nesta terra existe um céu e alegria duradoura, o meu céu? Adeus, meu amigo!* (B 6, 128 / 18 de setembro de 1881). Alguns dias mais tarde, a mesma queixa numa carta a Peter Gast, acrescida da observação: *compreendo agora que um céu puro, por alguns meses, tornou-se uma condição de vida para mim* (B, 6, 131, 22 de setembro de 1881).

E depois uma convalescença a prazo, a grande mudança climática. Em Gênova ele encontra a felicidade, um inverno com rara claridade, doçura e sol. Escreve a Peter Gast a 29 de janeiro de 1882, depois de concluir os três primeiros livros da "Gaia Ciência": *Ah, que tempos estes! Ah, esses milagres do belo janeiro!* (B 6, 161). Lembrando esse inverno — *o mais belo de minha vida* — ele inscreve no quarto livro da "Gaia Ciência": "Sanctus Januarius".

Esse livro, que ficou pronto na primavera de 1881 e no começo fora planejado como continuação de "Aurora", deveria descrever a paisagem da vida e do conhecimento sob a luz que se abrira em Nietzsche no verão. Fora escrito com grande velocidade, semanas a fio sem a perturbação do sofrimento físico, elaborado em caminhadas ensolaradas nas redondezas de Gênova, com declarações de amor à costa variada, aos rochedos, às "villas" ou chalés espalhados nas colinas, às paisagens marinhas. Esse cenário em que se lhe mostra a vida bem-sucedida está sempre presente nesse livro quando ele escreve: *Esta região está povoada por seres humanos ousados e independentes. Eles viveram e quiseram continuar vivendo — e me dizem isso com suas casas construídas e enfeitadas para séculos e não para a hora efêmera: foram bem diferentes em relação à vida, por pior que às vezes eles tenham sido contra si mesmos* (3, 531; FW).

Mas, embora repassado de um tom mais luminoso, esse livro terá também um pensamento central do qual tudo brota? O próprio Nietzsche sempre volta a lembrar que, na variedade de seus pensamentos, a gente não deve omitir a leitura dos *pensamentos fundamentais geradores* (12, 139), e apontou explicitamente aos amigos a unidade interna de sua produção aforística. Escreve que nos seus textos se trata *da Lógica demorada de uma sensibilidade bem determinada*, e não *de uma confusão de paradoxos e heterodoxias arbitrárias* (Löwith 120). Mas sempre é uma certa violência tentar compreender essa *Lógica* que mantém unido o todo, e ao mesmo tempo o desenvolve. E Nietzsche sabia muito bem por que não a apresenta pura e simples, mas, como mestre do indireto, apenas alude a ela, dá sinais e indicações — em geral partindo de cenários secundários. Nietzsche plantou seus jardins teóricos de modo que todo aquele que procura neles teses centrais quase forçosamente assume o papel de tosco. Nietzsche esconde-se em seu labirinto, gostaria de ser encontrado, mas por caminhos longos e sinuosos. E por que não nos perderíamos à procura dele? Talvez seja até o melhor que nos possa acontecer. Ele fará o seu Zaratustra dizer aos seus discípulos: vocês me encontraram cedo demais, se primeiro não se encontraram a si mesmos. Portanto, Nietzsche organiza seus livros de modo que na procura do pensamento central, em caso favorável, deparamos com nossos próprios pensamentos. Não é tão importante se com isso descobrimos a ele, Nietzsche; mais importante é se descobrimos o Pensar. O próprio pensar é a Ariadne que devemos reencontrar.

Mas a doutrina do retorno não é o pensamento central explícito do livro. Nos primeiros três livros só lhe é dedicado o Aforismo 109, que segue imediatamente depois das anotações do verão de 1881, onde se diz: *toda a caixinha de música repete eternamente sua melodia* (3, 468; FW). Só nos famosos dois últimos aforismos do quarto volume se fala expressamente do eterno retorno, e Zaratustra entra no palco pela primeira vez, sob o título "Incipit tragoedia". Portanto, embora a ideia do retorno não aparecesse direta e ofensivamente no primeiro plano, ao fundo está presente.

O seguinte aspecto dessa ideia tem um papel decisivo: a doutrina do eterno retorno imagina o universo como um todo fechado em si mesmo, dominado por uma implacável necessidade. É ela que transforma o acontecer universal naquela *caixa de música* que manejamos, mas pela qual na verdade apenas somos manejados[21].

O primeiro aforismo já desenvolve esse pensamento, e por isso é o texto para o qual muitos outros aforismos podem ser lidos como comentário. Esse primeiro aforismo também indica o tom divertido e até zombeteiro do todo, pois como não haveríamos de rir do processo do mundo, que na verdade é um jogo de marionetes, coisa que ainda não percebemos. Ainda é *o tempo da tragédia, o tempo das morais e das religiões* (3, 370; FW), mas na realidade se encena *a comédia do existir*. Atrás de nós age o *impulso de preservação da espécie*, enquanto nos propomos objetivos e finalidades em primeiro plano, sentindo-nos singularmente sublimes, heroicos e imaginativos. *Para que aquilo que necessariamente e sempre acontece por si e sem qualquer finalidade, a partir de agora pareça ser feito tendo em vista uma finalidade, e pareça ao ser humano razão e mandamento último — para isso surge o mestre ético, como mestre da finalidade do existir* (3, 371; FW). Quando pois a vida natural é recoberta por um mundo imaginário de finalidades, nada se modifica no impulso original da preservação da espécie; ele se torna mais refinado, mais sutil, mais sinuoso, mais indireto, mais fantástico. A vida se refina no ser humano, e inventa meios e caminhos para se fazer de interessante. Seria tolice querer retornar à natureza crua. O homem é muito antes um animal inventivo, que promete algo à vida para poder esperar algo dela. O ser humano também é um *animal fantasioso*, que na escola de sua imaginação aprendeu uma altivez peculiar; agora ele precisa cumprir uma *condição de existência* a mais do que qualquer outro animal: *de tempos em tempos o ser humano tem de acreditar que sabe por que existe, sua espécie não pode germinar sem uma confiança periódica na vida! Sem fé na razão de viver!* (3, 372; FW).

Essa *razão de viver* parece mais do que realmente é. Ela se pensa essencial, mas é apenas uma coisa entre coisas. Ela é uma rodinha ou parafusinho da grande *engrenagem*. Sente-se livre, mas permanece presa na coleira da Natureza. Julga-se algo eficaz e é apenas um efeito. Nada engraçado! Mas, por respeito próprio, a razão não quer que riam dela e de seu tesouro imaginativo. E quando Nietzsche começa a rir, não está rindo dessa razão. O riso em "Gaia Ciência" não é denunciatório. Esse riso quer

21 "Spielwerk", caixinha de música ou mecanismo para fazê-la funcionar, contém a raiz "Spiel", jogo, brinquedo, portanto jogamos e somos jogados, manejamos e somos manejados (N. da T.).

fazer valer o tesouro imaginativo do ser humano, até saboreá-lo, mas não devemos esquecer um só momento que ali há invenções em jogo. Nietzsche não se interessa pela calúnia, mas pelo alívio.

Ele fala do *impulso de preservação da espécie* (3, 371; FW). Porém o grande problema que Nietzsche não consegue resolver, e que por isso não o larga, e está presente subterraneamente em todo o livro, pode-se formular assim: o conhecimento, a vontade de verdade, está realmente submetido ao impulso de preservação da espécie, ou se solta disso, e até se volta contra a vida? A vontade de verdade, em vez de servir à vida, pode querer se tornar senhora da vida — mesmo tendo como resultado a destruição da vida? Pode existir um dualismo entre vontade de vida e preservação da espécie de um lado, e vontade de verdade, do outro?

Nietzsche pondera a possibilidade desse dualismo no Aforismo 11. A consciência, explica ele depois de estudar investigações fisiológicas e de biologia evolucionista, seria a última e derradeira evolução do orgânico, ainda inacabada e débil. O ser vivo "homem" não pode confiar inteiramente em sua consciência. Haveria de enganar-se ainda mais do que já ocorre, cometer *erros* (3, 382; FW), se não viesse em seu auxílio como *regulador* a *aliança* muito mais antiga *dos instintos*. Não devemos supervalorizar a consciência, sobretudo não esquecer que ela própria ainda está inacabada, em processo de evolução e crescimento. Por vezes a consciência ainda não é capaz de *incorporar* a realidade inaudita — seu cíclico fluxo sem finalidade, substância e sentido. Aqui Nietzsche retoma o conceito da incorporação, ao qual dedicara passagens mais longas nas anotações de 1881. O que significa incorporação? Sabemos por exemplo que vivemos num planeta que dispara pela noite do espaço girando em torno do sol; sabemos também que recebemos do sol toda a vida, e que um dia ele vai se consumir, que a humanidade toda vai terminar, ainda que uma era retornasse renovando todo o teatro da vida. Tudo isso a cabeça sabe, mas não está incorporado. Continuamos vendo o sol nascer, não percebemos que vivemos sobre um fundo em movimento, não assimilamos em nosso sentimento de vida nem o fim nem os novos começos. Tecemos ao nosso redor um imaginário horizonte temporal, que não é o verdadeiro, mas nos permite continuarmos convencidos de nossa própria importância. Temos uma imagem copernicana de mundo — hoje em dia einsteiniana —, mas no que diz respeito à incorporação continuamos ptolemaicos. Temos de entender, escreve Nietzsche, *que até aqui só nossos erros nos foram incorporados e que toda a nossa consciência se refere a erros!* (3, 383; FW).

Pressupondo a dinâmica do crescimento da consciência como evolução simultaneamene orgânica e cultural, Nietzsche imagina o que sucederia se o saber crescente da cabeça realmente dominasse e transformasse o ser humano inteiro com corpo e vida, sentimento e emoção, se pois essa incorporação funesta realmente ocorresse. Não seria possível que a vida sucumbisse ao espírito; que o ser humano se quebrasse sob o peso de sua consciência, que o animal consciente acabasse revelando ser um engano da evolução? Que consciência é uma excrescência que jamais deveria ter acontecido?

Nietzsche não apresenta tais pensamentos aqui e em outras passagens como afirmação: são apenas ponderações às quais ele logo defronta outra reflexão de que a ciência poderia revelar-se como a *grande causadora de sofrimento*, mas ao mesmo tempo pôr em jogo a sua *contraparte*, *sua inaudita capacidade de fazer brilhar novas constelações de alegria!* (3, 384; FW). Não se define aqui que alegrias serão essas; mas já conhecemos o prazer fenomenológico de Nietzsche pela lucidez e atenção, e sabemos quanta alegria está em jogo aí. E também recordamos que no penhasco de Surley Nietzsche chorou de alegria com a ideia do eterno retorno, não apenas pela alegria do descobridor, mas por causa da convicção pragmática-existencial de que, por repetir-se, também a vida individual adquire um peso inaudito, de que o pensamento que se estende para a maior distância — ele chama isso de *cósmico* — se afunila em direção do mais próximo, e assim confere ao mais íntimo e individual sentimento de vida a dignidade do eterno. Então na verdade não existe nada efêmero. Nenhuma noite cósmica é suficientemente vasta para apagar a importância desse grãozinho de poeira chamado "indivíduo".

Não posso me perder — pode ser uma frase de alegria; mas para designar seu possível horror, basta reformulá-lo: jamais me livrarei de mim mesmo!

Porém, na "Gaia Ciência" Nietzsche não quer permitir que a depressão tenha poder sobre ele, luta contra ela com sua exaltação na qual existe muita vontade e intenção, um sentimento que não o exalta tão simplesmente, mas para o qual ele tem de se encorajar. Quando no verão de 1882 o livro aparece, ele escreve a Lou Salomé: *Que tormentos de toda sorte, que isolamento e que fastio da vida! E contra tudo isso, simultaneamente contra morte e vida, eu preparei esse remédio para mim mesmo, esses meus pensamentos com suas pequenas faixas de céu claro por cima* (B6, 217; 3 de julho de 1882). No prefácio escrito posteriormente ele diz, em retrospectiva: *A gratidão jorra interminavelmente* (3, 345; FW).

De onde lhe vem essa gratidão? A vontade de verdade descobriu afinal uma imagem conciliadora da realidade, que lhe dá a sensação de poder estar em casa por ali? Terá desaparecido o que lhe causava medo, a sensação de estar perdido, de não ter sentido? A vontade de conhecimento no último instante se apartou do projeto de *desumanização da Natureza* (9, 525)? Se fosse assim, o dualismo entre vida e conhecimento estaria superado, e o fundo de impulsos de preservação da vida teria triunfado sobre aqueles afetos hostis à vida que obviamente também existem e que se podem igualmente ligar com a vontade de conhecimento. Ainda na exaltação Nietzsche conserva uma cabeça lúcida. Escreve que também na felicidade e no êxtase se deve continuar sendo um escrupuloso *intérprete* de si mesmo, que aos *fundadores de religiões* faltava aqui a *honestidade*, mas ele quer permanecer alguém *sedento de razão*, por isso quer *encarar* o sentimento de exaltação *tão severamente nos olhos como se fosse uma experiência científica* (3, 551; FW). E o que aparece sob tal análise?

O que se lhe revela é a contingência dos sentimentos. Por exemplo, um conhecimeno depende das condições contingentes do clima e sua influência sobre o estado fisiológico e demais. Numa carta de 20 de janeiro de 1882, Nietzsche escreverá sobre a "Gaia Ciência" em retrospectiva, dizendo que essa obra é *apenas um modo exagerado de se alegrar por ter tido sobre a cabeça um mês de céu claro* (B 6, 318). Pode ser o clima, mas também podem ser outros processos fisiológicos a terem um papel nisso. Em suma: em última análise são os impulsos. Mais precisamente: é a infinita variedade dos impulsos que dá aos conhecimentos os motivos, a energia, a direção e o colorido, que produz o sentimento básico e os secundários, que permite a incorporação, que a adia ou rejeita.

Se dessa maneira o impulso da vontade permanece presente no conhecimento, isso significa: vontade e verdade jamais podem se separar. E assim também o possível conflito entre vida e conhecimento nada seria senão um drama na planície do próprio processo dos impulsos. Nas anotações do verão de 1881 ele diz: *Assim também descobrimos aqui uma noite e um dia como condição de vida para nós: querer-conhecer e querer-errar são maré baixa e alta. Se uma domina absoluta, o ser humano sucumbe* (9, 504).

Dessa anotação não se depreende com clareza se querer-conhecer se compara com maré baixa ou alta. Querer-conhecer seria entendido como maré baixa, na medida em que é um agarrar-se a si mesmo, um recuar diante da tentação de inundar a realidade com suas próprias projeções. Assim entendida, a maré alta seria então imagem do querer-errar. Outra interpretação, porém, é possível. E, segundo ela, o querer-conhecer seria a maré alta na medida em que se trate de um contato com a realidade. E o querer-errar seria a maré baixa, entendida como recuar para o próprio mundo imaginário (em lugar do conhecimento da realidade). A maré avança — como o conhecimento — e ataca, mas a maré baixa, o querer--errar, recua medrosamente. No marcante aforismo número 310, *Vontade e Onda*[22], em "Gaia Ciência", Nietzsche retoma essa imagem de maré alta e baixa, e a imprecisão metafórica entre querer conhecer e querer--errar é ainda intensificada e dada como o *mistério* insolúvel. A onda rasteja ávida *para dentro dos cantos mais remotos dos rochedos e retorna, um pouco mais lenta, ainda branca de excitação — estará decepcionada?* E já a onda seguinte faz o jogo recomeçar. Se as ondas são curiosas e têm algo a descobrir, também têm algo a esconder, pois quando sobem espumando na sua curiosidade ávida, erguem *um muro entre mim e o sol (...) e nada resta do mundo senão a penumbra esverdeada e os raios verdes* (3, 546; FW).

Nietzsche não vai além dessa metáfora, na qual querer-conhecer e querer-errar é aludido como um processo impulsivo secundário, mas também uniforme. Mas como resultado, não se pode ter um ponto de vista fora desse processo dos impulsos para a avaliação de "verdadeiro" e "falso", só se podem distinguir gradações diversas da força arrebatadora, dos sentimentos de prazer e desprazer, de vivência e hábito. *A força dos conhecimentos*

22 Em alemão "Wille und Welle" (N. da T.).

não reside em seu grau de veraciadde, mas na sua idade, e sua possibilidde de serem incorporados, seu caráter de condição de vida (3, 469; FW).

Partindo dessa perspectiva Nietzsche olha mais uma vez para trás, para a enovelada história com a verdade. Quando há novos conhecimentos, surge primeiro um *torvelinho*. "Verdades" a que nos acostumamos e que incorporamos tornam-se questionáveis. Isso tem pouco efeito enquanto se tratar de inseguranças e renovações puramente intelectuais. Mas quando se trata de conhecimentos que intervêm na vida e hábitos de uma cultura, quando têm contra si aspectos incorporados do que até ali sabíamos, então sobrevém a luta por uma nova incorporação. E pode suceder que os novos conhecimentos sejam vistos como *erro* (3, 431; FW) e violentamente rejeitados, porque questionam de modo chocante as condições de vida de toda uma cultura, sem que nessa cultura haja receptividade a eles, ou sem que essa receptividade seja suficiente para poder efetuar a incorporação. Portanto, incorporar significa: que a verdade da verdade é sua capacidade de se tornar verdade. Na incorporação, a verdade se confirma.

Assim Nietzsche argumenta contra a concepção que em outra oportunidade defendera, do dualismo entre conhecimento e vida: conhecer nasce do fundo dos impulsos (Triebgrund), e torna-se poderoso quando pode se ligar com esse fundo de impulsos. Mas, diz Nietzsche, em todo caso é falso *negar a força dos impulsos no conhecer e de modo geral* conceber *a razão como uma atividade inteiramente livre, originada de si mesma* (3, 470; FW).

Com efeito, o fundo de impulso no conhecimento é inegável. Mas isso não muda o fato de que, por exemplo, nessa frase sobre o poder dos impulsos se assuma uma pretensão da validade da verdade independente dos impulsos. Se a frase fosse apenas expressão de um impulso, não seria verdadeira; se não fosse verdadeira, não seria, consequentemente, expressão de um impulso, o que a frase afirma. Então essa frase, como qualquer outra frase que reivindica ser verdadeira, cairia no nada. Seria insensata. Portanto deve haver um critério de verdade que coloque em jogo algo mais do que impulsos. Nesse labirinto de autorreferimento, Nietzsche há de vagar desesperado, por vezes rindo irônico, por vezes como profeta, outras como palhaço. No fim, na hora de seu colapso, talvez se lhe tenha aberto uma saída, quando ele conseguiu — ou teve de — desaparecer da sala espelhada de seu Pensar. Mas não esqueçamos: em toda essa confusão em torno da questão da verdade, para Nietzsche existiu sempre um critério de avaliação de indubitável evidência. Para ele, pensamentos sempre foram uma questão não apenas de reprodução, mas também de (auto) formação. Nesse palco interior um pensamento era "verdadeiro" para ele quando na unidade de significado e estilos se tornava algo suficientemente forte e vivo para tolerar as dores por vezes insuportáveis e criar um contrapeso vital para elas.

Nietzsche, que também refletiu em geral sobre o caráter agonal da vida, introduz esse elemento agonal no coração do Pensar. A ação conjunta ou antagônica de espírito e corpo era para ele o cenário agonal primário. Ali se realizava ainda outra luta pela verdade, ali não se tratava apenas do valor de verdade das asserções. Nunca entenderemos Nietzsche se não tivermos sempre presente que para ele pensamentos eram com efeito uma realidade espiritual-corporal com um grau de realidade que habitualmente só possuem as sensações mais apaixonadas. Como — teria dito Nietzsche — os pensamentos dele não seriam "verdadeiros" se, como escreve na "Gaia Ciência", o conduzem para um movimento extraordinário, um *constante estar como-que-subindo escadas e ao mesmo tempo um como-que-repousar-sobre-nuvens* (3, 529; FW).

Naquele janeiro de 1882, como raras vezes antes disso, Nietzsche viveu o conhecer como prazer. Está sempre ligado com sentimentos, afetos, portanto um processo de impulsos. Mas agora ele vivencia os afetos secundários ou básicos do conhecer como a coisa principal. Esse é o seu sentimento de exaltação. Conhecer não é uma redução do Ser pleno, não uma limitação, mas uma intensificação. E continua sendo intensificação mesmo quando o Terrível quer se revelar ao conhecimento, por exemplo não haver como escapar do tempo se a doutrina do retorno for verdadeira. Na exaltação do conhecer ele também não se deixa oprimir pela consciência *de que a velha humanidade e animalidade, todo o tempo primitivo e o passado de todo o Ser sensível continuam poetando em mim, amando em mim, odiando em mim, concluindo em mim* (3, 416s; FW). Sente-se como que despertando de um sonho, mas com a consciência de que *tem de continuar sonhando para não sucumbir: como o sonâmbulo tem de continuar sonhando para não despencar.* Na sua *autoironia* a vida o faz sentir que ali *existem aparência e fogo-fátuo e dança de espectros e nada mais* (3, 417) — e apesar disso, naquele janeiro animado ele está apaixonado pelo conhecer. Aquele aforismo em que Nietzsche dá por assim dizer uma interpretação do título do livro "Gaia Ciência", e que por isso é programático, diz o seguinte: *Não! A vida não me decepcionou! Ao contrário, ano após ano eu a considero mais verdadeira, desejável e misteriosa, a partir daquele dia em que veio sobre mim o grande libertador, aquele pensamento de que a vida poderia ser uma experiência do cognoscente — e não um dever, não uma condenação, não um logro! E o próprio conhecimento: para outros pode ser outra coisa, por exemplo um leito para repousar ou caminho até esse leito, ou um distração ou um ócio, — para mim é um mundo de perigos e vitórias, no qual também os sentimentos heroicos têm seus locais para dançar e brincar. "A vida como meio de conhecimento" — com esse lema no coração pode-se não apenas viver com coragem, mas até viver e rir com alegria!* (3, 552s.; FW).

Nietzsche fica em Gênova até fim de março de 1882. A primavera começou, chegam os primeiros dias quentes quase como no verão. Nessa altura habitualmente Nietzsche parte para as regiões mais altas, do norte. Mas singularmente, quase sem avisar, ele parte para Messina, Sicília, como único passageiro em um navio de carga. Sobre isso, muito se especulou. Procurava um inesperado encontro com Wagner, que ocupara sua residência de férias em Palermo? Era atraído pela colônia homoerótica de Messina, cujo centro era Wilhelm von Gloeden, naquele tempo famoso por suas fotografias de jovens homens despidos em ambientes da Antiguidade? Isso suspeitam aqueles que interpretam Nietzsche a partir de sua homossexualidade não assumida. Não sabemos nada mais preciso. Certamente para Nietzsche o Sul se liga à ideia de uma sensualidade livre e desinibição. Apreciava o sonho da "Ilha dos Bem-aventurados", no "Zaratustra" envia a *nostalgia alada para o Sul mais cálido, onde se sonham imagens como nunca: para lá onde deuses bailam com vergonha de andarem vestidos* (4, 247; ZA). A experiência encantada da ópera "Carmen" de Bizet, que Nietzsche viu e escutou pela primeira vez em Gênova em fim de novembro de 1881, animara suas fantasias com o Sul. E quando mais tarde em seus preparativos para o grande acerto de contas com Wagner fala na "Carmen", volta a soar esse Sul lascivo, imaginário e talvez vivido: *A felicidade africana, a alegria fatalista, com um olho que contempla sedutor, profundo e terrível; a melancolia lasciva da dança moura; a paixão rebrilhando afiada e súbita como um punhal; e odores das tardes amarelas do mar que fazem sobressaltar-se o coração, como se lembrasse ilhas esquecidas onde outrora esteve, e onde deveria ter permanecido eternamente...* (13, 24).

Poucos dias depois de chegar à ilha, Nietzsche escreve a Peter Gast: *Então, cheguei à minha "beira do mundo" onde, segundo Homero, mora a felicidade. Na verdade nunca estive tão bem quanto na última semana, e meus novos concidadãos me mimam e me estragam da maneira mais gentil* (B6, 189; 8 de abril de 1882).

Ele se deixa mimar durante quatro semanas, depois o siroco o expulsa. Leva-o para Roma, onde começa a história com Lou Salomé. Ela era pior, e mexeria mais com ele, do que o siroco, diria Nietzsche depois de tudo superado (B 6, 323; 1° de fevereiro de 1883).

Capítulo 12

Homoerotismo. O Dioniso sexual. A história com Lou Salomé. Zaratustra como baluarte. Humano e além-do-humano. O mal-entendido darwinista. Fantasias de destruição. "Como estou farto de posturas e palavras trágicas."

Quando Nietzsche sobrescreve o quarto livro da "Gaia Ciência" com *Sanctus Januarius,* é uma declaração de amor a esse mês animado de 1882 em Gênova, mas também é uma dedicatória ao santo mártir Januário. Em Nápoles, onde é particularmente venerado com muitas imagens e esculturas que Nietzsche conhecera em 1876, é chamado "San Genaro". Esse mártir foi um homem com algumas características femininas. Era de uma beleza suave, e sofria de sangramentos periódicos. Na imaginação popular, seu sangue mártir se mistura ao de menstruação. Era a um tempo homem e mulher, e assim tornou-se santo dos andróginos. Na capela subterrânea da catedral de Nápoles, que tem seu nome, guardavam-se naquele tempo a cabeça do mártir decapitado e dois frasquinhos do seu sangue, que se considerava milagroso. A esse "femminiello", como também o chamavam em Nápoles, dirigia-se o poema que inicia o quarto volume de "Gaia Ciência": *Tu que com espada em chamas / Desfazes o gelo da minha alma, / Fazendo-a disparar para o oceano / De sua mais alta esperança: / Sempre mais clara e sempre mais saudável, / Livre no mais amável dever: / Que ela louve teus milagres, / Belíssimo Januário!* (3, 521; FW). Nietzsche recomendara ao seu amigo Gersdorff a leitura desse livro dedicado ao mártir andrógino, dizendo que seus livros *contam de mim tanto quanto nem cem cartas de amizade falariam. Lê o São Januário nesse sentido* (6, 248; fim de agosto de 1882). Muitos intérpretes tomaram isso como admissão indireta de suas tendências homoeróticas. Mas o que se entendeu, entendendo Nietzsche dessa maneira? Muitos pensam ter aí uma chave para o problema da vida e para toda a obra de Nietzsche.

Existe uma confusão de suposições. O menino cresce sem pai, rodeado por mulheres. Querem descobrir sinais de uma relação de amor entre os irmãos na adolescência. Será que o pequeno "Fritz" levou Elisabeth para sua cama e depois ficou atormentado pela consciência? Segue-se o rastro dos segredos sexuais até os tempos de Schulpforta. Lá temos a história com o vagabundo e maltrapilho poeta Ernst Ortleb, famoso e famigerado nas redondezas de Naumburg. Os alunos endeusavam esse gênio decaído que vagava pelos bosques, quase sempre bêbado, e nos dias de verão recitava e cantava seus poemas debaixo das janelas das salas de aula. Dele emanava algo sinistro, era mal afamado pelos ataques blasfemos ao cristianismo, perturbava o culto dominical com seus gritos. Era famoso o seu poema "O pai-nosso do século dezenove", que termina com os versos: "A religião dos velhos tempos / Despreza o filho dos novos tempos / e com sorriso cínico a terra inteira clama: / "Que teu nome não seja santificado" (Schulte 33). No álbum de poemas de Nietzsche dos tempos de Pforta existem alguns poemas da mão de Ortleb. Aquele indivíduo marginalizado era suspeito de ter tendências pederastas. No começo de julho de 1864 foi encontrado morto numa vala junto da estrada. Nietzsche e seus colegas reuniram dinheiro para a sepultura.

No poema "Diante do crucifixo", Nietzsche, aos 18 anos, retratara esse homem sinistro como um blasfemo embriagado que chama ao crucificado: *Desce daí! Estás surdo? / Aqui tens a minha garrafa!* (J 2, 187). Segundo reconstrução biográfica de H. J. Schmidt, Ortleb poderia ter sido o primeiro sedutor dionisíaco na vida de Nietzsche, não apenas no mundo da imaginação, mas também no da sexualidade. A um tempo traumatizado e encantado com isso, suspeitam alguns, Nietzsche jamais teria se libertado desse primeiro arrebatamento por um Dioniso concreto, e esse fato seria a verdadeira cena primal da experiência dionisíaca a que mais tarde, só em tom de murmúrio, e torturado pela culpa, Nietzsche aludiria quando declara — logo em "Ecce Homo": *A certeza absoluta do que eu sou se projeta em qualquer realidade casual, a verdade sobre mim fala de uma profundeza terrível* (6, 314s).

Se transferimos para essas *profundezas terríveis* a suposta cena primal da sedução (talvez até violentação) sexual por Ortleb, e as tendências homossexuais assim despertadas (ou reforçadas), descobriremos por toda parte na obra dele o retorno dessa experiência — disfarçada em imagens e lembranças. Mas com isso o Inaudito da vida, que desafiava o pensamento de Nietzsche, estará reduzido à história secreta de sua sexualidade. Nós lhe daremos o lugar privilegiado do acontecimento da verdade. A sexualidade valerá como verdade da pessoa. Será talvez a mais proeminente ficção da verdade do século 20, mas já aparecera no século 19.

Nietzsche sofreu sob a crueza e oculta agressividade de tal vontade de verdade, que decifra a pessoa partindo de sua história sexual. Também ele pesquisou o processo dos impulsos, mas descobriu ali uma infinita variedade, era politeísta nesse assunto e não homenageava o monoteísmo pouco imaginativo dos deterministas sexuais. Foi simplesmente Richard Wagner quem primeiro o onerou com essa psicologia da suspeita sexual, e depois o ofendeu *mortalmente*.

Primeiro com cautela, e ainda muito amavelmente, Wagner recomendara como remédio contra a melancolia e sombras do começo dos anos setenta que Nietzsche não cultivasse amizades demasiado íntimas com homens em detrimento das relações com mulheres. A 6 de abril de 1874, Wagner escreve a Nietzsche: "Entre outras coisas eu acho que não tive em minha vida um convívio com homens como você o tem em Basileia à noite (...) Mas parece que faltam mulheres aos jovens cavalheiros: e então se diz (...), onde iremos tomar e não roubar? Bem, em caso de necessidade também poderíamos roubar. Na minha opinião, você deveria se casar" (N/W 241).

Não eram só os Wagner que procuravam uma noiva para Nietzsche. Também a mãe, e sobretudo Malwida von Meysenbug, faz todos os esforços imagináveis para ajudar Nietzsche, e nem sempre isso lhe desagrada. Por vezes até pede que o auxiliem na busca de esposa. Mas no fundo Wagner tece ainda outras tramas, e manifesta outras suspeitas. Nietzsche certamente só soube disso mais tarde, com certeza, depois da morte de Wagner na primavera de 1883. Mas já antes existia o boato do homem afeminado e masturbador crônico, e pode bem ser que Nietzsche tivesse escutado desses rumores já naquele terrível e ao mesmo tempo comovente verão de 1882 em Tautenburg com Lou Salomé.

A 13 de março de 1882 Paul Rée fora de Gênova, onde visitara Nietzsche, para Roma, e lá, na casa de Malwida von Meysenbug, conhecera a russa de vinte anos de idade Lou Salomé. A talentosíssima filha de um general russo de origem huguenote deixara a Rússia com a mãe depois da morte do pai em 1880, para estudar em Zurique. A jovem estava gravemente doente dos pulmões, os médicos lhe davam poucos anos de vida, por isso ela se dedicou mais ainda ao estudo de filosofia, história das religiões e história da cultura. Impressionava pela sua precoce paixão intelectual, curiosidade e energia vital. No outono de 1881 ela escrevera em Zurique o seu poema "Oração da vida", que deixou Nietzsche arrebatado e que ele musicou com o título "Hino à vida", e em 1887, muito depois da ruptura, fez Peter Gast arranjar para coro e orquestra — única de suas composições que queria mandar imprimir. Os versos que o emocionavam particularmente dizem: "Certamente um amigo ama o amigo assim, / como eu te amo, enigmática vida / (...) Ser milênios! Pensar! / Enlaça-me com teus dois braços: / Se não tens mais felicidade a dar-me — / muito bem — ainda tens a dor" (Lou Andreas-Salomé 301).

Em fins de 1881 Lou interrompeu seus estudos em Zurique porque não tolerava o clima. Os médicos recomendaram tratamento no sul. Assim ela foi a Roma com a mãe. Lá na casa dos Meysenbug logo se tornou centro de um círculo social, e quando Paul Rée chegou, apaixonou-se imediatamente pela inteligente russa. Os dois vagavam por Roma noites inteiras, mergulhados em diálogos intermináveis. Rée apresentou à jovem as ideias de seu livro filosófico-moral, no qual estava trabalhando. Rée escreve a Nietzsche que jamais conhecera uma interlocutora assim, que adivinhava seus pensamentos antes que ele os terminasse de formular. Era uma vertigem, e ele queria que Nietzsche participasse disso. A aliança viril entre eles nada sofreria. Ele convida o amigo a vir para Roma. Malwida von Meysenbug também manda um convite, também está impressionada com a jovem russa, e acha que Nietzsche a tem de conhecer. "Uma mocinha muito singular (...) que me parece ter chegado mais ou menos aos mesmos resultados que você até aqui, no pensamento filosófico (...) Rée e eu concordamos no desejo de vê-lo alguma vez junto dessa criatura extraordinária" (Janz 2, 121).

O convite para Roma, os relatos sobre Lou deixam Nietzsche curioso e agitam de novo seus planos de se casar. Quer uma companheira que cuide de sua vida doméstica como a irmã fez por muito tempo, seja sua secretária e talvez até, diferentemente da irmã, seja uma parceira intelectual de conversas como a outra não poderia ser. Em tais ocasiões por vezes Nietzsche age com rápida determinação. Assim foi, por exemplo, em abril de 1876, quando pediu em casamento quase de surpresa a Mathilde Trampedach, quando mal haviam se encontrado três vezes em companhia de outras pessoas. A mulher recusou assustada, e Nietzsche volta a se recolher como se nada tivesse acontecido. Nem sinal de amor ou grandes emoções. E também em março de 1882, com as notícias de Roma, lhe volta com a mesma rapidez a ideia de se casar.

Numa carta a Overbeck de 17 de março de 1882 ele se queixa primeiro de sua máquina de escrever defeituosa, depois de seus olhos ruins, e após comentar que precisaria de uma *máquina para ler em voz alta*, ele prossegue: *Preciso junto de mim uma pessoa jovem inteligente e suficientemente instruída para poder trabalhar comigo. Até um casamento de dois anos serviria para esse fim — mas naturalmente haveria nesse caso algumas outras condições em jogo* (B 6, 180). Em 21 de março, numa carta a Paul Rée, a conversa é sobre o mesmo desejo, em verdade em tom irônico, num galanteio levemente quebrado: *Saúde essa russa por mim, se isso tem algum sentido. Sou cobiçoso por esse tipo de alma. Sim, à noite, saio à caça delas. Em consideração àquilo que quero fazer nos próximos 10 anos, tenho necessidade delas. Um capítulo inteiramente diferente é o casamento — eu poderia estar de acordo, no máximo, com um casamento de dois anos de duração* (B 6, 185s.). Porém Nietzsche não viaja logo para Roma, e sim para Messina. Fica sabendo por Paul Rée que essa viagem aumentou sua importância aos olhos da russa, como se se tratasse de uma encenação bem-sucedida. Rée escreve: *Você deixou a jovem russa espantada e magoada com esse passo* (a viagem a Messina). *É que ela está tão ansiosa por ver você e lhe falar* (15, 120; Crônica).

Assim essa relação começa antes de ter realmente iniciado. Em fim de abril acontece o primeiro encontro, na catedral de São Pedro em Roma. Primeira palavra de Nietzsche: “De que estrelas caímos um ao encontro do outro?” (Janz 2, 13). Poucos dias depois, como seis anos antes fizera com Mathilde Trampedach, ele faz o primeiro pedido de casamento a Lou. A história é muito enrolada, porque ele usa como intermediador no pedido o seu amigo Rée, que tem lá suas próprias ambições nesse sentido. Lou recusa pretextando razões econômicas, mas elabora com mais paixão ainda o plano de formarem uma espécie de aliança em três, para trabalhar e estudar, ocupando uma mesma moradia, talvez em Viena ou Paris; por razões de decência, a mãe de Lou ou a de Rée poderiam ficar junto, ou a irmã de Nietzsche. Este também gostou do plano, depois de recusado seu pedido de casamento, e vai se ater a ele ainda por um ano inteiro. Seja como for, essa tríplice aliança intelectual era bem do gosto de Lou, que, segundo escreve em suas memórias, sonhava com um "gabinete de trabalho agradável, cheio de livros e flores, a cada lado um quarto de dormir, e — andando de um lado para outro — companheiros de trabalho num círculo alegre e sério" (Janz 2, 125). Nietzsche também podia imaginar muito bem esse tipo de comunidade de trabalho com fortes emoções, pois depois de sua experiência em Surley estava decidido a fundamentar a doutrina do eterno retorno com um rigoroso estudo de ciências naturais.

Voltando para a Alemanha encontraram-se em começo de maio no lago de Orta, na parte superior da Itália; finalmente Nietzsche conseguiu oportunidade de fazer um passeio a sós com Lou. O caminho subia pelo Monte Sacro, mais tarde Nietzsche há de lembrar isso como um acontecimento sagrado, cheio de pressentimentos que nunca se realizaram, e de promessas jamais cumpridas. Não sabemos o que aconteceu no Monte Sacro. Nietzsche nada comentou, e Lou pouca coisa; mais tarde ela disse a um amigo: "Se beijei Nietzsche no Monte Sacro — não lembro mais" (Peters 106). Seja como for, Nietzsche, no encontro seguinte, em Lucerna, sentiu-se animado a um segundo pedido de casamento, dessa vez sem mediador. Lou recusa mais uma vez, sentindo-se ao mesmo tempo atraída e repelida por Nietzsche. Era atraída pela aventura do pensamento na qual ele a enrolara. Mas era repelida pelo pathos dele, rigidez e formalidade contrastando com a atitude do espírito livre. Ela entendia isso como um coquetear com certa perversão que ele nem possuía. Mas Nietzsche pareceu suficientemente sedutor para deixar Rée enciumado, querendo saber de Lou o que exatamente acontecera no

Monte Sacro, preparando-a para o próximo pedido de casamento de Nietzsche, não apenas em tom de brincadeira mas também inquieto.

Depois de recusado seu segundo pedido de casamento, Nietzsche colocou toda a sua esperança naquele plano triangular. Mas não era possível ignorar que, apesar da aliança tríplice, ele na verdade estava concorrendo com o amigo em relação a Lou. Por isso, deve-se enfatizar particularmente como essa amizade prosseguiu: *Não poderíamos ser amigos de maneira mais maravilhosa do que agora somos*, escreve ele a Paul Rée a 24 de maio de 1882, e numa carta do mesmo dia a Lou ele diz: *Rée é em tudo um amigo muito melhor do que eu sou e posso ser; preste atenção nessa diferença!* (B 6, 194s.). Até ali tinham estado juntos apenas poucos dias e horas. Nietzsche quer ficar mais tempo a sós com Lou. Talvez assim ainda conseguisse conquistá-la. Será que ele conhece bem seus próprios desejos? Declara expressamente a Peter Gast que ali não estava em jogo o conceito de *relação amorosa* (B 6, 222; 13 de julho de 1882). E num rascunho de carta a Malwida von Meysenbug, define a relação como *amizade firme*. Chama Lou de *uma alma verdadeiramente heroica*, e manifesta o desejo de *ter nela uma discípula, e se minha vida não for muito longa, minha herdeira e continuadora do meu pensamento* (B 6, 223s.; 13 de julho de 1882). E nesse sentido Nietzsche falou com a própria Lou. Precisou desfazer a desconfiança dela, que não pensasse que a desejava apenas como secretária, e por isso escreve: *Até aqui jamais pensei em fazer você "ler alto ou escrever" para mim; mas desejei muito poder ser seu mestre. Em última instância, para dizer a verdade toda: agora procuro pessoas que possam ser meus herdeiros; trago comigo algumas coisas que não se podem ler em meus livros — e para isso procuro a terra mais bela e mais fecunda* (B 6, 211; 26 de junho de 1882). Lou não precisava ler isso como declaração de amor, aliás as cartas de Nietzsche a Lou são pouco eróticas. Mas há nelas frases que podiam trair para Lou um fremir subterrâneo. A 27 de junho de 1882 ele lhe escreve: *Tive de silenciar porque falar de você me teria derrubado cada vez* (B 6, 213).

E depois, o verão em Tautenburg na Turingia. Lou fora até lá a um convite de Nietzsche. Antes visitara os festivais de Bayreuth, frequentara a casa dos Wagner, conhecera a irmã de Nietzsche. Elisabeth foi testemunha invejosa do seu sucesso social nos salões e recepções. Ali não se falava bem do agora afastado Nietzsche, e Elisabeth achou que aquela jovem russa deveria ter defendido seu irmão com mais determinação. Mas ela não o fez, traindo-o e participando dos comentários maldosos — pelo menos foi o que sentiu Elisabeth, mas sobretudo foi o que relatou mais tarde ao seu irmão.

Na viagem juntas a Tautenburg, Lou e Elisabeth tiveram uma briga séria, e a partir desse momento a irmã se transformou em inimiga vingativa da outra. Mais tarde diria que, nas suas acusações morais, Lou declarara que Nietzsche era uma fraude, que sob o disfarce de amizade intelectual procurava um casamento insensato, que era um egoísta e sua obra mostrava sinais de demência. Não sabemos o que Lou realmente disse naquela ocasião; mas a irmã contou tudo assim a Nietzsche, que, como mais tarde escreveria numa carta, ficou quase *louco* com isso (B 6, 435; 26 de agosto de 1883).

Apesar da hostilidade, Elisabeth passa as semanas junto com Lou e Nietzsche em Tautenburg, mas os dois mal lhe dão atenção, e ela fica excluída daquela intensa comunidade de diálogos. Como entrementes Rée sente ciúme da relação dos dois, Lou faz um diário sobre essas semanas, na forma de cartas a Rée. Elas dão uma ideia bastante precisa do idílio de Tautenburg. Poucas horas depois da chegada, relata ela, tinham ido além da "tagarelice banal" e voltaram à antiga intimidade. Ocupavam casas separadas; de manhã Nietzsche apanhava Lou para longos passeios e intermináveis conversas. Lou escreve: "Nessas três semanas praticamente nos matamos de tanto falar (...) Estranho como involuntariamente nesses diálogos chegamos à beira de abismos, aqueles lugares de vertigem onde subimos solitários para contemplar a profundeza. Sempre escolhemos a trilha das cabras, e se alguém nos tivesse escutado pensaria que éramos dois demônios conversando" (15, 125; Crônica).

De que falavam? Dificilmente sobre seus sentimentos mútuos, só uma vez Nietzsche sussurra "Monte Sacro — a você eu devo o sonho mais encantador da minha vida" (Peters 133). Falam sobretudo na morte de Deus e na nostalgia religiosa. "O traço religioso de nossa natureza é o que temos em comum", escreve Lou, "e exatamente por isso talvez irrompeu tão intensamente em nós, porque somos espíritos livres no sentido mais extremo. No espírito livre o sentimento religioso não pode se ligar a nada divino e a nenhum céu fora de si, onde seriam validadas as forças formadoras da religião, como fraqueza, medo e cobiça. No espírito livre, a necessidade religiosa que nasce da religião (...) lançada de volta sobre si mesma, pode se tornar força heroica da essência dele, ímpeto de entrega a um objetivo grandioso." O caráter de Nietzsche mostraria em extraordinária medida esse traço heroico. E por isso ainda se veria "que ele aparece como mensageiro de uma nova religião, e será aquela que conquista heróis como apóstolos" (Peters 136). Isso escreve a perspicaz observadora Lou meio ano antes de Nietzsche realmente tentar anunciar uma espécie de religião, com o seu "Zaratustra".

Foram semanas felizes e intensas em Tautenburg, mas também havia momentos que faziam Lou sentir o estranho e o sinistro que Nietzsche emanava. "Em alguma profundeza oculta de nossa natureza", escreve ela, "estamos inteiramente distanciados um do outro. Na sua natureza, como numa velha fortaleza, Nietzsche tem muitos calabouços escuros e porões escondidos que não são percebidos num encontro superficial, mas que podem conter o mais pessoal dele. Estranho, recentemente me ocorreu, com súbita intensidade, que alguma vez poderemos até nos defrontar como inimigos" (Peters 134). E é o que acontece. Nietzsche não quis perceber que Lou não amava como ele talvez desejasse; confundiu a intensidade entre eles, e a felicidade particular que Lou vivenciava nos diálogos com ele, com a felicidade amorosa, que não estava em jogo ali para Lou. Ele não tinha de que a acusar, pois amor não se pode nem forçar nem exigir, e se nos enganamos nisso não é necessariamente porque fomos enganados. Lou não fingira nada para ele. Mais tarde formulou com suficiente clareza o mal-entendido e o dramático desencontro entre eles. Em seu livro "Lutando por Deus", três anos depois, ela escreve: "Nenhum caminho leva da paixão sensual para a simpatia espiritual essencial — mas muitos caminhos levam desta para aquela" (Peters 157).

Obviamente em Nietzsche essa "simpatia essencial" passara para uma paixão de tonalidades sensuais que Lou não conseguia devolver. E também em Nietzsche o aspecto sensual estava em jogo com grande ambivalência, porque depois da ruptura irrompe toda a repulsa física que certamente também sentia em relação a Lou, quando, em uma carta não enviada ao irmão de Paul Rée, escreve a respeito dela: *Aquela macaca magricela suja malcheirosa com seus seios falsos — um horror!* (B 6, 402; meados de julho de 1883).

Em retrospectiva, toda essa história lhe parece uma *alucinação* (B 6, 374; 10 de maio de 1883). Ele a explica da seguinte maneira: obviamente agora se tornou um ermitão; desabituado ao convívio com as pessoas, não sabe mais viver com elas. Está desprotegido, vulnerável diante delas: *por assim dizer falta a pele à minha alma, e todas a medidas de proteção naturais* (B 6, 423; 14 de agosto de 1883). Assim, ele não percebera o jogo que jogavam com ele. Tinham-no atraído a Roma para conhecer Lou. Talvez Malwida e Rée até tivessem boas intenções, talvez realmente só quisessem lhe conseguir uma interlocutora interessante. O amigo Rée não lhe revelara seus sentimentos por Lou, e assim o enganara. E ele próprio, julga-se Nietzsche agora, nada percebera de tudo aquilo, sobretudo porque seu conhecimento prático das pessoas era falho. Então aceitara a sugestão da aliança tríplice sem notar, parece-lhe agora, que apenas o estavam querendo consolar. Depois de Tautenburg, Lou e Rée mantiveram ainda algum tempo aquele plano, mas apenas para o apaziguar. Enquanto ele ainda se aferrava à ideia da aliança tríplice, Lou e Rée já transformavam em ação seu propósito de morarem juntos em Berlim. E depois, as horrendas calúnias que chegam aos ouvidos dele através da irmã, em quem ele vai acreditar cada vez mais, na medida em que sentir que Lou e Rée o enganaram. Essa tríplice calúnia — que ele era um egoísta, que sob disfarce idealista perseguia intenções sexuais, e que sua obra era a de um semidemente (B 6, 399; meados de julho de 1883) —, isso o marca a fogo. E só dificilmente ele consegue se libertar.

Falta-lhe com efeito uma proteção de imunidade, faltam-lhe as *regras de proteção naturais*, a distração por um convívio habitual com outras pessoas. O eremita é torturado pelas suas fantasias; quando mais tarde Nietzsche conhece a "Tentação de Santo Antônio", de Flaubert, reconhecerá ali o que significa ser dominado pelas próprias torturantes fantasias. Mas Nietzsche luta pela Vontade de poder sobre si mesmo, suspeita de suas próprias suspeitas, e assim consegue de repente ver todo aquele tumulto sob outra luz. Então, como escreve a 14 de agosto de 1883, Lou lhe aparece de novo como *uma criatura de primeira categoria, é uma pena por ela (...) Ela me faz falta, mesmo com suas más qualidades* (B 6, 424).

Jamais dirá claramente que *más qualidades* eram aquelas. Dependemos de suposições. Ele lhe revelou sua existência espiritual como a ninguém antes disso. Sentia que havia entre eles um entendimento profundo e único. Ela tocara o centro de seus *talentos* e *intenções* (B 6, 254; 9 de setembro de 1882). Ele se sentia quase inteiramente compreendido por ela: *Algumas grandes perspectivas do horizonte espiritual e ético são minha mais poderosa fonte de vida, e sinto-me tão contente porque exatamente nesse chão nossa amizade tem suas raízes e esperanças* (B 6; 204; 12 de junho de 1882). São até *parecidos demais, "parentes de sangue"* (B 6, 237; 14 de agosto de 1882), e como resultado ele escreve à irmã, defendendo Lou, que *qualquer difamação que a atingir me atingirá primeiro* (B 6, 254; 9 de setembro de 1882). Mas com isso a sala de espelhos estará concluída, pois quando depois da separação ele difama Lou, realmente está atingindo a si mesmo. Mas mais uma vez: de que a acusa? De que o compreendeu tão bem, mas isso não é motivo de censura. Não, mas que ela o tenha entendido tão bem e depois prosseguisse em seu caminho com sua incontrolável curiosidade pelas pessoas, em vez de permanecer sob o fascínio dele, que o tivesse largado de novo, como a um mero estágio de sua formação, deixando-o para trás — isso é uma ideia insuportável para Nietzsche. Não era possível para ele esclarecer em relação a Lou: você foi convidada para a mesa de outro rei... Nietzsche não mostrou a soberana serenidade de um Zaratustra, que estimulava seus discípulos que o deixassem depois de o terem encontrado.

Exatamente isso, que Lou se libertasse dele seguindo seus caminhos, foi o que o feriu profundamente. Sentiu-se usado, desperdiçado. Uma discípula lhe dá a entender que o compreende, e depois vai procurar outros mestres. Nietzsche sofreu isso como uma ofensa inaudita. Ele se largara em suas mãos e depois ela o largara de mão. Agora, no inverno de 1882/83, ele se sente lançado de volta a si mesmo como nunca antes. Em dezembro de 1882, escreve a Franz Overbeck: *Agora estou inteiramente só diante da minha tarefa (...) Preciso de um baluarte contra o mais insuportável de tudo* (B 6, 306). Semanas depois vêm aqueles dez dias em que ele escreve a primeira parte do "Zaratustra", como que numa vertigem. Sem dúvida: essa obra foi para ele o ominoso *baluarte contra o mais insuportável de tudo.*

* * *

O trabalho no Zaratustra — na verdade não é um trabalho, mas um jogo extático — transfere Nietzsche para um estado de exceção, erguido acima do tumulto humano e das tempestades humanas, para a atmosfera clara das mensagens sublimes. A 10 de fevereiro de 1883 escreve a Franz Overbeck: *Sinto-me como se tivesse relampejado — por um breve lapso de tempo eu estava inteiramente nos meus elementos e na minha própria luz. E agora acabou* (B 6, 325).

As primeiras cenas do "Zaratustra" mostram nítidos sinais das mágoas e desesperos dessas semanas, pois no começo descreve como Zaratustra deixa a felicidade de estar só consigo mesmo e vai entre os humanos, e lá de início se torna objeto de zombaria. Zaratustra, diz o prefácio, deixara sua pátria e por dez anos se recolhera nas montanhas: *Ali saboreava o seu espírito* (4, 11), até o excesso, até o verdadeiro transbordar: *essa taça quer ficar vazia e Zaratustra quer voltar a ser humano*, na medida em que partilha seu tesouro com os homens: *E assim começou o ocaso de Zaratustra* (4, 12). Em breve Nietzsche perceberia que esse pathos também tinha efeito cômico. Quando no fim do verão de 1882 parte precipitadamente depois de brigar com a mãe e a irmã por causa de Lou, a irmã comenta maldosamente: "E assim começa o ocaso de Zaratustra!" (B 6, 256). Ela conhece a frase da "Gaia Ciência", de 1882, onde no fim do quarto volume Nietzsche faz Zaratustra aparecer pela primeira vez.

É o ocaso de Zaratustra quando ele desce até os humanos, e assim o próprio Nietzsche vivenciou seus envolvimentos no ano de 1882. Olhando mais tarde para esse verão, e depois de concluir o primeiro Zaratustra, ele escreve a Overbeck: *Fiquei tão irritadiço com aquele convívio exclusivo com figuras e acontecimentos ideais*, *que convivendo com as pessoas de agora sofro terrivelmente e sinto terríveis carências* (B 6, 337; 22 de fevereiro de 1883).

A primeira mensagem que Nietzsche faz o seu Zaratustra anunciar é a doutrina do *além-do-homem*. Zaratustra a apresenta em condições desfavoráveis e no lugar errado. As pessoas estão reunidas na praça para assistirem às artes de um aramista. Querem divertir-se, saboreando as cócegas do perigo que o aramista corre. Zaratustra fala com aquele público sedento de sensacionalismo como se se tratasse de uma multidão faminta por metafísica, que devia ser convencida a gozar dos prazeres terrenos.

Permaneçam fiéis à terra, brada Zaratustra aos espectadores, *e não creiam naqueles que os querem persuadir de esperanças supraterrenas!* (4, 15). Como é que Zaratustra poderia ter a impressão de lidar com gente que precisava ser desviada de *esperanças supraterrenas*! É o que parece necessário ali. Zaratustra chega com uma mensagem, mas não conhece aquela gente, por isso o pathos soa tão falso. Nietzsche encenou intencionalmente aquela discrepância, pois no final (do prefácio) ele deverá aprender que sua missão precisa começar de outro modo: *Acendeu-se uma luz em mim: Zaratustra não deve falar com o povo, mas com companheiros!* (4, 25).

Como a partir dali Zaratustra evitasse o mercado e só procurasse companheiros aos quais pudesse pregar, não precisa mudar seu tom de pregador. Não evita o pathos, só as situações em que ele é particularmente penoso. Fala com *todos* e com *nenhum*, com os *irmãos* e *amigos*, e admite que sua fala é um monólogo, que imagina um terceiro — amigos, discípulos, humanidade, para que a conversa entre *eu e mim* não permaneça interiorizada. *O terceiro é a rolha que impede que a conversa dos dois* (= eu e mim) *baixe às profundezas* (4, 71). Mas depois do prefácio, onde o público habitual faz o papel do *terceiro* renitente, Nietzsche desiste de opor uma verdadeira contraparte ao seu Zaratustra. Por isso as falas deste parecem tão monótonas em seu monologar sem objeções. Depois que Zaratustra se afastou do mercado e, portanto, do lugar de um possível fiasco, fala no vazio. Nietzsche deveria ter deixado no palco *os últimos humanos*, e Zaratustra deveria ter de lutar com eles, só assim a doutrina do além-do-homem teria ficado mais contrastante e mais nítida.

Mas o que é esse além-do-homem, como o devemos representar? Primeiro, trata-se apenas de uma nova expressão para um tema que Nietzsche já rondou no período das "Considerações Extemporâneas" — o tema da autoconfiguração e do autodesenvolvimento[23]. Em "Schopenhauer como Educador", Nietzsche descrevera, por exemplo, suas experiências com Schopenhauer, como uma jovem alma encontra o *princípio básico* de seu *verdadeiro eu* (1, 340) atravessando a fileira de modelos sob cuja influência esteve. Uma alma decidida e exaltada descobrirá o caminho de mais intensidade. Cada modelo age como estímulo para si

23 Em alemão, "Steigerung", que pode ser intensificação, exaltação, crescimento, desenvolvimento (N.da T.).

próprio. Conduzidos pelos modelos, devemos sair de nós mesmos para chegarmos ao cume de nossas possibilidades. O verdadeiro eu, escreveu Nietzsche aquela vez, não é encontrado em nós mesmos, mas por cima de nós: *Tua verdadeira natureza não está profundamente oculta dentro de ti, mas imensuravelmente alto por cima de ti, ou pelo menos por cima daquilo que habitualmente consideras o teu eu* (1, 340s.; SE). Portanto, não devemos trair o nosso melhor eu (que somos na medida em que nos tornamos ele). Devemos e podemos esperar algo de nós mesmos; podemos nos prometer algo não só da vida em geral, mas também de nós mesmos, e devíamos cumprir essa promessa da qual somos a encarnação inacabada. Em cada tentativa de autoconfiguração, no sentido do desenvolvimento, já age a vontade que busca o além-do-homem.

Nessa interpretação do além-do-homem ainda não se fala em biologia, mas das forças espirituais autoplasmadoras do ser humano, sua capacidade de autocontrole e autoformação em linha ascendente. Para um ideal de além-do-homem assim entendido, Nietzsche já encontrara a formulação marcante em "Humano, Demasiado Humano": *Deves tornar-te senhor de ti mesmo, senhor também de tuas próprias virtudes. Antes elas eram teus senhores; mas deverem ser apenas teus instrumentos junto com outros instrumentos. Deve adquirir poder sobre o teu pró e o teu contra, e aprender a desatá-los e ligá-los de novo teu segundo objetivo mais alto* (2, 20) É desse além-do-homem que Zaratustra fala quando anuncia: *Eu amo aquele que tem espírito livre e coração livre* (4, 18; ZA).

Mas não é só do além-do-homem como atleta da autoconfiguração que se fala. Nas palavras de Zaratustra também se mesclam tons biologísticos quando ele explica: o ser humano, tal como aparece agora, originou-se do macaco, mas ainda tem em si muito de simiesco, e é excessivamente comodista, querendo retornar ao mundo animal. O ser humano é uma criatura em transição. Ainda se move entre o macaco do qual se origina e o além-do-homem que talvez venha a se tornar. *O que é o macaco para o ser humano: uma risada ou uma vergonha dolorida. E exatamente isso o ser humano deve ser para o além-do-homem: uma risada, ou uma vergonha dolorida* (4, 14).

A linguagem metafórica no "Zaratustra" só indica o conteúdo biológico, nas anotações dos tempos de Zaratustra Nietzsche é mais claro. Ali escreve que *O objetivo é a evolução superior de todo o corpo, não apenas do cérebro* (10, 506). Não teria combinado com o pathos das falas de Zaratustra aludir com excessiva clareza aos aspectos da evolução superior física do ser humano. Acaso Zaratustra deveria dizer algo sobre pelagem, musculatura, comprimento de braços e tamanho de crânio do além-do-homem? Seria cômico demais. No que diz respeito à temática do corpo do além-do-homem, Zaratustra meramente recomenda àquele que pretende se casar: *Não deves querer a reprodução, mas ascensão! Para isso te auxilie o jardim do matrimônio* (4, 90).

Os pensamentos contemporâneos de reprodução biológica e evolução eram conhecidos de Nietzsche. Mandara levar para Sils Maria livros a respeito, já no verão de 1881. Teria de ser um ignorante para não ser influenciado pela larga torrente do pensamento biológico evolucionista estimulado pelo darwinismo. Apesar de toda a crítica a Darwin, Nietzsche não consegue fugir da poderosa sugestão desse pensamento. Há duas ideias básicas que, como bem geral da cultura intelectual daqueles anos, também para Nietzsche se haviam tornado naturalmente fundamentais em um segundo plano.

Uma delas é a ideia da evolução. Relacionada com a cultura espiritual e a consciência, ela não é nova. Todo o hegelianismo e a escola histórica subsequente a pôs em cena como lei de evolução das metamorfoses espirituais. O que Darwin acrescentou de novo — essa é a segunda ideia fundamental — foi a aplicação da hipótese evolucionista à substância biológica.

A história biológica da origem do ser humano provindo do reino animal atuava, de um lado, como uma drástica desvalorização do humano. O macaco se torna nosso parente mais antigo, por isso Nietzsche faz o seu Zaratustra declarar: *Outrora fostes macacos, e agora ainda o homem é mais macaco do que qualquer macaco* (4, 14). A definição do ser humano como produto de evolução biológica fez com que também o chamado espírito fosse entendido como parte do corpo — da cabeça, da medula, dos nervos e assim por diante.

Nesse sentido, também Nietzsche dirige sua atenção para o lado fisiológico dos processos espirituais, e no "Zaratustra" fala da *grande razão* do corpo: *o corpo criador criou para si o espírito como uma mão de sua vontade* (4, 40). Mas essa naturalização do espírito e a relativização, a isso ligada, da posição singular do ser humano, sua desvalorização, portanto, é apenas um aspecto dos efeitos do darwinismo.

O outro aspecto consiste, inversamente, em visões eufóricas de uma evolução ascendente do ser humano. Agora também podemos aplicar a ideia do progresso à evolução biológica. Se a evolução levou até ao ser humano, por que terminaria nele? Por que não poderá existir um ser vivo mais elevado, um além-do-homem como tipo biológico superior? Em Darwin a expressão "além-do-homem" não aparece — mas esse futurismo biológico em relação ao ser humano também não lhe era estranho: a lógica do pensamento evolucionista teve de conduzir a essas fantasias. Darwin escreveu: "O ser humano deve ser desculpado por sentir algum orgulho, embora não esteja por esforço próprio no alto de toda a escada orgânica; e o fato de que tenha subido dessa maneira em lugar de ter sido colocado ali originalmente, pode lhe dar a esperança de no futuro ter uma destinação mais alta ainda" (Benz 88).

Mesmo assim, Darwin era cético. Nem por um momento esquecia que é o limitado espírito humano que imagina um tal futuro, que ali estão em jogo um pensamento desejoso e uma autossupervalorização. "Podemos confiar no intelecto do ser humano, que, conforme creio absolutamente, se desenvolveu do intelecto tão inferior quanto o dos animais mais inferiores, quando tira conclusões tão grandiosas?" (Benz 89).

Mas os darwinistas tiveram menos escrúpulos. David Friedrich Strauss, que Nietzsche criticava acerbamente, segue ilimitadamente a ideia da ascensão biológica, e nele Nietzsche não critica essa ideia darwinista da evolução em si, mas apenas as cômodas ideias de Strauss de um tipo humano mais elevado, porém ainda animal doméstico. Especialmente Eugen Dühring, a quem Nietzsche comenta amplamente em 1875 e do qual aprende muita coisa (apenas para mais tarde falar sarcasticamente dele), desenvolve com intensa argumentação a ideia de que a evolução condenou a maior parte das espécies à degeneração e à extinção, mas que provavelmente o ser humano ainda tinha pela frente uma história de incríveis sucessos. Ele escreve que tudo indica uma evolução "que um dia, em vez de transformar a humanidade em um cadáver, a tornará uma espécie enobrecida, bem diferente da de agora" (Benz 102).

O "além-do-homem" entendido como tipo biológico era, pois, uma figura contemporânea do darwinismo, o que não agradava nada a Nietzsche. Ele rejeita essa contemporaneidade de suas visões. Quer ficar longe especialmente do darwinismo vulgar e do cenário dos respectivos tratados e panfletos. O além-do-homem dele deve ser algo único, e original.

Quer se livrar também de outros parentescos. Thomas Carlyle e Ralph Waldo Emerson — para esse último Nietzsche até tem elogios — também haviam formulado a ideia de que a humanidade poderia ascender em uma série de além-do-homem: heróis, gênios, santos — figuras, pois, nas quais a humanidade criativa pode ser vista como desenvolvida, modelar e arrebatadora nos territórios da arte, política, ciência e guerra. Aqui também a ideia evolucionista tem um papel importante, pois Carlyle e Emerson veem em vultos como Lutero, Shakespeare ou Napoleão não apenas acasos positivos da cultura, mas prenúncios de uma profunda modificação substancial qualitativa do gênero humano.

Nietzsche recusa energicamente a ligação tanto com a concepção darwinista quanto com a interpretação idealista do além-do-homem. Em "Ecce Homo" ele se queixa de que sua ideia do além-do-homem fora fundamentalmente mal interpretada: *A palavra "além-do-homem" para designar um tipo altamente bem sucedido em contraste com seres humanos "modernos", homens "bons", cristãos e outros niilistas — palavra que na boca de um Zaratustra, o exterminador da moral, se torna muito reflexiva, tem sido entendida quase em toda parte com total inocência no sentido daqueles valores cujo oposto foi apresentado na figura de Zaratustra, quer dizer como tipo "idealista" de um tipo superior de ser humano, meio "santo" meio "gênio"... Outra besta erudita suspeita de que eu seja darwinista; reconheceram nele até mesmo o "culto do herói" daquele grande falsário Carlyle, que recusei tão indignado. Aquele a quem eu sussurrar que procure encontrar antes um César Bórgia do que um Parsifal, não acreditará em seus ouvidos* (6, 300).

Quando Nietzsche se queixa de que o seu além-do-homem é mal interpretado *como tipo "idealista" de uma espécie superior de ser humano*, obviamente esqueceu seus próprios começos. Pois no "Nascimento da Tragédia", e sobretudo em "Schopenhauer como Educador", ele elaborara um conceito do gênio que se assemelha àquele tipo que ele mais tarde criticaria, do *meio santo meio gênio*. *Quem poderia se atrever,* escreve Nietzsche no rascunho de um prefácio de "O Nascimento da Tragédia", *a dizer do santo do deserto que ele é uma falha da mais alta intenção da vontade do mundo?* (7, 354). O gênio e o santo eram para Nietzsche os *picos de encantamento* do mundo, eram ascetas, extáticos, seres humanos criativos e espirituais, mas não tipos César Bórgia, não heróis da vitalidade, nem naturezas fortes, não atletas da amoralidade. No tempo do Zaratustra e depois, Nietzsche apaga certos traços idealistas e meio religiosos da imagem do seu além-do-homem. Só no quinto volume da "Gaia Ciência" (escrito depois do "Zaratustra") o além-do-homem aparece como grande jogador inescrupuloso, como terror dos cidadãos, e natureza amoral. Lá ele fala do *ideal de um espírito que brinca ingenuamente, isto é, involuntariamente e com transbordante plenitude e força, com tudo o que até ali era considerado sagrado, bom, intocável, divino (...); o ideal de um bem-estar e bem-querer humano — sobre-humano, que muitas vezes há de parecer desumano* (3, 637; FW).

Em "Sobre a Genealogia da Moral", um ano e meio antes do seu colapso, Nietzsche nos apresenta então aquela famigerada *besta loura*, que com a *inocência de uma consciência de animal de rapina (...) talvez parta de uma horrenda sequência de assassinato, incêndio, violação, tortura, com uma euforia e equilíbrio espiritual tais como se tivesse cometido apenas uma brincadeira de estudantes* (5, 275; GM). Nesse contexto não fica bem claro se tais exemplares da *raça nobre* que Nietzsche pensa encontrar sobretudo na Renascença italiana encarnam com efeito o tipo desejável do futuro além-do-homem. Ele escolhe aqueles exemplos para designar forças vitais adormecidas no ser humano. Mas também é certo que não era defensor do simplesmente desenfreado. Para Nietzsche, é sempre o princípio da formação que fornece o critério. A grande força teria de ser configurada por uma vontade forte. Por isso Zaratustra previne: *Queres as alturas livres, tua alma tem sede de estrelas. Mas também teus impulsos maus têm sede de liberdade* (4, 53). Também depois de afastar-se da imagem do além-do-homem idealista e do gênio de Schopenhauer de negação da vida, Nietzsche não está disposto a expulsar o espírito do campo da força.

O *gênio* schopenhaueriano que nega o mundo porque o sente como um escândalo moral, e mesmo assim é uma natureza tão poderosa que o supera internamente — para o Nietzsche dos tempos de Zaratustra, essa figura contém demasiada moral cristã. Nietzsche se prende ao ideal schopenhaueriano de autossuperação, mas nada mais quer saber do afastamento do mundo de Schopenhauer. Para ele, entrementes, autossuperação se tornou um aspecto da Vontade de poder, e da Vontade de poder sobre si mesmo. O além-do-homem impõe a si próprio a lei do agir, que por isso é uma lei individual, além da moral tradicional, que controla as pessoas comuns, mas ao além-do-homem só pode inibir.

Assim o além-do-homem se torna também o grande jogador que só cumpre aquelas regras com as quais ele mesmo se comprometeu. Mas não prosseguirá com esse jogo até o esgotamento ou o tédio. Faz parte da soberania de um além-do-homem também a força de poder interromper um jogo. Tem poder quem decide interromper o jogo. O além-do-homem é esse jogador poderoso. Também pode ser que ele participe por certo tempo daquele jogo que chamamos moral, mas o fará sem rigidez. Para ele, não há imperativos categóricos que entrem como raios na consciência de um sujeito fraco, mas apenas regras de jogo a serviço da arte de viver. Também faz parte do além-do-homem o desenvolvimento enérgico daqueles impulsos e tendências que habitualmente são julgados "maus". Mas não devem ser toscos, e sim elaborados. O além-do-homem deve apossar-se de maneira configuradora de todo o espectro da vitalidade humana. Nas anotações para a "Vontade de Poder", Nietzsche expressa isso assim: *No ser humano grande, as características específicas da vida, injustiça, mentira, exploração, são maiores* (12, 202).

Portanto o além-do-homem não deve ser idealisticamente enfermiço. Até aqui, a correção que Nietzsche faz do mal-entendido *idealista*. E o que acontece com o outro mal-entendido, o darwinista, contra o qual Nietzsche se defende em "Ecce Homo"? As formulações estão no primeiro anúncio do além-do-homem no "Zaratustra": *Fizestes o trajeto de verme a homem, e muitas coisas em vós ainda são verme* (4, 14) — inimaginável sem Darwin. Nietzsche preserva dois pensamentos básicos de Darwin: de um lado a doutrina da evolução na concepção especial da doutrina das origens; de outro lado, a ideia da luta pela existência como impulso do desenvolvimento evolucionista. Mas Nietzsche não vai interpretar a luta pela existência como luta pela sobrevivência, e sim como luta pela dominação. Isso se verá ainda no contexto da filosofia nietzschiana da "Vontade de Poder".

Por que se defende contra o mal-entendido darwinista, se sua proximidade com Darwin é tão evidente? *Darwin esqueceu o espírito (isso é tão inglês!)* (6, 121; GD), afirma Nietzsche. Acusa-o de ter transferido para o reino humano o efeito inconsciente da lógica evolucionista. Isso era inadmissível, pois no mundo humano todos os processos de evolução são rompidos e refletidos no ambiente da consciência, e isso significa: a evolução superior do ser humano não deve mais ser pensada segundo o modelo da evolução inconsciente da natureza, mas deve ser entendida como produto da ação livre, da livre criação. Portanto, no que diz respeito ao futuro além-do-homem, não podemos confiar em nenhum processo de crescimento natural, mas precisamos nós mesmos interferir. Porém, como?

Nietzsche assimilou tanto desse biologismo da doutrina de origem e de herança, que se aproxima do pensamento da criação no sentido de um regime de continuidade. E diz pouco a respeito disso. A recomendação *não deves apenas te reproduzir, mas subir!* (4, 90; ZA) já foi citada. Permanece obscuro o que significa biologicamente esse *subir*, mas mesmo assim Zaratustra não deixa dúvidas de que não se deveria permitir *aos demasiados* que se reproduzissem livremente. *Demasiados vivem e se penduram tempo demais em seus galhos. Que viesse uma tempestade para derrubar da árvore tudo o que está podre e roído pelos vermes!* (4, 94). É preciso pôr um fim nessa reprodução selvagem. Não deve continuar reinando o acaso e o poder da grande quantidade: *Ainda lutamos passo a passo com o gigante Acaso, e sobre toda a humanidade dominou até aqui ainda a insensatez, o sem-sentido* (4, 100; ZA). É preciso tomar medidas para evitar que *a loucura* de gerações irrompa nos que vivem agora e no futuro, e toda a história termine em uma grave *degeneração* (4, 98). Quais?

Naquele palco do pathos onde Zaratustra entoa suas árias, Nietzsche não precisa falar com clareza: *Prestai atenção em mim, irmãos, em cada hora em que vosso espírito quiser falar em parábolas: aí está a origem da vossa virtude* (4, 99). A virtude da linguagem figurada permite a Zaratustra falar por alusões: *Parábolas são todos os nomes de bem e mal: elas não pronunciam, apenas fazem acenos* (4, 98). Quem só faz acenos, que precisam ser interpretados, pode facilmente fugir da responsabilidade. Basta que explique que foi mal entendido. Mas o cenário das falas de Zaratustra é organizado de modo que o profeta não conte com nenhuma resistência, nenhuma indagação, nenhuma pressão por ser mais preciso. Ele fala num espaço sem ecos. Ali não há ninguém que o possa fixar em qualquer significado. Zaratustra não pode ser apanhado. Quando, tendo em vista os *demasiados*, ele diz: *Que venham pregadores da morte rápida* (4, 94), poderíamos entender isso como convite para matar os fracos e os enfermos antes que possam se reproduzir. Mas não é isso que diz Zaratustra. Nietzsche, contudo, por vezes pensava assim em seus momentos de raiva e indignação pelo ar sufocante da banalidade. Em seu caderno de notas ele escreve, na primavera de 1884, que para o futuro era importante *conseguir aquela inaudita energia da grandeza para, com a melhoria da espécie*[24] *de um lado, e, de outro lado, extermínio de milhões de deficientes, formar o ser humano futuro, e não sucumbir diante do sofrimento que se estava causando, e que jamais teve igual!* (11, 98).

Em seus últimos escritos Nietzsche vai largar inibições, romper a linguagem metafórica e tirar, em palco aberto, algumas consequências que não deixam adivinhar nada de bom daquela ideia do além-do-homem. *A humanidade como massa sacrificada em prol do crescimento de uma única espécie de ser humano mais forte — isso seria um progresso* (5, 315), escreve ele em "Para a Genealogia da Moral", e em "Ecce Homo" encontramos aquelas mal-afamadas frases sobre as tarefas do *futuro partido da vida*. Estamos indo ao encontro de uma *época trágica*, escreve ele. Por que *trágica*? O "sim" à vida terá de se armar com um cruel "não" a tudo o que diminui a vida e nos transforma em animal doméstico. *Lancemos um olhar para o século vindouro, imaginemos que meu atentado dê certo em dois milênios de antinatureza e violação do ser humano. Aquele novo partido da vida, que tomará nas mãos a maior de todas as tarefas, a criação de uma humanidade mais elevada, incluindo o extermínio implacável de tudo o que for degenerado e parasita, tornará de novo possível aquele excesso de vida na terra, do qual terá de brotar também outra vez o estado dionisíaco* (6, 313; EH).

Esse *excesso de vida* só se conseguirá criar quando os *demasiados* forem impedidos de se reproduzir, ou até eliminados — esses pensamentos

24 Em alemão, "Züchtung", criar uma espécie tendo em vista melhorar, corrigir defeitos, produzir algo superior (N. da T.).

verdadeiramente homicidas nascem para Nietzsche do *estado dionisíaco*. Por que Nietzsche relaciona o dionisíaco com suas visões do extermínio de pessoas em grande estilo? Resposta dele: quando se vivenciou com bastante profundidade o sentimento do mundo trágico-dionisíaco, notaremos que já na tragédia grega importava *ser o próprio eterno prazer do devir, aquele prazer que ainda encerra em si mesmo o prazer de exterminar* (6, 312; EH).

Com o seu Zaratustra, Nietzsche dá voz e forma a esse prazer de exterminar. Mas às vezes ele se sente mal com isso. Depois de concluir o segundo volume do Zaratustra, em fim de agosto de 1883, em uma carta a Peter Gast, Nietzsche fala da *mais terrível hostilidade que arrasto em meu coração contra toda essa figura do Zaratustra* (B 6, 443). E depois de concluir o quarto livro do "Zaratustra", ele escreve a seu amigo Frank Overbeck: *Minha vida agora consiste no desejo de que em tudo as coisas fossem diferentes do que eu as entendo; e que alguém tornasse minhas "verdades" inacreditáveis para mim* (B7, 63; 2 de julho de 1885).

As fantasias de extermínio ligadas com a imagem do além-do-homem têm duas raízes: uma coerência de pensamento e uma constelação existencial de problemas.

Quanto à coerência de pensamento, trata-se de um aguçamento da tese já desenvolvida em "O Nascimento da Tragédia", da justificação da cultura através da grande obra e do grande homem. Se a humanidade não existe por causa de si mesma, se em vez disso vale: *só em suas culminâncias, nos grandes "indivíduos", santos e artistas está seu objetivo* (7, 354), então também é permitido utilizar a humanidade como material para produzir um gênio, uma obra genial, ou — o além-do-homem. E se a massa estorvar nisso, tem de se abrir lugar — em caso de necessidade por eliminação do *degenerado*. Mas Nietzsche, também nas fantasias de extermínio, permanece uma alma com cordas delicadas, e por isso lhe é mais simpática a ideia de que os *deficientes* tivessem por si *a ideia* de se *sacrificarem* voluntariamente (11, 98).

Quanto à constelação existencial, nas fantasias de extermínio de Nietzsche atuam as graves ofensas de parte de um mundo que o queria diminuir e humilhar. Através do pensamento, Nietzsche desejava criar para si uma *segunda natureza*, maior, mais livre e mais soberana do que sua primeira natureza, da qual ele dizia: *Sou uma planta nascida perto da lavoura de Deus*. Para ele, o seu pensar era uma tentativa de ao mesmo tempo dar-se um passado a posteriori, um passado *do qual a gente gostaria de provir, em contraste com aquele do qual se provém* (1, 270; HL). Obviamente Nietzsche, que se erguera tão poderosamente até a sua *segunda natureza*, precisava empregar sempre mais força para impedir que a "primeira" natureza retornasse. Ele, que procurara refúgio em suas autoinvenções e autopercepções, sente-se vulnerável de todos os lados. É sempre amável, mas facilmente fica ferido por qualquer tipo de cumplicidade. Ofende-se quando as pessoas o tomam por um igual. Cresce nele o ódio àquilo que o puxa para baixo: o ambiente em Naumburg, a família, a irmã, a mãe, por fim também os amigos e naturalmente Wagner. Nenhum deles o compreende, mas pensam ter direito à sua amabilidade e compreensão. Nem uma pessoa o trata conforme mereceria sua posição. Durante o período de Zaratustra ele fica particularmente sensível a tudo que o faça sentir-se diminuído. A Ida Overbeck ele escreve em agosto de 1883: *Sinto-me como se estivesse condenado a silenciar ou a ser hipócrita no convívio com todas as pessoas* (B 6, 424).

Ele sente *a distância* (B 6, 418) que separa o *ser humano mais elevado* dos demais, mas interior e exterior não coincidem. Ele não vale como aquilo que é ou pensa ser. Está convencido de *que não existe ninguém capaz de fazer algo como esse Zaratustra* (B 6, 386; fim de junho de 1883). Em caso de necessidade, ele poderia suportar o anonimato, podem ignorá-lo, mas não podem puxá-lo para baixo. Isso é absolutamente intolerável. Sempre que termina um trabalho que lhe parece bem feito, sente vivamente em seu redor essa pressão para baixo. Pouco depois de concluído o primeiro volume do "Zaratustra", escreve a Peter Gast: *O último ano me (...) deu tantos sinais de que (incluindo meus "amigos" e parentes) me desprezam a mim e à minha verdadeira vida e atividade* (B 6, 360; 17 de abril de 1883).

Para ele todas essas ofensas, feridas, desprezos, se originam do mundo sufocante dos medíocres. Nietzsche, crítico do ressentimento, é ele próprio por vezes dominado pelo desejo de vingança contra os seres humanos comuns, os ressentidos, como quando, no "Zaratustra", ele quer abrir espaço para o seu além-do-homem atacando os *demasiados*. Sente-se rodeado por esses *últimos homens*, que têm seu *prazerzinho* cotidiano, que inventaram, *pestanejando*, a felicidade do trabalho, e que se entediam com o elevado e o sublime: *O que é o amor? O que é criação? O que é nostalgia? O que é estrela? — pergunta o último ser humano e pestaneja* (4, 19; ZA). Isso pesa e impede o voo nas alturas. E assim Nietzsche reage com fantasias de extermínio, ele, o além-do-homem a quem todos ainda hão de conhecer um dia, ai deles...

* * *

A imagem de Nietzsche do além-do-homem é ambivalente, e nela esconde-se um drama existencial. O além-do-homem representa um tipo biológico superior, poderia ser produto de uma melhoria de espécie intencional; mas também é um ideal para todo aquele que quer ter poder sobre si mesmo e cultivar e desenvolver suas *virtudes*, que é criativo e sabe tocar todo o teclado da capacidade humana de pensamento, fantasia e imaginação. O além-do-homem realiza o modelo do humano possível, por isso o além-do-homem nietzschiano é também uma resposta à *morte de Deus*.

Lembremos aquela famosa cena na "Gaia Ciência", onde se descreve como o *ser humano insensato* anda na claridade da manhã com uma lamparina e grita: *Estou procurando Deus! Estou procurando Deus!* (3, 480; FW), e depois: *Nós o matamos! (...) A grandeza dessa ação não será excessiva para nós? Não teremos de nos tornar deuses nós mesmos, para parecermos dignos dela?* (3, 481). O deicida tem de tornar-se Deus, portanto além-do-homem, ou despencará na banalidade — essa a ideia que Nietzsche desenvolve nessa cena. Trata-se do problema do ser humano poder preservar o seu engenho, que foi suficientemente grande e inaudito para inventar todo um céu de deuses, ou se depois da crítica aos deuses ele ficará para trás, esvaziado. Se Deus está morto porque o homem descobre que o inventou, as forças que formaram esses deuses devem ser preservadas. O além-do-homem encarna a sacralização do Aqui como resposta à *morte de Deus*. O além-do-homem está livre da religião: ele não a perdeu, apenas a retomou para si. O niilista habitual, ao contrário, o *último homem*, a perdeu e guardou para si a vida profanada em sua miséria. Porém Nietzsche, com seu além-do-homem, quer salvar as forças sacralizadoras para o Aqui — contra a tendência niilista de sua profanação.

Expressivo, mas sem o tom de pregação de "Zaratustra", Nietzsche evoca esse pensamento na "Gaia Ciência": *Existe um lago que um dia desistiu de se escoar, e levantou um dique ali onde até então se escoara: desde então esse lago está cada vez mais alto. Talvez exatamente aquela renúncia também nos dê força para podermos suportar a própria renúncia; talvez o ser humano a partir daí suba sempre mais alto, ali onde não se escoa mais em um Deus* (3, 528; FW). O além-do-homem é o ser humano prometéico que descobriu seus talentos teogônicos. O Deus fora dele está morto; mas o Deus do qual sabemos que só vive através do ser humano e nele está vivo, é um nome para a força criadora do ser humano. E essa força criadora faz os homens participarem do Inaudito do Ser. O primeiro volume de "Zaratustra" encerra com as palavras: *Mortos estão todos os deuses; agora queremos que o além-do-homem viva* (4, 102). E no capítulo "Na ilha bem-aventurada", no segundo volume de "Zaratustra", podemos ler: *Uma vez dizíamos Deus quando olhávamos mares distantes; mas agora eu vos ensino a dizer: Além-do-homem. — Deus é uma conjetura; mas eu quero que vossas conjeturas não estejam além de vossa vontade criadora. — Podeis destacar um Deus? — Então não me faleis de deuses! Mas certamente podeis criar o além-do-homem* (4, 109). No momento em que o ser humano descobre sua força teogônica e a confirma, e por isso aprende a venerar a si mesmo, cessa de se desprezar em suas obras. Por isso Zaratustra pode exclamar: *Só agora a montanha parteja o futuro do ser humano* (4, 357). Esse além-do-homem depois da morte de Deus é o ser humano que não precisa mais passar pelo desvio de Deus para poder crer em si mesmo.

Mas ainda não chegamos ao aspecto decisivo do além-do-homem para Nietzsche. Tocamos nele quando recordamos que, na verdade, a doutrina do retorno do mesmo era o que Nietzsche queria fazer o seu Zaratustra anunciar. Só no terceiro livro de "Zaratustra", hesitante, Nietzsche fala nessa teoria, no texto "Da visão e do enigma", e aí também fica claro o que significa realmente o além-do-homem para Nietzsche: é aquele ser humano que amadureceu para entender o Inaudito dessa doutrina, e suportá-lo. O além-do-homem é o homem que não se quebra com essa doutrina, que a consegue — com a expressão que Nietzsche usa para isso — *incorporar*. Isso é descrito com efeitos tremendos na cena onde uma serpente negra pende fora da boca do jovem pastor que se retorce com rosto desfeito, e Zaratustra o convida a superar o nojo e o medo e morder fora a cabeça da cobra que rasteja dentro de sua boca. O pastor faz isso, e assim começa sua carreira de além-do-homem: *Não mais pastor, não mais homem — alguém transformado, iluminado, que ria* (4, 202; ZA).

A cobra é a imagem do tempo circular. Morder fora sua cabeça significa vencer o medo. O além-do-homem é forte o bastante para entender que não existe fuga do tempo, não existe um Além. Não saímos da esfera do tempo, não haverá libertação pelo não-ser. Pois, diz a doutrina do retorno, nós despertaremos para uma nova consciência. E o lapso de tempo que passou "entre" nossa ausência nem existe — pois só para a consciência existe esse tempo.

Mas no "Zaratustra" Nietzsche não se livra do problema de que, quando é expressa diretamente e como pensamento, a doutrina do retorno parece singularmente banal e trivial. No verão com Lou em Tautenburg, em 1882, ele anota a frase: *Quanto mais abstrata a verdade que se quer ensinar, tanto mais temos de primeiro seduzir os sentidos para ela* (10, 23). Com o romantismo do horror na cena de Torweg[25], do anão, do pastor e a serpente, Nietzsche indicou meios de ilustrar ricamente essa doutrina para os sentidos. E alude ao problema de que a doutrina também pode ser entendida de maneira trivial, e mal interpretada. O anão comenta *desdenhosamente* a pregação de Zaratustra, como se tivesse escutado coisas há muito conhecidas, e diz: *Tudo que é reto mente (...) Toda a verdade é torta, o próprio tempo é um círculo.* E Zaratustra responde, meio desamparado: *Oh espírito das coisas difíceis! (...) não penses que é tão fácil!* (4, 200). Zaratustra fica perplexo e decepcionado porque obviamente não consegue tornar perceptível o mais inaudito de sua vida. Agora fala cada vez mais baixo, *pois tenho medo dos meus próprios pensamentos e intenções ocultas* (4, 200s.). É aquele misterioso sussurro que, como relata Lou, Nietzsche usava ao lhe falar na doutrina do retorno. E Lou sentia o mesmo que os outros amigos de Nietzsche a quem participava essa teoria: ficava comovida pelo tom e os gestos, mas decepcionada com a mensagem. Nietzsche sentiu isso naquele verão em Tautenburg. Por isso entre os apontamentos e anotações

25 Caminho dos pórticos. Trata-se de uma cena de Zaratustra em que figuram dois portais com dois caminhos, passado e futuro, mediados pelo instante (N. do E.).

sobre a doutrina do retorno encontramos a frase sublinhada com traço grosso: *Ah, como estou farto dos gestos e das palavras trágicas!* (10, 33). Isso não durou muito tempo. Pois os quatro volumes de "Zaratustra" que surgiram entre janeiro de 1883 e janeiro de 1885 transbordam de *gestos e palavras trágicas*, dos quais estava tão farto no verão de 1882.

Depois de concluir o terceiro livro Nietzsche escrevera a Peter Gast em 1º de fevereiro de 1884: *O meu "Zaratustra" está pronto há catorze dias, completamente pronto* (B 6, 473). Portanto ele considerava a obra terminada, o retorno estava anunciado, a canção dos "Sete Selos" com seu estribilho *Pois eu te amo, ó Eternidade*, fora cantada, agora podia voltar-se para outras coisas. Mas no inverno de 1884/85 Nietzsche decide publicar ainda um quarto volume de "Zaratustra". Provavelmente orientava-se pelo Fausto II de Goethe. Assim como ali, depois de um sono curativo, Fausto desperta para uma segunda vida, reencontramos Zaratustra no começo da quarta parte como um ancião quase alegre.

As alusões que Nietzsche faz a amigos enquanto trabalha nesse quarto volume fazem pensar que ele obviamente queria abrandar o seu pathos trágico e sublime. Fala em *danças dionisíacas, livros de idiotas e coisas do Diabo* (B 6, 487; 22 de março de 1884). Escrevera essa última parte *com a disposição de um palhaço*, declara mais tarde. Com efeito trata-se de uma espécie de cortejo de mascarados de tipos como *o profeta*, *o escrupuloso do espírito*, *o mágico*, *o mendigo voluntário*. Por trás das máscaras adivinhamos determinados modelos, Jakob Burckhardt, Richard Wagner, Franz Overbeck, o príncipe Bismarck etc. Essas figuras entram na caverna de Zaratustra, que os recebe ali. Como se convertem à doutrina do retorno, estão num bom caminho para se tornarem além-do-homem. Mas ainda são demasiado indecisos e mesquinhos. Não conseguem. Mesmo assim têm direito ao título de honra de *homem superior*. Nota-se o esforço de Nietzsche em encontrar para o todo um tom frívolo, leve, por vezes de opereta. Mas ele não consegue. Novamente tudo é repassado pelo tom elevado dos primeiros três volumes.

Mas nesse quarto volume há passagens de uma lucidez autocrítica que chega aos limites da dor. Nietzsche descobre no pathos a mentira da vida. *Eu te adivinho: foste o encantador de todos, mas com relação a ti mesmo não te sobram mais mentira nem artimanha, desencantaste a ti próprio!* (4, 318).

Capítulo 13

Mais uma vez Zaratustra. O fácil que é tão difícil[26]*. A vontade de amor e a Vontade de poder. Primórdios e evolução. A violência e o jogo do mundo. O problema aberto: autodesenvolvimento e solidariedade. Desvios no caminho para a obra principal não-escrita: "Para Além de Bem e Mal" e "Sobre a Genealogia da Moral".*

Zaratustra faz sua pregação, mas não tem de convencer apenas aos outros, também a si mesmo. Em suas anotações Nietzsche formulara isso claramente: o mestre só consegue *incorporar* sua própria doutrina ensinando-a. Mas, falando com o anão, temos a impressão de que Zaratustra não consegue fazer os outros sentirem o inaudito de sua teoria do eterno retorno. A ideia permanece abstrata, e por isso o anão reage com comentários *desdenhosos.*

Será por isso — por notar que ainda não conseguira articular direito o decisivo — que ele escreveu em começos de 1885 ainda um quarto volume, embora depois de terminar o terceiro estivesse convencido de ter liquidado o tema do seu Zaratustra? Mas mesmo depois do quarto volume Nietzsche ainda não tem a sensação de ter concluído o Zaratustra. Ele se liberta da figura, mas não das doutrinas de que fizera Zaratustra ser o *porta-voz.* Ele vai continuar trabalhando nessas doutrinas, especialmente a da ligação das três teorias — do eterno retorno, do além-do-homem e da Vontade de poder — consciente de que ainda a não encontrara nem formulara suficientemente o decisivo.

No verão de 1881, época da inspiração no penhasco de Surley, Nietzsche anotara o seguinte princípio de divisão para descrever a doutrina do retorno do mesmo: *Só no final será então apresentada a doutrina do retorno de tudo que já foi, depois de ter sido implantada a tendência de criar algo que possa*

26 Aqui há em alemão um jogo irreproduzível em português, pois "Leicht" é, a um tempo, "leve" e "fácil", assim como "Schwer" pode ser "pesado" ou "difícil" (N. da T.).

crescer cem vezes mais forte sob o sol dessa doutrina! (9, 505). A sequência originalmente planejada para Zaratustra era a seguinte: primeiro seriam esboçados os contornos de uma arte de viver, evidenciando os valores de vida e amor da existência. Zaratustra quer trazer luz e alegria, como o sol. Ele aparece como ser humano que transborda bem-querer. Mas o que soa fácil e leve como teoria do prazer de viver é difícil, senão impossível, de concretizar: a espontaneidade da criança, reconstituída, ou, falando filosoficamente, a imediatidade mediada. Zaratustra encontra imagens plásticas para isso na fala *Das três transformações* (4, 29): Primeiro somos *camelo*, carregados de *tu deves*. O camelo transforma-se num *leão*. Este luta contra todo o mundo do *tu deves*. Luta porque descobriu o seu *eu quero*. Mas enquanto ele luta, permanece negativamente preso ao *tu deves*. O seu poder-ser se desgasta na compulsão de rebelar-se. Nesse *eu quero* ainda existe demais desafio e rigidez, ainda não existe a verdadeira liberdade do querer criativo, ainda não chegamos a nós mesmos, no tesouro de nossa vida. Isso só acontece se nos tornarmos criança, chegando outra vez nesse novo degrau, à primeira espontaneidade do que é vivo: *Inocência é criança e esquecimento, um recomeçar, um jogo, uma roda que gira por si, um primeiro movimento, um sagrado dizer-sim* (4, 31).

Do *jogo da criação* e do *sagrado dizer-sim* ainda se falará muito a seguir. Zaratustra esforça-se por nomear aspectos concretos de uma doutrina de vida, da saúde e espontaneidade reconstituídas: devemos escutar a *grande razão* do corpo e alimentar-nos corretamente, reduzir o convívio com as pessoas a uma medida adequada, partilhar com os outros minimamente seus sentimentos, experiências e pensamentos, para não nos enrolarmos em mal-entendidos e no fim o próprio não retorne como estranho, distorcido e deformado pela tagarelice pública, desviando-nos de nós mesmos. Portanto não devemos nos expor ao mercado das opiniões, nem também enfiar *a cabeça na areia das coisas celestiais* (4, 37) — também isso significa afastamento do centro vivo. Esse, porém, encontramo-lo no amor, diz Zaratustra. Ele expressa isso com um floreio paradoxal: *Nós amamos a vida, não porque estamos habituados a viver, mas porque estamos habituados a amar* (4, 49). Não é a vida que justifica o amor, mas o contrário: o amor é o criativo, por isso é aquela força que mantém viva a vida. Se nos habituamos ao amor, aceitamos o resto da vida tal como ela é. Só com a vontade de amor descobriremos os aspectos possivelmente amáveis da vida; de outro modo, em geral, depararemos com seus aspetos repulsivos, feios e torturantes. Por isso deveríamos aproveitar a vontade de amor para encantar ao mundo ao nosso redor, e a nós mesmos. Portanto, devemos nos apaixonar pelo amor.

Essa inversão e autorreferência é aliás característica de Nietzsche/Zaratustra. A atenção transfere-se do objeto de uma intenção para o ato intencional. A "vontade de..." move-se para o centro de tudo. Assim também acontece com o conhecimento. Não é o "objeto" conhecido que justifica o prazer de conhecer, mas a vontade de conhecer pode ser um prazer que assume e suporta até a insuportabilidade do conhecido. Esquecemos regularmente, escreve Nietzsche já em "Aurora", *que o conhecimento da mais feia realidade também é belo* (3, 320). Por quê? Porque o próprio conhecer é algo belo. Por isso pode ocorrer que *a felicidade do conhecer* aumente a *beleza do mundo*. Mas não deveríamos esquecer de onde vem essa beleza. Sua fonte é o prazer do conhecer, e não a constituição do conhecido. Mas, porque facilmente ocorre essa confusão no ímpeto e felicidade do conhecer, é difícil preservar *a honestidade* e não se tornar, falsamente, um *louvador das coisas* (3, 321). Com o amor acontece o mesmo que com o conhecimento. Só quando ficamos ligados com a força viva do amor, a vida ganha uma aparência amável. Onde se alimenta a vontade de amor? Só em si mesma, não no mundo. A vontade de amor é simplesmente uma determinada forma da Vontade de poder. Pois existirá poder maior do que aquela mágica transformação que torna algo digno de ser amado?

A "Vontade de poder", além do "além-do-homem" e do "retorno do mesmo", é a terceira grande doutrina de Zaratustra. É pronunciada pela primeira vez na fala de Zaratustra sobre a "autossuperação". Os pensamentos ali desenvolvidos são preparados pelas três canções precedentes — "A canção noturna", "A canção da dança", "A canção da sepultura" —, onde se trata da relação entre vida e amor e se mostram os fatais aspectos da autorreferência do amor, recém-mencionada. *Mas eu vivo em minha própria luz, bebo de volta as labaredas que irrompem de mim* (4, 136), diz a "Canção noturna". Na "Canção da dança" Zaratustra depara com um grupo de mocinhas que dançam. Ele quer dançar junto, embora o *espírito de gravidade* o impeça, mas nele também se move o *pequeno deus*, um sátiro, um Pã que quer se mexer, tem *desejos de borboletas*. Portanto Zaratustra quer dançar, mas em sua autorreferência ele fica refletindo sobre a dança em vez de dançar, e fala com uma bailarina que, com isso, impede de dançar e ao mesmo tempo transfigura como imagem significante da vida que dança. Ela ri dele, zombando: *Imagina se eu chamaria um de vocês homens de "profundo", "fiel", "o eterno", "o misterioso". Mas vocês homens nos estão sempre presenteando com suas próprias virtudes — ah, como são virtuosos!* (4, 140).

A "vida" faz Zaratustra consciente de que são projeções que conferem à vida profundidade e mistério. Quem não se move na vida, quem não dança, descobre profundidade nela. Misterioso é aquilo de que temos certa distância. Quem quiser dançar não deve refletir sobre isso. A vida quer ser vivida, não só pensada. Mas Zaratustra permanece distante do círculo das bailarinas, permanece sozinho com a sua *sabedoria*. Ela é, para Zaratustra, a intercessora da vida — *ela até me lembra muito a vida*, diz Zaratustra (4, 140) —, mas ela não é a própria vida. Pior ainda: a *sabedoria* dele o deveria seduzir para a vida, mas afastou dele as mocinhas que bailavam. Pois elas querem dançar, não se deixar analisar. Por isso, o Zaratustra, sozinho com sua sabedoria, volta a mergulhar na própria *insondabilidade*. Só na dança se tornam supérfluas aquelas perguntas que voltam a atormentá-lo quando se esvazia o local da dança: *O quê! Ainda estás vivo, Zaratustra? Por quê? Para quê? Através do quê? Para onde? Onde? Como? Não é loucura, ainda estar vivo?* (4, 141). A sabedoria que quer investigar a vida ao mesmo tempo deseja distância. A *sabedoria* ainda será *dionisíaca*, se espanta os prazeres? Pelo menos com as jovens que dançam Zaratustra não se torna o Dioniso que também gostaria de ser. Não conseguiu muita coisa: *contemplamos através de véus, apalpamos através de redes* (4, 141).

Depois da "Canção da dança" vem a "Canção da sepultura". Zaratustra vai até a tumba de seus sonhos e esperanças juvenis, que não se realizaram. Fala com eles como com espíritos que o traíram e lhes faz acusações amargas. Eles tocaram para que ele dançasse, depois estragaram a sua dança. Por que foi assim? O passado o tornou tão pesado (cf. nota número 20), a vida não-vivida o inibe de tal maneira, está preso num passado que não quer passar? Zaratustra chama aquilo que o inibe de *monstro-coruja*, figura pervertida do pássaro da filosofia, a coruja de Minerva. Zaratustra briga com sua sabedoria que o impediu de dançar. *Só na dança consigo dizer a parábola das coisas mais altas: e agora minha mais alta parábola permanece impronunciada em meu corpo!* (4, 144). Zaratustra está cansado, ferido. Mas não demora muito ele superou suas feridas. Declara, orgulhoso, que ressurgiu de novo da tumba de sua vida: *Existe em mim algo que não pode ser ferido nem enterrado, algo que rompe rochedos: é a minha vontade* (4, 145).

Assim o caminho conduz do poder do amor, passando pela dança da vida e sua inibição pelo conhecimento, passando por feridas e rigidez mortal, até aquela filosofia da Vontade de poder, que finalmente se torna tema na teoria "Da autossuperação", que vem depois da "Canção da sepultura": *Onde encontrei coisas vivas, ali encontrei a Vontade de poder* (4, 147), podemos ler ali. O tom se modifica. Os lirismos das canções da noite, da dança e da sepultura são substituídos por palavras duras, fragmentos de uma doutrina filosófica que já se anunciava nos escritos anteriores pela reflexão sobre os profundos impulsos da vida e do conhecimento, que só no tempo do Zaratustra Nietzsche começa a ver como tarefa de elaboração sistemática.

A teoria da "Vontade de poder", aludida no "Zaratustra", consta dos seguintes princípios. No centro, o princípio da autossuperação. Antes de tudo, Vontade de poder é Vontade de poder sobre si próprio. Como mostrará a sequência da canção da noite, canção de dança e canção da sepultura, existe um ressurgir da tumba da depressão que sufoca a vida. O meio mais importante para isso é a recordação da força criativa que temos dentro de nós, mas que pode escapar e por isso tem de ser consciente e audaciosamente agarrada. Obviamente não há esforço que não tenha e não possa ser primeiramente ativado pela "vontade de...". Também o criativo precisa da vontade de criação. Se existe um efeito-Münchhausen, é aqui que o encontramos: uma vida que quer a si mesma, pode arrancar-se de suas sombras e da lama. Zaratustra pergunta o que é a Vontade de poder, e responde: *Ainda quereis criar o mundo perante o qual podeis vos ajoelhar: essa é vossa última esperança e embriaguez* (4, 146).

Autossuperação no criar um mundo totalmente imaginário de ideias, imagens e cenários, como o desenvolve o projeto Zaratustra, é mais do que autopreservação. É autodesenvolvimento. E esse é o segundo aspecto da Vontade de poder. Pensamos muito pouco da vida, se descobrimos nela apenas o impulso de autopreservação. O si mesmo é uma força expansiva, uma tendência de crescimento é acumulação própria do ser humano. O que apenas se preserva, sucumbe. O que cresce, se preserva. Nietzsche simplifica um pouco a sua crítica da autopreservação. Zaratustra declara que nem existe a *vontade de existir*, da qual os teóricos da autopreservação como Darwin e outros falam. *Pois: o que não é, não pode querer; mas o que existe, como poderia ainda querer existir!* (4, 149).

Contra isso poderíamos objetar: se a vida se reflete no ambiente da consciência, uma autoafirmação expressa é tão possível quanto necessária. Portanto podemos querer ou rejeitar muito bem a circunstância de estarmos na existência. Podemos sumir da existência por ato próprio, mas também podemos nos deixar apanhar pela vontade de existir e permanecer existindo. Já estamos aí, mas precisamos da vontade de existir para continuarmos aí. Nietzsche admitiria isso, mas responderia que na autoafirmação explícita existe mais do que vontade de existir. Em quem não cede às forças autodestrutivas, quem lhes resiste, quem opõe ao "não" o seu "Sim" expresso, neste age a Vontade de poder, o espírito de ofensiva. Ele não quer apenas manter-se existente, mas triunfar sobre as forças da negação. Em suas anotações Nietzsche comenta esse pensamento também em exemplos do mundo da física e da mecânica. Quando um objeto não cede a outro, está em jogo um quantum de forças. Num pequeno quantum de força, o objeto cede, num maior, ele dominará o outro. Se algo permanece em sua forma e dentro de suas fronteiras, isso é consequência de proporções equilibradas de forças.

No período de Zaratustra, Nietzsche começa a utilizar a "Vontade de poder" não apenas como fórmula psicológica de autossuperação e autodesenvolvimento, mas, para além disso, como uma chave geral para elaborar a interpretação de todos os processos de vida. No "Zaratustra", isso é indicado com a frase já citada *onde encontrei algo vivo, encontrei Vontade de poder*; não existe Vontade de poder apenas no mundo orgânico e anorgânico, mas também no próprio conhecimento. Este é expressão da Vontade de poder. *Quereis primeiro tornar pensável tudo o que existe: pois com boa desconfiança duvidais de que já seja pensável* (4, 146). Portanto existe um círculo hermenêutico de conhecimento de poder: a Vontade de poder no conhecimento descobre a Vontade de poder no mundo conhecido.

Essa desejada interpretação ontológica total do mundo sob o ponto de vista da "Vontade de poder" não é inteiramente nova. Já se anunciou na obra anterior de Nietzsche. Ele próprio se conscientiza dessa pré-história quando, depois de concluído o "Zaratustra", escreve de 1885 a 1886 novos prefácios para as obras até ali publicadas. O motivo externo desses prefácios eram: o editor Schmeitzner estava à beira da falência, e Nietzsche, que há muito queria sair daquele *ninho antissemita* (B 7, 117; dezembro de 1885) — como chamava essa editora devido a panfletos do círculo de Bayreuth ali editados —, reencontra seu velho editor: é E. W. Fritzsch, que outrora publicara "O Nascimento da Tragédia" e as primeiras duas "Extemporâneas".

Fritzsch, que superara suas dificuldades econômicas, agora queria ter "todo" o Nietzsche em seu programa. Só nas negociações para trocar de editora Nietzsche descobre que Schmeitzner tem em depósito, sem vender, mais de dois terços das edições de seus livros. Percebe então que agora já tem certa fama na Alemanha — uns ainda o consideram wagneriano, outros uma cabeça perigosa, moralmente suspeita — portanto que ele é comentado, mas na verdade pouco lido. Até ali venderam-se ao todo apenas cerca de 500 exemplares de seus livros. Só agora Nietzsche percebe que Schmeitzner quase não fornecera mais livros às livrarias nos últimos dez anos. Os livros dele só eram vendidos depois de insistentes e obstinados pedidos. E de "Humano, Demasiado Humano", além dos volumes para resenhas e doações, nada mais fora fornecido. Há 15 anos ele escreve livros, e agora tem de admitir que não há mercado nem público para eles. Mas com o novo-antigo editor haverá um recomeço bem melhor. Por isso, os seus livros já publicados receberão novos prefácios refletindo a evolução do autor, e finalmente chegarão ao público. Os cinco novos prefácios às obras, do "Nascimento da Tragédia" até a "Gaia Ciência", ampliada em mais um volume, são o que Nietzsche chama *talvez a melhor prosa que já escrevi* (B7, 282; 14 de novembro de 1886), e além disso fornecem *uma espécie de "história da minha evolução"* (B 8, 151; 14de setembro de 1887) e lhe permitem passar um traço sob sua *existência até então* (B 8, 213; 20 de dezembro de 1887).

* * *

Nesse ano dos prefácios e do passar um traço conclusivo, Nietzsche decide escrever uma obra principal chamada "A Vontade de Poder/Tentativa/de nova explicação/de todo o acontecer". De agosto de 1885 — esse título vem dessa época — até o último outono em Turim, em 1888, Nietzsche escreverá disposições, registros e projetos de títulos para essa obra, enchendo seus blocos com anotações sobre esse tema. Um esboço fragmentário de 17 de março de 1887 será mais tarde usado pela irmã e Peter Gast para fundamentar sua compilação "Vontade de Poder" com material do gigantesco espólio. Desde 1885/86 Nietzsche tem a vontade de sua obra principal, vontade de escrever o "Vontade de Poder". Em torno desse centro ele quer organizar sua vida exterior. Em começo de setembro de 1886 escreve à irmã e ao cunhado no Paraguai: *Para os próximos 4 anos anuncio a elaboração de uma obra principal em quatro volumes; o título já dá medo: "A Vontade de Poder. Tentativa de uma transvaloração de todos os valores". Para isso tenho tudo o que é necessário, saúde, solidão, bom-humor; talvez até uma mulher* (B 7, 241; 2 de setembro de 1886).

Nietzsche, cujos livros nos últimos anos eram coleções de aforismos e breves ensaios sobre temas abrangentes, sente agora a *necessidade*, que jaz sobre ele *com o peso de cem toneladas, de construir, nos próximos anos, um edifício coerente de pensamentos* (B 8, 49; março de 1887). Em momentos de depressão e quando se sente particularmente solitário, a ideia dessa obra principal o anima. A 12 de novembro de 1887 ele escreve a Franz Overbeck que tem *uma tarefa que não me permite pensar muito em mim mesmo (...) Essa tarefa me fez adoecer, e também me deixará de novo saudável, não apenas saudável, mas também mais humanitário e o mais que for preciso para isso* (B 8, 196).

Nietzsche vai se ater ao plano de uma grande obra até o verão de 1888. O subtítulo planejado de início, "Transvaloração de todos os valores", torna-se o título principal no último plano do outono de 1888. Mas a ideia básica do plano permanece: a Vontade de poder, entendida como princípio fundamental da vida, deveria fundamentar uma revisão de todos os conceitos morais, isto é, a transvaloração de todos os valores. Nos conceitos do último ano antes do colapso, a consequência disso, portanto a transvaloração, se torna cada vez mais importante para ele. Velozmente, como se sentisse a proximidade do colapso, ele se apressa e precipita as laboriosas interpretações ontológicas, científicas e cosmológicas que pretendia e que em parte já realizara. A transvaloração deveria ser o efeito de uma interpretação do mundo segundo o fio condutor da Vontade de poder. Mas no fim Nietzsche se contenta com esse efeito, sem a fundamentação sistematicamente conduzida: o tempo urge, e por isso no outono de 1888 ele aprontará o "Anticristo" para impressão, de início como o primeiro livro da "Transvaloração" e depois como toda a "Transvaloração".

Primeiro, pois, desaparece o título principal, "A Vontade de Poder", depois também o segundo título principal, "A transvaloração de todos os valores". Resta "Anticristo". *Minha transvaloração de todos os valores, com o título principal "O Anticristo", está pronta*, escreve Nietzsche a 26 de novembro de 1888 a Paul Deussen (B 8, 492). Mas agora o projeto original, "Vontade de Poder", não passou inteiramente para o "Anticristo". Ao contrário, os prolegômenos para "Vontade de Poder" entraram direta ou indiretamente também nas outras obras. Nem de longe Nietzsche usou nessas obras todo o material dos trabalhos preparatórios, mas os pensamentos mais importantes para ele foram expressos em "Para Além de Bem e Mal", no quinto volume da "Gaia Ciência", escrito em 1886, nos prefácios, na "Genealogia da Moral", no "Crepúsculo dos Ídolos" e, finalmente, no "Anticristo". Nessa medida podemos dizer que pouco antes do colapso Nietzsche percebeu que na verdade já concluíra seu projeto "A Vontade de Poder": o mais importante fora dito.

Quando Nietzsche escreve, em 1883, no "Zaratustra": *Onde encontrei algo vivo, ali encontrei Vontade de poder*, estava resumindo toda uma pré-história que o levara a encontrar os rastros dessa Vontade de poder. Se seguirmos essa pré-história na obra de Nietzsche, depararemos primeiro com o aspecto do poder da arte e dos artistas. Era exatamente dessas forças artísticas vivas que se falava quando Nietzsche analisou a colaboração das forças dionisíacas e apolíneas na cultura grega. O que é o poder da arte? Ela cria um círculo mágico de imagens, conceitos, tons e ideias que lançam seu fascínio e transformam todo aquele que entrar nesse círculo. O poder da arte é um poder de vida, na medida em que faz adivinhar o sombrio trágico contexto da vida, mas ao mesmo tempo cria nele uma clareira de vivibilidade. Como a vida humana se refrata na consciência, e por isso contém em si mesma a potência da hostilidade, o poder artístico é sempre ao mesmo tempo um poder oposto: ele protege a vida da possível autodestruição.

Faz parte também do poder da arte que ela abra espaço para as representações. Ela sublima a cruel luta dos poderes em certames e em jogo. Já em "O Nascimento da Tragédia", Nietzsche apontara para a ideia da estrutura fundamental agonal da vida, desenvolvendo-a em seu texto "A competição de Homero". Queria decifrar o padrão básico da cultura grega arcaica, adivinhava que com isso atingia um princípio ontológico. O estudo de Darwin e seus discípulos o faz conhecer a tese da "luta pela existência". Mas para ele essas teorias não são suficientemente dinâmicas. Como já vimos, não se interessa por uma preservação defensiva, mas pelo princípio de um autodesenvolvimento ofensivo. A vida é um acontecimento expansivo. Assegurar sua situação pode ser importante para o pequeno-burguês amedrontado, mas a vida como um todo não deve ser imaginada como um mundo de filisteus. Essa ideia da tendência de autodesenvolvimento da vida é marcantemente formulada no Zaratustra: *Só onde existe vida existe também a vontade; mas não vontade de viver, e sim (...)Vontade de poder* (4, 149). E o "sentido" de todo esse acontecimento do poder? Nietzsche inclui a questão do sentido entre as tentativas notórias de *humanização* da Natureza, e a rejeita. Mas não de modo permanente, pois sua teoria da Vontade de poder também precisa ser coerentemente aplicada a essas projeções do sentido. A indagação pelo sentido e a projeção do sentido, então, serão igualmente expressões da Vontade de poder. Sob o título de "Sentido" ocorre a inclusão de uma realidade que de outro modo não faria sentido, no círculo de poder da pessoa. *Quereis primeiro tornar pensável tudo o que é (...) ele deve se submeter e curvar diante de vós!* (4, 146). Na medida em que o ser humano confere um sentido ao acontecimento, domina-o, coloca-o numa forma adequada a si próprio. O mundo se torna *reflexo* do espírito (4, 146). Ele se reconhece ali, mas também reconhece aí o totalmente outro que lhe resiste. Portanto, conhecer é um processo de poder no qual estão em jogo forças criativas, um processo que culmina em figuras e ideias acabadas, poderosas, vitais. O que se afirma dessa maneira então é chamado de verdade. Nesse processo a verdade é um poder que se torna verdadeiro na medida em que se impõe. Não se pensa apenas em conhecimento no sentido mais estrito, científico, mas na criação de formações espirituais em geral, que são percebidas como verdadeiras.

Já a atenção do jovem Nietzsche se dirigia para os jogos de poder que fundamentam sua validade. A formação que vence na competição do espírito comprova seu poder não apenas com a vitória, mas também porque justifica a vida em geral, como culminância de um poder. Esse é o pensamento antigo de Nietzsche sobre a justificação da vida pelo nascimento de um gênio. Ele explicara essa ideia no exemplo de Sófocles, Wagner e Schopenhauer: esses heróis do espírito justificam a vida de toda uma cultura, porque seu trabalho cria um círculo mágico dentro do qual o humano possível é validamente manifesto e se transfigura. O pico de encantamento é o sentido da cultura, e é a competição entre as forças vitais que impele para o alto, para esse pico. A *humanidade*, escreveu Nietzsche no rascunho do prefácio de "Nascimento da Tragédia", não existe por si mesma, *mas em suas culminâncias, nos grandes "solitários", nos santos e nos artistas é que reside o seu objetivo* (7, 354). É um prolegômeno da ideia da Vontade de poder, quando Nietzsche escreve esse texto antigo: *Não há tendência cultural mais elevada do que a preparação e produção do gênio* (7, 355). O gênio é a mais alta encarnação do poder no solo da luta cultural pelo poder.

Nesse solo — humano, demasiado humano e sobre-humano — Nietzsche consegue apresentar o teatro da Vontade de poder. Aqui se evidenciam os combates entre os poderes. Isso não vale apenas para a cultura no sentido estrito, mas para todo o organismo da sociedade. Na sociedade, o processo de poder está em seu elemento. Que sociedades frias representam um equilíbrio dos poderes, e sociedades ardentes são aquelas que se movem devido às mudanças em seu equilíbrio e lutam por recuperá-lo — essa ideia de uma morfologia das forças sociais fora desenvolvida por Nietzsche em "Humano, Demasiado Humano". No *equilíbrio* dos poderes, escreve ele ali, está a *base da justiça* (2, 556). O senso de justiça não nasce de uma moral mais elevada acima dos partidos em luta, mas é a consequência de relações de equilíbrio. Se estas se modificam, também a moral se modifica. Um governante até há pouco considerado justo, de repente passa por criminoso — e inversamente também. Nas revoluções, quando os equilíbrios se deslocam dramaticamente, a verdade da moral se evidencia. É uma moral de classes e partidos. Nesse ponto Nietzsche também não dá outras informações do que o seu contemporâneo Karl Marx, um pouco mais velho que ele.

Nietzsche enxerga bastante precocemente não apenas a participação agonal, mas também imaginativa, no poder. O poder não é algo substancial, mas relacional. Só existe em relações, e isso significa: é preciso livrar-se de representações puramente materiais, mecânicas. Faz parte do poder ser considerado poderoso. O poder de um se fortalece na imaginação do outro. O poderoso só é poderoso na medida em que *parece valioso, essencial, imprescindível, invencível e coisas semelhantes, para outro* (2, 90s.; MA). Se as relações de poder estão indissoluvelmente ligadas com as forças recíprocas da imaginação, consequentemente a imaginação faz parte do processo de *emanação encantatória da força interior de uma criatura da natureza sobre outra* (1, 349; SE).

Já sabemos que, com sua Vontade de poder, Nietzsche aponta para o todo. Não apenas o ser humano e a humanidade são por ele interpretados como esferas de poder, mas também a Natureza. Recordemos: no verão de 1881, tempos de sua inspiração no penhasco de Surley, Nietzsche prevenira contra a força sedutora da *linguagem figurada* (9, 487). Assumira a tarefa de um pensar claro e frio: *a desumanização da Natureza e depois a naturalização do ser humano* (9, 525). Sem dúvida é uma humanização da Natureza, atribuir-lhe o princípio do poder do mundo agonal humano. Mas Nietzsche sente-se justificado a agir assim, em parte porque conhecer é Vontade de poder, portanto uma forma de subjugação, em parte porque ele não projeta na Natureza coisas desejáveis ideais, nessa medida "humanizando-a". Ao contrário: ele faz o cruel e também o desumano, isto é, as lutas pelo poder, refletirem pela Natureza, como seu mais recôndito segredo. Percebemos: a *desumanização da Natureza*, que ele pretende, não é pensada no sentido de uma objetividade, como produção de um campo de conhecimento neutro e sem moral, mas ele gostaria que fosse inóspita: o mundo deve mostrar o que tem de inaudito, e rejeitar toda a nostalgia humana por significado, abrigo e pátria.

Para Nietzsche, na fronteira extrema do horizonte está sempre à espreita uma cabeça de Medusa. E porque Nietzsche não quer dissimular o inaudito e sinistro do Ser, luta com tanta veemência contra o princípio metafísico de uma substância uniforme na base do mundo. Nietzsche suspeita do pensamento metafísico da substância, de que busca o Uno para encontrar paz nele, como Agostinho queria encontrar paz em Deus. Mas Nietzsche também fala da sua Vontade de poder como os metafísicos falam do seu princípio fundamental. Nietzsche realmente não consegue esquivar-se desse principialismo em última análise metafísico, porém ao menos o princípio não deverá se tornar um ponto de repouso. Ele deve ser o coração da inquietude, talvez até um coração das trevas. Quem descobre a Vontade de poder como impulso básico, por isso mesmo é intensamente dominado e arrebatado por ele. Além disso a Vontade de poder não existe no singular, mas no plural. Também isso contraria a obsessão metafísica pelo Uno. A filosofia da Vontade de poder é a visão de uma pluralidade dinâmica, agonal, no fundo do Ser. Nietzsche anota que só existem *vontades punctuais, que constantemente multiplicam ou perdem seu poder* (13, 36s.).

Mas mesmo que não se satisfaça com a necessidade metafísica de paz e a nostalgia do Uno, não consegue esquivar-se da sugestão humanizadora da *linguagem* metafísca *figurada*. O Inaudito adquire um rosto, sobretudo atribuem-lhe uma *causa prima*. Era exatamente isso que Nietzsche queria evitar. A despedida da causa prima lhe parecia uma grande libertação: *que o modo do Ser não deva ser atribuída a uma causa prima, que o mundo não seja uma unidade nem como sensório nem como "espírito", isso é a grande libertação* (6, 97; GD).

Quando, em meados dos anos oitenta, Nietzsche começa a lutar encarniçadamente pela sua obra sistemática principal, cai no perigo de malbaratar sua *grande libertação*. Ele quer uma teoria perfeita, que explique tudo, torne tudo compreensível, que tenha na mão a chave do mistério do mundo. Deve-se atacar o Inaudito com uma teoria inaudita. Da Vontade de poder, de início entendida como princípio da livre autoconformação e autodesenvolvimento, como força mágica de transformação da arte, como dinâmica interior da vida social, surge por fim também um princípio biologístico e naturalístico, e com isso Nietzsche acaba caindo sob o poder de uma *causa prima.*

Nietzsche se defendera contra a "razão" moral metafísica e histórica — por amor à vida. Mas não consegue se proteger daquela outra "razão" do biologismo e do naturalismo, talvez muito mais perigosa para a vida. De maneira funesta Nietzsche permanece um filho de seu tempo que acreditava na ciência, e por isso já em "Humano, Demasiado Humano" cai sob a sugestão de um esclarecimento científico da vida. Ali ele escreve: *Tudo o que precisamos e que só nos pode ser dado na atual altura das ciências particulares é uma química dos conceitos e sentimentos morais, religiosos, estéticos, e igualmente de todas as excitações que experimentamos em nós mesmos no macro e microconvívio cultural e social, e até na solidão: e se essa química se encerrasse com o resultado de que também nesse território as cores mais esplêndidas são obtidas com materiais vulgares, até desprezados?* (2, 24).

É com essa visão que a desvalorização da vida chega ao seu auge atual. Tudo o que a fé nas regularidades históricas, a hipostase das essencialidades metafísicas, a postura religiosa de vida e a moral dela nascida produziram em desvalorização da vida, provavelmente é inofensivo comparado ao desencanto naturalístico do vivo, que se dissolve em processos químicos, físicos e de economia pulsional. E Nietzsche não escreve nenhuma Consideração Extemporânea sob o título "Das vantagens e desvantagens da ciência natural para a vida". O crítico do além-mundo (Hinterwelt) metafísico deixa-se seduzir pelos além-mundos científicos. Ele assume perspectivas que coisificam os seres humanos e operam com a fórmula: "O ser humano não passa de..." O ser humano passa por cenário de processos fisiológicos cerebrais, de tensões dinâmico-pulsionais, de processos químicos. Aqui, sim, triunfa o "pensamento do fora" (Foucault), uma visão exteriorizada do humano, que só deixa valer a autovivência interna como epifenômeno. Naturalmente Nietzsche não desiste da vivência interior. Mas fica sob pressão, e por vezes se identifica com o agressor. Passa para o outro lado, em tentativa e jogo, e, torturando a si mesmo, provocador, entoa um louvor à Física: *Nós (temos de) nos tornar os melhores aprendizes e descobridores de tudo o que é regrado e necessário no mundo: temos de ser físicos, para podermos ser criadores em todos os sentidos, enquanto até aqui todas as avaliações e ideais se construíam sobre desconhecimento da Física ou em contradição com ela. Por isso mesmo: Viva a Física! E viva ainda mais aquilo que nos força até ela: a nossa honestidade* (3, 563s.; FW).

De um lado, pois, Nietzsche inclui totalmente o ser humano no processo natural, naturalizando-o e despersonalizando-o, trata-o como uma "coisa entre coisas". De outro lado, porém, Nietzsche diz que podemos ser *criadores*; criadores que executam as leis sobre as quais não têm poder. Mas em que consistiria o criativo, se somos determinados pelas leis da Natureza? A resposta de Nietzsche é surpreendente e, se deixarmos de lado o seu pathos, é bastante precária: somos criadores quando suportamos o conceito de um Ser totalmente conforme as leis naturais, determinado, e até o podemos afirmar, sem nos quebrarmos com isso. Quando o absurdo da determinação absoluta não nos assustar mais. Quando conseguirmos reconhecer a determinação sem por isso nos tornarmos fatalistas. Esse é o ponto em que Nietzsche efetivamente tem de lutar e pensar contra si mesmo, contra sua paixão pelo jogo livre. Agora ele se testa em relação àquilo de que antes zombou: explicar o mundo partindo de um ponto. Em "Para Além de Bem e Mal", obra surgida no inverno de 1885/86, e na qual também entraram materiais do trabalho em "A Vontade de Poder", ele escreve: *Admitindo enfim que se conseguisse explicar toda a nossa vida pulsional como configuração e ramificação de Uma Forma Básica da Vontade — isto é, da Vontade de poder, o que é a minha proposição –; admitindo que se pudessem atribuir todas as funções orgânicas a essa Vontade de poder (...), com isso teríamos adquirido o direito de determinar univocamente toda a força eficiente como: Vontade de poder. O mundo visto de dentro (...) seria "Vontade de poder" e nada além disso* (5, 55; JGB).

Eram os conceitos reducionistas que afirmam, de um X, que ele na verdade é um Y *e nada além disso*, atitude largamente difundida nas ciências do seu tempo — era isso que Nietzsche combatia. Essas explicações para ele não passavam de mitologia ruim. Mas o que o Nietzsche tardio reúne com alguns axiomas retirados do darwinismo biológico e da física da sua época, transformando-o numa filosofia metafísica da *Vontade de poder*, acaba sendo igualmente uma mitologia como chave geral da explicação do mundo, mas por sorte ele não a elaborou inteiramente, apoiando-a em poucos axiomas básicos: a vida individual é força, energia. A vida, em seu todo, é um campo de forças onde as quantidades de energia são desigualmente distribuídas. Vale o princípio da conservação da energia, além disso não há espaços intermediários "vazios". Onde uma coisa avança a outra recua, um acréscimo de força em um lugar significa uma redução em outro. Uma força domina a outra, assimila-a, desfaz-se, é engolida por outra força, e assim por diante: um jogo sem sentido, mas dinâmico, de crescimento, intensificação, subjugação, combate.

Até aqui, tudo coerente. Mas sabemos que dos sistemas "coerentes" sempre extraímos apenas aquilo que neles colocamos como premissas. O mesmo acontece com o Nietzsche "sistemático". Ele descobre na Natureza aqueles brutalismos que, seguindo o sentimento de vida e o espírito materialista de seu tempo, ele próprio lhe atribuíra.

Mas o processo natural pode ser visto como *jogo* de forças em lugar de *luta* assassina. Com sabemos exatamente através de Nietzsche, depende da perspectiva de valorização. Nenhuma é coercitiva, mas o importante é: é uma e a mesma superação de fronteiras que ora faz a vida aparecer como um tumulto de combate dominado pelo poder, ora como um jogo — é sempre transgredir fronteiras no sentido de uma visão total da vida. O Nietzsche tardio vive na tensão dilacerante entre duas dessas visões, a do grande jogo universal e a do poder como *causa prima*. A diferença entre essas duas visões: o grande jogo anima a fazer uma irônica autorrelativização. A Vontade de poder como "teorema-da-causa-primeira", em contrapartida, lhe permite a vingança imaginária pelas humilhações e ofensas sofridas: ele se entrega aos fantasmas da violência que lhe são dados por aquelas passagens inauditas do "Ecce Homo", onde se fala do *partido da vida* que assume a maior de todas as tarefas, *melhorar a raça humana, incluindo o extermínio implacável de tudo o que for degenerado e parasita* (6, 313; EH).

Diante disso, a visão do jogo universal adquire um outro tom. No fim de sua compilação, a irmã de Nietzsche e Peter Gast colocam a passagem maravilhosa e famosa que Nietzsche escrevera no verão de 1885; é uma tentativa de dizer em poucas frases amplas o que era a Vontade de poder entendida como grande jogo universal: *E sabeis o que significa para mim "o mundo"? Devo mostrá-lo no meu espelho? Este mundo: um monstro de força, sem começo, nem fim, uma firme e férrea grandeza de forças que não aumenta nem diminui, que não se consome, mas apenas se transforma, imutavelmente grande como um todo, uma economia sem gastos nem perdas, mas também sem acréscimo nem ganhos, rodeada pelo "Nada" como suas fronteiras, não transbordando nem esbanjando, nada infinitamente expandido, mas embutido como força determinada num espaço determinado, não em um espaço que fosse "vazio" de alguma forma, mas como força onipresente, como jogo de forças e ondas de força, sendo ao mesmo tempo Um e "Muitos", aqui acumulado e simultaneamente ali reduzido, um mar de forças que se alteiam e escorrem em si mesmas, eternamente em transformação, eternamente retornando em inauditos anos de retorno, com uma enchente e vazante de suas forças, saindo das mais simples para as mais variadas, do mais quieto, hirto, frio para o mais ardente, selvagem, sempre se contradizendo, e depois novamente voltando daquela plenitude para o simples, retornando do jogo de contradições para o prazer do uníssono, afirmando a si mesmo ainda naquela igualdade de seus limites e anos, abençoando a si mesmo como aquilo que tem de retornar eternamente, como um devir que não conhece saciedade nem enfado nem cansaço: esse meu mundo dionisíaco do eterno criar-se, do eterno destruir-se, esse misterioso mundo de prazeres duplos, esse meu Além feito de bem e mal, sem objetivo se não houver um objetivo na felicidade de circular; sem vontade se um anel não tiver boa vontade consigo mesmo — quereis um nome para esse mundo? Uma solução para todos os seus enigmas? Uma luz também para vós, ó ocultos, fortes, destemidos seres da meia-noite? — Este mundo é a Vontade de poder — e nada além disso! E vós mesmos sois essa Vontade de poder — e nada além disso!* (11, 610s.).

Nessas frases, que seguem a grande música do mundo, está também expressa a ligação com a doutrina do retorno do mesmo. O princípio da quantidade limitada de forças num tempo infinito faz deduzir o retorno de todas as constelações possíveis. Ele se explicita na imagem de *enchente e vazante.* Naturalmente isso é *linguagem* metafísica *figurada.* Nietzsche está consciente disso, sabe que está tentando conhecer o incognoscível, pensar o impensável. No verão inspirado de 1881 ele escreve a frase: *Só depois que um antimundo* (Gegenwelt*) imaginário surgiu em contradição com o fluxo absoluto, pôde-se conhecer algo, divisando-o sobre esse fundamento* (9, 503 s.). O *fluxo absoluto* é a imagem do incognoscível — todo o pensar e conhecer move-se em relação a ele num *antimundo imaginário*; mas *porque contrastes se deixam pensar*, e isso significa: porque do *antimundo imaginário* se pode deduzir o seu oposto, se desvenda o impensável Inaudito do processo vital. Mas para esse Inaudito vale: *a última verdade do fluir das coisas não tolera a incorporação, nossos órgãos (para viver) são organizados para o erro* (9, 504).

Essa linguagem figurada de aproximação do Inaudito resume um processo dramático que Nietzsche apresentou até cenicamente em outro fragmento da época do Zaratustra: *Abre-se de repente a terrível câmara da verdade. Há um inconsciente cuidar-de-si, cautela, velamento, proteção do mais difícil dos conhecimentos (...) Agora faço rolar a última pedra: a mais terrível verdade está diante de mim. A verdade invocada do túmulo. Nós a criamos, nós a despertamos: manifestação máxima de coragem e sentimento de poder. (...) Nós criamos o mais difícil pensamento — agora deixem-nos criar a criatura para a qual ele é leve e feliz! Para poder criar, temos de nos conceder liberdade maior do que jamais nos foi dada; além disso libertação da moral e alívio nos festejos (pressentimentos de futuro! Celebrar o futuro, não o passado! Poetar o mito do futuro! Viver na esperança!) Momentos felizes! E depois fechar de novo a cortina e dirigir os pensamentos para objetivos firmes e próximos!* (10, 602).

Um verdadeiro romantismo do arrepio rodeia essa *verdade do túmulo.* O *terrível* — como já descrevemos no décimo primeiro capítulo — deve residir em que tudo aquilo que o ser humano deseja instintivamente, isto é, unidade, solidez, significado e objetivo, esteja ausente no processo do mundo. Nem todos são capazes de tolerar isso, a maioria das pessoas precisa ofuscar-se; segundo Nietzsche, precisamos *poetar o mito do futuro* e criar *alívio* através de festejos.

Mas essa visão da *grande torrente* heraclítica é realmente tão terrível? Não causa antes o sentimento do sublime? É assim. Por isso também o brilho poético da linguagem figurada. O verdadeiro terror e a base do horror é atingido noutra parte. Em um rascunho de 10 de junho de 1887, intitulado "O niilismo europeu" — prolegômeno importante para a "Vontade de Poder" — Nietzsche descreveu o verdadeiro horror diante da Natureza. Diz respeito a uma inaudita injustiça e impiedade. Produz fraqueza e força, favorecidos e menos favorecidos. Aqui não há uma providência bondosa, uma distribuição justa de oportunidades de vida. Diante desse pano de fundo pode-se definir moral como tentativa de compensar a "injustiça" da Natureza, de criar contrapesos. É preciso quebrar o poder dos destinos naturais.

Uma tentativa especialmente genial nesse sentido fora — para Nietzsche — o cristianismo. Este concedeu três vantagens *aos desprivilegiados*: conferiu ao ser humano *um valor absoluto, em contraste com sua pequenez e casualidade na torrente do devir e do passar* (12, 211); em segundo lugar, o mal e o sofrimento se tornaram suportáveis na medida em que lhes foi atribuído um *sentido*; e em terceiro, na crença na criação, o mundo foi entendido como algo repassado pelo espírito, portanto cognoscível e valioso. Assim o cristianismo impediu que o ser humano, por natureza em desvantagem, *se desprezasse enquanto ser humano e tomasse partido contra a vida* (12, 211). A interpretação cristã da vida abafou a crueldade da natureza e animou e preservou para a vida pessoas que talvez tivessem desesperado de outro modo. Em suma, ela *protegeu do niilismo os malogrados* (12, 215).

Se encararmos como mandamento de humanidade não entregar o destino natural ao seu livre curso, mas produzir uma ordem vivível para o maior número possível de pessoas, seria preciso agradecer ao cristianismo por ter introduzido no mundo a sua hipótese moral. Nietzsche fala com grande admiração da força criadora de valores do cristianismo, mas não lhe agradece por isso. Por que não? Porque a consideração com os fracos, a moral da compensação, a seus olhos impede o desenvolvimento e evolução de uma humanidade superior.

Entrementes sabemos que ele só poderia imaginar uma humanidade superior como culminância da cultura, em seus *picos de encantamento*, nos indivíduos e obras bem-sucedidos. A Vontade de poder desencadeia, de um lado, essa dinâmica da culminância, e também a Vontade de poder que forma *partido* moral do lado dos fracos, impedindo essa culminação, e por fim, diagnostica Nietzsche, conduzindo ao nivelamento e degeneração generalizados. Esse *partido*, que tira as consequências modernas da *hipótese moral do cristianismo*, é a democracia e o socialismo, que por isso Nietzsche combatera com tamanha energia. Pois, para ele, não é a felicidade e bem-estar da grande maioria, mas o sucesso da vida de casos individuais que dá sentido à história universal. A cultura da democracia política e social é para ele assunto dos *últimos homens*, como diz tão desdenhosamente. Nietzsche rejeita a ética pública social do bem-estar comum, porque para ele impedirá a autoformação do grande indivíduo. Mas se as grandes personalidades desaparecerem, perde-se também o único sentido que ainda resta para a História. Na medida em que defende esse resto de sentido da história, ele ataca a democracia e anuncia que é preciso pelo menos *adiar* a *transformação do animal do rebanho democrático em um bonachão* (11, 587).

Podemos formular assim o problema: Nietzsche não é capaz de ligar entre si as ideias de autodesenvolvimento e solidariedade mútua, nem de pelo menos deixá-las existirem lado a lado. O crítico do cristianismo deveria ter podido aprender dele num ponto decisivo: a genialidade do cristianismo consistira, séculos a fio, em ter ligado entre si de maneira refinada as duas opções, a solidariedade e o autodesenvolvimento. A relação com Deus, quando não entendida só moralmente, significava uma imensa ampliação do espiritual, o refinamento espiritual permitia um autodesenvolvimento que poderia permanecer solidário no terreno social. Pois esses desenvolvimentos e ascensões não eram entendidos como realização própria, mas como graça, o que reduzia o orgulho da diferenciação. Além disso a autopromoção era admitida no contexto dos dois mundos: da *civitas dei* e da *civitas civili*. Ali se podia ser grande, aqui pequeno. Quem sabe viver nesses dois mundos tem menos dificuldade em ligar entre si os princípios de autodesenvolvimento e solidariedade. Nietzsche, que também no tempo de “Humano, Demasiado Humano” pensava em uma espécie de “sistema bicameral” da cultura — onde de um lado se aquece genialmente e do outro se esfria segundo princípios do senso comum e no sentido do serviço da vida coletiva —, finalmente quis um único mundo, e rejeitou a teoria refinada de dois mundos de um Agostinho ou um Lutero. E assim decidiu-se contra a vida democrática, organizada segundo o princípio do bem-estar. Para ele, esse mundo significava o triunfo do animal de manada humano. Mas ele queria sobretudo preservar a diferença entre si próprio e os outros muitos. Sua obra é a grande admissão desse esforço. Nela se documenta o esforço de toda a sua vida, para fazer de si mesmo um indivíduo grande.

Se assistimos, fascinados e talvez também admirando, a esse pensar em primeira pessoa, a essas manobras de autoconfiguração, mas não estamos decididos a renunciar à ideia e democracia e justiça, então Nietzsche talvez tivesse considerado isso uma concessão de comodistas, uma indecisão, aquele ominoso *pestanejar* dos *últimos homens*.

Mas talvez lembrasse que ele próprio introduzira em seus leitores a reserva irônica: *Não é em absoluto preciso, nem mesmo desejável, tomar partido (...) a meu favor: ao contrário, uma dose de curiosidade, como diante de uma planta estranha, com uma resistência irônica, me pareceria uma postura incomparavelmente mais inteligente em relação a mim* (B 8, 375s; 29 de julho de 1888).

* * *

Enquanto trabalha em "A Vontade de Poder", escreve respectivamente em poucas semanas "Para Além de Bem e Mal" (1885/86), o quinto volume do recém-aparecido "Gaia Ciência" (outubro 1886), e "Sobre a Genealogia da Moral" (verão de 1887). Essas obras resumem, marcam e desenvolvem ideias que já tinham sido apresentadas nas obras anteriores e empregam materiais conceituais do trabalho em "Vontade de Poder". É preciso ter em vista que, em sua incerta vida de andarilho, Nietzsche mandava que lhe enviassem posteriormente suas caixas de livros, mas possivelmente nem sempre tinha à mão as próprias obras antigas. Frequentemente queixa-se de ter esquecido o que uma vez escrevera. A 13 de fevereiro de 1887, na impressão da segunda edição de "Gaia Ciência", por exemplo ele pede a Peter Gast que corrija o manuscrito para impressão, e acrescenta: *Eu próprio agora de certa forma tenho curiosidade de ver o que terei escrito aquela vez. Pois desapareceu inteiramente da minha memória* (B 8, 23). Às vezes até receia reler a própria obra. No ano dos prefácios, 1886, escrevia sobre suas obras antigas, mas evitava relê-las; *Em retrospectiva me parece uma felicidade*, escreve a Peter Gast em 31 de outubro de 1886, *que, quando escrevi esses prefácios, eu não tivesse à mão Humano, Demasiado Humano, nem O Nascimento da Tragédia: pois, cá entre nós, não aguento mais tudo aquilo* (B 7, 274). Esse comentário foi escrito num momento de depressão. Porque dois anos depois, no último outono em Turim, animado por uma euforia sem igual ao ler suas obras antigas, ele escreve a Peter Gast: *Há quatro semanas compreendo meus próprios escritos — mais ainda, eu os estou apreciando. A sério, antes nunca soube o que significavam; estaria mentindo se quisesse dizer que, exceto o Zaratustra, eles me teriam impressionado* (B 8, 545; 21 de dezembro de 1888). No verão do mesmo ano ele pede de Meta von Salis um exemplar da "Genealogia", que aparecera no ano anterior. A renovada leitura de sua obra, escrita há apenas um ano, o faz comentar: *A primeira olhada naquilo me surpreendeu (...) No fundo eu tinha na memória apenas o título dos três ensaios: o resto, isto é, o conteúdo, eu havia esquecido* (B 8, 396; 22 de agosto de 1888).

As frequentes repetições na obra de Nietzsche também se explicam assim: ele simplesmente esquecia o que tinha escrito.

O que Nietzsche dirá de seu "Crepúsculo dos Ídolos" em 1888, de que ali apresentara suas *heterodoxias filosóficas essenciais* (B 8, 417; 12 de setembro de 1888), já vale para "Para Além de Bem e Mal". Ele examina a série de ficções metafísicas com que o espírito ocidental esboçou o mundo imaginário da durabilidade, unidade e permanência, contra o *fluxo absoluto* heraclítico do devir e do passar. Não há oposições "dialéticas", mas apenas transições deslizantes, aliás nem existem regularidades históricas. As ideias (kantianas) das aprioridades de nossa razão não passam de resquícios religiosos, são representações amadas das pequenas eternidades na finita razão humana. Aliás, o "eu" é uma ficção. Também no ser humano existem apenas acontecimento, ações, e porque não suportamos a dinâmica do acontecimento anônimo, inventamos um autor para as ações. O "eu" é essa invenção. Com poucas palavras o "Cogito" de Descartes é varrido do palco. Exatamente no pensar se revela que é apenas o ato de pensar que produz o ator. Não é o eu que pensa, mas o pensar me permite dizer "eu". Numa sutil análise da vontade, Nietzsche mostra que refletimos toscamente demais sobre isso. A vontade não é, como quer Schopenhauer, uma unidade dinâmica, mas um tumulto de tendências diferentes, um campo de combate de energias que lutam pelo poder.

Em um capítulo inspirado, Nietzsche examina o poder da religião. Interessa-se particularmente pela ideia de que a religião cristã, com a sua *hipótese moral*, como já foi dito, protege *os malogrados* da crueldade da natureza injusta, e com isso do *niilismo*, mas que exatamente por isso é uma expressão da Vontade de poder. Pois o cristianismo produziu todo um mundo espiritual que preparou o fim do mundo antigo, portanto o cortejo vitorioso do cristianismo é a prova viva de que é possível uma transvaloração dos valores. Dessa perspectiva, ele fala com admiração de gênios religiosos como Paulo, Agostinho ou Inácio de Loyola; eles infectaram todo o mundo com suas obsessões, fizeram girar o palco histórico e criaram um mundo de vida em que as pessoas agiam e respiravam espiritualmente. Comparado a esses atletas religiosos, o ser humano comum, na era da modernidade desencantada e do niilismo, é um animal de trabalho sem imaginação, uma pobre criatura: *parece que eles nem têm tempo para a religião, pois não sabem com clareza se se trata de um novo negócio ou uma nova diversão* (5, 76; JGB). A cultura niilista só conhece negócios ou diversões. Contra essa vulgarização niilista da vida nos tempos modernos, Nietzsche defende até mesmo a antiga cultura religiosa: a força inaudita com que ela criou e impôs seus valores o anima a julgar possível e até factível uma futura transvaloração dos valores, pela qual se sente responsável.

O texto "Sobre a Genealogia da Moral", escrito um ano depois, apresenta numa coesão sóbria e grandiosa a análise e crítica da moral desenvolvida em obras anteriores. Deverá estar correto quando Nietzsche escreve sobre esse livro na carta já citada a Meta von Salis: *Devo ter estado naquela ocasião numa situação de inspiração quase ininterrupta, para que esse texto acabe fluindo como a coisa mais natural do mundo. Nele não se nota nenhum esforço* (B 8, 397; 22 de agosto de 1888).

Depois do "Nascimento da Tragédia" e das "Considerações Extemporâneas", a "Genealogia" é, pela primeira vez, novamente um grande ensaio coeso em três capítulos sobre "O Bem e o Mal", sobre "Culpa" e "Má consciência" e sobre a questão "O que significam ideais estéticos?" Seguindo o princípio de que os fundamentos da moral não são morais em si, mas refletem relações de luta e de força, Nietzsche apresenta no primeiro capítulo seus famosos pensamentos já aludidos em "Aurora" sobre o nascimento da moral que provém do espírito do ressentimento, como teoria coesa: a avaliação *bom e malvado* é fundamentada por outra, mais antiga: *nobre e ruim*. Sua tese: foram os fracos e necessitados de proteção que chamaram de "malvado" ao forte que os ameaçava; mas eles próprios, da perspectiva do forte, eram os "ruins", no sentido de vulgares e inferiores. Todo o universo moral nasce dessas atribuições e avaliações perspectivistas. Os desprivilegiados pela vida só poderiam se proteger da superioridade dos fortes primeiro reunindo-se em bando, segundo, mudando os valores, portanto definindo as virtudes dos fortes como implacabilidade, altivez, audácia, prazer em esbanjar, ócio etc. como defeitos, e inversamente declarando as consequências habituais de suas próprias fraquezas como humildade, compaixão, aplicação e obediência como virtudes: *a rebelião de escravos da moral começa quando o próprio ressentimento se torna criativo e cria valores: o ressentimento dessas criaturas às quais é negada a verdadeira reação, a da ação, que só se compensam por uma vingança imaginária* (5, 270; GM). O estabelecimento de sua moral é a *vingança imaginária*, que tem sucesso quando os fortes não podem julgar a si mesmos senão da perspectiva dos fracos. Os fortes são vencidos quando se deixam envolver pelo mundo imaginário da moral do ressentimento. Na moral luta-se pelo poder da definição: quem se deixa julgar por quem.

A luta pelo poder de definição leva ao quarto espelhado das autoavaliações. Como nos definimos a nós próprios. Quem é o "eu" da avaliação, e quem é o "se"? No segundo capítulo Nietzsche aponta para o reino imensurável do *trabalho pré-histórico*, pelo qual a espécie humana primeiro produziu a si mesma. Impor-se uma constância, até previsibilidade, moderar os afetos e modelá-los, tramar uma rede de rituais e modos de comportamento, dar consciência moral ao impulso e permitir que o desejo se refrate na comunicação — como tudo isso surgiu durante milênios e o que aconteceu, pouco sabemos a respeito, está mergulhado na penumbra da pré-história. Como, indaga Nietzsche, foi possível *cultivar* o ser humano como *um animal que pode prometer* (5, 291; GM)? É uma longa história, na qual o ser humano se tornou indivíduo vivenciando-se como "dividuum", isto é, ser dividido, como uma autorrelação viva. Como aconteceu que o ser humano se tornasse essa ferida dolorosa, que nele uma coisa viva e outra pense, que haja nele tendências contraditadas pela consciência, algo que comanda e algo que obedece? Nessa longa história o cristianismo é apenas um breve episódio, embora de momento o último.

O cristianismo, com sua moral do amor ao próximo, humildade e obediência, significa para Nietzsche, no geral, uma vitória da moral do escravo, com a consequência de que naturezas fortes, que continuam existindo, são forçadas a fazer toda a sorte de concessões, dissimulações, distorções e posturas indiretas, para poderem exercer a sua força. O terceiro capítulo, onde se descrevem gênese e corporificações dos ideais estéticos, é um exemplo para o mascaramento da força em um culto religioso da humildade. Pois o asceta sacerdotal é um dominador disfarçado. Nele realiza-se uma inversão do poder. O sacerdote asceta — assim como o ascetismo em geral — mostra sua natureza de dominador exercendo um rigoroso domínio sobre seu próprio corpo e a multiplicidade das suas necessidades sensuais. O asceta é o virtuoso do dizer-não. É um poderoso antidioniso. O asceta encarna a vida como espírito que dilacera a vida. Nietzsche fala com certa admiração disso, pois entende que ele próprio, apesar do dizer-sim dionisíaco, é antes uma natureza ascética. A dinâmica desse último capítulo relaciona-se precisamente com isso: Nietzsche percebe que ele próprio é parte do problema, que na verdade queria descrever com o *pathos da distância* (5, 259; GM). Dedicou sua vida ao conhecimento, a vontade de verdade era seu impulso mais forte. Mas essa vontade de verdade, que se dirige contra a tendência espontânea de vida, contra ilusões benfazejas e limitações de horizonte que sirvam à vida, essa vontade de verdade não será ela mesma um espírito ascético — que dilacera a vida? Se no fim dessa vontade de verdade o ser humano e seu mundo saírem do centro, se as ciências trabalham na *autodiminuição do ser humano* (5, 404; GM) no Cosmos, se a vontade de verdade fizer surgir o ateísmo honesto — então isso será *a catástrofe temível de um cultivo da verdade que dura dois mil anos, que no final se proibirá a mentira da crença em Deus* (5, 409). Esse *cultivo da verdade* porém é o ascetismo cristão. E o próprio Nietzsche sabe que é um herdeiro tardio desse "cultivo". Assim, no final da "Genealogia da Moral" Nietzsche chega a si mesmo: *Que sentido teria todo o nosso ser se não aquele de que em nós aquela vontade de verdade chegaria à consciência de si mesma como um problema?* (5, 410).

É o verão de 1887 em Sils Maria, quando Nietzsche escreve a "Genealogia" num ímpeto. Em agosto já começa a nevar. Tudo ao seu redor está branco e quieto, os hóspedes dos hotéis partem um após o outro. Nietzsche, que permanece sozinho — o que é ele senão um asceta da vontade de verdade? A 30 de agosto ele escreve a Peter Gast: *Apesar disso, uma espécie de contentamento e progresso em todos os sentidos; sobretudo uma vontade boa de não viver mais nada de novo, de me esquivar um pouco mais rigorosamente do "externo", e fazer aquilo para que se está aqui* (B 8, 137).

Mas para o que estamos aqui?

Capítulo 14

O último ano. Pensar sobre sua vida. Pensar em sua vida.
O sorriso dos áugures. Fatalidade e alegria.
O silêncio do mar. O final em Turim.

No último ano antes do colapso, Nietzsche ainda trabalha na "Vontade de Poder". Não desiste de reunir seus pensamentos sobre esse tema, rubricá-los, esboçar divisões. Mas a impaciência cresce. Ele corre para o objetivo, o seu objetivo: a *transvaloração dos valores* tem de ser realizada, e tiradas as consequências morais essenciais. Nietzsche sente que não tem mais muito tempo, chegou para ele o momento do acerto derradeiro de contas. Quando jovem, ele se impregnara dos filósofos da Antiguidade e descobrira sua vontade de dominação. Para ele, um grande filósofo é mais do que membro de uma comunidade discursiva. Para ele, suas palavras valem como palavras de poder. Quando surge um grande filósofo, o palco da história gira. O grande filósofo parte os nós górdios dos problemas, como outrora no campo político o fez Alexandre. Nesse último ano, Nietzsche cresce junto com suas desejadas imagens de grandeza histórica. Finalmente desaparece nelas, ou podemos dizer: precipita-se nelas. Agora, ele próprio se sente como um desses grandes filósofos. Emergiu do fundo do tempo e chegou ao cume de onde se divisa tudo, e se pode fazer época. A montanha gritou e pariu uma mensagem que agora tem de ser anunciada aos povos. Nietzsche desce do seu Sinai com novas tábuas da lei. Está na hora de falar claro, talvez até claro demais. Os pressupostos espirituais da era futura não devem mais ser abafadas pelas reflexões, mas reveladas com determinação. Filosofar com o *martelo*, como anuncia o "Crepúsculo dos Ídolos" de 1888, não significa apenas percutir os pensamentos e princípios até ali válidos, à maneira de um médico que ausculta para perceber o oco ali dentro, mas também destruir os ídolos a golpes de martelo. O sentido é duplo: um martelinho e um martelo, examinar e destruir com golpes de martelo, diagnóstico e terapia violenta.

As últimas obras, que surgem em rápida sucessão, o "Caso Wagner", "Crepúsculo dos Ídolos", "O Anticristo" e "Ecce Homo", não desenvolvem mais novas ideias, mas tornam mais tosco ou mais aguçado o já conhecido. Diferenciações, apelos e contradições são deixados de lado. Mas cresce o encenatório e teatral da apresentação. Aumenta a autorreferência. "Ecce Homo" gira quase exclusivamente em torno da questão: quem sou eu, a quem foi dado e permitido pensar como eu penso?

Os pensamentos no centro das últimas obras são, como seria de esperar, a vontade de poder na dupla versão, a crítica da moral ressentida e o elogio da vida dionisíaca como superação do nivelamento e depressão niilistas. Aqui há poucas surpresas; tanto mais fascinante é observar como Nietzsche, o criador de sua *segunda natureza*, aos poucos se torna um com sua criatura. Como sempre destacou, ele se escavara e iluminara, ele olhara o mundo através de *muitos olhos*, e com isso contemplara a si mesmo, ele travara conhecimento consigo próprio até a exaustão e até o júbilo, aquele "se" (sich) se tornara todo um continente não pesquisado que ele desejava descobrir; e todas as investigações sempre o tinham conduzido para a força criativa que fundamenta a vida prática, a arte, a moral e até a ciência. Sim, a ciência, que para ele também é expressão da imaginação produtiva, imagens diante do pano de fundo do Inaudito. Mas no final o princípio criativo volta a devorar toda realidade contrária. Aquela figura que Nietzsche fez de si mesmo afirma o palco, e todo o resto recua diante do furor da autoprodução imaginativa.

Na luta com sua *primeira natureza*, Nietzsche inventa para si um passado do qual gostaria de provir: ele é um *nobre polonês pur sang*, declara em "Ecce Homo", e em fins de dezembro de 1888 escreve aquelas frases que no começo o editor e Peter Gast, e depois a irmã, esconderam do público: *Quando procuro o mais profundo contrário de mim, a vulgaridade imprevisível dos instintos, sempre encontro minha mãe e irmã — pensar que sou aparentado com aquela canalha seria uma blasfêmia contra a minha divindade* (6, 268; EH). Mãe e irmã juntas são uma *perfeita máquina dos infernos*, e ele se enche de orgulho por ter escapado intacto. Só com ajuda de sua força criadora conseguiu produzir aquela sua *segunda natureza*. Mas não deve se sentir muito seguro, pois o retorno do mesmo poderia lhe trazer de novo o velho mal. *Porém eu admito*, continua ele, *que a mais profunda objeção ao "eterno retorno", meu pensamento verdadeiramente abissal, são sempre mãe e irmã* (6, 268). Ele só não vai lhes conferir mais esse sentido terrível quando estiver fora de si, depois do colapso. Enquanto estiver consciente, ele escapa da *máquina dos infernos* em casa, transformando-se em *dinamite*: *Conheço o meu destino. Um dia meu nome vai se ligar a algo Inaudito — uma crise como não houve outra sobre a terra, o mais profundo choque de consciência, uma decisão contra tudo o que até aqui foi acreditado, estimulado, sacralizado. Não sou um ser humano, eu sou dinamite* (6, 365; EH).

Durante os dias eufóricos do último outono em Turim, em 1888, valia para ele o inaudito disso: que ele tirara todas as consequências, mesmo as mais remotas, da descoberta de que Deus está morto.

Dioniso contra o Crucificado, assim ele assina suas últimas cartas. Mas não apenas esses "bilhetes da insanidade", como mais tarde foram chamados, também aquela grandiosa autointerpretação totalmente destinada ao público, "Ecce Homo", termina com essas palavras: *Será que me compreenderam? — Dioniso contra o Crucificado!* (6, 374; EH).

Mas, como sabemos, a notícia de que Deus está morto não era mais novidade no fim do século 19. Especialmente entre as pessoas cultas, às quais Nietzsche se dirige, a religião em geral foi abandonada. As ciências estão avançando. O mundo é explicado por "leis" mecânicas e energéticas. Não se procura mais significado e sentido, mas queremos saber como tudo funciona, como podemos entender e utilizar esses modos de funcionamento. A campanha vitoriosa de Darwin habituou o público à ideia da evolução biológica, aprendemos que não existe uma evolução da vida seguindo um objetivo certo, mas acasos da mutação e a lei da jângal da seleção determinam o processo da história natural. Continuamos pensando para além do ser humano, mas não até o divino lá no alto, e sim descendo ao animalesco. Em lugar de Deus, o assunto agora é o macaco. Deus perdeu sua importância para a Natureza, mas também para a sociedade, a história e o indivíduo. Na segunda metade do século 19 encaramos também a sociedade e a história como algo que se pode entender em si mesmo, e explicar. A hipótese de Deus tornou-se supérflua.

Nietzsche há muito não era um marginal com sua proposição de que Deus era uma hipótese forte demais. A confiança em Deus era apenas uma vaga pressuposição em segundo plano. O movimento dos trabalhadores ajudou na popularização das ciências naturais e sociais, e assim o ateísmo moderno não era apenas um estilo de pensamento e de vida das pessoas cultas, mas avançava até os "malditos deste mundo", que na verdade deveriam ser muito receptivos aos consolos da religião, porém sob a influência do marxismo podiam esperar um futuro melhor com a evolução histórica. Nietzsche percebera muito bem a erosão social da fé. Mas como então poderia anunciar como algo Inaudito a descoberta de que Deus estava morto? Nietzsche não chegava tarde demais com sua mensagem, não quereria arrombar portas que já estavam escancaradas?

Há várias respostas a isso.

Primeiro, a biográfica. Nietzsche, esse "pequeno pastor", como o chamavam aos doze anos, aquela *planta nascida perto do campo de Deus*, como ele mesmo se caracterizava, com grande dificuldade se libertara do seu Deus, ainda que em "Ecce Homo" tenha colocado uma pista falsa: *se combati o cristianismo, foi porque dessa parte não vivenciei fatalidades nem inibições* (6, 275). Isso não é verdade. Poucas páginas depois ele admite isso, quando aponta o ataque à moral cristã como necessário para superação de uma fraqueza — a tendência à compaixão. Nessa medida o Deus cristão da compaixão permanece um dardo na carne. Portanto Deus pode ter estado morto há algum tempo na consciência geral, mas Nietzsche ainda sente seus efeitos na moral da compaixão. Além disso, ficou-lhe certa rigidez humilde, ele ainda sofre com a desvalorização da vida, pela qual também responsabiliza sua conformação pela fé cristã. A acusação de Nietzsche ao cristianismo é exatamente que enfraqueceu a vontade de vida, e foi em si apenas um sintoma dessa fraqueza, uma rebelião histórica dos ressentidos[27] contra as raças mais fortes.

Essa humildade rígida ainda está nos ossos de Nietzsche, por isso ele precisa persuadir-se a dizer Sim à vida, por vezes com determinação histérica. Há demasiada intenção em jogo e pouco jogo na intenção. É uma

27 "Mucker", em alemão, termo usado para designar falsos santarrões, ou pessoas ressentidas, que estão sempre descontentes, resmungando, beatos, hipócritas (N. da T.).

formulação grandiosa, mas que não coincide com as circunstâncias, quando Nietzsche escreve em "Ecce Homo": *Não conheço outro modo de lidar com grandes tarefas senão o jogo* (6, 297; EH). Aqui se expressa antes um desejo do que uma realidade, ainda que com sua visão da vontade de poder como grande jogo universal Nietzsche avance até a compreensão do jogo como fundamento do Ser. E o Zaratustra de Nietzsche dança quando atingiu esse fundo; ele dança como dançava o deus indiano Shiva. Assim também o observou pouco antes do colapso a esposa do dono do quiosque de Turim, em cuja casa ele morava. Ela relata que escutara o professor cantando em seu quarto e, inquieta com outros ruídos, espiara pelo buraco da fechadura: e o vira "dançando nu" (Verecchia 265).

Sem dúvida, em seus melhores momentos Nietzsche consegue uma leveza lúdica da linguagem e dos pensamentos, uma agilidade tal que mesmo em sofrimentos e sob a carga de pensamentos graves, sabe dançar, é uma alegria "apesar de tudo", uma mistura de êxtase e serenidade. Atingem-se perspectivas das quais a vida realmente parece um grande jogo. Mas nas últimas semanas de Turim desaparecem os obstáculos que também são necessários para o jogo, e Nietzsche começa a se deixar levar livremente pela maré vazante de sua linguagem e seus pensamentos soltos. Tal desencadeamento não pode ser chamado "jogo", porque não existe mais a soberania do jogador.

Além da moral da compaixão e da humildade rígida necessárias à autopersuasão para viver, em Nietzsche a chamada decadência também é uma hipoteca cristã. Quando, na primavera de 1888, ele escreve seu acerto de contas com o "Caso Wagner", o tema "decadência" está no centro. Ele se confessa sua decadência, mas explica que a superou, ao contrário de Wagner, cuja arte é inteiramente determinada por ela. *Assim como Wagner, sou um filho destes tempos, quer dizer, um decadente: apenas, eu entendi isso e me defendi contra. O filósofo em mim se defendeu contra isso* (6, 11; WA).

O que é decadência? Para Nietzsche, como o dionisíaco e o apolíneo, ela é uma grande potência cultural, a unidade de um estilo que marca todos os domínios da vida, não apenas o artístico. A mais breve fórmula da decadência é dizer: ela é a tentativa de extrair prazeres sutis da dor fantasmal do Deus desaparecido. *Tudo o que sempre cresceu no solo da vida empobrecida, toda a falsidade da transcendência e do Além, tem na arte de*

Wagner seu mais sublime defensor (6, 43). Na época da decadência, os *problemas dos histéricos* (6, 22) tornam-se criativos. Não se crê mais, porém existe uma vontade de crer. Quando os instintos estão enfraquecidos, existe uma vontade de instintos saudáveis. Porque as coisas e a vida não dão mais certo, porque o fluxo do evidente em si se interrompe, porque o fácil ficou tão difícil — por isso todo o fazer e acontecer é acompanhado da ominosa "Vontade de...". Não existe mais a maravilhosa condição de estar abrigado em si mesmo, das épocas antigas, quando pensar, crer, sentir tinham outra polarização. O pensar desapareceu no pensado, a sensação naquilo que é sentido, a vontade no querido, e a crença no acreditado. Uma fúria de desaparecimento prendeu o autor no encantamento de sua ação, e o segurou ali. E agora o palco gira, agora o autor sai fora de sua ação, coloca-se na frente dela e diz: vejam aqui, eu fiz isso, aqui eu senti, aqui eu acreditei, aqui agiu a minha "vontade de...". Decadência é mais desejo de prazer do que prazer, e mais dor pela dor do que dor. Decadência é religião e metafísica que pestanejam. Quando a situação com a decadência é tal e sua fórmula característica é a "vontade de...", como fica a fórmula nietzschiana da "Vontade de poder"? Talvez também apenas um *problema de histéricos*?

O Inaudito que Nietzsche *liga* com sua filosofia é pois a revolução moral desencadeada pela "morte de Deus", a *transvaloração dos valores* para a qual Nietzsche encontra formulações muito precisas em seus últimos escritos. No fim de "Ecce Homo" ele junta todas as suas objeções à moral cristã em uma grande acusação, *que na mais profunda necessidade de crescer, na mais severa busca de si mesmo (...) se procura o princípio mau; que inversamente no típico sinal de decadência e de contradição instintual, no "que renuncia a si mesmo", na perda da gravidade, na "despersonalização" e no "amor ao próximo" (...) se vê o valor mais alto, mas o que digo? O valor em si! (...) A moral da renúncia ao eu é a moral da decadência por excelência* (6, 372). Portanto a *transvaloração* concederá prêmios morais para o *orgulhoso e o bem-sucedido*, e sobretudo para *aquele-que-diz-sim*. A seleção deveria caminhar no sentido de que esse tipo de pessoa pudesse se impor — contra o *partido de tudo que é fraco, doente, falhado, que-sofre-consigo-mesmo* (6, 374).

No "Crepúsculo dos Ídolos" e no "Anticristo" Nietzsche avalia um livro que lhe caiu nas mãos em Turim. Trata-se do "Livro de Leis de

Manu", editado e traduzido por Louis Jacolliot, um código moral das sociedades de castas, supostamente apoiado em vedas da antiga Índia. Nietzsche mostra-se fascinado pela cruel coerência com que nesse livro de leis, segundo um ominoso mandamento de pureza, a sociedade se organiza em classes sociais rigorosamente separadas. Interpreta o fato de os membros das diversas castas não poderem se misturar entre si como inteligente biopolítica para melhorar a raça e para impedir a degeneração. Nietzsche encerra as reflexões sobre a "Lei de Manu" no "Crepúsculo dos Ídolos" comentando: *Podemos colocar como primeira proposição que, para fazer moral, é preciso ter a incondicional vontade do oposto. Esse é o grande, sinistro problema que por mais tempo eu persegui* (6, 102).

Os jogos de máscaras e de papéis de Nietzsche serão enriquecidos aqui, no final, em uma variante a mais: ele tenta o sorriso dos áugures que fazem moral em lugar de ter uma, e que fazem acreditar em lugar de terem eles próprios a sua crença. Os áugures, esses sacerdotes do refinamento, são suficientemente inteligentes para poderem renunciar às convicções. Eles sorriem uns para os outros na concordância secreta daqueles que enganam sem seres enganados. No sinal do sorriso dos áugures, deve ter pensado Nietzsche, os além-do-homem hão de reconhecer uns aos outros.

As cartas do inverno em Nizza, pouco antes da ida para Turim, mostravam a curva de depressão e euforia. Nietzsche escreve a Peter Gast em 6 de janeiro de 1888: *Por fim não esconderei que toda essa última fase tem sido para mim rica em descobertas e iluminações sintéticas. Que voltou a crescer minha coragem de fazer o "inacreditável" e formular até as últimas consequências a sensibilidade filosófica que me distingue* (B 8, 226). Uma semana depois, a 15 de janeiro de 1888, ele também escreve a Peter Gast: *Há noites em que não me suporto mais de uma maneira totalmente humilhante* (B 8, 231).

Ele já escrevera há alguns anos a frase *nada é verdadeiro, tudo é permitido*, e acrescentara animadoramente: agora podemos, pois, deixar nossa força criativa brincar para inventar verdades que sirvam à vida e que a intensifiquem, agora podemos levantar princípios que façam a raça humana avançar com seus melhores exemplares, agora nos movemos em terreno aberto, partindo para oceanos desconhecidos do espírito criativo, os horizontes recuam e o Inaudito penetra em nós — tudo isso ele já formulara e praticara espiritualmente. Mas agora, parece, o horizonte ilimitado não é mais apenas algo pensado, mas a experiência dele impregna todo o seu sentimento de vida e se torna disposição fundante. Há nele algo singularmente sem resistência, como se seu pensar se desprendesse das amarras e passasse a flutuar e não houvesse mais como detê-lo.

A transição do libertar-se ativo para o deixar-se arrastar pode ser observada com bastante exatidão. Em uma carta a Franz Overbeck de 3 de fevereiro de 1888 Nietzsche descreve o seu *desespero negro*, que o prende e não quer permitir que *escape*. Queixa-se da *falta, de anos e anos, de um amor humano que realmente o aliviasse e curasse, o isolamento absurdo que faz com que quase todo o resto de relação com pessoas seja apenas causa de sofrimentos* (B 8, 242). E porque ele se sente um monstro aprisionado pelas pessoas para as quais nada significa, porque, pois, paradoxalmente formulado, ele está rodeado de ausentes, por isso ele precisa atacar, golpear e debater-se. Nesse estado *qualquer emoção nos faz bem, desde que seja violenta. Não esperem de mim agora "coisas belas"* (B 8, 242). Até aqui, sobre o "libertar-se".

Três meses depois em Turim o momento do "deixar-se desprender". A 17 de maio de 1888 ele escreve a Peter Gast: *Querido amigo, perdoe esta carta talvez alegre demais: mas depois que, dia após dia, "transvalorei valores" e tive motivos para ser muito sério, existe uma certa fatalidade e inevitabilidade na alegria* (B 8, 317). Se a alegria se torna uma fatalidade, é algo que lhe acontece, ou melhor: que o faz sair e partir para o Inaudito. A torrente ébria o arrasta e finalmente afasta seu mundo interior do nosso olhar. Permanecemos atrás, na margem, e no fim: naufrágio com espectadores. Mas o singular é: Nietzsche, que se deixa arrastar, também está ao mesmo tempo na margem como espectador. Ele assiste a si mesmo. Seu espírito ainda trabalha com a antiga argúcia e vivacidade, ele é arrastado e ao mesmo tempo se vê sendo arrastado.

Nietzsche está cheio de planos, fantasmas, pensamentos, e ao mesmo tempo saboreia as pequenas alegrias de existir, aprecia a boa comida em Turim, visita as tratorias da região, cuida de novo meticulosamente de suas roupas, toma café em locais públicos; quer ser visto pelas pessoas. Aliás, observa constante e prazerosamente como o observam. Quer assistir às pessoas que o veem. As vendedoras do mercado escolhem para ele as melhores frutas, passantes na rua viram-se para o olhar, desconhecidos o cumprimentam; crianças interrompem seus brinquedos e param respeitosamente. A hospedeira entra no quarto dele na ponta dos pés. *O mais singular aqui em Turim é a total fascinação que eu exerço — em todas as classes. A cada instante sou tratado como um príncipe, há uma distinção extrema no modo como abrem a porta para mim e me servem uma comida. Cada rosto se transfigura quando entro numa loja grande* (B 8, 561; 29 de dezembro de 1888). Essa carta a Meta von Salis foi escrita pouco antes do seu colapso, mas já no início do verão em Turim havia cartas desse tipo. Nietzsche gosta de contemplar suas próprias mãos. Ri pensando que está nas suas mãos quebrar o destino da humanidade em *dois pedaços*. É assim que se parece um transvalorador dos valores? Mas então ele recorda a frase de "Zaratustra": *São as palavras mais tranquilas as que trazem a tempestade. Pensamentos que chegam em patas de pomba dirigem o mundo* (4, 189; ZA). Ele olha no espelho: *Eu nunca tive essa aparência* (B 8, 460; 30 de outubro de 1888). Ele lê seus próprios livros: *Há quatro semanas compreendo meus próprios escritos — mais ainda, eu os estou apreciando* (B 8, 460; 30 de outubro de 1888). Ele sente-se bem, está com uma disposição outonal, é a *grande época da colheita. Tudo me é fácil, tudo dá certo para mim,* escreve alegremente a Franz Overbeck, mas no meio dessa atmosfera de tagarelice bem humorada entram frases como a seguinte: *receio estar partindo a história da humanidade em duas metades* (B 8, 453; 18 outubro de 1888). Como ler essas frases? A Peter Gast ele envia uma indicação de uso. Deve-se tomá-lo como *inspiração para uma "opereta"*. Só não se deve fazer dele uma tragédia! *Faço tantas bobagens comigo mesmo e tenho tais ataques privados de palhaço, que durante meia hora fico sorrindo sarcasticamente em plena rua (...) Penso que nesse estado a gente está maduro para ser o "salvador do mundo"?* (B 8, 489; 25 de novembro de 1888).

Tudo isso é dito com intenção séria e de modo transbordante, e numa carta de 10 de dezembro de 1888 a Ferdinand Avenarius ele informa: *Que o espírito mais profundo também tem de ser o mais frívolo, é quase a fórmula da minha filosofia* (B 8, 516s.). Quando ele se sente tão profundamente bem, de repente não vê mais sentido em mostrar pressa na publicação das últimas sobras, especialmente o "Ecce Homo": *Agora não vejo por que deveria apressar muito a trágica catástrofe de minha vida, que começa com o "Ecce"*

(B 8, 528; 16 de dezembro de 1888). Por que não ficar mais um pouco naqueles belos lugares bebendo café, procurando as estalagens, saudando as vendedoras nos mercados, saboreando a luz da tarde e as cores de Turim — *um Claude Lorrain como eu jamais sonhara?* (B 8, 461; 30 de outubro de 1888). Por que não permanecer um *sátiro*? (B 8, 516; 10 de dezembro de 1888). O famoso e enigmático aforismo 150 em "Para Além de Bem e Mal" diz: *Tudo se torna tragédia em torno do herói, em torno do semideus tudo é um jogo de sátiros; e em torno de Deus tudo será-como: talvez se torne "Mundo"?* (5, 99). Se ele avançou até o sátiro e o jogo de sátiros, então já está a meio caminho de seu endeusamento, e do seu vir-ao-mundo.

Mas ainda nas últimas semanas há momentos de combate. Há os amigos que o decepcionam. Se as mulheres no mercado lhe mostram respeito, por que os amigos não o fazem? Deveriam reconhecer o semideus no palhaço! Só Peter Gast consegue isso. Mas os outros, por mais amáveis e cordiais que sejam, não lhe dão a sensação de o tratarem conforme sua posição. Com Rohde ele já rompera na primavera, quando este dissera algo desdenhoso sobre Taine. *Não permito que ninguém fale com tão pouco respeito sobre Ms. Taine* (B 8, 76; 19 de maio de 1888), escreve-lhe e se calou. E quando Malwida von Meysenbug reagiu ao "Caso Wagner" comentando que não se devia tratar tão mal um "velho amor", ainda que ele esteja apagado agora, Nietzsche lhe respondeu: *Aos poucos rompi quase todas as minhas relações humanas, por nojo por me tomarem por aquilo que não sou. Agora é a sua vez* (B 8, 457; 20 de outubro de 1888). E continua escrevendo que ela era uma *idealista*, e que esse tipo de gente nada entende, nada pode entender. Sobretudo não o que acontece com ele, com *o além-do-homem*. Uma idealista não sabe o que é crueldade e que de vez em quando ela é necessária. Acusa-a de ter feito dele uma imagem inofensiva demais. Bondoso, aplicado, idealista, isso ele não é nem quer ser. O que Malwida nunca entendera, nem poderia entender, era *que um tipo de pessoa que não me enojasse é exatamente o tipo oposto aos ídolos ideais de outrora, cem vezes mais parecido com um tipo César Bórgia do que com um Cristo* (B 8, 458; 20 de outubro de 1888).

Também com relação à irmã ele agora tem palavras muito fortes para a moléstia que são para ele os laços familiares; mas muitas vezes só foram transmitidas em rascunhos, e não sabemos se correspondem a cartas efetivamente remetidas, pois é sabido que a irmã confiscou algumas coisas. Num rascunho de meados de novembro de 1888, ele escreve: *Não tens a mais remota ideia do que é ser parente próximo da pessoa e do destino em que se decidiram as questões de milênios* (B 8, 473).

Nietzsche flutua, e diverte-se, pode baixar seu olhar sobre coisas e pessoas como sobre uma paisagem ampla. Nada e ninguém deve querer puxá-lo para baixo, nesse caso ele pode ficar enfurecido. Se o deixam em paz, ou se ele se recolheu nas suas alturas, pode escrever frases de inaudita calma e serenidade, como em "Ecce Homo": *Ainda neste momento olho meu futuro — um largo futuro! como para um mar liso; nenhum desejo se encrespa nele. Não quero, nem minimamente, que nada seja diverso do que é; eu próprio não quero mudar* (6, 295).

Nessas frases ecoam coisas anteriores. Em "Aurora" dez anos antes ele escrevera sobre o *grande silêncio* do mar: *Essa mudez inaudita que de repente nos domina é bela e sinistra, o coração se intumesce (...) assusta-se diante de uma nova verdade, e também não consegue falar (...) Falar, sim pensar se me torna odioso: pois não escuto por trás de cada palavra o engano, a ilusão, o espírito da demência dando risadas? Não tenho de zombar da minha compaixão? Zombar da minha zombaria? Ó mar! Ó entardecer! Sois mestres péssimos! Ensinais o ser humano a deixar de ser humano! Ele deve entregar-se a vós? Deve-se tornar como vós agora sois, pálido, brilhante, mudo, inaudito repousando sobre si mesmo? Sublime acima de si mesmo?* (3, 259; M).

A 3 de janeiro de 1889 Nietzsche sai de casa. Na Piazza Carlo Alberto observa um cocheiro bater em seu cavalo. Nietzsche se joga no pescoço do animal, chorando, para o proteger. Dominado pela compaixão, ele desmaia. Poucos dias depois, Franz Overbeck vem apanhar o amigo demente. Nietzsche viveria nesse estado por mais dez anos.

A história do seu pensamento termina em janeiro de 1889. Só depois começa a outra história, a de suas influências e efeitos.

Capítulo 15

A nobre podridão[28] *da Europa descobre Nietzsche. Conjuntura da filosofia da vida. A vivência de Nietzsche de Thomas Mann. Bergson, Max Scheler, Georg Simmel. Zaratustra na guerra. Ernst Bertram e Cavaleiro, Morte e Diabo. Alfred Baeumler e o Nietzsche heraclítico. Antissemitismo. Nas pegadas de Nietzsche: Jaspers, Heidegger, Adorno/Horkheimer e Foucault. Dioniso e o poder. Uma história sem fim.*

"Enquanto a nobre podridão da Europa / sugava Pau, Bayreuth e Epsom, / ele abraçava três cavalos de carruagem, / até seu hospedeiro o levar para casa" (Benn, 177).

Poucos meses depois do colapso, também ficaram sabendo disso em Pau, Bayreuth e Epsom. O mundo espiritual e o mundano descobriram Nietzsche. O final na demência conferia à sua obra, em retrospectiva, uma verdade sombria: ali obviamente havia alguém que penetrara tão fundo no mistério do Ser, que acabara enlouquecendo com isso. No famoso trecho da "Gaia Ciência" Nietzsche chamara de *homem doido*[29] aquele que negava a Deus, e agora ele próprio ficara doido. Isso certamente excitava a imaginação das pessoas. O último editor de Nietzsche, C. G. Naumann, farejou o grande negócio. Já em 1890 publicou novas edições das obras de Nietzsche, que finalmente encontraram grande público. Voltando do Paraguai em 1893, a irmã de Nietzsche tomou nas mãos, hábil e inescrupulosa, a comercialização das obras do irmão. Ainda em vida do filósofo ela fundou o Arquivo Nietzsche, em Weimar, confiando-lhe as primeiras edições completas. Mostrou ter vontade de poder, pois tentou impor ao público determinada imagem do irmão, e não temia fazer falsificações. Tudo isso hoje em dia é bastante conhecido.

---

28 Em alemão, "Edelfäule", decomposição de uvas excessivamente maduras através do cogumelo Edel (nobre), produzindo um vinho particularmente bom (N. da T.).

29 "Toll" é ao mesmo tempo "doido" e "incrível, fantástico, incomum" (N. da T.).

Ela queria fazer de Nietzsche um chauvinista, racista e militarista alemão-nacional e, em parte do público, especialmente entre os marxistas ortodoxos, ela conseguiu isso até os dias atuais. Mas também soube atender às mais refinadas necessidades do espírito de seu tempo.

Na "Villa Silberblick", em Weimar, onde desde 1897 ficava o Arquivo Nietzsche, a irmã mandara instalar um estrado onde se apresentava ao público como mártir do espírito um Nietzsche absorto em si mesmo. A irmã era suficientemente wagneriana para conseguir extrair efeitos sublimes e arrepiantes do destino do irmão. Na "Villa Silberblick" realizava-se um espetáculo final da nobre podridão da Europa. Meio século antes Thomas Carlyle — que era apreciado nesse meio, mas não fora muito valorizado por Nietzsche — escrevera do que se trata nesses espetáculos finais: "Sabe que esse universo é aquilo que pretende ser: infinito. Nunca tentes engoli-lo, confiante em tua própria capacidade de digerir; agradece, muito antes, se, enfiando habilmente este ou aquele pilar sólido no Caos, conseguires impedir que este te devore" (Carlyle 83). Portanto Nietzsche fora devorado, ousara avançar demais. Perdera-se no Inaudito da vida.

Não apenas através de Nietzsche, mas sobretudo através dele, a palavra "vida" adquiriu aquela vez um som novo, misterioso e sedutor. A filosofia acadêmica, porém, no começo portou-se com reserva. Heinrich Rickert, um diretor de escola neokantiano, declarou: "Como pesquisadores devemos dominar e consolidar a vida conceitualmente, e para isso temos de sair do mero espernear vivo da vida para a ordenação sistemática do mundo" (Rickert 155). Mas, fora da filosofia acadêmica, na verdadeira vida intelectual entre 1890 e 1914, estimulada pela recepção de Nietzsche, começou a campanha vitoriosa da filosofia da vida. "Vida" tornou-se um conceito central como antes fora "Ser", "Natureza", "deus" ou "Eu", também um conceito de luta dirigida contra duas frentes. De um lado contra o idealismo um tanto desanimado que os neokantianos cultivavam nas cátedras alemãs, mas também nas convenções morais burguesas. "Vida" opunha-se aos valores eternos laboriosamente deduzidos ou apenas impensadamente transmitidos. De outro, a palavra "Vida" dirigia-se contra um materialismo sem alma, herança, pois, do século 19 que chegava ao fim. O idealismo neokantiano já fora uma resposta a esse materialismo e positivismo, mas débil, segundo a filosofia da vida. Prestamos esse desserviço ao espírito quando o separamos dualisticamente da vida material. Assim não o poderemos defender. Muito antes o espírito deve ser introduzido na própria vida material.

Com os filósofos da vida, o conceito "vida" se torna tão amplo e elástico que tudo cabe ali dentro: alma, espírito, natureza, ser, dinâmica, criatividade. A filosofia da vida repete o protesto do *Sturm und Drang* contra o racionalismo do século 18. Naquela ocasião o lema fora "Natureza". O conceito "Vida" tem agora a mesma função. "Vida" é plenitude de figuras, riqueza de invenção, um oceano de possibilidades, tão imprevisível e aventuresco que não precisamos mais de um Além, no Aqui há o suficiente de tudo isso. Vida é partir para margens distantes e ao mesmo tempo o bem próximo, a própria vitalidade que estimula formas. "Vida" torna-se solução do movimento da juventude, do *Jugendstil*, do neorromantismo, da pedagogia reformista. A exortação de Zaratustra, *sejam fiéis à terra*, era aqui ouvida com devoção, e seguida. Também os adoradores do sol e os nudistas podiam sentir-se apóstolos de Zaratustra.

Nos tempos de Nietzsche a juventude burguesa ainda queria parecer velha. Naquela época, juventude era antes uma desvantagem na carreira. Recomendavam-se meios de fazer a barba crescer mais depressa, óculos eram símbolo de status. Imitavam-se os pais usando colarinho duro, os adolescentes eram enfiados em casacas e aprendiam a andar de maneira comedida. Antes, "vida" passava por algo que trazia sobriedade, e a juventude precisava antes disso gastar os chifres nela. Agora porém "vida" é o impetuoso, o que irrompe, e com isso é a própria juventude. "Juventude" já não é um defeito que tem de ser dissimulado. Ao contrário: agora a velhice tem de se justificar, está sob a suspeita de estar ressequida e enrijecida. Toda uma cultura, a guilhermina, é convocada diante da "cátedra de juiz da vida" (Dilthey) e confrontada com a pergunta: Essa vida ainda está viva?

A filosofia da vida entende-se como uma filosofia do viver no sentido do genitivo subjetivo: ela não filosofa sobre a vida, mas é a própria vida que filosofa nela. Como filosofia, ela quer ser um órgão dessa vida; quer intensificá-la, abrir-lhe novas formas e figuras. Não quer apenas descobrir que valores vigem, ela é suficientemente imodesta para querer criar valores novos. Filosofia da vida é a variante vitalista do pragmatismo. Não indaga pela utilidade de uma ideia, mas quer saber de sua potência criativa. Para a filosofia da vida, a vida é mais rica do que qualquer teoria, por isso ela despreza o reducionismo biologista: ela quer a vida como espírito vivo.

Essas posturas intelectuais têm enorme influência de Nietzsche. Não era preciso ler sua obra para ser influenciado por ele. O nome Nietzsche tornou-se um signo de reconhecimento: quem se sentia jovem e vital, quem se julgava entre os nobres e não levava tão a sério os deveres morais, este podia se sentir um nietzschiano. O nietzschianismo se tornou tão popular que já nos anos noventa apareceram as primeiras paródias, sátiras e textos difamantes sobre ele. Max Nordau, por exemplo, fala em nome da parte sólida e teimosa da burguesia quando fustiga esse nietzschianismo como "afastamento prático da disciplina tradicional" e previne desse "desencadear a besta no ser humano" (Aschheim 28). Para esses críticos, Nietzsche era um filósofo que fazia a consciência sucumbir em impulso e ebriedade. Muitos nietzschianos o entendiam mais ou menos assim, e pensavam que com vinho, mulher e canção estavam quase chegando a Dioniso.

Com essa gente circulava um Nietzsche a preço módico. Não esqueçamos: Nietzsche igualara "vida" com potência criadora e nesse sentido a chamara *Vontade de Poder*. A vida quer a si mesma, quer configurar-se. A consciência está numa relação rica de tensões com o princípio da autoconfiguração do vivo. Pode ter efeito inibidor ou intensificador. Pode produzir medos, escrúpulos morais e resignação, e pode quebrar-se nela o impulso vital. Mas a consciência também pode se colocar a serviço da vida: pode realizar valorizações que animem a vida a jogar livremente, a refinar e sublimar. Mas, seja como for que atue, a consciência continua sendo um órgão desta vida, e por isso seus efeitos, felicidade ou desgraça são os destinos que a vida prepara para si mesma. Numa ocasião se intensifica — pela consciência; na outra se destrói — pela consciência. Mas se a consciência vai agir em um sentido ou outro, isso não é nenhum processo vital inconsciente que decide: é a vontade consciente, portanto o momento de liberdade em relação à vida.

A filosofia da vida de Nietzsche arranca a "vida" da camisa-de-força determinista do fim do século 19 e lhe devolve sua verdadeira liberdade.

É a liberdade do artista diante de sua obra. *Quero ser o autor* (Dichter) *da minha vida*, anunciara Nietzsche, e já vimos que consequências isso teve para o conceito de verdade. Verdade no sentido objetivo não existe. Verdade é o tipo de ilusão que comprova servir a vida. Esse é o pragmatismo de Nietzsche, mas, diferentemente do anglo-saxão, refere-se a um conceito dionisíaco de vida. No pragmatismo americano, "vida" é uma questão de *common sense*, mas Nietzsche, exatamente como filósofo da vida, é extremista. Ele repudia a banalidade anglo-saxônica bem como o dogma darwinista da "adaptação" e "seleção" no processo vital. Para ele, isso são projeções de uma moral utilitarista que acredita que também na Natureza a adaptação será compensada com uma carreira. Para Nietzsche, a "Natureza" é a criação universal, que brinca, de Heráclito. Natureza forma e quebra formas, um processo criativo incessante no qual às vezes é o poderosamente vital e não o adaptado que triunfa. Sobreviver ainda não é um triunfo. A vida só triunfa no excesso, quando se esbanja, quando vive até se esgotar (ausleben). Uma filosofia da generosidade e do esbanjamento. Assim entendiam Nietzsche os boêmios, os artistas da vida. Sua filosofia da *Vontade de Poder* no começo não parecia uma visão política, mas estética. Frequentemente citamos a famosa frase de Zaratustra sobre o poder do criativo: *O que é bom e mau? Isso ninguém ainda sabe: a não ser aquele que cria! Mas esse é Aquele que cria o objetivo do ser humano e dá à terra o seu significado e o seu futuro: só este faz com que algo seja bom e mau* (4, 246s.). Portanto, importa o criar, não o imitar, e também a moral precisa seguir o impulso criativo. Fantasia de poder!

Com Nietzsche, podia-se declarar: se arte e realidade não coincidem, tanto pior para a realidade! Liam Nietzsche como estímulo para descobrir o próprio fundo criador. É preciso descer até o inconsciente. Freud sabia que Nietzsche trabalhara aplicadamente nisso antes dele. Em sua "autobiografia" ele escreve que por muito tempo "evitara" os textos de Nietzsche, porque muitas vezes as "ideias e intuições deste (...) coincidiam espantosamente com os laboriosos resultados da psicanálise" (Gerhardt, Nietzsche 218). Porque queria alcançar reputação científica até entre as ciências naturais, a psicanálise reprimiu seu cerne estético-nietzschiano. Isso significava: não se queria admitir que nessas teorias sobre a alma havia em jogo mais inventar do que encontrar. O próprio

Nietzsche jamais duvidara disso, para ele a vontade de saber — não só na investigação da alma — ligava-se sempre à força imaginativa.

A comunidade psicanalítica, estimulada por Nietzsche, no começo manteve distância dele, para sua própria grande desvantagem. Nietzsche tinha a intuição e sobretudo a linguagem para o altamente diferenciado processo pulsional na fronteira do inconsciente, mas na psicanálise as teorias das pulsões se tornavam mais robustas — no fim havia quase só a sexualidade e o instinto de morte, e começava a funesta campanha metafórica de panelas de pressão, aparelhos hidráulicos e secagem de pântanos. Também a arquitetura de uma casa burguesa de Viena em torno de 1900 revelava como se imaginava a "construção" da alma. Em Nietzsche não havia nada disso. Ele também utilizava imagens, até comandava todo um *exército móvel de metáforas* (1, 880; WL), mas raramente temos a impressão de que se faz redução ou se coisifica. Nas análises sutis, ainda que aprofundadas no singular, o horizonte do Inaudito permanece presente. Isso confere às análises de Nietzsche essa inconfundível ironia das profundezas. Nietzsche lê uma pegada na areia e nos dá a entender que a próxima onda a apagará de novo.

As correntes artísticas importantes no começo do século, simbolismo, Jugendstil, expressionismo — todas são inspiradas em Nietzsche. Nesses meios naquela época todo aquele que se levava a sério tinha a sua "vivência de Nietzsche". Harry Graf Kessler formula de maneira marcante como os membros de sua geração tinham "vivenciado" Nietzsche: "Ele não apelava apenas para a razão e a fantasia. Seu efeito era mais abrangente, mais profundo e misterioso. Seus ecos sempre mais fortes significavam a chegada de uma mística naquela época racional e mecanicista. Ele estendia entre nós e o abismo da realidade um véu de heroísmo. Através dele fomos como que tirados e afastados por um feitiço daquele período glacial" (Aschheim 23).

Alguns compositores também sentiram que com Nietzsche está "chegando uma mística". Richard Strauss criou em 1896 sua obra sinfônica "Assim Falou Zaratustra", e Gustav Mahler queria originalmente chamar sua terceira sinfonia de "A Gaia Ciência". Arquitetos como Peter Behrens e Bruno Taut inspiraram-se em Nietzsche, construindo espaços para espíritos livres. Não é de admirar que se levasse Nietzsche aos palcos de dança; Nietzsche, que escrevera no "Zaratustra": *Perdido é para nós o dia em que não se dançou ao menos uma vez* (4, 264). Mary Wigmann desenvolveu nos anos vinte e trinta um chamado estilo de dança dionisíaco; rufavam-se tambores e se recitavam trechos do "Zaratustra".

Com a vivência de Nietzsche podiam-se fazer muitas coisas. Para alguns foi apenas uma moda passageira. Outros, numa vida toda não se libertavam dele. Por exemplo Thomas Mann, que declarou em 1910: "Nós temos dele a excitabilidade psicológica, o criticismo lírico, a experiência de Wagner, a vivência do cristianismo, a vivência da modernidade" (Aschheim 37). Thomas Mann sentia-se estimulado por Nietzsche a buscar uma vontade de arte que rejeita orgulhosamente todo o servilismo social, político e outros, preservando para a arte, junto com o amor e a morte, a dignidade autorreferente e o mistério do humano. Trabalhando em "Reflexões de um Apolítico", de 1918, Thomas Mann guiou-se pelas "Considerações Extemporâneas" de Nietzsche e recitou quase todas as frases junto com seu amigo Ernst Bertram, que escrevia ao mesmo tempo seu grande livro "Nietzsche — Tentativa de uma Mitologia". Que a arte nasce do dionisíaco e, ironicamente filtrada, se torna forma apolínea, era uma visão imperdível e indispensável para sua própria criação. Em seu grande ensaio sobre Nietzsche, "A filosofia de Nietzsche à luz da nossa experiência", de 1947, suplementar ao seu trabalho no "Doutor Fausto", ele chama Nietzsche de "o mais sem salvação dos estetas" que a história do espírito conhece, e declara: "Que a vida só se justifique como fenômeno estético combina precisamente com ele, sua vida, sua obra de pensamento e literatura (..) até a automitologização do último momento, e até a loucura essa vida é uma apresentação artística (...) um espetáculo trágico-lírico altamente fascinante" (Mann 45). Thomas Mann previne porém do desenfreado "esteticismo", dizendo: "Já não somos suficientemente estetas para temermos uma profissão de fé no Bem, e nos envergonharmos de conceitos tão triviais como verdade, liberdade, justiça"; mas que esses conceitos políticos permanecem esteticamente triviais e que com eles não se pode fazer arte, essa ideia em nada muda nem com os oradores ambulantes da democracia e do antifascismo.

Thomas Mann sabia — e sabia sobretudo devido à sua vivência de Nietzsche — que a lógica da arte é diferente da lógica da moral e da política; mas também sabia como é importante manter os territórios separados, pois as duas coisas são danosas: politizar a arte e estetizar a política.

Os que se "revoltam em nome da beleza" (ibid.) esquecem frequentemente que a política tem de defender o habitual e a concessão; que deve estar a serviço da vivibilidade. Mas a arte está interessada em estados extremos, ela é radical, e, em Thomas Mann, também apaixonada pela morte. No verdadeiro artista, o desejo de intensidade é mais forte que a vontade de autopreservação, a cujo serviço porém deveria estar a política. Se a política perde essa orientação, torna-se perigosa para todos. Por isso, Thomas Mann previne da "sinistra proximidade" entre "esteticismo e barbárie" (ibid.).

Thomas Mann será fiel à sua vivência de Nietzsche durante toda a vida, mas em anos futuros cuidará de que as obsessões estéticas não se expandam demasiado para os outros campos da vida. Ele compreendeu bem Max Weber, que já em 1918 dizia que a democracia vive da diferenciação das esferas de valor. Primeiro o dionisíaco tem de ficar sóbrio, para entrar depois no terreno político. Era assim que agia Thomas Mann: esteticamente bebia vinho, politicamente pregava água. Teria até podido apoiar-se nos antigos pensamentos de Nietzsche sobre o sistema bicameral da cultura, onde em uma se aquece genialmente e na outra se resfria para preservar a vida.

A futura frieza de Thomas Mann quase faz esquecer o calor do entusiasmo por Nietzsche no começo do século. Também os dadaístas vêm do calor nietzschiano. Para eles a separação do estético e político era particularmente estranha. Exigiam expressamente o "renascimento da sociedade a partir da união de todos os meios e poderes artísticos" (Hugo Ball); também no círculo de George e entre os simbolistas se acredita num "renascer" público e social a partir do espírito da arte soberana. Franz Werfel anuncia a "entronização do coração". As fantasias de onipotência da arte e dos artistas têm seu grande momento. O espírito da filosofia da vida nietzschiana liberara as artes de servirem e de seguirem o princípio da realidade. Arriscavam de novo visões com as quais protestavam contra a realidade sem graça. "Visão, protesto, transformação" era a trindade expressionista.

Faz parte do efeito da filosofia de vida nietzschiana que na Alemanha, antes da Primeira Guerra, ela preparasse terreno para a poderosa influência da filosofia de Bergson, e inversamente a França foi sensibilizada por Bergson para Nietzsche. A obra principal de Bergson, "Evolução Criativa", apareceu em tradução alemã em 1912. Como Nietzsche, também Bergson desenvolvia uma filosofia da vontade criativa, que porém não chama de "Vontade de poder". Mas é semelhante o modo de ligar o universal com o individual. O que lá fora age no mundo, no todo da Natureza, também atua como energia criativa no indivíduo: depois de Bergson sentimos as forças que agem em todas as coisas, também em nós. Quando Bergson fala entusiasmado sobre o universo criativo, como em Nietzsche, aparece a metáforo de onda e vaga. Mas, diferentemente de Nietzsche, Bergson coloca o mistério da liberdade no coração do mundo. Também para ele, como para Nietzsche, o acontecimento cósmico é circular, mas ele pensava antes em um movimento em espiral ascendente. Nietzsche também queria pensar o retorno cósmico do mesmo com uma dinâmica da intensificação — mas não conseguiu muito bem. É porque Nietzsche não superou o conceito tradicional de tempo como "espaço" no qual se desenrolam os processos vitais. Porém Bergson conseguiu pensar melhor o tempo como força dinâmica criativa. Ela não é o meio onde algo está "contido", mas uma potência que produz alguma coisa. Não é palco para um jogo, mas como ator pertence ao jogo. E o ser humano não apenas percebe o tempo, mas o gesta (zeitigen) com seu agir. O órgão interno do tempo é iniciativa e espontaneidade. O ser humano é uma criatura que inicia. No mais íntimo de sua experiência de tempo, segundo Bergson, está oculta, pois, a experiência da liberdade criativa. Na liberdade humana o Cosmos criativo encontra sua consciência de si.

Com essa ideia Bergson finalmente chegou mais perto de Schelling do que de Nietzsche, mas para Max Scheler, que em 1915, em seu texto "Da Derrubada dos Valores" reuniu Bergson e Nietzsche como filósofos da vida, em ambos atua o mesmo forte impulso. Os dois, explica Scheler, querem libertar o ser humano da "prisão" do "meramente mecânico e mecanicizável" e conduzi-lo para fora, para "um jardim florido" (Scheler, Derrubada 339). Na filosofia de Nietzsche (e Bergson) finalmente a lava da vida rompe de novo as crostas e calcificações. "No Absoluto somos, circulamos, vivemos" (id.).

Georg Simmel também interpretou Nietzsche como filósofo da vida criativa, em suas famosas conferências de 1907. Ele designa precisamente a constelação de problemas que Nietzsche encontrou, e o horizonte de sentidos que ele abriu: antes a vida era tida como um objetivo supremo e um supremo valor. Isso acabou, nos tempos modernos. O complicado e imprevisível mecanismo da sociedade tornou-se um universo de meios, que não se relaciona mais com um centro de significados. A consciência moderna fica "pendurada nos meios" (Simmel 42), está enredada nas longas cadeias de ações que não estão presas a nenhum objetivo final. Perdeu a infinitude sublime, e em compensação adquiriu a infinitude ruim de uma criatura que corre como "hamster" na sua roda. Dali lhe nasce "a temerosa indagação por um sentido e finalidade do todo" (id.). Schopenhauer respondera a essa situação interpretando aquela agitação sem sentido como qualidade metafísica da vontade. Segundo Simmel, Nietzsche, de sua parte, ligava a metafísica da vontade de Schopenhauer com a ideia de evolução e a ideia do desenvolvimento. Mas, como Schopenhauer, também Nietzsche rejeitava a noção de um objetivo final e uma meta da evolução. Por isso precisa tentar imaginar um desenvolvimento aberto, não teleológico, uma dinâmica de crescimento autorreferida: a vida é o fim para si mesma, mas de um modo tal que deve investigar e extrair as possibilidades que há em seu interior. O ser humano que desperta para a consciência é o lugar privilegiado dessa autoinvestigação da vida. No ser humano a vida realizou consigo mesma uma experiência particularmente ousada. O que disso resulta é responsabilidade do drama da liberdade humana. No homem realiza-se, como mais tarde diria Ernst Bloch, um "experimentum mundi".

Dessa maneira sublime, encantadora e encantada, impetuosa e cheia de promessas, antes de 1914, a partir de Nietzsche e com ele, a filosofia entoava o tema "vida".

Com o começo da guerra de 1914 esse vitalismo filosófico teve grande difusão. Um nietzschianismo bélico tomou a palavra. E aconteceu a imediata confrontação: a cultura vital (alemã) contra a superficial civilização (francesa); a comunidade dionisíaca contra a sociedade mecânica;

heróis contra comerciantes; consciência trágica contra pensamento utilitarista; espírito musical contra tendência calculista. Referiam-se à interpretação de Heráclito por Nietzsche, declarando que a guerra era o grande artista da separação: ele separa o legítimo do ilegítimo e revela verdadeira substância. Para os acadêmicos excitados, a guerra era o *examen rigorosum* de um povo que tem de provar se ainda tem em si uma vida dominadora. Portanto a guerra é a hora da verdade: "A imagem do ser humano inteiro, grande, extenso, do qual a paz deixava entrever apenas uma pequena zona central grisalha (...), essa imagem agora aparece plasticamente diante de nós. Só a guerra mede a envergadura e extensão da natureza humana; o ser humano se conscientiza de toda a sua grandeza e toda a sua pequenez" (Scheler, Genius 136).

Que substância espiritual a guerra traz à tona? Uns dizem: é uma vitória do idealismo. Por longo tempo ele foi sufocado pelo materialismo e pensamento utilitarista, agora irrompe, e os seres humanos estão novamente dispostos a se sacrificarem por valores imateriais, por povo, pátria, honra. Por isso Ernst Troeltsch chama o entusiasmo pela guerra de retorno da "Fé no espírito", triunfando sobre o "endeusamento do dinheiro", o "ceticismo hesitante", a "busca desenfreada de prazer" e a "embotada resignação diante das regularidades da Natureza" (Troeltsch 39). Outros, os filósofos da vida nietzschianos, veem na guerra a liberação de forças vivas que ameaçavam congelar nos longos períodos de paz. Eles celebram a força da natureza da guerra; finalmente, dizem, a cultura volta a tocar o elementar. A guerra é, escreve Otto von Gierke, "como o mais poderoso de todos os destruidores de cultura, ao mesmo tempo o mais poderoso fazedor de cultura" (Glaser 187).

No começo da guerra Nietzsche já era tão popular que o "Zaratustra", junto com o "Fausto" de Goethe e o "Novo Testamento", foi publicado numa edição especial para os soldados do front, num total de cento e cinquenta mil exemplares. Assim, na Inglaterra, nos Estados Unidos e na França, surgiu a ideia de que Nietzsche fora uma força que incitava à guerra. Sinal do espírito daqueles tempos na Inglaterra foi uma carta do grande romancista Thomas Hardy, que escreveu: "Penso que desde o começo da História não há exemplo de que jamais um país tenha se afastado tanto da moral por causa de um só autor"

(Aschheim 132). Um editor londrino falou então de uma "Guerra euro-nietzschiana" (Aschheim 130). O editor de Nietzsche nos Estados Unidos foi preso acusado de ser um agente de guerra do "monstro alemão Nietzky" (Aschheim 133).

Sem dúvida, em Nietzsche há várias passagens em que se louva a atividade bélica. Basta lembrar um trecho famoso, então muito citado, do "Crepúsculo dos Ídolos": *O ser humano liberado, e muito mais o espírito liberado, calca aos pés o desprezivo modo de bem-estar com o qual sonham os merceeiros ambulantes, os cristãos, as vacas, as mulherzinhas, os ingleses e outros democratas. O homem livre é um guerreiro* (6, 139s.).

Para tendências nacionalistas no sentido tradicional, Nietzsche dificilmente podia ser invocado, mas os mercenários cultos, de coração aventureiro, que mais tarde se encontravam sobretudo no círculo da revolução conservadora, viam em Nietzsche muita coisa estimulante, principalmente a ideia de que os sentidos da luta, como aliás, de toda a vida, não reside num objetivo e numa finalidade, mas na intensidade aumentada da vida. Quem procurasse um êxtase niilista na luta, ou o imaginava, encontrava a indicação do "Zaratustra" de Nietzsche: *Dizeis que é a boa causa que sacraliza até a guerra? Eu vos digo: a boa guerra é o que sacraliza qualquer causa* (4, 59). Ernst Jünger e Oswald Spengler foram desses niilistas extáticos, que se sentiam ligados a Nietzsche quando ele faz seu Zaratustra dizer: *A coragem é o melhor matador; a coragem que ataca: pois em cada ataque existe um jogo melodioso* (4, 199).

Mas o texto de Hermann Hesse de 1919, "O Retorno de Zaratustra", mostra que também se podia entender Zaratustra de outro modo. Hesse recorda o mau uso que foi feito com Nietzsche, especialmente o seu "Zaratustra", e que desperta indignação. Nietzsche não fora inimigo de qualquer "mentalidade de rebanho"? — pergunta Hesse, e faz Zaratustra aparecer mais uma vez entre os que voltam da guerra. A lição de Zaratustra retornado faz uma variação da conclamação de Nietzsche: torna-te aquilo que és! A vontade de ser si mesmo é aqui mobilizada contra qualquer tipo de espírito subalterno, ainda que apareça em trajes de guerra e atitude heroica, e até mesmo invocando Nietzsche. Hesse defende Nietzsche contra os cânticos de ódio dos seus admiradores militantes: "Não percebeis", Hesse faz dizer o seu Zaratustra, "que por toda parte onde essa canção é entoada, os punhos estão cerrados dentro dos bolsos, e se trata de vantagem própria e egocentrismo — ah, não é aquele egoísmo do nobre que pensa elevar e fortalecer o seu eu, mas trata-se de dinheiro, da bolsa de dinheiro, de vaidade e fantasias" (Hesse 315).

Imediatamente após a guerra apareceu o livro de Ernst Bertram "Nietzsche, Tentativa de uma Mitologia". Essa obra certamente é a mais influente interpretação de Nietzsche no tempo de entre guerras. Thomas Mann, amigo de Bertram, acompanhou a elaboração desse livro e admirava-o. A imagem de Nietzsche dada por Thomas Mann é fortemente marcada por Bertram. Este pertencia ao círculo de George, a ideia de uma liderança espiritual lhe era conhecida de lá. No subtítulo, ele chama seu livro de "Tentativa de uma Mitologia", e está certo.

Bertram leva adiante aquilo com que começara o primeiro romantismo e o que Richard Wagner e o jovem Nietzsche tinham continuado: a criação de um mito adequado a unir um povo em uma visão comum, depois que a religião empalideceu. Agora então o próprio Nietzsche, sua vida e obra, e a "lenda de um ser humano" (Bertram 2) devem ser reescritos. Não existe objetividade na descrição e análise de uma vida humana e da obra de uma pessoa, só há interpretações, declara Bertram, inteiramente no sentido de Nietzsche. E ele quer apresentar só interpretações que sejam, partindo de Nietzsche, um espelho da alma alemã, de suas dores, ímpetos, sua força criadora e seu destino fatal. Nietzsche queria ser *autor de sua vida*, e Bertram dá prosseguimento a essa intenção, tornando-se ele mesmo o poeta da vida e obras de Nietzsche. Bertram diz a respeito da "imagem" que assim surge: "Ela sobe lentamente no céu estrelado da memória humana" (Bertram 2). Nietzsche — não um modelo no sentido pedagógico, mas uma proto-imagem[30], imagem-primeira, em que as tensões, incitações e contradições da cultura alemã, sua colaboração para a grande história do espírito, podem aparecer intuitivamente e como dignas de ser pensadas. Uma imagem, em suma, que, segundo Bertram, possa conduzir toda uma cultura que está em crise a entender suas possibilidades e perigos.

30 Jogo de palavras com "Vorbild", modelo, e "Vor-Bild", imagem anterior, prévia" (N. da T.).

Bertram cita a pergunta de Hölderlin: "Quando aparecerás, alma da pátria?" (Bertram, 72), e dá a resposta: ela apareceu em Nietzsche, com todo o seu dilaceramento.

Antes de tudo vem a paixão pela música. A música faz ressoar o fundo dionisíaco instintivo da vida, ela junta a sua voz ao Inaudito, também ao trágico da vida. Nessa paixão pela música Bertram consegue seu critério de distinção entre cultura (alemã) e civilização (francesa). A cultura vive do espírito trágico-dionisíaco da música; a civilização, por mais necessária que seja, permanece ligada ao reino claro e otimista das vivibilidades. Civilização é racional, enquanto a cultura transcende a racionalização, de maneira musical, mística, apaixonada pelas imagens, heroica — como quer que seja. Bertram cita Nietzsche, que certa vez escreveu: *A civilização quer outra coisa do que quer a cultura: talvez o seu contrário* (Bertram 108). O que seria esse "contrário"? Civilização é autopreservação, alívio da vida; cultura porém significa permanecer ligado com a profunda problemática da vida, nas palavras de Nietzsche em sua primeira carta a Wagner, de 22 de maio de 1869: *Ao senhor e a Schopenhauer devo o fato de até aqui ter permanecido fiel à seriedade do modo de vida germânico, em uma contemplação profunda dessa existência tão enigmática e crítica* (B 3, 9).

Bertram interpreta devotadamente duas formulações emblemáticas de Nietzsche. Uma vem de uma carta a Rohde, de 8 de outubro de 1868, onde Nietzsche escreve que aprecia em Wagner, como em Schopenhauer, *a atmosfera ética, o aroma faustiano, cruz, morte e sepultura* (B 2, 322). A outra está em "O Nascimento da Tragédia". Lá ele escolheu para Schopenhauer e seu pessimismo heroico o símbolo de *O Cavaleiro, a Morte e o Diabo, como o desenhou Dürer, o cavaleiro com armadura, com olhar duro e férreo, que sabe cumprir seu caminho de horror sem se deixar enganar por seus sinistros acompanhantes, mas sem esperança, sozinho com seu cão e seu cavalo* (1, 131). Thomas Mann também se refere a essa imagem para opor o espírito da cultura alemã, heroico, apaixonado pela morte, romântico e ao mesmo tempo desiludido, ao otimismo ocidental supostamente insípido, e sua ingênua ideologia de melhorar o mundo. Esse emblema do cavaleiro, a morte e o diabo ainda fará uma carreira sinistra; o cavaleiro será o ariano de raça pura, e finalmente o próprio Adolf Hitler. Há poemas, peças de teatro e pinturas correspondentes, saudadas e estimuladas pelo Arquivo Nietzsche infectado pelo nacional-socialismo, mas que não têm mais muito a ver com o tragicismo poético de Nietzsche, Mann e Bertram.

Para Bertram, Nietzsche é, ele próprio, um Cavaleiro com Morte e Diabo. Também ele tem armadura e máscara, não apenas para defender-se contra perigos de fora, mas também contra ameaças em seu próprio interior. Nietzsche, diz Bertram, tem em si o caos criativo, e justamente por isso é representativo da cultura alemã, que deve ser ao mesmo tempo controlada por dentro e protegida por fora, e talvez também tendo de ser mascarada. Bertram cita a palavra de Nietzsche, *tudo o que é profundo ama a máscara* (Bertram 171), para mais uma vez falar na distinção entre civilização e cultura. A cultura procura o jogo das máscaras porque tem em si demasiadas forças elementares e por isso precisa se proteger. Mascarar-se é uma resposta à experiência do Elementar. Mas a civilização separou-se do elementar e se organiza em torno do centro vazio do jogo de máscaras. Aqui não há mais profundeza que tenha de ser velada. A civilização procura o terreno seguro, a cultura é puxada para a beira do abismo. Ela ama a tragédia, é apaixonada pela morte, intui mais do que sabe, o sacrifício lhe é mais importante do que o lucro, ela é esbanjadora e ama o excesso e o supérfluo. O livro de Bertram sobre Nietzsche é toda uma meditação, espelhada em Nietzsche, sobre a questão: por que, afinal, cultura, se a civilização basta para ter uma boa vida? Na civilização, quando ela dá certo, tudo fica claro e luminoso; Nietzsche sabe disso, e com ele Bertram, que no final de seu livro cita um trecho de carta de Nietzsche: *Quantas vezes em todas as coisas possíveis eu vivi exatamente isso: tudo claro, mas também tudo no fim* (Bertram 353).

Nietzsche — e com ele Bertram — não quer chegar ao final com uma clareza decepcionante. O próprio Nietzsche disse muitas vezes: é o caráter enigmático das coisas que o atrai. Essa nostalgia de encantamento e mistério é também a melodia fundamental do livro de Bertram. Nele, Nietzsche torna-se uma figura que aponta, sedutora e cheia de pressentimentos, para o caos criativo. Nele há o prazer do ocaso. É o canto da sereia que Bertram escuta em Nietzsche e depois faz ouvir com suas próprias melodias. O mito de Nietzsche, por Bertram, não quer introduzir um mundo marcial ou teutônico. No final está o hino à aliança elêusica de amizade, reúnem-se em torno do mistério de Dioniso, esse "Deus que está chegando", que santifica o morrer e o devir, o prazer e a paixão, a dor e o êxtase. Bertram reúne a religião da arte de Nietzsche e de Stefan George na frase: "A existência do mais valioso para o humano, a eterna eficácia daquelas forças que transformam o homem em homem, depende de que em algum lugar no mundo exista um mistério, isto é, uma força espiritualmente geradora e que ligue as almas, que seja exercida e transmitida adiante. Que em algum lugar do mundo, e repetidamente, uma força formadora de mistério reúna dois ou três em nome do deus — só isso preserva o mundo" (Bertram 343). Esse deus é Dioniso, que Nietzsche invoca e que com ele retorna. Mais tarde, em 1938, Bertrand não seguirá mais esses tons elegíacos e delicados, não vai mais preferir aqueles pensamentos *que chegam em pés de pomba* (4, 189; ZA), mas no "Volkischer Beobachter" fará aparecer o cavaleiro com a morte e o diabo na figura de um camponês enraizado em seu solo natal, seguro de si, uma mistura de homem fáustico, servo da gleba e místico. Mas essa metamorfose não nasce forçosamente do antigo grandioso livro de Bertram sobre Nietzsche, que não era dedicado ao enlouquecido, e sim ao Dioniso alemão.

O outro livro dedicado a Nietzsche, muito influente do tempo entre guerras, foi o estudo "Nietzsche. O Filósofo e o Político", de Alfred Baeumler, publicado em 1931. Enquanto a obra de Nietzsche "A Vontade de Poder" (1906), compilada pela irmã e o Arquivo Nietzsche de Weimar, não tem grande papel em Bertram, porque para ele o Nietzsche dionisíaco estava no centro, para Baeumler, que depois de 1933 vai concorrer com Rosenberg no partido nacional-socialista pela posição de líder ideológico, estará em primeiro plano o filósofo do poder, Nietzsche, que também existe. Baeumler escreve que a doutrina de Nietzsche será melhor denominada segundo um filósofo grego que realmente viveu do que segundo um deus que o filósofo inventou em sua aflição. "Não dionisíaca mas *heraclítica* chamamos a imagem de mundo que Nietzsche contemplou. É um mundo que jamais repousa, que é inteiramente um devir; mas devir significa lutar e vencer" (Baeumler 15).

Ainda que Baeumler se torne um importante ideólogo do nacional-socialismo, nesse estudo ele reconstrói, precisa e filosoficamente refletido, um contexto de pensamento que realmente existe em Nietzsche. A falsificação consiste na parcialidade.

O ponto de partida de Baeumler é a frase de Nietzsche de que não temos mais verdade, que temos de reconhecer que é a vontade de poder que conforma, com o material das experiências, o que depois chamamos "verdade". Portanto, questões relacionadas com a verdade são questões relacionadas ao poder, também Baeumler parte disso. E como a disputa e a luta dos contrários, portanto a "guerra" heraclítica, determinam o grande devir, também as questões da verdade são decididas na disputa entre as forças da vida. O que, pergunta Baeumler, torna uma verdade forte e vitoriosa? Encontra a resposta na alusão de Nietzsche à *grande razão* do corpo (4, 39; ZA). Só é poderoso aquele pensar que está em sintonia com as forças do corpo e dos sentidos. Baeumler cita a indicação de Nietzsche: *Partir do corpo e utilizá-lo como fio condutor. Ele é o fenômeno muito mais rico que permite uma observação mais nítida. A crença no corpo é melhor constatada do que a crença no espírito* (Baeumler 31; 11, 635).

Há muitos corpos, e por isso também muitos poderes. As formações de poder não precisam ser justificadas, pois só uma razão que busca o equilíbrio trabalha com justificativas. Mas como a própria razão se funda no corpo — é um de seus órgãos — justamente com isso se desmascarou sua pretensão universalista. Não existe um reino do espírito como instância de apelação sobre os centros de poder em disputa, por isso a contingência é o começo e o fim das coisas. Nenhum significado vige no todo, há apenas uma dinâmica da luta, da autoafirmação e do autodesenvolvimento individual e coletivo. No universo heraclítico de Baeumler não há espaço para uma normatividade contrafactual: na realidade corporificada os seres humanos se delimitam uns com os outros, chocam-se no espaço, distinguem-se e se apartam. A hostilidade, a guerra, efetivamente, é pai de todas as coisas. O vivo só existe dentro de seus limites, tem de delimitar-se, e só dentro de determinados limites pode se expandir. Da necessidade vital dos limites cresce a dialética real dos contrários que lutam entre si, tornada inofensiva quando a chamamos Dialética. É uma luta de vida e morte, sem síntese. Pois o que parece síntese é na realidade a vitória de um lado, e pode ser que o vitorioso assimile coisas do vencido.

Se não existe síntese que faça uma ponte sobre a luta dos contrários, então a história do mundo é uma história de contradições que não se deixam resolver, mas são disputadas até que haja vencedor e perdedor. O todo, talvez, possa ser pensado, mas não vivido. Só se pode viver suportando as contradições, na história das hostilidades. Cada um está desde sempre em contrastes dilacerantes e hostis, nascemos de um determinado lado dessa contradição, isso faz parte da contingência do existir. Não podemos escolher o nosso corpo, nem aquela comunidade de corpos que chamamos "povo". Não escolhemos nosso lugar, apenas o podemos aceitar. A pergunta sobre qual é o lado "bom" não se faz dessa maneira. É a lógica contrária que vale: este lado é bom porque pertenço a ele, e aqui estão os nossos. Nós e os outros — isso é uma distinção evidente. Temos apenas de esclarecer as fronteiras do "nós". Elas se deslocam porque sempre haverá seres humanos saindo de seu contexto. Mesmo que a memória coletiva dos mitos e o trabalho conceitual dos filósofos retornem aos primórdios, para lá apreender o momento da unidade, veremos que o horizonte recua: não sairemos da história das hostilidades.

Com Nietzsche, Baeumler critica o pensamento que institui paz. Para ele, isso é autoilusão. Todo projeto de paz que deva ser realizado se tornará partido na luta dos partidos. Pois o Deus judeu já não brigou ciumentamente contra os outros deuses? Ele também só conhecia amigo e inimigo, entre os seres humanos e entre os deuses. E o Evangelho de Mateus faz Jesus dizer que não viera para trazer a paz, mas a espada. Só quando os soldados tiverem feito seu trabalho com as espadas poderão pegar os arados, isso ensina a sabedoria de Heráclito.

Baeumler — como mais tarde Michel Foucault — lê Nietzsche como um filósofo que descobriu radicalmente a contingência dos corpos em luta e a concorrência das forças no fundo do Ser. O que podemos aprender de Nietzsche, escreve Baeumler, é a ideia: não existe uma "humanidade", mas apenas unidades concretas e delimitadas que se combatem entre si. Essas unidades são "uma raça, um povo, um estamento" (Baeumler 179).

É exatamente isso que Nietzsche não diria desse modo, mas encararia o indivíduo, o singular, também como unidade concreta, embora com a limitação de que esse indivíduo é um produto tardio da História. Mas desde que ele existe, a trama de relações de poder se tornou ainda mais complicada e perturbadora. Na medida em que Baeumler relaciona a ideia de poder de Nietzsche unicamente com "raça", "povo" e "estamento", abre espaço para a sua própria ideologia de raça e povo, na qual mistura Nietzsche. Aqui começa pois a falsificação e distorção ideológica. "Quem pensa tendo como fio condutor o corpo, não pode ser individualista" (Baeumler 179), escreve. Sim, pode. Nietzsche provou isso, e Michel Foucault também o provará.

Quanto à ligação entre ideia de poder e biologismo, outros autores do círculo da "nova Direita" de então foram um pouco adiante, aliás em geral com a cobertura da irmã de Nietzsche e do Arquivo Nietzsche de Weimar. Da forma mais grosseira repetiam o convite de Nietzsche para impedir os fracos e enfermos de se reproduzirem. Um texto muito difundido de Karl Bindung e Alfred Hoch, que faz apologia da "liberação do extermínio da vida que não vale a pena ser vivida" (Aschheim 167), refere-se explicitamente a Nietzsche.

Também o antissemitismo procurou apoio em Nietzsche. Sobre esse problema já se disse quase tudo. É inegável que Nietzsche foi contra os antissemitas, porque para ele o antissemitismo representava figuras odiadas como seu cunhado Bernhard Föster e sua própria irmã. Ele desprezava os componentes populares e nacionais alemães. Via no movimento antissemita dos anos oitenta a rebelião dos medíocres que injustificadamente bancavam os senhores apenas por se sentirem arianos. Diante desses antissemitas Nietzsche estava disposto até mesmo a afirmar o valor racial alto dos judeus, e defendê-lo. Seu argumento: porque tinham se defendido séculos a fio contra ataques, são duros e refinados, fortaleceram a força defensiva do espírito, e com isso trouxeram à história europeia uma riqueza indispensável. O povo judeu, escreveu Nietzsche, tivera *a mais sofrida história entre todos os povos*, e exatamente por isso deviamos-lhe *o ser humano mais nobre (Cristo), a natureza mais pura (Spinoza), o livro mais importante e as leis morais mais eficientes do mundo* (2, 310; MA). Ele se volta contra o ofuscamento dos nacionalistas, que conduzem *os judeus ao matadouro, como bodes expiatórios de todos os males públicos e internos possíveis.*

O ódio de Nietzsche aos antissemitas foi sempre mais forte em seus últimos anos de lucidez. Ele rompeu com seu editor antissemita Schmeitzner, e chamou a editora de *ninho de antissemitas*. Num rascunho de carta para a irmã em fim de dezembro de 1887, ele escreve: *Depois que li o nome de Zaratustra na correspondência antissemita, minha paciência chegou ao fim — agora sou contra o partido do teu marido, por legítima defesa. Esses malditos janotas antissemitas não vão tocar no meu ideal* (B 8, 218s.). Em suas anotações do outono de 1888, Nietzsche reúne pensamentos que formam uma psicologia do antissemitismo. Tratava-se em geral, escreve ele, de gente fraca demais para dar sentido à sua vida, e que em pânico se liga a qualquer partido que satisfaça sua *necessidade tirânica* de sentido. Por exemplo, tornam-se antissemitas *apenas porque os antissemitas têm um objetivo, desavergonhadamente evidente — o dinheiro judeu*. A essa observação Nietzsche liga o seu psicograma do antissemita comum: *Inveja, ressentimento, raiva impotente como leitmotiv no instinto: a reivindicação de ser o "escolhido"; a perfeita autoilusão moral — que tem sempre na boca a virtude e todas as grandes palavras. Tudo isso como sinal típico: eles nem ao menos percebem a quem, com isso, se assemelham quase perfeitamente. Um antissemita é um judeu invejoso, isto é, o mais estúpido* (13, 581).

Se Nietzsche também era contra os antissemitas ao ponto de em uma de suas últimas cartas, já marcadas pela demência, ter escrito *mandarei pois fuzilar todos os antissemitas* (B 8, 575; por volta de 4 de janeiro de 1889), de outro lado, na "Genealogia da Moral", no "Crepúsculo dos Ídolos" e no "Anticristo" desenvolveu uma teoria segundo a qual o judaísmo religioso inaugurara e conduzira *a rebelião de escravos da moral* (5, 268; GM). Na "Genealogia" Nietzsche fala até com admiração disso: o ressentimento se tornara aqui extraordinariamente criativo, pois através da lei judaica e depois com a superação dessa lei pelo apóstolo judeu Paulo fora imposta ao mundo todo uma *transvaloração de todos os valores*. Isso fazia parte da *secreta Arte Negra de uma política de vingança verdadeiramente grande* (5, 269). É verdade que agora era preciso impor-se, contra a transvaloração judaica, um renascimento dos valores *nobres*, mas apesar disso: a história judaica de sucessos merecia respeito. Aqui agia também uma vontade de poder que soube muito bem atrair o partido dos fracos. O mandamento cristão do amor para ele era uma estratégia extraordinariamente refinada e sublime da vontade de poder. Nos últimos escritos, por exemplo no "Crepúsculo dos Ídolos", o antijudaísmo filosófica e moralmente fundamentado é apresentado de modo um tanto mais raivoso e tem até mesmo tons de biologia racial: *O cristianismo, de raiz judaica e só compreensível como fruto desse solo, representa o movimento contra toda a mortal do melhoramento da espécie, da raça, do privilégio: é a religião antiariana por excelência* (6, 101).

Os antissemitas que Nietzsche desprezava podiam pois utilizar muito bem alguns dos pensamentos dele como estímulo, embora a imagem da raça senhorial ariana que projetassem não correspondesse à imagem de nobreza que Nietzsche usava como ideia diretora. Foi o que também se observou nos nacional-socialistas. Usaram Nietzsche, mas multiplicavam-se as vozes que preveniam do espírito livre dele. Ernst Krieck, um influente filósofo nacional-socialista, sentenciou irônico: "Resumindo: Nietzsche era adversário do socialismo, adversário do nacionalismo e adversário da ideia de raça. Se omitirmos essas três orientações intelectuais, talvez ele tivesse dado um excelente nazista" (Riedel 131).

Nos tempos do nacional-socialismo, foram sobretudo Karl Jaspers e Martin Heidegger que aproveitaram o reconhecimento oficial de Nietzsche pelo regime para colocarem no palco um "outro" Nietzsche, não-ideológico, e desenvolver, nas pegadas dele, pensamentos que poderiam romper a moldura ideológica, ou pelo menos não se deixar limitar por ela. O que tentavam ali era, na verdade, uma espécie de leitura subversiva.

Para começar com Jaspers, em seu livro sobre Nietzsche de 1936, ele apresentou um filósofo a quem a paixão pelo conhecimento arrebata para fora de qualquer enquadramento ideológico. Para Jaspers, Nietzsche era em grande medida um filósofo experimentador, atraído pela "magia do extremo" (Jaspers 422). Para abreviar, Jaspers apreciava em Nietzsche que ele renunciasse à transcendência, mas não ao transcender, que pensava em aberto e por isso preferia o movimento do pensar à elaboração de resultados. Nietzsche teria atravessado o deserto do niilismo e por isso mesmo criara uma nova receptividade para o milagre do ser. Todavia, como tantas vezes, Jaspers deixa no ar seu julgamento,

31 Em alemão, "Possenreisser", o que faz uma comicidade exagerada, bufa, como um palhaço (N.da T.).

formulando-o no subjuntivo: "A grandeza de Nietzsche residiria em sentir o Nada e, através disso, poder falar mais apaixonada e mais claramente do Outro, do Ser, podendo até conhecê-lo melhor do que aqueles outros que talvez nunca o tenham feito e permaneçam embotados" (Jaspers 424). Jaspers descreve com sensibilidade o drama desse pensar desmedido, e segue-o até aquela fronteira "onde se ausenta a plenitude do ser" e se revela o "palhaço" [31] (Jaspers 424). Provavelmente Jaspers incluía entre essas "palhaçadas" também a desenfreada filosofia do poder de Nietzsche. Ele alude mas não o diz diretamente, ou teria afrontado demasiadamente à leitura oficial. Apesar dessa cautela de Jaspers, os governantes não o toleravam muito bem. Sabe-se que em fins dos anos trinta ele foi proibido de lecionar.

Heidegger começou suas conferências sobre Nietzsche no mesmo tempo que Jaspers. O livro que surgiu sobre isso depois da guerra foi uma das obras referenciais para toda a recepção acadêmica de Nietzsche. Entre os filósofos acadêmicos, particularmente limitados, Nietzsche só passou a ser satisfatório através de Heidegger.

Heidegger, depois de se retirar da reitoria, tivera de admitir que os ideólogos nazistas o acusassem de "niilismo". Krieck escreveu em 1934: "O sentido dessa filosofia é ateísmo explícito e niilismo metafísico, como habitualmente os literatos judeus representam entre nós, portanto um fermento de degradação e dissolução para o povo alemão" (Schneeberger 225). Em suas preleções sobre Nietzsche feitas entre 1936 e 1940, Heidegger inverte a ponta da lança e tenta provar que a Vontade de Poder, a que se referiam os ideólogos nazistas, não era superação, mas acabamento do niilismo, sem que os adeptos de Nietzsche sequer o notassem. Assim, as conferências sobre Nietzsche acabaram sendo um ataque frontal à metafísica do racismo e biologismo, na sua opinião metafísica niilista. Heidegger admite a aplicabilidade parcial de Nietzsche para a ideologia dominante, e com isso ele próprio se aparta dela. De outro lado, ele tenta ligar-se a Nietzsche, mas de modo a apresentar seu próprio pensamento como uma superação do de Nietzsche — nas pegadas de Nietzsche.

Heidegger discute o conceito nietzschiano de vontade e sublinha a importância de crescer, do querer-ser-mais-forte, de desenvolvimento e subjugação. Segue Nietzsche na crítica ao idealismo e sublinha sua conclamação *sede fiéis à terra!* Mas, exatamente nesse ponto, também critica Nietzsche, acusa-o de, com sua filosofia da Vontade de Poder, não ter permanecido fiel à terra. Para Heidegger, *permanecer fiel à terra* significava: no envolvimento com o ente, não esquecer o Ser. Segundo Heidegger, partindo do princípio da vontade de poder, Nietzsche trazia tudo para o círculo do ser humano, que confere valores. O Ser com que o homem tem de lidar, e que ele próprio é, seria inteiramente avaliado como "valor". Nietzsche queria que o ser humano se animasse consigo mesmo, se elevasse. Heidegger diz: isso não se tornou apenas um elevar-se, mas um rebelar-se; uma rebelião da técnica e das massas que agora, com o controle da técnica, se tornam inteiramente aquilo que Nietzsche chamava *últimos homens*, que se ajeitam *pestanejando* em suas pequenas casas, organizam sua pequena felicidade e se defendem com brutalidade contra qualquer redução de sua segurança e suas posses. "O ser humano rebela-se", diz Heidegger também contemplando a Alemanha de seu tempo, "o mundo se torna objeto (...) A própria terra só pode se mostrar ainda como objeto do ataque (...) A Natureza aparece por toda parte (...) como objeto da técnica." (Heidegger 2, 166). Segundo Heidegger tudo isso já foi dito por Nietzsche, pois nele o Ser só é visto do ponto de vista da valorização estética, teórica, ética e prática, e por isso mesmo não é conhecido. Para a Vontade de Poder o mundo é apenas, ainda, a essência de *condições para preservação e crescimento.*

"Mas", indaga Heidegger, "pode o Ser ser avaliado de modo mais elevado do que alçando-se ele próprio a um valor?" E responde: "Na medida em que o ser é dignificado como um valor, já foi rebaixado a uma condição estabelecida pela própria Vontade de Poder, e com isso apagou-se o caminho para experimentar o próprio Ser" (Heidegger 2, 234).

Com a "experiência do ser" Heidegger não se refere a um mundo mais alto, mas à experiência da inesgotabilidade da realidade e o espanto na clareira, quando tomamos consciência de que a Natureza abre os olhos no ser humano e percebe que existe. Na experiência do ser o homem se descobre como espaço de jogo. Ele não está preso no ente nem fixado nele. No meio das coisas ele pode "jogar", como a roda tem de poder "jogar" um pouco no eixo para mover-se. O problema do ser, diz Heidegger, é em última análise um "problema de liberdade" (Heidegger 2, 322).

Seja como for, para ele pensar o Ser é esse movimento "de jogo" do manter-se aberto para o imensurável horizonte do ser, no qual o ente pode começar a aparecer. Uma das fórmulas de Heidegger para rejeitar a exigência de finalmente responder à pergunta pelo ser, está assim nas preleções sobre Nietzsche: "Com o ser não há nada". Isso significa: o Ser não é nada em que nos possamos agarrar. Diante das cosmovisões fixadoras e que fornecem segurança, ele é simplesmente o que dissolve tudo. A indagação pelo ser deve impedir que o mundo se torne imagem do mundo. Para Heidegger, Nietzsche também ainda era um filosófo da imagem do mundo.

Com efeito, o pensar de Nietzsche parece particularmente fechado, como uma imagem, na sua doutrina do eterno retorno do mesmo, que Heidegger discute intensamente. Com a ideia do retorno, suprime-se a dimensão do tempo, na medida em que este é arredondado num círculo; e isso, embora Nietzsche, ligando-se ao "devir" heraclítico, na verdade quisesse pensar imerso no tempo. Esse é certamente a graça da oposição entre Nietzsche e Heidegger. Nietzsche pensa o tempo na dinâmica da Vontade de Poder, e na doutrina do eterno retorno o arredonda de novo no Ser. Mas Heidegger tenta impor a ideia: o sentido do Ser é o tempo. Nietzsche faz do Tempo um Ser, Heidegger faz do Ser o Tempo.

Mas — e Karl Löwith apontou para isso em uma crítica das preleções sobre Nietzsche, de Heidegger — deve permanecer discutível qual dos dois, Heidegger ou Nietzsche, foi mais radical no pensar em aberto, e qual deles mesmo assim procurava de novo apoio em algo abrangente. Para Nietzsche, a vida *dionisíaca*, que tudo abrangia, não era um fundo que tudo sustentava, mas um abismo ameaçador para nossas tentativas *apolíneas* de nos firmarmos. Talvez Nietzsche pudesse ter acusado Heidegger de pouco radicalismo no que dizia respeito a superar a necessidade de segurança. Talvez ele também tivesse encarado o "Ser" heideggeriano apenas como um além-mundo platônico, que deve dar proteção e abrigo.

Heidegger interpretara a filosofia de Nietzsche como uma forma final de uma metafísica à qual o Ser escapa no gesto que querer objetificar e valorizar. A noite do esquecimento do Ser, que Heidegger faz iniciar em Platão, ainda não terminou com Nietzsche; Heidegger tinha de se sentir atraído por Nietzsche, porque havia entre eles paralelos óbvios. Também Nietzsche fizera começar a fatalidade ocidental do afastamento das fontes dionisíacas da cultura em Platão e Sócrates. O que para um é esquecimento do ser, para outro é traição a Dioniso. Os dois declaram que o destino fatal da atualidade começou há muito tempo na profundeza da história.

Poucos anos depois das conferências de Heidegger sobre Nietzsche, Theodor W. Adorno e Max Horkheimer publicaram em 1944 a "Dialética do Esclarecimento". Também nesse texto fundamental, agora clássico, da crítica filosófica da atualidade, a discussão com Nietzsche tem papel importante. Com esse livro Adorno e Horkheimer despedem-se da crítica ideológica de seus anos anteriores, quando ainda voltavam os valores do Iluminismo burguês contra a realidade capitalista; quando ainda procuravam e encontravam nas contradições do mundo capitalista tardio um potencial subversivo. Isso ainda era Iluminismo, mas agora, sob impressão da guerra, do domínio nacional-socialista e stalinista, da indústria cultural capitalista e da campanha vitoriosa da ciência instrumental, não-reflexiva, eles veem chegado o instante em que o Iluminismo deve iluminar a si próprio quanto a seu envolvimento no grande contexto de ofuscamento. "A terra totalmente iluminada brilha sob o signo de uma desgraça triunfante" (Adorno; Horkheimer 9).

Nietzsche e Heidegger tinham datado o pecado original de sua história de desgraça em Platão e Sócrates, e Adorno/Horkheimer recuam mais ainda para encontrarem o começo do mau fim. Para eles a "desgraça" começa quando Ulisses se faz amarrar ao mastro para poder resistir à sedução do canto das sereias. O si mesmo que aqui se quer afirmar tem de se endurecer, amarrar, tem de exercer violência sobre si mesmo. Mas sobretudo: não deve ceder à música. *Sem música a vida seria um erro*, dissera Nietzsche, e Adorno/Horkheimer mostram agora como a vida caiu em erro no momento em que se decidiu pela autoafirmação e contra a música do mundo.

Sob dois aspectos Nietzsche se torna importante para os autores da "Dialética do Esclarecimento": de um lado seguem a pista de Dioniso que Nietzsche deixou. Lá onde as coisas acontecem à maneira dionisíaca, a vida está inteiramente entregue a si mesma, no coração de sua inquietação criativa e devoradora. Também devemos imaginar assim, dionisíaca e desejosa de sereias, aquela vida que Adorno/Horkheimer veem sucumbir sob a violência da sociabilização, e que chamam "natureza no sujeito". O que quer ser um sujeito tem de deixar-se prender no mastro de sua autoafirmação racional. Quem quer determinar a si mesmo não deve seguir as vozes das sereias, que são belas até o naufrágio. Tornar-se sujeito significa violência contra a natureza externa e interna. Mas nesse contexto, como em Nietzsche, "Natureza" é aquilo "que transcende o círculo da experiência, o que é, nas coisas, mais do que o seu existir antes conhecido" (Adorno; Horkheimer 21). O "Dioniso" de Nietzsche, o "Ser" de Heidegger e a "Natureza" de Adorno/Horkheimer são nomes diferentes para a mesma coisa, para o Inaudito.

Em segundo lugar, Adorno/Horkheimer ligam-se com a análise do poder, de Nietzsche. Se este interpreta a vontade de verdade como uma forma da vontade de poder, os jogos de poder aparecem como conclusão última da sabedoria. Por mais que nos aprofundemos na verdade, sem buscar objetivo nem interesse próprio, no fim sempre descobriremos ali a vontade de poder. Coisa semelhante acontece com os autores desiludidos com a razão ocidental da "Dialética do Esclarecimento": o feitiço das ideias humanistas do Iluminismo se desfez, e por toda parte se vê o coração frio do poder, mais precisamente: a estrutura dinâmica de um processo anônimo de poder.

O contorno da "Dialética do Esclarecimento" é, pois, nietzschiano, pois se trata da tensão dilacerante que também encontramos em Nietzsche: aqui o poder, ali a música; aqui o Ulisses amarrado, ali Dioniso, o deus que está por vir. À sua maneira Adorno permanecerá um apóstolo desse Dioniso, se só escutar como eco distante das obras de arte aquilo que um dia foi vida verdadeira.

O dionisíaco e o poder — esses dois temas atraíram também Michel Foucault para Nietzsche. Quando em 1961, em sua primeira obra, "Loucura e Sociedade", Foucault analisou o universo da razão nos tempos modernos partindo de suas margens, da perspectiva dos territórios marginais e amaldiçoados da loucura — quando pois descreveu como o Outro a razão daquilo que a civilização da Antiguidade Clássica nega e que por isso lhe confere identidade —, não foi difícil reconhecer que atrás desse outro se esconde a face de Dioniso. Foi certamente Bataille quem ajudou Foucault a escutar o Nietzsche dionisíaco como a voz de uma outra razão. E foi também Bataille quem já nos anos trinta introduziu no pensamento francês o Nietzsche extático e místico. Foucault pôde ligar-se a isso em suas pesquisas sobre nascimento da Razão moderna. Foucault explica que é preciso recuar pela história das separações, fissuras, apreender o momento em que a Razão ocidental se afirmou contra a "experiência do trágico" (Foucault, Loucura 19), domesticou o "mundo feliz do prazer" e não está mais disposta a escutar a voz da loucura. Foucault inclui suas pesquisas entre as "grandes pesquisas nietzschianas" que querem "confrontar a dialética da História com as estruturas imóveis do trágico" (id. 11).

Quando, prosseguindo em seu projeto, Foucault toma as forças marginais mesmas como tema, quando pois faz análise de poder, permanece ainda nas pegadas de Nietzsche. Na medida em que descreve as práticas modernas da produção de verdade nos hospitais, na psiquiatria e nas prisões, mostra como Nietzsche tinha razão interpretando a vontade de verdade como forma epistêmica da vontade de poder. E finalmente Foucault assume de Nietzsche também o princípio da genealogia. No texto publicado em 1971, "Nietzsche, a Genealogia, a História", que se refere à conferência inaugural no Collège de France, ele explica o princípio genealógico de Nietzsche e apresenta o que assumirá, de tudo isso, nas próprias investigações.

O genealogista examina a efetiva proveniência dos acontecimentos e pensamentos históricos renunciando a hipóteses finalísticas ou teleológicas. Ele não se deixa enganar pelo conceito metafísico de que a origem traz em si a verdade, de que dali emana o sentido para as práticas, instituições e ideias. Foucault quer destruir tais mitos da origem, como sucessor de Nietzsche. "O genealogista precisa da História para expulsar a quimera da origem" (Foucault, Nietzsche 88). Assim como na "Genealogia da Moral" Nietzsche mostrou que primeiro houve uma determinada prática, que depois se enriqueceu, por exemplo, com as múltiplas possibilidades de sentido da punição; que primeiro houve uma inibição dos instintos, da qual, em uma longa história, surgiu o mundo da interioridade humana junto com consciência, assim também Foucault quer rir das "solenidades da origem!" (ibid. 86) e mostrar que no começo não houve nenhum plano, nem intenção nem um grande significado, mas apenas a constelação contingente de um "fervilhar bárbaro e impronunciável" (ibid. 99).

Foucault aplica à pesquisa histórica concreta o princípio genealógico de Nietzsche, segundo o qual os fundamentos da Razão não são racionais e os fundamentos da moral não são morais. O resultado será que a História recupera uma facticidade opaca e não pode mais aparecer como zona plena de significado. Sob a influência de Nietzsche, Foucault desenvolve sua ontologia da contingência: "As forças no jogo da História não obedecem nem a uma determinação nem a uma mecânica, mas aos acasos da luta. Não se manifestam como formas sucessivas de uma intenção anterior ou de um resultado definitivo. Elas aparecem no jogo de dados singular do acontecimento" (ibid. 98). Para Foucault, esse pensamento significa uma libertação. Não é preciso mais deixar-se enganar pelo fantasma de uma grande ordem à qual pensamos ter de corresponder, porque ela fala através da ordem das coisas. Quem fala, quem ordena? Com essa indagação, Foucault extrai o ator de sua ação, o autor de sua obra, e todo o fervilhar contingente do acontecimento do poder da chamada História.

Em "Aurora" Nietzsche escrevera sobre a paixão do conhecimento, dizendo que o ser humano talvez sucumbisse a ela por não suportar mais a autotransparência. Em lugar de arder *em fogo e luz*, ele talvez preferisse desmanchar-se *na areia* (3, 265). Foucault retorna a essa imagem nas famosas frases com que termina sua obra principal "As Palavras e as Coisas". Ele escreve que outrora despertara um determinado tipo de vontade de verdade, dirigida para o homem; por algum tempo isso transcorreu bem, mas isso pode mudar. Talvez tenhamos pela frente uma nova mudança, e então é possível "que o homem desapareça como um rosto na areia na margem do oceano" (Foucault, Ordem, 462).

Em seu último período de trabalho Foucault ocupara-se com aquilo que se poderia chamar de "estratégias de poder no próprio corpo". Também isso é um projeto nietzschiano. Trata-se da recuperação da arte de viver. Em lugar de analisar a dissolução do sujeito, nos últimos volumes de "Sexualidade e Verdade" Foucault indaga pelos espaços de jogo da soberania. Ocupa-se com as doutrinas de sabedoria da Antiguidade, mas também com aquele Nietzsche que escrevera: *Deves tornar-te senhor de ti mesmo, senhor também das tuas próprias virtudes. Antes elas eram teus senhores; mas devem ser apenas teus instrumentos junto com outros instrumentos. Deves adquirir poder sobre o teu pró e o teu contra* (2, 20; MA).

Há muitas mudanças, rupturas e fissuras na vida de Foucault, mas ele jamais quis se separar de Nietzsche, certamente porque não experimentava essa ligação com um guilhão.

A arte da vida — último tema com que Foucault se encontrou com Nietzsche — também é o ponto onde se pode interromper a história do pensamento de Nietzsche. Essa história não tem fim. Teremos de continuar a escrevê-la.

Pode-se descrever como o pragmatismo americano descobriu aquele Nietzsche que declarou que verdade é a ilusão com a qual passamos bem pela vida. Despiram Nietzsche do seu pathos da Europa antiga. Não é tão grave não termos uma verdade absoluta! Deixamos de lado a patética fórmula de Nietzsche *Deus está morto*. Para William James, por exemplo, estava claro: se existe uma vontade de poder, por que não também uma vontade de crença, se com isso talvez a vida individual fique mais rica e a sociedade mais estável? Os pragmatistas distinguem em Nietzsche muito bem entre o funesto e o útil. Rejeitaram o Nietzsche do teatro do mundo da grande política de melhoria da espécie e de seleção, e mantiveram o Nietzsche que ensinava a arte filosófica da autoconfiguração e autodesenvolvimento, o Nietzsche do jogo de câmera, portanto. Dessa maneira, filósofos como Richard Rorty lidam com Nietzsche, e não é a maneira pior de descobrir rastros de benevolência num pensamento por vezes cruel.

* * *

Nietzsche foi um laboratório do pensamento, e não cessou de interpretar a si mesmo. Era uma usina de produção de interpretações. Levou para o palco o drama do pensável e do vivível. Com isso investigou o humano possível. Quem considera o pensar uma questão de vida não conseguirá livrar-se de Nietzsche. Poderá experimentar que é o Inaudito, essa grande música do mundo, que não nos solta.

Ao escrever este livro, eu tinha diante dos olhos um quadro de Caspar David Friedrich: "O Monge Diante do Mar". Alguém parado sozinho na praia, diante de um horizonte inaudito de céu e mar. Esse Inaudito se deixará pensar? Qualquer pensamento não é de novo desfeito pela experiência do Inaudito? Nietzsche era esse monge diante do mar, tendo sempre diante dos olhos o Inaudito, sempre pronto a dissolver o pensar no Indeterminado e deixá-lo recomeçar com novas tentativas de configuração. Deveríamos deixar o reino bem fundamentado da Razão e partir para o mar aberto do Desconhecido, indagou Kant, e sustentou que ficássemos. Nietzsche, porém, partiu.

Com o pensamento de Nietzsche não chegamos a parte alguma, não há resultante, não há resultado. Nele existe apenas a vontade da interminável aventura do pensar.

Mas às vezes ronda-nos a sensação: talvez ela — essa alma — também devesse ter cantado.

Cronologia

1844

15 de outubro: Nasce Friedrich Wilhelm Nietzsche, primeiro de três filhos do pastor Karl Ludwig Nietzsche e sua esposa Francisca, nascida Oehler, em Röcken, pequena aldeia perto de Lützen. *Nasci no campo de batalha de Lützen. O primeiro nome que escutei foi Gustavo Adolfo* (1858).

Sobre o pai: *A imagem perfeita do sacerdote do interior! Dotado de espírito e ânimo, ornado com todas as virtudes de um cristão, viveu uma vida quieta, simples mas feliz* (1858).

Sobre a infância em Röcken: *Diversas qualidades se desenvolveram lá muito cedo. Assim certa calma e silêncio, com que facilmente eu me mantinha afastado das outras crianças, mas uma paixão que por vezes irrompia. Intocado pelo mundo exterior, eu vivia no meu feliz círculo familiar; a aldeia e as redondezas mais próximas eram meu mundo, tudo o que ficava distante disso era para mim um reino encantado desconhecido* (1858).

1849

30 de julho: Morre o pai. Diagnóstico: "Amolecimento do cérebro". *Embora eu ainda fosse muito jovem e inexperiente, eu tinha uma ideia da morte; o pensamento de estar para sempre separado do meu amado pai me dominou e chorei amargamente* (1858). Em "Ecce Homo" (1888), escreve sobre o pai:

Considerei um grande privilégio ter tido um tal pai: até me parece que com isso se explica tudo o que de resto tenho em privilégios — não incluindo a vida, o grande sim à vida.

1850

9 de janeiro: O irmão, Ludwig Joseph, morre pouco antes de fazer dois anos. *Naquele tempo certa vez sonhei que ouvia o órgão da igreja como num enterro. Como fui ver o que era, ergue-se de repente uma sepultura e meu pai sai dela vestido com sua mortalha. Ele corre para a igreja e logo retorna com uma criancinha nos braços. Abre-se a sepultura, ele entra e a tampa cai de novo sobre a abertura. O órgão rumoroso logo se cala e eu acordo. No dia depois dessa noite o pequeno Joseph de repente passa mal, tem convulsões e morre em poucas horas. Nossa dor foi inaudita: o meu sonho se concretizara inteiramente* (1858).

Começo de abril: Chegam novos ocupantes para a paróquia de Röcken. Por isso a família — a avó, duas tias solteiras, a mãe e as duas crianças, Friedrich e Elisabeth — mudam-se para Naumburg. A família tem algum pecúlio, a mãe recebe pensão de viúva e uma pequena pensão de Altenburger Hof, onde o pai trabalhara alguns anos como professor.

Frequenta a escola de meninos (até fevereiro 1851). A irmã relata sobre esse tempo: os colegas o chamavam "o pastorzinho" porque sabia recitar "trechos da Bíblia e cantos religiosos" com tal expressão "que quase se tinha de chorar". A irmã conta a anedota: "Uma vez, bem na hora de terminarem as aulas, caiu uma tromba-d'água fortíssima; olhávamos pela Priestergasse procurando nosso Fritz. Todos os meninos corriam para casa como um bando de selvagens; finalmente aparece também o pequeno Fritz, boné escondido debaixo da lousa, seu lencinho por cima (...) Como nossa mãe o repreendesse por ter chegado totalmente molhado, ele disse bem sério: 'Mas mãe, as regras do colégio dizem: Ao sair da escola os meninos não devem saltar nem correr, mas ir para casa calmos e comportados'". N. recebe um piano de presente da mãe. Aulas com um velho cantor da igreja. Primeiras tentativas de compor música.

Janeiro: N. adoece com "febre escarlatina". A família espera que N. se torne pastor como seu pai. Amizade com Gustav Krug e Wilhelm Pinder.

1856

Falam sobre N. na escola. A irmã relata o que um aluno do ginásio diz sobre o rapazinho de doze anos: "Que naquele tempo muitas vezes lhe chamaram a atenção os grandes olhos pensativos de meu irmão, e se admirava pensando que influência teria exercido sobre seus colegas. Diante dele não diziam palavras vulgares nem se atreveriam a fazer comentários inadequados (...) 'Mas o que é que ele faz com vocês?', perguntara aos meninos. 'Ora, ele nos encara de um jeito que as palavras não saem da nossa boca' (...) Fritz sempre lhe parecera o Menino Jesus de doze anos no Templo."

N. escreve seu primeiro tratado filosófico: "Da origem do Mal". Cadernos de notas enchem-se de poemas.

1858

Verão: N. prepara-se para o exame de admissão de Schulpforta e começa a escrever sua primeira autobiografia. Resumo: *Minha educação foi entregue a mim mesmo em suas partes principais (...) faltou-me o rigor e a orientação superior de um intelecto masculino.* Nos dez anos seguintes surgem outras tentativas autobiográficas.

Outubro: É aceito em Schulpforta, internato de elite no vale do Saal, perto de Naumburg. *Foi numa terça-feira de manhã que saí dos portões da cidade de Naumburg. A penumbra da madrugada ainda jazia em torno, nos campos (...) Também em mim ainda reinava penumbra: em meu coração ainda não nascera uma verdadeira alegria solar.*

1859

N. descobre Jean Paul: *Fragmentos de sua obra que li me atraem incrivelmente pela descrição florida e transbordante, os pensamentos delicados e o humor satírico.* N. assume por alguns anos o lugar de representante da classe. Nos seus 15 anos ele anota: *Tenho agora um incrível desejo de conhecimento, de uma cultura universal.*

1860

Paul Deussen: "Fizemos uma aliança de amizade (...) encontrando-nos em uma hora de unção, trocando o "senhor" que era usado também em Schulpforta entre os alunos pelo "tu" reservado aos amigos íntimos e nos tornamos irmãos, se não bebendo ao menos cheirando".

1861

N. descobre Hölderlin, naquela época quase esquecido. Chama-o *seu poeta preferido*, e escreve uma composição sobre ele. Comentário do professor: "Devo dar ao aluno o amigável conselho de procurar um poeta mais saudável, mais claro e mais alemão".

1862

N. funda com alguns amigos uma sociedade de autoformação, "Germania". Nos estatutos: "Cada um é livre para trazer uma composição musical, um poema ou um ensaio. Mas todos estão obrigados a escrever no ano pelo menos seis ensaios, entre eles tratando de duas histórias ou questões do nosso tempo".

N. vai para a enfermaria. "Congestões na cabeça (dor de cabeça frequente e móvel)". N. escreve o ensaio "Fato e História" e o esboço de uma peça de teatro, "Ermanarico". Várias composições.

1863

Das lembranças de Paul Deussen dos tempos em comum em Schulpforta: "Sua indiferença diante dos pequenos interesses dos colegas, sua ausência de *esprit de corps* eram interpretadas como falta de caráter, e recordo que certo dia um tal M. exibiu, no caminho das Musas, no jardim da escola, discretamente e para gáudio dos espectadores, um marionete recortado e feito com uma foto de Nietzsche. Por sorte meu amigo nunca ficou sabendo de nada".

No bar da estação de Kösen, num passeio em grupo, N. bebe quatro cervejas e volta a Schulpforta embriagado. Por isso perde a posição de primeiro da classe e perde seu monitoramento em relação aos colegas mais jovens. Escreve à mãe, muito contrito: *Escreva logo, e severamente, pois eu mereço.* Convívio com o andarilho e poeta Ernst Ortlepp. N. inscreve em seu diário alguns poemas de Ortlepp sobre amor e sofrimento amoroso: "Agora que não te posso mais ver, / certamente vou morrer". Pouco depois Ortlepp é encontrado morto numa vala ao lado de uma estrada.

Em uma carta à mãe de 6 de setembro: *O outono e seu ar gelado espantou os rouxinóis (...) Mas o ar é tão claro e cristalino, e se vê tão nitidamente o céu aqui da terra, o mundo parece nu diante dos olhos. Quando posso pensar o que quero por alguns minutos, procuro palavras para uma melodia que tenho, e uma melodia para palavras que tenho, e as duas coisas juntas que tenho não combinam, embora tenham vindo igualmente da alma. Mas este é o meu destino!*

1864

Ainda em Schulpforta surge o primeiro grande trabalho de filologia clássica sobre Teognis. Entusiásticos elogios dos professores. O próprio N. tem outra opinião: *Estou satisfeito com o trabalho? Não, não.* Agosto: conclusão de curso. Outubro: começo do estudo de teologia e de filologia clássica em Bonn. N. aluga um piano e entra na fraternidade de Franconia. Ouve preleções de Friedrich Ritschl.

1865

Fevereiro: *Decidi me orientar para a filologia.* Uma visita involuntária a um bordel. Carta à mãe. *Minhas vivências nos últimos tempos se limitam aos prazeres da arte.* Entre os rapazes da confraria N. passa por "uma galinha louca", pois "quando não está na sala de aula, em geral está em casa, estuda e faz música". N. evita o carnaval de Colônia.

Férias do semestre em Naumburg. Briga com a mãe: N. recusa-se a ir à comunhão. Volta a Bonn. Passa pelo batismo do duelo. Relato de uma testemunha: "Os dois heróis ficaram 11 minutos tamborilando sobre o braço enfaixado. Nietzsche talvez tivesse um corte superficial de 2 cm no dorso do nariz". Amizade estreita com Carl von Gersdorff e Erwin Rohde. N. tem repulsa do *materialismo cervejeiro* de Franconia. Despedida de Bonn. *Saí de Bonn como um fugitivo.* Muda-se para Leipzig, para onde fora chamado o seu venerado professor Ritschl.

Outubro: A vivência de Schopenhauer. *A necessidade de autoconhecimento, sim de autodevoramento me arrebatava; testemunha dessa mudança são ainda hoje as folhas inquietas e melancólicas do diário com suas inúteis autoacusações e sua busca desesperada de santificação e transformação de todo o cerne humano.* Fundação da "Liga Filológica"; N. renuncia inteiramente a tabaco e álcool, mas visita assiduamente a confeitaria, onde come quantidades imensas de tortas e bolos.

1866

Longas excursões nas redondezas de Leipzig. Relata sobre uma tempestade: *Como é diferente o raio, a tempestade, o granizo, forças livres sem ética! Como são felizes, e fortes, pura vontade não perturbada pelo intelecto* (abril). Admira Bismarck e confessa-se um *prussiano fanático* (julho). Sobre a política de guerra bismarckiana: No final das contas, essa maneira prussiana de se ver livre dos príncipes é a mais cômoda do mundo. N. a Gersdorff, sobre o "programa nacional" da Prússia: *Se fracassar, espero que os dois tenhamos a honra de sermos atingidos por uma bala francesa, morrendo no campo de batalha.*

Leitura de Emerson e Friedrich Albert Lange.

1867

Trabalha no "De fontibus Diognis Laertii". A Deussen: *Você não imagina como estou pessoalmente preso a Ritschl, de modo que não posso nem quero me libertar* (4 de abril). Desperta sua vontade de ter estilo: *Caem-me as escamas dos olhos: vivi tempo demais em uma inocência estilística. O imperativo categórico "deves escrever e tens de escrever" me despertou* (6 de abril). Trabalha no estudo de Demócrito. 31 de outubro: A análise de Diógenes Laércio é premiada na Universidade de Leipzig.

9 de outubro de 1876 a 15 de outubro de 1868: serviço militar em Naumburg durante um ano na artilharia de Naumburg. N. aprende a cavalgar e a disparar canhão.

1868

Março: grave acidente com cavalo. Machuca o esterno. Fortes dores. Toma morfina. Sonhos drogados: *O que temo não é o vulto terrível atrás de minha cadeira, mas sua voz: não as palavras, mas o tom sinistramente inarticulado e desumano dessa figura. Sim, se ela falasse como falam as pessoas!*

Junho a agosto: Tratamento em Wittekind em Halle. N. faz planos, gostaria de afrouxar suas ligações com a filologia: *Mas infelizmente tenho gosto pelo folhetim parisiense (...) e prefiro comer um ragout a um assado de boi (...) Talvez porém eu encontre um tema filológico que possa ser musicalmente abordado* (2 de julho). Outubro: Prossegue os estudos em Leipzig.

8 de novembro: encontra pessoalmente Richard Wagner na casa de Brockhaus. N. é convidado para Tribschen. Sentimentos de euforia.

1869

12 de fevereiro: Embora N. não tenha feito doutorado nem livre-docência, por esforços de Ritschl recebe convocação para a Universidade de Basileia. Escreve à mãe e irmã: *Vocês podem me fazer um favor, isto é, procurar um criado que eu levarei comigo* (fevereiro). Renuncia à cidadania prussiana. É nomeado professor sem concurso. Despede-se da vida de universitário: *O dourado tempo da atividade livre e ilimitada, da presença soberana, do prazer da arte e do mundo (...) acabou irreversivelmente (...) Sim, Sim! Agora eu mesmo tenho de ser um filisteu!* (11 de abril).

19 de abril: Chega à Basileia.

17 de maio: Primeira visita a Richard Wagner e Cosima von Bülow em Tribschen, Lucerna. N. escreve pelo aniversário de Wagner (22 de maio): *Ao senhor e a Schopenhauer devo o fato de até aqui ter permanecido fiel à seriedade do modo de vida germânico, em uma contemplação profunda desta existência tão enigmática e crítica.*

28 de maio: Preleção inaugural "Sobre a personalidade de Homero". Inúmeros convites para a sociedade de Basileia. Conhece Jakob Burckhardt. *Um excêntrico espirituoso.*

Cosima sobre Nietzsche: "Uma pessoa culta e agradável". Frequentes visitas de fim de semana a Tribschen. Wagner convence Nietzsche a desistir do seu rigoroso vegetarianismo. Natal e Ano-Novo em Tribschen.

1870

18 de janeiro: Conferência sobre "O teatro musical grego". 1° de fevereiro: Conferência "Sócrates e a Tragédia". Wagner diz a respeito: "Tenho ainda uma preocupação com você, e desejo de todo o coração que não quebre a cara". Aconselha N. a colocar suas "ideias inacreditáveis" em um "trabalho grande e abrangente". Wagner preocupa-se com que "a filosofia de Schopenhauer tenha afinal uma má influência sobre esses jovens, porque eles dirigem o pessimismo, que é uma forma de pensar, de refletir, para a vida, e formam com isso uma desesperança prática" (Cosima Wagner).

N. está cheio de vontade de trabalhar: *ciência, arte e filosofia agora crescem de tal modo fundindo-se em mim que algum dia vou parir centauros* (15 de fevereiro). Começa a amizade com Franz Overbeck (abril). Rohde com N. em Tribschen (11 de junho). *Em relação às coisas da Baviera refleti que o melhor para mim seria largar por alguns anos minha atividade de professor universitário e peregrinar também pelas montanhas Fichtel* (19 de junho).

No começo da guerra franco-alemã (19 de julho) N. trabalha no ensaio "Cosmovisão dionisíaca"; N. pede licença para participar da guerra *como soldado ou enfermeiro.*

9 de agosto a 21 de outubro: Trabalha na guerra como enfermeiro. Recolhe cadáveres e feridos num campo de batalha. Durante um transporte de feridos, ele adoece com disenteria e difteria. De volta à Basileia, escreve: *Considero a atual Prússia um poder muito perigoso para a cultura* (7 de novembro).

Natal, Ano-Novo em Tribschen. Grande harmonia. "Cosmovisão dionisíaca" como presente para Cosima.

1871

N. sofre de insônia. *Não chegamos até nossas autênticas tarefas e nos dilaceramos no melhor tempo de nossa vida com essa excessiva atividade de ensinar* (21 de janeiro). N. procura sem sucesso uma cátedra de Filosofia que está livre em Basileia (fevereiro). *Certeza do conhecimento para o qual sou destinado, isso não tenho de modo algum* (29 de março). O incêndio das Tulherias pelos membros da Comuna deixa N. abalado: *O que é um intelectual diante desse terremoto da cultura! (...)Este é o pior dia da minha vida* (27 de maio). Trabalha em "O Nascimento da Tragédia", visita Tribschen frequentemente, mas dessa vez não no Natal. Wagner está decepcionado com ele.

1872

Janeiro: Aparece "O Nascimento da Tragédia do Espírito da Música". Wagner fica entusiasmado. A Rohde: *Fiz uma aliança com Wagner. Nem podes imaginar como estamos próximos agora* (28 de janeiro). Os especialistas rejeitam o livro. Ritschl: "Espirituosa ebriedade".

Janeiro a março: Conferências "Sobre o futuro de nossas instituições educacionais". Jakob Burchhardt a Arnold von Salis: "Você deveria ter ouvido aquilo! Em algumas passagens bem encantador, mas depois escutava-se ali de novo uma dor profunda" (21 de abril). N. quer desistir da cátedra e trabalhar como publicitário para Bayreuth (abril). 22 de maio: Com os amigos Gersdorff e Rohde no lançamento da pedra fundamental em Bayreuth. Wagner a N.: "Na verdade depois de minha mulher você é o único lucro que a vida me deu". Wagner aposta em N. para publicidade.

N. compõe as "Meditações de Manfred". Hans von Bülow sentencia: "Medonho". Conferência "O certame de Homero". Natal e Ano-Novo em Naumburg.

1873

N. adoece seguidamente. Rohde publica um texto defendendo "O Nascimento da Tragédia" (março). N. estuda Afrikan Spir: "Pensamento e realidade". Trabalha em "Filosofia na era trágica dos gregos". Doença nos olhos. N. dita a seu amigo Gersdorff "Sobre Verdade e Mentira no Sentido Extramoral" (junho). Relendo "O Nascimento da Tragédia" Wagner escreve a N. que prevê um tempo "em que terei de defender seu livro contra você mesmo" (21 de setembro). Aparece a primeira "Consideração Extemporânea" (22 de setembro). N. fica abatido: *Pois só quando produzo alguma coisa fico realmente saudável e me sinto bem. Todo o resto é música de interlúdio de má qualidade* (27 de setembro). Em outubro N. escreve uma "Exortação" para a Liga de Patrocinadores de Wagner (para financiar Bayreuth). A Liga recusa o texto ("ousado demais"). Trabalho na segunda "Consideração Extemporânea". Natal e Ano-Novo em Naumburg.

1874

Janeiro: Aparece a segunda "Consideração Extemporânea". Wagner a N.: "Muito resumidamente eu só teria de lhe dizer uma coisa, que sinto um belo orgulho de não ter mais nada a dizer e deixar todo o resto a seu encargo". Fevereiro: David Friedrich Strauss morre. N.: *Realmente espero não ter tornado mais difícil seu último tempo de vida, e que ele tenha morrido sem saber de mim. Isso me afeta um tanto.*

Rohde, a pedido de N., critica o seu estilo: "Você deduz de menos (...) Parece-me que persegue imagens não muito felizes, que às vezes mancam fortemente".

Wagner reage às cartas queixosas de N. sobre sua saúde ruim e outros aborrecimentos: "Você precisa se casar ou escrever uma ópera, certamente esta última também será de um jeito que nunca poderá ser executada, e isso também não conduz à vida". N. a Gersdorff: *Se soubesses como estou desanimado e como no fundo penso com melancolia de mim mesmo, como ser que produz! Nada procuro senão um pouco de liberdade, um pouco de verdadeiro ar de vida, e me defendo, me indigno contra as muitas, incontavelmente muitas algemas que me prendem* (abril). N. sobre a função de suas "Considerações Extemporâneas": *Entrementes primeiro tenho de arrancar de mim tudo o que é polêmico, negativo, odiento, torturante* (10 de maio).

Julho: trabalha na terceira "Extemporânea". A maldição proferida pela disciplina científica oficial tem efeito: no semestre de verão e no semestre de inverno que segue ele tem *só três alunos incapazes*. Estuda Max Stirner. N. vota pela admissão de universitárias mulheres nas cátedras (julho). A irmã de momento cuida da casa dele em Basileia. Comenta com amigos e irmã planos de casamento. Visita a Bayreuth (agosto). Lá causa repulsa porque gosta de Brahms. Outubro: Aparece a terceira "Consideração Extemporânea". Natal e Ano-Novo outra vez em Naumburg.

1875

N. sobre uma gravura de Dürer que recebeu de presente: *Raramente aprecio uma representação pictórica, mas esse quadro, "O Cavaleiro, a Morte e Diabo" me é próximo, mal posso dizer quanto* (março).

Abril: a irmã vem a Basileia para viver definitivamente com N. Franz Overbeck deixa a casa vizinha ("Baumannshöhle"). Planos para 50 ensaios no estilo das "Considerações Extemporâneas", mas o trabalho nos textos sobre Wagner e a filologia empaca. *Nojo contra publicação* (26 de setembro). A Rohde: *Virá um tempo em que ficaremos mais tempo juntos habituando-nos um ao outro, e te direi muitas coisas: tudo é vivido pessoalmente, por isso dificilmente algo se afasta de mim* (7 de outubro). Primeiro encontro com Köselitz (25 de outubro). Natal e Ano-Novo em Basileia. Muito doente.

1876

A Gersdorff: *Meu pai morreu aos 36 anos de inflamação no cérebro, é possível que comigo a coisa vá mais depressa ainda* (18 de janeiro). Começa a amizade com Paul Rée (fevereiro). Precipitado e inútil pedido de casamento a Mathilde Trampedach (abril). N. tira forças da leitura das memórias de Malwida von Meysenbug. A Romundt: *Eu venero, desde que retornei a mim (...) a libertação moral e insubordinação, e odeio todo o abatimento e o ceticismo* (abril). Peter Gast (=Köselitz) anima-o a terminar o texto sobre Wagner. N. pede um ano de licença (maio). Obtém a licença a partir do semestre de inverno de 1876.

23 de julho: N. em Bayreuth para os primeiros festivais. Doente. Durante os ensaios foge para Klingenbrunn. Volta para as apresentações. Decepção com o público e a falta de atenção de Wagner para com sua pessoa. Internamente despede-se de Wagner, que está entusiasmado com a quarta "Extemporânea".

Outubro a maio de 1877: com Paul Rée em Sorrento, na casa de Malwida von Meysenbug. Anotações que mais tarde entrarão em "Humano, Demasiado Humano". N. torna-se consciente da *diferença com a doutrina de Schopenhauer* (dezembro).

1877

Falando com Malwida, N. declara que deseja "absoluta concentração sobre uma única ideia que será ao mesmo tempo uma violenta chama na qual se queimará o individual" (abril). Cosima a Malwida, sobre N.: "Penso que em N. existe um fundo obscuro, produtivo, do qual ele próprio não tem consciência" (abril). N. pondera largar a cátedra. Os amigos desaconselham.

Setembro: Volta à Basileia, nova moradia, com a irmã. Doente. Prolonga a licença no Pädagogium. Novamente preleções na Universidade. Trabalho em "Humano, Demasiado Humano". Detidos exames médicos com o Dr. Eiser (outubro): *Os olhos são quase indubitavelmente reconhecidos como a fonte de meus sofrimentos, isto é, as horríveis dores de cabeça.* O médico o proíbe de ler e escrever por vários anos. Richard Wagner sabe desse diagnóstico de Eiser e escreve ao médico que na sua opinião a causa da enfermidade de N. era "onanismo" e o "modo de pensar diferente de N." seria "um resultado de excessos antinaturais com indicações de pederastia". Quando mais tarde (provavelmente só em 1883) N. fica sabendo disso, chama a manifestação de Wagner de *ofensa mortal.*

1878

Janeiro: Chega o texto do Parsifal, de Wagner. N.: *Tudo cristão demais (...) tudo uma psicologia fantástica (...) nada de carne, mas sangue demais, demais (...) e além disso não gosto de mulheres histéricas* (3 de janeiro). Negociações sobre uma publicação com pseudônimo de "Humano, Demasiado Humano" fracassam por resistência do editor. O livro aparece em abril. Wagner fica horrorizado. Cosima: "Eu sei que aqui o mal venceu". Também Rohde rejeita o livro: "Mas pode-se despir assim sua alma e botar outra em seu lugar?"

Junho: Desfaz-se a moradia com a irmã. N. muda-se sozinho para a periferia da cidade. E faz o julgamento de si mesmo: quer acabar com aquele *enevoamento de todo o verdadeiro e simples* e com a *luta com a razão contra a razão.* Muito doente. Permanece em Basileia no Natal. Um visitante: "Toda a sua aparência me cortou o coração."

1879

Março: N. tem de interromper as preleções devido à enfermidade. "Miscelânea de Opiniões e Sentenças" aparece (março). Tenta uma aposentadoria na Universidade de Basileia. N. é aposentado com um salário de 3.000fr. anuais (14 de junho). Começa a vida de peregrino. No verão em St. Moritz. De setembro a fevereiro de 1880 em Naumburg. N. desiste do plano de instalar-se em uma torre da muralha da cidade de Naumburg e cultivar legumes. Colapso físico. Apesar disso trabalha em "O Peregrino e sua Sombra". O livro aparece em dezembro.

1880

Minha existência é uma carga terrível: há muito eu a teria largado se não fizesse as mais instrutivas experiências e provas no terreno ético-espiritual (...) essa alegria da sede de conhecimento me leva a alturas onde venço todos os martírios e a desesperança (janeiro).

Março a junho: Em Veneza com Peter Gast. O estado de saúde melhora. Depois de estadas em Naumburg e Stresa, N. passa pela primeira vez o inverno em Gênova (janeiro a abril de 1881). Trabalha em "Aurora". Estuda intensamente obras de ciências naturais. Decide-se conscientemente pela solidão, por amor à obra.

1881

Verão: pela primeira vez em Sils Maria. Aparece "Aurora" (julho). Começo de agosto: a ideia do eterno retorno. Vivência da inspiração. A Peter Gast: *Sou daquelas máquinas que podem rebentar!* (14 de agosto). A Overbeck: *É um começo dos meus começos — o que ainda tenho pela frente! Sobre mim! Em algum momento serei obrigado a desaparecer formalmente do mundo por um par de anos — para me despojar de todo o meu passado e relações humanas, e presente, amigos, parentes, tudo, tudo* (20 de agosto). N. descobre seu parentesco espiritual com Spinoza. Depois da euforia, profunda depressão. Rohde e Gersdorf se retraem.

Gênova de outubro a março de 1882. Assiste a uma apresentação da "Carmen". Trabalha na continuação de "Aurora". Daí resulta "A Gaia Ciência". *Entrementes tivemos bom tempo, e no total nunca vivi coisa melhor. Todas as tardes me sento diante do mar. Pela ausência de nuvens minha cabeça fica livre e eu cheio de bons pensamentos* (18 de novembro).

1882

O tempo bom e claro dura todo o janeiro. Trabalho na "Gaia Ciência": *Ah que tempo! Ah esse milagre do belo Januário!* (29 de janeiro). Chega Paul

Rée. Visitam juntos o cassino de Mônaco. Rée perde uma grande quantia. N. manda vir uma máquina de escrever por causa dos olhos ruins. Poucas semanas depois ela tem um defeito. *A máquina de escrever cansa mais do que qualquer tipo de escrita* (fevereiro). Rée conhece em Roma a "russa" (Lou Salomé) e fica encantado, fala dela a N. e sugere-lhe um encontro dos três.

N. viaja como único passageiro num vapor de carga para Messina (abril). Na viagem de volta conhece Lou em Roma. Voltam juntos por Orta, Basileia, Lucerna, Zurique. Duas vezes pede Lou em casamento, e cada vez ela recusa, primeiro em Roma, depois em Zurique. Plano de uma aliança tríplice de N., Rée e Lou. Maio, junho em Naumburg. Agosto em Tautenburg, primeiro sozinho, depois com Lou e sua irmã. Diálogos intensos. Lou: "Escolhemos a trilha das cabras e se alguém nos tivesse escutado pensaria que eram dois diabos conversando". Hostilidade entre Lou e a irmã dele, e entre a irmã e N. Em Leipzig ele compete com Rée por Lou. Começa o estranhamento. A irmã de N. faz intrigas. Ele não sabe o que pensar de Lou. Inverno em Santa Margherita e Rapallo. N. desesperado.

1883

Favorecido por *toda uma série de dias puros* N. escreve como numa embriaguez a primeira parte de "Assim Falou Zaratustra" (fim de janeiro).

13 de fevereiro: Morte de Wagner. *A morte de Wagner me atingiu terrivelmente* (fim de fevereiro). N. se afasta por algum tempo de sua família. *Não gosto de minha mãe, e escutar a voz de minha irmã me desgosta, sempre fiquei doente quando estava com elas* (24 de março). Reconcilia-se com a irmã em Roma (maio).

Em Sils Maria surge a segunda parte de "Zaratustra" (julho). Em fim de agosto aparece "Zaratustra", primeira parte. Em visita a Naumburg em setembro, novas brigas com a família. Inverno em La Spezia, Gênova e Nizza. Trabalha na terceira parte do "Zaratustra".

Muito doente: *Não sei mais o que fazer* (novembro). A Overbeck: *Sinto sempre muita raiva quando vejo que me falta uma pessoa com a qual eu possa refletir sobre o futuro da humanidade — realmente estou interiormente bem doente e ferido pela longa renúncia a uma sociedade que me seja apropriada* (novembro).

1884

Nizza. Aparece a segunda parte do "Zaratustra" (janeiro). Depois de algumas dúvidas sobre si mesmo, N. se convence de ter criado no "Zaratustra" uma obra que fará época. A Overbeck, depois de concluir a terceira parte: *É possível que pela primeira vez me tenha vindo o pensamento que divide a humanidade em duas metades* (10 de março). Nova briga com a irmã: *Esse maldito antissemitismo (...) é a causa de uma ruptura radical* (2 de abril). Em abril aparece a terceira parte do "Zaratustra". Veneza de abril a maio. Sobre a visita a Jakob Burckhardt em Basileia: *O mais engraçado que vivi foi o constrangimento de Burckhardt quando teve de me dizer algo sobre o Zaratustra: ele só conseguiu dizer — "se eu não gostaria alguma vez de tentar um drama"* (25 de julho).

De julho a setembro em Sils Maria. Trabalha na quarta parte do "Zaratustra": *Minha teoria de que o mundo do bem e do mal é apenas um mundo aparente e perspectivista é uma tal inovação que de vez em quando fico surdo e cego, só de pensar* (25 de julho). Reconciliação com mãe e irmã em Zurique (fim de setembro). Lá também visita Gottfried Keller, que diz sobre N.: "Eu acho que esse cara está doido". O editor Schmeitzner quer vender os direitos da editora sobre N. por 20.000 marcos, mas não encontra comprador. Inverno em Nizza.

1885

A quarta parte do "Zaratustra" fica pronta e aparece numa edição privada para amigos e conhecidos. A irmã casa-se com Bernhard Förster (maio). Maio e junho em Veneza. N. fica doente. *De manhã suporto a vida, mas de tarde dificilmente, e à noite também, e até me parece que já fiz o bastante em condições desfavoráveis, para poder sumir com dignidade* (maio). Verão em Sils Maria. O editor Schmeitzner está prestes a falir. N. procura novo editor. N. quer sair daquele *ninho de antissemitas* (Schmeitzner). Inverno em Nizza.

1886

A irmã e Förster mudam-se para o Paraguai para fundarem uma colônia alemã. N. escreve "Para além de Bem e Mal". Ainda não tem editor para o livro, *pois é um livro assustador o que desta vez jorrou da minha alma* (21de abril). Em junho, depois de alguns anos, reencontra Rohde, que escreve a respeito a Overbeck: *Uma indescritível atmosfera de estranheza, naquela vez, ele estava rodeado de algo que me parecia inteiramente sinistro. (...) Como se ele viesse de um país onde não mora ninguém mais.* Verão em Sils Maria. Plano de uma obra principal em quatro volumes chamada "A Vontade de Poder. Tentativa de uma Transvaloração dos Valores". Aparece "Para Além de Bem e Mal". J. V. Widmann comenta o livro: "Os carregamentos de dinamite usados na construção da ferrovia de Gotthard traziam a bandeira preta que indicava perigo mortal. Exatamente nesse sentido falamos do novo livro do filósofo Nietzsche como um livro *perigoso*." Rohde escreve a respeito: "O filosófico em si nessa obra é tão precário e quase infantil". N. retorna a seu primeiro editor, Fritzch. Escreve novos prefácios para os livros que publicara até então, assim surge uma autobiografia intelectual. Inverno em Nizza.

1887

Trabalho no quinto volume de "A Gaia Ciência" (para nova edição). N. lê Dostoievski. Trabalha em "Vontade de Poder". Incontáveis esboços de fragmentos e organização de aforismos adequados. *Agora eu me delicio e me recupero na mais fria crítica da razão, da qual sem querer se fica com os dedos roxos (...) Um ataque geral a todo o "causalismo" da filosofia até aqui* (21 de janeiro).

Terremoto em Nizza: *A casa em que surgiram duas de minha obras ficou tão abalada e precária que tem de ser derrubada. Isso teve uma vantagem para o mundo póstero, de que terão um lugar de peregrinação a menos a visitar* (4 de março). Briga com Rohde (maio). Verão em Sils Maria. Anotações sobre o niilismo europeu. N. escreve "Genealogia da Moral" (aparece em novembro).

Inverno em Nizza. Primeira carta de Georg Brandes (26 de novembro). N. outra vez muito doente. *Agora já vivi 43 anos, e estou ainda exatamente tão sozinho quanto em criança* (11 de novembro).

1888

Trabalha em "Vontade de Poder". *Na verdade a ideia de "publicidade" está excluída* (26 de fevereiro). Correspondência com Carl Spitteler. *Decidi para minha viagem à Alemanha ocupar-me com o problema psicológico de Kierkegaard* (19 de fevereiro).

Turim de 5 de abril a 5 de junho. *Esta cidade me é indescritivelmente simpática* (10 de abril). Trabalha em "Caso Wagner", entrementes continua escrevendo "Vontade de Poder". *Depois de ter "transvalorado valores" dia após dia, com motivo para ser muito sério, há certa fatalidade e inevitabilidade em ser alegre* (17 maio). Lê o "Livro de leis de Manu".

Último verão em Sils Maria. *Emudeço involuntariamente para com todo mundo, porque tenho cada vez menos vontade de deixar alguém ver as dificuldades de minha existência. Está realmente muito vazio ao meu redor* (fim de julho). Trabalha intensamente em "Vontade de Poder". A 29 de agosto N. decide dividir o material de "Vontade de Poder". O livro transforma-se em "Crepúsculo dos Ídolos" e "O Anticristo". 9 de setembro: "Crepúsculo dos Ídolos" vai para impressão.

Última estada em Turim de 21 de setembro a 9 de janeiro de 1889. O "Caso Wagner" aparece no final de setembro. A comunidade wagneriana fica indignada. Violentas brigas. August Strindberg lê o "Caso Wagner" e escreve entusiasticamente a N. Começa o trabalho em "Ecce Homo" (fim de outubro). N. quer apresentar a si mesmo como pessoa ao público, *antes do ato sinistramente solitário de transvaloração. Não quero em absoluto aparecer diante das pessoas como profeta, monstro ou deformidade moral* (30 de outubro). Malwida von Meysenbug critica o

"Caso Wagner": "Também sou de opinião que não se deve tratar um velho amor do modo como o senhor trata Wagner, mesmo que esse amor tenha se apagado". N. então rompe com Malwida: *Pois você é "idealista" (...) cada frase de meus escritos contém o desprezo pelo idealismo* (22 de outubro). N. tem a sensação de ser muito respeitosamente tratado pelas pessoas, na rua, no café, no teatro, por toda parte. *Com a melhor boa vontade, velho amigo Overbeck, não consigo dizer-te nada de ruim a meu respeito. As coisas transcorrem num ritmo fortíssimo de trabalho e bom humor* (13 de novembro).

Rascunho de uma carta à irmã, agora quer romper definitivamente com ela: *Não tens a mais remota ideia do que é ser parente próximo da pessoa e do destino em que se decidiram as questões de milênios* (meados de novembro). Negocia com seu editor para que se recomprem suas obras. *Só com o meu "Zaratustra" pode-se ficar milionário: é a obra mais decisiva que existe* (22 de novembro). Primeira lista dos "Ditirambos de Dionisio" (fim de novembro). Esboço de uma carta ao Imperador Guilherme II: *Com isto presto ao Imperador dos alemães a maior honra que lhe pode acontecer, uma honra que vale tanto mais quanto para isso tenho de vencer minha profunda repulsa por tudo o que é alemão: eu lhe coloco nas mãos o primeiro exemplar de minha obra, com a qual se anuncia a proximidade de algo Inaudito* (começo de dezembro). N. revisa o manuscrito de "Ecce Homo". Acrescenta as condenações contra mãe e irmã. Fantasias sobre Grande Política. A Peter Gast: *Você já sabe que para meu movimento internacional preciso de todo o grande capital judeu?* (9 de dezembro).

N. relê mais uma vez seus próprios livros: *Fiz tudo muito bem, mas nunca tive uma ideia disso — ao contrário* (9 de dezembro). N. intitula-se *sátiro* e *palhaço* (10 de dezembro). N. assiste a operetas e concertos em praças públicas. Tempo bom e radiante. Ar leve. N. sente-se mais saudável do que nunca. *Agora não entendo por que deveria apressar demais a trágica catástrofe de minha vida, que começa com o 'Ecce'* (16 de dezembro). "Ecce Homo" pronto para impressão (fim de dezembro). *Protocolei a questão de quem eu sou, com o texto que estamos imprimindo, Ecce Homo, para a próxima eternidade. A partir de agora, nunca deverão se importar comigo, mas com as coisas pelas quais eu estou aqui* (27 de dezembro). A dona da hospedaria vê N. dançando nu.

1889

N. abraça o cavalo da carruagem para o proteger dos golpes do cocheiro (começo de janeiro). Carta a Jacob Burckhardt: *Afinal eu teria preferido ser professor em Basileia a ser Deus; mas não ousei levar a esse extremo meu egoísmo particular, para omitir, por causa dele, a criação do mundo. Veja, é preciso fazer sacrifícios, não importa onde e como se vive* (6 de janeiro). Depois de receber essa carta em Basileia, Burckhardt procura Overbeck e pede-lhe que cuide do seu amigo. Overbeck viaja imediatamente a Turim e relata: "Vejo N. encolhido num canto do sofá lendo (...) esse incomparável mestre da expressão não conseguiu nem expressar mesmo os arroubos de sua alegria, a não ser com as expressões mais triviais, ou dançando e saltitando ridiculamente". Overbeck leva N. para Basileia, onde é internado numa clínica de nervosos. A mãe chega e o leva consigo a Jena, para o "Sanatório de Dementes", onde N. passa um ano. Em maio de 1890 a mãe o leva a Naumburg, onde ele fica aos seus cuidados. Depois da morte da mãe em 1897, N. é levado pela irmã para a Villa Silberblick em Weimar.

August Horneffer visitou N. nos últimos meses e relata: "Realmente não o conhecemos em seus dias sadios, mas só como enfermo no último estágio da paralisia. Mesmo assim, os minutos em que estivemos em sua presença são das mais preciosas recordações de nossa vida (...) Apesar de ter os olhos baços e as feições abatidas, apesar do pobre estar deitado ali com os membros torcidos, mais desamparado do que uma criança, a sua personalidade emanava um fascínio, e revelava-se uma majestade em sua figura que nunca mais senti em nenhuma pessoa".

Nietzsche morre a 25 de agosto de 1900.

Siglas

AC	O Anticristo
BA	Sobre o Futuro de nossas Instituições Educacionais
CV	Cinco Prefácios para Cinco Livros Não Escritos
DD	Ditirambos de Dionisio
DS	David Strauss (Considerações Extemporâneas I)
DW	Cosmovisão Dionisíaca
EH	Ecce Homo
FW	Gaia Ciência. "Chiste, Astúcia e Vingança".
FWP	Gaia Ciência. Canções do Príncipe Vogelfrei
GD	Crepúsculo dos Ídolos
GM	Para a Genealogia da Moral
GMD	O Drama Musical Grego
GT	O Nascimento da Tragédia
HL	Das Vantagens e Desvantagens da História para a Vida (Considerações Extemporâneas II)
IM	Idílios de Messina
JGB	Para Além de Bem e Mal
M	Aurora
MA	Humano, Demasiado Humano (I-II)
MD	Exortação aos Alemães

NJ	Palavra de Ano-Novo
NW	Nietzsche contra Wagner
PHG	A Filosofia na Era Trágica dos Gregos
SE	Schopenhauer como Educador (Considerações Extemporâneas III)
SGT	Sócrates e a Tragédia Grega
ST	Sócrates e a Tragédia
VM	Miscelânea de Opiniões e Sentenças
WA	Caso Wagner
WB	Richard Wagner em Bayreuth (Considerações Extemporâneas IV)
WL	Sobre Verdade e Mentira no Sentido Extramoral
WM	"A Vontade de Poder"
WS	O Peregrino e sua Sombra
ZA	Assim Falou Zaratustra (I-IV)

Índice Remissivo

Fontes

Friedrich Nietzsche: Obras Completas. Edição Crítica de Estudos em 15 volumes. Editada por Giorgio Colli e Mazzino Montinari. Munique 1980 (edição de bolso).

Friedrich Nietzsche: Cartas Completas. Edição Crítica de Estudos em 8 volumes. Munique 1986 (edição de bolso).

Friedrich Nietzsche: Escritos de Juventude em Cinco Volumes. Editados por Hans Joachim Mette. Munique 1994 (edição de bolso).

Nietzsche e Wagner. Estações de um Encontro. Editado por Dieter Borchmeyer e Jörg Salaquarda. Dois Volumes. Frankfurt sobre o Meno 1994.

Friedrich Nietzsche / Franz e Ida Overbeck: Correspondência. Editado por Katrin Meyer e Barbara von Reibnitz. Stuttgart — Weimar 2000.

Bibliografia

Abel, Günter: *Nietzsche*. Berlin — New York 1998.

Adorno, Theodor W. / Max Horkheimer: *Dialektik der Aufklärung* / Dialética do Esclarecimento. Frankfurt/M 1969.

Aschheim, Steven E.: *Nietzsche und die Deutschen. Karriere eines Cultus* / Nietzsche e os Alemães. Carreira de um Culto. Stuttgart — Weimar 1996.

Baeumler, Alfred: *Nietzsche der Philosoph und Politiker* / Nietzsche, o Filósofo e Político. Leipzig 1931.

Bataille, Georges: *Wiedergutmachung an Nietzsche* / Reparação a Nietzsche. München, 1999.

Benders, Raymond J. / Stephan Oettermann: *Friedrich Nietzsche. Chronik in Bildern und Texten* / Friedrich Nietzsche. Crônica em Figuras e Textos. München 2000.

Benn, Gottfried: *Gesammelte Werke in vier Bänden herausgegeben von Dieter Wellershoff* / Obras Completas in quarto volumes editadas por Die--ter Wellershoff. Wiesbaden-München, 1978.

Benz, Ernst: *Das Bild des Übermenschen in der europäischen Geistesgeschichte. In: Ernst Benz (Hg.): Der Übermensch. Eine Diskussion.* / A Figura do Além-do-Homem na História Espiritual Europeia. In: Ernst Benz (Ed.): O Além-do-Homem. Uma Discussão. Zürich — Stuttgart, 1961.

Bernoulli, Carl Albrecht: *Franz Overbeck und Friedrich Nietzsche. Eine Freundschaft* / Franz Overbeck e Friedrich Nietzsche. Uma Amizade. Jena 1908.

Bertram, Ernst: *Nietzsche. Versuch einer Mythologie* / Nietzsche. Tentativa de uma Mitologia. Berlin, 1922.

Cancik, Hubert: *Nietzsches Antike. Vorlesung* / A Antiguidade de Nietzsche. Preleção. Stuttgart — Weimar, 1995.

Carlyle, Thomas: *Helden und Heldenverehrung* / Os Heróis e Culto dos Heróis. Berlin, /s.d.

Colli, Giorgio: *Nach Nietzsche* / Depois de Nietzsche. Frankfurt/Main, 1985.

Danto, Arthur C.: *Nietzsche als Philosoph* / Nietzsche como Filósofo. München, 1998.

Deleuze, Gilles: *Nietzsche und die Philosophie* / Nietzsche e a Filosofia. Frankfurt/Main, 1985.

Dellin, Martin Gregor: *Richard Wagner. Sein Leben. Sein Werk. Sein Jahrhundert* / Richard Wagner. Sua Vida. Sua Obra, Seu Século. München, 1980.

Emerson, Ralph Waldo: *Repräsentanten der Menscheit* / Homens Representativos da Humanidade. Zürich, 1987.

Figal, Günter: *Nietzsche. Eine philosophische Einführung* / Nietzsche. Uma Introdução Filosófica. Stuttgart, 1999.

Fink, Eugen: *Nietzsches Philosophie* / A Filosofia de Nietzsche. Stuttgart, 1960.

Fleischer, Margot: *Der 'Sinn der Erde' und die Entzauberung des Übermenschen. Eine Auseinandersetzung mit Nietzsche* / O 'Sentido da Terra' e o desencantamento do Além-do-Homem. Uma Discussão com Nietzsche. Darmstadt, 1993.

Foucault, Michel: *Nietzsche, die Genealogie, die Historie. In: Michel Foucault: Von der Subversion des Wissens* / Nietzsche, a Genealogia, a História. In: Michel Foucault: Da Subversão do Saber. Frankfurt/Main — Berlin — Wien, 1978.

Foucault, Michel: *Die Ordnung der Dinge* / A Ordem do Discurso. Frankfurt/Main, 1974.

Foucault, Michel: *Sexualität und Wahrheit. Der Wille zum Wissen. Erster Band.* / Sexualidade e Verdade. A Vontade de Saber. Volume I. Frankfurt/Main, 1983.

Foucault, Michel: *Wahnsinn und Gesellschaft* / A História da Loucura. Frankfurt/Main, 1973.

Frank, Manfred: *Der kommende Gott. Vorlesungen über die Neue Mythologie* / O Deus vindouro. Preleções sobre a Nova Mitologia. Frankfurt/Main, 1982.

Frank, Manfred: *Gott im Exil. Vorlesungen über die Neue Mythologie* / Deus no Exílio. Preleções sobre a Nova Mitologia. Frankfurt/Main, 1988.

Frenzel, Ivo: *Nietzsche in Selbstzeugnissen und Bilddokumenten* / Nietzsche em Autodepoimentos e Documentos Figurativos. Reinbek bei Hamburg, 1966.

Gabel, Gernot U. / Carl Helmuth Jagenberg (Hg.): *Der entmündigte Philosoph. Briefe von Franciska Nietzsche an Adalbert Oehler aus den Jahren 1889--1897* / O Filósofo Destituído da Maioridade. Cartas de Francisca Nietzsche a Adalbert Oehler dos anos 1889-1897. Hürth, 1994.

Gamm, Hans Joachim: *Standhalten im Dasein. Nietzsches Botschaft für die Gegenwart* / Manter-se na Existência. A Mensagem de Nietzsche para o Presente. München — Leipzig, 1993.

Gerhardt, Volker: *Friedrich Nietzsche*. München, 1995.

Gerhardt, Volker: *Pathos und Distanz. Studien zur Philosophie Friedrich Nietzsches* / Patos e Distância. Estudos da Filosofia de Friedrich Nietzsche. Stuttgart, 1988.

Gerhardt, Volker: *Vom Willen zur Macht. Anthropologie und Metaphysik der Macht am exemplarischen Fall Friedrich Nietzsches* / Da Vontade de Poder. Antropologia e Metafísica do Poder no Caso Exemplar de Friedrich Nietzsche. Berlin — New York, 1996.

Gilman, Sander L.: *Begegnungen mit Nietzsche* / Encontros com Nietzsche Bonn, 1985.

Glaser, Hermann: *Sigmund Freuds Zwanzigstes Jahrhundert. Seelenbilder einer Epoche* / O Século XX de Sigmund Freud. Imagens da Alma de uma Época. Frankfurt/Main, 1979.

Goch, Klaus: *Franziska Nietzsche. Eine Biographie* / Franciska Nietzsche. Uma Biografia. Frankfurt/Main, 1994.

Gödde, Günter: *Traditionslinien des Unbewussten. Schopenhauer — Nietzsche — Freud* / Linhas de Tradição do Inconsciente — Schopenhauer — Nietzsche — Freud. Tübingen, 1999.

Gulyga, Arsenij: *Immanuel Kant*. Frankfurt/Main, 1985.

Hegel, Georg Wilhelm Friedrich: *Phänomenologie des Geistes* / Fenomenolgia do Espírito. Hamburg, 1992 (Felix-Meiner-Ausgabe / Edição Felix Meiner).

Heftrich, Eckhard: *Nietzsches Philosophie. Identität von Welt und Nichts* / A Filosofia de Nietzsche. Identidade entre Mundo e Nada. Frankfurt/Main, 1962.

Heidegger, Martin: *Nietzsche. Zwei Bände* (Dois Volumes). Pfullingen, 1961.
Heidegger, Martin: *Sein und Zeit* / Ser E Tempo. Tübingen, 1963.
Heine, Heinrich: *Sämtliche Schrifen. Herausgegeben con Klaus Briegleb. 6 in 7 Bänden* / Escritos Completos. Editados por Klaus Briegleb. 6 em 7 volumes. München, 1968-76.
Heller, Edmund: *Nietzsches Scheitern am Werk* / O Fracasso de Nietzsche na Obra. Freiburg — München, 1989.
Hesse, Hermann: *Zarathustras Wiederkehr. In: Hermann Hesse: Politik des Gewissens. Die politischen Schriften*. Erster Band / O Retorno de Zaratustra. In: Hermann Hesse: Política da Consciência Moral. Os Escritos Políticos. Primeiro Volume. Frankfurt/Main, 1981.
Hillebrand, Bruno: *Nietzsche und die deutsche Literatur*. Zwei Bände / Nietzsche e a Literatura Alemã. Dois Volumes. Tübingen, 1978.
Hölderlin, Friedrich: *Sämtliche Werke und Briefe in zwei Bänden* / Obras e Cartas Completas em dois volumes. München, 1970.
Hofmann, David Marc: *Zur Geschichte des Nietzsche-Archivs* / Para a História do Arquivo-Nietzsche. Berlin — New York, 1991.
Hofmannsthal, Hugo von: *Gesammelte Werke in zehn Einzelbänden. Gedichte. Dramen I 1891 — 1898* / Obras Completas em dez volu-mes. Poemas. Dramas I 1891 — 1898. Frankfurt/Main, 1979.
James, William: *Der Pragmatismus. Ein neuer Name für alte Denkmethoden* / O Pragmatismo. Um Nome Novo para antigos Métodos de Pensamento. Hamburg, 1994.
Janz, Curt-Paul: *Friedrich Nietzsche. Biographie (drei Bände)* / Friedrich Nietzsche. Biografia (três volumes). München, 1978-79.
Jaspers, Karl: Nietzsche. *Einführung in das Verständnis seines Philosophierens* / Nietzsche. Introdução à Compreensão de seu Filosofar. Berlin — New York, 1981.
Jünger, Friedrich-Georg: *Nietzsche*. Frankfurt/Main, 2000.
Kant, Immanuel: *Werke in zwölf Bänden. Herausgegeben von Wilhelm Weischedel* / Obras em doze Volumes. Editadas por Wilhelm Weischedel. Frankfurt/Main, 1964.
Kaufmann, Walter: *Nietzsche. Philosoph — Psychologe — Antichrist* / Nietzsche. Filósofo — Psicólogo — Anticristo. Darmstadt, 1988.
Kaulbach, Friedrich: *Nietzsches Idee einer Experimentalphilosophie* / A Ideia de Nietzsche de uma Filosofia Experimental. Köln — Wien, 1980.

Kossowski, Pierre: *Nietzsche und der Circulus vitiosus deus* / Nietzsche e o Círculo Vicioso Deus. München, 1988.

Köhler, Joachim: *Friedrich Nietzsche und Cosima Wagner* / Friedrich Nietzsche e Cosima Wagner. Berlin, 1996

Köhler, Joachim: *Zarathustras Geheimnis. Friedrich Nietzsche und seine verschlüsselte Botschaft* / O Segredo de Zaratustra. Friedrich Nietzsche e sua Mensagem Cifrada. Nördlingen, 1989.

Kuhn, Elisabeth: *Friedrich Nietzsches Philosophie des europäischen Nihilismus* / A Filosofia de Nietzsche do Nihilismo Europeu. Berlin — New York, 1992.

Lange, Friedrich Albert: *Geschichte des Materialismus. Zwei Bände* / História do Materialismo. Dois Volumes. Frankfurt/Main, 1974.

Laska, Bernd A.: *Dissidente geblieben. Wie Marx und Nietzsche ihren Kollegen Max Stirner verdrängten und warum er sie geistig überlebt hat* / O que permaneceu dissidente. Como Marx e Nietzsche recalcaram seu colega Max Stirner e porque este sobreviveu a eles espiritualmente. In: DIE ZEIT Nr. 5, 27. Januar / Janeiro, 2000.

Latacz, Joachim: *Fruchtbares Ärgernis: Nietzsches 'Geburt der Tragödie' und die gräzistische Tragödienforschung. In: David Marc Hoffmann (Hg.): Nietzsche und die Schweiz* / Escândalo Fecundo: 'O Nascimento de Tragédia' de Nietzsche e a Pesquisa Grecista da Tragédia. In: David Marc Hoffmann (Ed.): Nietzsche e a Suíça. Zürich, 1994.

Lessing, Theodor: *Nietzsche*. München, 1985.

Löwith, Karl: *Nietzsche*. (Sämtliche Schriften Band 6 / Escritos Completos, volume 6). Stuttgart, 1987.

Lütkekaus, Ludger: *Nichts* / Nada. Zürich, 1999.

Mann, Thomas: *Nietzsches Philosophie im Lichte unserer Erfahrung. In: Thomas Mann: Schriften und Reden zur Literatur, Kunst und Philosophie. Dritter Band* / A Filosofia de Nietzsche à Luz de nossa Experiência. In: Thomas Mann: Escritos e Discursos sobre Literatura, Arte e Filosofia. Terceiro Volume. Frankfurt/Main, 1968.

Marti, Urs: *'Der Grosse Pöbel- und Sklavenaufstand'. Nietzsches Auseinandersetzung mit Revolution und Demokratie* / 'A Grande Insurreição da Plebe e dos Escravos'. A Discussão de Nietzsche com a Revolução e a Democracia. Stuttgart — Weimar, 1993.

Meyer, Theo: *Nietzsche und die Kunst* / Nietzsche e a Arte. München, 1992.

Meysenbug, Malwida von: *Memoiren einer Idealistin* / Memórias de uma Idealista. Berlin — Leipzig, 1903.

Montinari, Mazzino: *Friedrich Nietzsche. Eine Einführung* / Friedrich Nietzsche. Uma Introdução. Berlin — New York, 1991.

Müller-Lauter, Wolfgang: *Nietzsche. Seine Philosophie der Gegensätze und die Gegensätze seiner Philosophie* / Nietzsche. Sua Filosofia dos Antagonismos e os Antagonismos de sua Filosofia. Berlin — New York, 1971.

Müller, Ulrich/ Peter Wapnewski (Ed.): *Richard Wagner-Handbuch* / Manual Richard Wagner. Stuttgart, 1986.

Nehamas, Alexander: *Nietzsche. Leben als Literatur* / Nietzsche. A Vida como Literatura. Göttingen, 1991.

Niemeyer, Christian: *Nietzsches andere Vernunft. Psychologische Aspekte in Biographie und Werk* / A outra Razão de Nietzsche. Aspectos Psicológicos na Biografia e na Obra. Darmstadt, 1988.

Nigg, Walter: *Friedrich Nietzsche.* Zürich, 1994.

Nolte, Ernst: *Nietzsche und der Nietzscheanismus* / Nietzsche e o Nietzscheanismo. Berlin, 1990.

Oehler, Dolf: *Pariser Bilder* / Figuras Parisienses. Frankfurt/Main, 1979.

Okochi, Ryogi: *Wie man wird, was man ist. Gedanken zu Nietzsche aus österlicher Sicht* / Como Alguém se torna o que é. Pensamentos sobre Nietzsche à partir de uma Visão Oriental. Darmstadt, 1995.

Osho: Zarathustra. *Ein Gott der tanzen kann* / Zaratustra. Um Deus que Pode Dançar. Wien, 1994.

Ottmann, Hennig: *Philosophie und Politik bei Nietzsche* / Filosofia e Política em Nietzsche. Berlin — New York, 1987.

Pascal, Blaise: *Über die Religion und über einige andere Gegenstände* / Sobre a Religião e sobre alguns outros Objetos (Pensées / Pensamentos). Berlin, 1937.

Penzo, Giorgio: *Der Mythos vom Übermenschen. Nietzsche und der Nationalsozialismus* / O Mito do Além-do-Homem. Nietzsche e o Nacional Socialismo. Berlin, 1992.

Peters, Heinz Frederick: *Lou Andreas Salomé. Femme fatale und Dichtermuse* / Lou Andreas Salomé. Mulher Fatal e Musa de Poetas. München, 1995.

Peters, Heinz Frederick: *Zarathustras Schwester. Fritz und Lieschen Nietzsche — ein deutsches Trauerspiel* / A Irmã de Zaratustra. Fritz e Lieschen Nietzsche1 — um drama alemão. München, 1983.

Picht, Georg: *Nietzsche.* Stuttgart, 1988.

Pieper, Annemarie: *'Ein Seil geknüpft zwischen Tier und Übermensch'. Philosophische Erläuterungen zu Nietzsches erstem 'Zarathustra'* / 'Uma

Corda Estendida entre o Animal e o Além-do-Homem'. Esclarecimentos ao primeiro 'Zaratustra' de Nietzsche. Stuttgart, 1990.

Platon: *Sämtliche Werke in zehn Bänden. Griechisch und Deutsch* / Obra Completa em Dez Volumes. Grego e Alemão. Frankfurt/Main, 1991.

Prossliner, Johann: *Licht wird alles, was ich fasse. Lexicon der Nietzsche--Zitate* / Luz se torna tudo o que apanho. Léxico das Citações de Nietzsche. München, 1999.

Rahden, Wolfert von: *Eduard von Hartmann 'und' Nietzsche. Zur Strategie der verzögerten Konterkritik Hartmanns an Nietzsche. In: Nietzsche--Studien. Internationales Jahrbuch für die Nietzsche Forschung. Band 13* / Eduard von Hartmann 'e' Nietzsche. Para a Estratégia da Retardada Contra Crítica de Eduard von Hartmann a Nietzsche. In: Nietzsche-Studien. Anuário Internacional da Pesquisa sobre Nietzsche. Volume 13. Berlin — New York, 1984.

Reichel, Norbert: *Der Traum vom höheren Leben. Nietzsches Übermensch und die Conditio Humana europäischer Intellektueller von 1890 bis 1945* / O Sonho da Vida Superior. O Além-do-Homem de Nietzsche e a Condição Humana dos Intelectuais Europeus de 1890 até 1945. Darmstadt, 1994.

Rickert, Heinrich: *Die Philosophie des Lebens* / A Filosofia da Vida. Tübingen, 1922.

Riedel, Manfred: *Nietzsche in Weimar. Ein deutsches Drama* / Nietzsche em Weimar. Um Drama Alemão. Leipzig, 1997.

Rorty, Richard: *Kontingenz, Ironie und Solidarität* / Contingência, Ironia e Solidariedade. Frankfurt/Main, 1989.

Ross, Werner: *Der ängstliche Adler. Friedrich Nietzsches Leben* / A Águia Angustiada. A Vida de Friedrich Nietzsche. München, 1984.

Safranski, Rüdiger: *Wieviel Wahrheit braucht der Mensch. Über das Denkbare und das Lebbare* / De quanta Verdade Precisa o Homem. Sobre o Pensável e o Vivível. München, 1990.

Lou Andreas-Salomé: *Friedrich Nietzsche in seinen Werken* / Friedrich Nietzsche em suas Obras. Frankfurt/Main, 1994.

Salaquarda, Jörg (Ed.): *Nietzsche.* Darmstad, 1996.

Scheler, Max: *Der Genius des Krieges und der Deutsche Krieg* / O Gênio da Guerra e a Guerra Alemã. Leipzig, 1915.

Scheler, Max: *Vom Umsturz der Werte. Abhandlungen und Aufsätze* / Da Subversão dos Valores. Dissertações e Artigos. Bern — München, 1972.

Schelling, Friedrich Wilhelm Joseph: *Ausgewählte Schriften in sechs Bänden* / Escritos Seletos em Seis Volumes. Frankfurt/Main, 1985.

Schipperges, Heinrich: *Am Leitfaden des Leibes. Zur Anthropologik und Terapeutik Friedrich Nietzsches* / Ao Fio Condutor do Corpo. Para a Antropologia e a Terapêutica de Friedrich Nietzsche. Stuttgart, 1975.

Schlegel, Friedrich: *Schriften zur Literatur* / Escritos sobre Literatura. München, 1972.

Schmidt, Hermann Josef: *Nietzsche Absconditus oder Spurenlese bei Nietzsche. Teil I-III* / Nietzsche Oculto ou Coleta de Vestígios em Nietzsche. Partes I-III. Berlin - Aschaffenburg, 1991.

Schneeberger, Guido: *Nachlese zu Heidegger. Dokumente zu seinem Leben und Denken* / Consulta sobre Heidegger. Documentos sobre sua Vida e Pensamento. Bern, 1962.

Schopenhauer, Arthur: *Werke in fünf Bänden. Herausgegeben von Ludger Lütkerkaus* / Obras em Cinco Volumes. Editadas por Ludger Lütkerkaus. Zürich, 1988.

Schulte, Günter: *Ecce Nietzsche. Eine Werkinterpretation* / Eis Nietzsche. Uma Interpretação da Obra. Frankfurt — New York, 1995.

Simmel, Georg: *Schopenhauer und Nietzsche* / Schopenhauer e Nietzsche. Hamburg, 1990.

Sloterdijk, Peter: *Der Denker auf der Bühne. Nietzsches Materialismus* / O Pensador sobre o Palco. O Materialismo de Nietzsche. Frankfurt/Main, 1986.

Steiner, Rudof: *Friedrich Nietzsche ein Kämpfer gegen seine Zeit* / Friedrich Nietzsche. Um Combatente contra seu Tempo. Dornach, 1983.

Stirner, Max: *Der Einzige und sein Eigentum* / O Único e sua Propriedade. Stuttgart, 1985.

Strauss, David Friedrich: *Der alte und der neue Glaube. Ein Bekenntnis* / A Antiga e a Nova Fé. Uma Confissão. Stuttgart, 1938.

Taureck, Bernhard H. F. : *Nietzsches Alternative zum Nihilismus* / A Alternativa de Nietzsche para o Nihilismus. Hamburg, 1991.

Taureck, Bernhard H. F.: *Nietzsche und der Faschismus* / Nietzsche e o Fascismo. Hamburg, 1989.

Troeltsch, Ernst: *Deutscher Geist und Westeuropa* / O Espírito Alemão e a Europa Ocidental. Tübingen, 1925.

Türcke, Christoph: *Der tolle Mensch. Nietzsche und der Wahnsinn der Vernunft* / O Louco. Nietzsche e a Mania da Razão. Frankfurt/Main, 1989.

Vattimo, Gianni: *Friedrich Nietzsche*. Stuttgart — Weimar, 1992.

Verrecchia, Anacleto: *Zarathustras Ende. Die Katastrophe Nietzsches in Turin* / O Fim de Zaratustra. A Tragédia de Nietzsche em Turim. Wien — Köln — Graz, 1986.

Volkmann-Schluck, Karl-Heinz: *Die Philosophie Nietzsches. Der Untergang der abendländischen Metaphysik* / A Filosofia de Nietzsche. O Ocaso da Metafísica Ocidental. Würzburg, 1991.

Wagner, Cosima: *Die Tagebücher. Zwei Bände* / Os Diários. Dois Volumes. München — Zürich, 1982.

Wagner, Richard: *Mein Denken* / Meu Pensamento. München — Zürich, 1982.

Wagner, Richard: *Der Ring des Niebelungen. Vollständiger Text* / O Anel dos Nibelungos. Texto Completo. München — Zürich, 1991.

Wolff, Hans M.: *Friedrich Nietzsche. Der Weg zum Nichts* / Friedrich Nietzsche. O Caminho para o Nada. Bern, 1956.

* Fritz e Lieschen são diminutivos familiares carinhosos de Friedrich e Elisabeth. N. R.

Leia do mesmo autor:

Heidegger
Um Mestre da Alemanha entre o bem e o mal

A mais importante biografia do grande filósofo alemão até hoje escrita. O livro de Rüdiger Safranski é um sucesso mundial que o professor gaúcho Ernildo Stein – um dos maiores especialistas em Heidegger na América Latina – apresenta para o leitor brasileiro, com a cuidadosa tradução da escritora Lya Luft, direto do alemão.

Schopenhauer
E os anos mais selvagens da filosofia

O indomável precursor de Freud. O homem impetuoso e os anos mais apaixonantes da filosofia pulsam aqui, vivos e exuberantes, no texto do mestre das biografias, Rüdiger Safranski. Arthur Schopenhauer provocou um terremoto na filosofia da consciência e antecipou-se em quase meio século à psicanálise de Freud.

Impressão e Acabamento | Gráfica Viena
Todo papel desta obra possui certificação FSC® do fabricante.
Produzido conforme melhores práticas de gestão ambiental (ISO 14001)
www.graficaviena.com.br